Christian Grethlein
Christliche Lebensform

Christian Grethlein
Christliche Lebensform

Eine Geschichte christlicher Liturgie,
Bildung und Spiritualität

DE GRUYTER

ISBN 978-3-11-075492-6
e-ISBN (PDF) 978-3-11-075504-6
e-ISBN (EPUB) 978-3-11-075516-9

Library of Congress Control Number: 2021945942

Bibliografische Information der Deutschen Nationalbibliothek
Die Deutsche Nationalbibliothek verzeichnet diese Publikation in der Deutschen Nationalbibliografie; detaillierte bibliografische Daten sind im Internet über http://dnb.dnb.de abrufbar.

© 2022 Walter de Gruyter GmbH, Berlin/Boston
Umschlagabbildung: Beate Hannig-Grethlein „In den Bergen"
Druck und Bindung: CPI books GmbH, Leck

www.degruyter.com

Inhalt

Vorwort —— IX

Kapitel 1:
Einführung —— 1
1. Gegenwärtige Herausforderungen —— 5
2. Heutige Problemlagen der Kirchen —— 9
3. Hermeneutische Instrumente —— 15

Kapitel 2:
Impulse durch das Auftreten, Wirken und Geschick Jesu —— 20
1. Jesus als Jude —— 21
2. Anbrechen der Gottesherrschaft —— 23
3. Gottesherrschaft in verschiedenen Kommunikationen —— 26
4. Vaterunser als Ausdruck des Christseins —— 30
5. Ethische Weisungen —— 32
6. Zusammenfassung und Ausblick —— 34

Kapitel 3:
Entstehen des Christseins als Lebensform (bis 300) —— 39
1. Politischer, gesellschaftlicher und kultureller Kontext —— 39
2. Von inklusiven Mahlzeiten zur kultischen Mahlfeier —— 42
3. Getauft-Werden als Lebenswende —— 48
4. Lehren und Lernen im Kontext von Taufe und philosophischer Bildung —— 54
5. Ethische Orientierungen zwischen Angleichung und Kontrast —— 57
6. Von Hausgemeinden zur Kirche mit Klerus-Hierarchie —— 62
7. Zusammenfassung —— 66

Kapitel 4:
Dominant-Werden des Christentums (300–600) —— 68
1. Politischer, gesellschaftlicher und kultureller Kontext —— 68
2. Vergeistigung und Verdinglichung der Eucharistie —— 72
3. Vom riskanten Initiationsritus zum kollektiven Ritual —— 76
4. Lehren und Lernen in der Staatskirche —— 80
5. Streben nach Erlösung und Orientierung an Vorbildern —— 84
6. Zentralisierung von Kirche als öffentliche Institution —— 88
7. Zusammenfassung —— 91

Kapitel 5:
Formalisierung des Christseins (600–900) —— 93
1. Politischer, gesellschaftlicher und kultureller Kontext —— 93
2. Vom Feiern der Eucharistie zum Lesen der Messe —— 97
3. Entwicklung der Taufe zum formalisierten staatlichen Zwangsritual —— 101
4. Lehren und Lernen von Glaubensinhalten —— 104
5. Monastisches Ethos als Orientierung —— 106
6. Organisation der flächendeckenden Kirche —— 111
7. Zusammenfassung —— 113

Kapitel 6:
Christsein als alles durchdringende Norm (900–1200) —— 116
1. Politischer, gesellschaftlicher und kultureller Kontext —— 116
2. Eucharistie zwischen dogmatischer Bestimmung und volksfrommer Praxis —— 119
3. Taufen von Neugeborenen als selbstverständliches Ritual —— 123
4. Lehren und Lernen zwischen allgemeiner Sozialisation und Elitebildung —— 125
5. Spirituelle Sehnsucht nach Heiligkeit —— 128
6. Verfestigung der klerikalen Struktur von Kirche und neue Aufbrüche —— 131
7. Zusammenfassung —— 133

Kapitel 7:
Ringen um Einheit und vielfältige Diversifizierungen (1200–1500) —— 135
1. Politischer, gesellschaftlicher und kultureller Kontext —— 135
2. Schaufrömmigkeit bei der Eucharistie und Exklusion der Kinder —— 139
3. Theologische Marginalisierung und volksfromme Hochschätzung von Taufen —— 142
4. Bemühungen um christliche Erziehung und neue Gelehrsamkeit —— 145
5. Spirituelle Auf- und Abbrüche inner- und außerhalb verfasster Kirche —— 150
6. Reformen des Christseins im Schatten kirchlicher Hierarchie —— 156
7. Zusammenfassung —— 158

Kapitel 8
Pluralisierung des Verständnisses und der Organisation von Christsein (1500–1800) —— 160
1. Politischer, gesellschaftlicher und kultureller Kontext —— 160
2. Rückbesinnung auf das Nachtmahl des Herrn —— 166

3 Neue Akzentuierungen und Auseinandersetzungen um die Taufe —— 170
4 Allgemeines Priestertum als Impuls —— 175
5 Spirituelle Aufbrüche in und außerhalb verfasster Kirche —— 179
6 Konfessionelle Verhärtungen und innerkirchliche Pluralisierung —— 183
7 Zusammenfassung —— 186

Kapitel 9:
Christsein zwischen Tradition und neuen Herausforderungen (1800 bis heute) —— 188
1 Politischer, gesellschaftlicher und kultureller Kontext —— 188
2 Mahlfeiern zwischen liturgischer Tradition und neuen Aufbrüchen —— 196
3 Taufen zwischen Familientradition und Fest des Lebens —— 203
4 Lehren und Lernen im Kontext vielfältigen Wandels —— 210
5 Gott erfahren auf verschiedene Weise —— 219
6 Kirche zwischen staatsanaloger Institution und offenem Netzwerk —— 226
7 Zusammenfassung —— 235

Kapitel 10:
Zusammenfassung und Ausblick —— 238
1 Vielgestaltigkeit der christlichen Lebensform in Beispielen —— 239
2 Kontextualisierung der christlichen Lebensform —— 246
3 Kommunikation des Evangeliums heute —— 250
4 Zukünftige Herausforderungen —— 264

Tabellenverzeichnis
Kirchenaustritte in Deutschland zwischen 1990 und 2019 —— 10
Wachstum der Weltbevölkerung zwischen 1800 und 2020 —— 188
Kirchenaustritte in Deutschland zwischen 1919 und 1945 —— 203
Typologie „Mit Anderen feiern" —— 212
Konstitutiva christlicher Lebensform —— 249
Modi und Formen der Kommunikation des Evangeliums —— 250

Sachregister —— 267

Personenregister —— 272

Vorwort

Wir leben in einer Zeit der Übergänge. Bisher Selbstverständliches in der Lebensführung etwa hinsichtlich Partnerschaft, Erwerbsarbeit, Ernährung, Mobilität oder Wohnform wird diskutiert und steht regional sowie global zur Disposition. In einer demokratischen und pluralistischen Gesellschaft entsteht dadurch die Notwendigkeit für die Einzelnen, die Gestaltung ihres Lebens zu reflektieren und eventuell neu auszurichten, also zu verantworten. Es geht um die angemessene Lebensform.

In dieser Situation genügt es für Kirchenorganisationen nicht, bisher – angeblich – Bewährtes zu bewahren und nur fortzusetzen. Denn ihre Aufgabe ist es, die Menschen angesichts der besonderen Herausforderungen in der Gegenwart dabei zu fördern, ihr Leben als Christen und Christinnen zu gestalten. Dass dies oft nicht gelingt, fiel mir bereits in meinem Vikariat 1978 – 1980 in München-Solln auf. Ich fasste damals meine Erfahrungen im Vorwort zur Dissertation folgendermaßen zusammen:

„Die Spannung zwischen kirchlicher Norm und tatsächlicher Partizipation am kirchlichen Angebot durch die überwiegende Anzahl der Gemeindeglieder war extrem groß. Bei Kollegen konnte ... ein geradezu verbissenes Festhalten an dem Konzept einer Kirchlichkeit beobachtet werden, das nur einer kleinen Zahl von Gemeindegliedern, der sog. Kerngemeinde, möglich war. Die Lösung der festgestellten Spannung sah so aus, daß die meisten Gemeindemitglieder als ‚Taufscheinchristen' o. ä. disqualifiziert wurden."[1]

Seitdem sind vierzig Jahre vergangen. Mittlerweile hat sich die „Lösung der Spannung" dahin verändert, dass sie häufig in Form des Kirchenaustritts vollzogen wird. Was Christsein bedeutet, tritt heute vielfach hinter veraltete Organisations- und Kommunikationsformen zurück und wird so nicht zuletzt für jüngere Menschen unkenntlich.

In dieser Situation will das vorliegende Buch Klarheit schaffen und die christliche Lebensform verständlich darstellen, also die Kommunikationen des Evangeliums im gemeinschaftlichen Feiern (Liturgie), Lehren und Lernen (Bildung) sowie gegenseitigen Helfen (Spiritualität). Dies soll eine Grundlage sein für die vor uns liegende Aufgabe, die Gemeinschaftsformen neu zu gestalten, in denen sich die christliche Lebensform jenseits der heutigen staatsanalogen Institutionalisierung verwirklicht.

---

[1] Christian Grethlein, Religionsunterricht an Gymnasien – eine Chance für volkskirchliche Pfarrer. Eine empirische Untersuchung der Einstellung hauptamtlicher Religionslehrer an bayrischen Gymnasien zu ihrem Unterrichtsfach, Frankfurt 1984, 9.

Dazu muss ich die Genese und geschichtliche Entwicklung der herkömmlich in den verschiedenen Disziplinen der Praktischen Theologie behandelten Kommunikationen rekonstruieren. Die dabei begegnenden Kontextualisierungen der vom Auftreten, Wirken und Geschick Jesu von Nazareth ausgehenden Impulse machen auf die Notwendigkeit aufmerksam, diese immer wieder neu Gestalt gewinnen zu lassen. Einen anschaulichen Einblick in Umfang und Weite der dabei vollzogenen Transformationen gibt abschließend Kapitel 10 1. als eine Skizze von (fiktiven) Ausprägungen der christlichen Lebensform im Laufe der Jahrhunderte. Dieser Abschnitt kann auch als Einstieg in das Buch gelesen werden. Ansonsten ermöglichen die Zusammenfassungen am Ende jedes Kapitels den Leserinnen und Lesern einen raschen Überblick über meine Argumentation.

Eine solche „Geschichte christlicher Liturgie, Bildung und Spiritualität" verhindert ein unreflektiertes „Weiter so wie bisher", das de facto nur frühere Kontextualisierungen auf Dauer stellt und die Auseinandersetzung mit sich gegenwärtig stellenden Aufgaben verfehlt. Auf jeden Fall ist ein solcher geschichtlicher Rückblick unerlässlich für eine theologisch verantwortete Praxis. Dazu macht er nicht nur gelassener gegenüber dem anstehenden Wandel, sondern eröffnet auch mitunter neue, anregende Einsichten für heutige Praxis.

Formale Hinweise: Die kursiv gedruckten Passagen sollen besonders Wichtiges hervorheben und gehen auf mich zurück; Kursivdrucke in Zitaten wurden nicht übernommen. Absätze in petit-Druck geben Detail-Informationen, häufig in Form von Zitaten aus einschlägigen Publikationen. Literatur nenne ich bei erstem Vorkommen in jedem Kapitel vollständig, im Weiteren nur noch abgekürzt: Familiennamen des Verfassers, (in der Regel) erstes Substantiv des Titels, Seitenzahl. Die Abkürzungen folgen der RGG[4].

Herzlich danke ich meinen langjährigen Weggefährten in der Praktischen Theologie, Claudia Rüdiger, Michael Domsgen und Erhard Holze, die eine erste Fassung des Manuskripts kritisch lasen und mir wichtige Hinweise zur Verbesserung gaben.

Das Cover gibt das von Beate Hannig-Grethlein gemalte Aquarell „In den Bergen" wieder. Ihr sei dieses Buch in tiefer Dankbarkeit für Freundlichkeit, Unterstützung und Zuwendung zugeeignet. Sie begleitet mich geduldig seit fünfzig Jahren und bereichert mein Leben diesseits und jenseits von (Praktischer) Theologie.

Münster, im Juli 2021　　　　　　　　　　　　　　　　　　　Christian Grethlein

Kapitel 1:
Einführung

Der politische, gesellschaftliche und kulturelle Wandel in der Gegenwart ist unübersehbar.

> „In unserer heutigen Welt kommen nahezu gleichzeitig überall Systeme unter Druck, die über Jahrzehnte verlässlich funktioniert zu haben scheinen und die Menschheit Tag für Tag und immer umfassender mit Energie, Nahrung, Medikamenten und Sicherheit versorgten. Sie prägten eine Epoche, in der es, grob gesagt, von allem immer mehr gab. .... Gleichzeitig spüren wir, dass ein ‚Weitermachen wie bisher' nicht funktionieren wird. Es sind ja nicht nur Klimawandel, das Plastik in den Weltmeeren, der brennende Regenwald oder die Massentierhaltung. Da sind auch die explodierenden Mieten in den Städten, die wild gewordenen Finanzmärkte, der immer größer werdende Graben zwischen Arm und Reich, zunehmende Burn-out-Zahlen und die unüberschaubaren, vielschichtigen Folgen der Gentechnik und der Digitalisierung."[1]

Dabei stellt sich ganz grundsätzlich die Frage der Lebensgestaltung. Diese ist nicht mehr durch Traditionen vorgegeben bzw. kann nicht durch ein bloßes Fortschreiben des bisher Üblichen erfolgen. Was Ökologen und Ökologinnen sowie entsprechend Interessierte bereits seit den siebziger Jahren des 20. Jahrhunderts vorhersagten, wird zu Beginn des 21. Jahrhunderts allgemein plausibel. *Die vermeintliche Selbstverständlichkeit und Sicherheit der miteinander verwandten Lebensformen „Homo faber"[2] und „Homo oeconomicus"[3] sind spätestens seit der Corona-Epidemie und dem ihr begegnenden Moratorium offenkundig brüchig. Das technische und ökonomische „Immer mehr" lässt sich nicht auf Dauer durchhalten. So stellt sich von neuem die Frage: Wie sollen wir leben? Die christliche Lebensform ist eine mögliche Antwort hierauf.* Doch was bedeutet überhaupt „Christsein"? Und: Ist dies in der Gegenwart eine attraktive Lebensform?

Bereits ein erster Blick auf den Begriff „Christ" eröffnet wichtige Perspektiven. Er begegnet erstmals in Apg 11,26. Hier wird berichtet, dass in Antiochien in den vierziger Jahren des 1. Jahrhunderts die „Schüler" (griechisch: mathetai) Jesu „Christianoi", also Christen,[4] genannt werden. Offensichtlich breiteten sich die

---

1 Maja Göpel, Unsere Welt neu denken. Eine Einladung, Berlin ²2020 (2020), 12f.
2 Immer noch eindrücklich Max Frisch, Homo Faber. Ein Bericht, Frankfurt 1957 (u.ö.).
3 S. Hartmut Rosa, Weltbeziehungen im Zeitalter der Beschleunigung. Umrisse einer neuen Gesellschaftskritik, Berlin 2012, 89 f.; Göpel, Welt 56 f., 67.
4 Wie im Deutschen umfasst hier im Griechischen die grammatikalisch maskuline Form auch Frauen. Im Folgenden verwende ich dementsprechend „Christen" im geschlechterübergreifenden

von Jesus ausgehenden Anregungen in dieser – damals etwa 500.000 Menschen zählenden – hellenistischen „Drehscheibe zwischen Ost und West"[5] rasch aus. Außenstehende bezeichneten die „Schüler" des in Jerusalem hingerichteten Wanderpredigers Jesus aus Nazaret „Christen". „Christus", wörtlich übersetzt: der Gesalbte, fungierte dabei offenkundig als Eigenname für Jesus.[6] Demnach gehörte zur Gemeinschaft der Christen und Christinnen von Anfang an eine kulturelle Vielgestaltigkeit, die den Rahmen des damaligen Judentums überschritt. Auch erforderte der pluralistische Kontext zugleich eine grundsätzliche Elementarisierung des Christseins.

> „Die Christusbotschaft, die bislang im wesentlichen nur Menschen, die mit der biblischen Überlieferung vertraut waren und der geistigen Welt des Judentums zumindest nahestanden, verkündigt worden war, mußte nun in die Welt hellenistisch-heidnischen Denkens hinein übersetzt werden, ohne daß ihr Bezug auf die Schrift und auf den Gott Israels preisgegeben werden durfte."[7]

Diese Aufgabe durchzieht die ganze Christentumsgeschichte. *Christsein ist als eine besondere Form, das eigene Leben zu gestalten, stets auf den aktuellen politischen, gesellschaftlichen und kulturellen Kontext bezogen.* Konkret geht es um die Affirmation und Adaption von Bestehendem bzw. den Widerspruch dagegen und die Abgrenzung hiervon. Beides ist wiederum mit Nebenfolgen verbunden, die teilweise erst im Laufe der Zeit hervortreten.

Im Zentrum des Christseins als Lebensform steht Alltägliches wie Familie, (Erwerbs-)Arbeit, Medien, Bildungseinrichtungen und allgemeine Hilfeleistungen.[8] Veränderungen hier haben Konsequenzen für die Lebensgestaltung und damit auch für das Christsein. Dieses wandelt sich entsprechend, wobei der bleibende Bezug auf die vom Auftreten, Wirken und Geschick Jesu ausgehenden Impulse jeweils auch gesellschafts- und kulturkritische Implikationen enthält. Sie

---

Sinn. Um allerdings der Tatsache Rechnung zu tragen, dass von Anfang an Frauen und Männer sich Jesus anschlossen, erstere aber zunehmend bei herausgehobenen Funktionen in der Gemeinde in den Hintergrund traten, füge ich gelegentlich zu „Christen" „Christinnen" hinzu. Dies erinnert auch an die – damals keineswegs selbstverständliche – Frauenfreundlichkeit des Mannes aus Nazareth.
5 Jürgen Roloff, Die Apostelgeschichte (NTD 5), Göttingen 1981, 177.
6 Anderweitig wird – in Apg 24,5 – die Bezeichnung „Nazoräer" (Nazarener) für die ersten Christinnen und Christen verwendet.
7 Roloff, Apostelgeschichte 179.
8 S. Christian Grethlein, Kirche – als praktisch-theologischer Begriff. Überlegungen zu einer Neuformatierung der Kirchentheorie, in: PTh 101 (2012), 136–151, 148.

bilden einen Kontrast[9] zum allgemein Üblichen. Deren Konkretionen verändern sich wiederum im Wandel der Zeiten. So gewann wie jede Lebensform auch das – von Anfang an vielfältige – Christsein im Lauf der Zeit neue Gestalten. Theologisch lässt sich dies vom Glaubenssatz der Inkarnation her begründen.[10] Wie im Auftreten, Wirken und Geschick Jesu Gottes Handeln zum Ausdruck kam und damit zugleich untrennbar mit dem damaligen politischen, gesellschaftlichen und kulturellen Kontext verbunden war, gilt dies ebenso für das Christsein. Auch dieses vollzieht sich jeweils in einem bestimmten Kontext und ist nur in Bezug auf diesen zu verstehen und zu gestalten. In einer Zeit großer und vielfältiger Umbrüche, wie wir sie gegenwärtig erleben, will ich an die entsprechenden Wandlungsprozesse vergangener Zeiten erinnern. Dies kann heute dazu ermutigen, die notwendigen Veränderungen für eine zeitgemäße Gestaltung des Christseins in Angriff zu nehmen. Denn *vieles, was heute als unverzichtbar „christlich" bzw. „kirchlich" gilt, ist bei näherem Hinsehen eine – in früherer Zeit begründete – Kontextualisierung*. Eine solche kann aber mitunter in der Gegenwart, also in einem veränderten Kontext, die christliche Lebensform eher verdunkeln als fördern. Begriffe wie „Kirche" oder „Religion" verdanken sich in ihrer Semantik häufig bestimmten früheren kulturellen Kontexten.[11] Sie verdecken heutige Herausforderungen und drohen zu „Zombie-Kategorien" zu werden.

> „Zombie categories are ‚the living dead', the tried and familiar frameworks of interpretation that have served us well for many years and continue to haunt our thoughts and analyses, even though they are embedded in a world that is passing away before our eyes."[12]

---

9 Den Begriff der „Kontrastgesellschaft" führte, soweit ich sehen kann, Gerhard Lohfink, Wie hat Jesus Gemeinde gewollt? Zur gesellschaftlichen Dimension des christlichen Glaubens, Freiburg 1982, 142–154, bes. 142f. in die theologische Diskussion ein. Er verdankt sich u. a. der Deuteronomiums-Exegese (Norbert Lohfink, Volkskirche und Kontrastgesellschaft, in: Ders., Das Jüdische am Christentum. Die verlorene Dimension, Freiburg ²1989, 30–47), bevor er in der Kirchenreform-Diskussion rezipiert wurde.
10 Vgl. Ralf Kötter, Das Land ist hell und weit. Leidenschaftliche Kirche in der Mitte der Gesellschaft, Berlin 2014, 36–43; ders., Im Lande Wir. Geschichten zur Menschwerdung für eine Kirche im Gemeinwesen, Leipzig 2020, 22–27.
11 S. für den Religionsbegriff Falk Wagner, Religion II. Theologiegeschichtlich und systematisch-theologisch, in: TRE 28 (1997), 522–545.
12 John Reader, Reconstructing Practical Theology. The Impact of Globalization (Explorations in Practical, Pastoral and Empirical Theology), Hampshire 2008, 1, unter Aufnahme der entsprechenden Begriffsbildung bei Ulrich Beck.

Hier erweist sich das aus der Philosophie des späten Ludwig Wittgenstein stammende Konzept der „Lebensform" als hilfreich (s. 3.) und weiterführend.[13]

Umgekehrt ist bei einem Rückblick in die Geschichte des Christseins darauf zu achten, dass nicht unreflektiert gegenwärtig dominante Vorstellungen eingetragen werden.

Die vorliegende Rekonstruktion der christlichen Lebensform im Wandel der Zeit, nunmehr fast 2000 Jahre, ist eine Weiterführung des Forschungszweigs, der seit 1997 in der deutschsprachigen (evangelischen) Praktischen Theologie unter dem Namen „Kirchentheorie" ausgearbeitet wird.[14] Dabei ergab sich: „Insgesamt gilt es, Kirchen und Gemeinden sowie deren Funktionsträger/innen stärker auf eine Assistenzfunktion bei sich lebensweltlich ereignenden Kommunikationen auszurichten."[15] Demnach stehen die „sich lebensweltlich ereignenden Kommunikationen", nicht die gemeindlichen und kirchlichen Organisationsformen im Zentrum praktisch-theologischer Reflexion. Dies trägt der in 2. ausgeführten Einsicht Rechnung, dass die gegenwärtige staatsanaloge Organisationsform von Kirche schnell an Bedeutung verliert. Von daher muss von neuem die Grundlage für Kirche, die christliche Lebensform, rekonstruiert werden, die dann im heutigen Kontext ihren Ausdruck auch in neuen Sozialformen finden wird.

Dagegen treten die in der Dogmengeschichte beschriebenen, auf Glaubenssätze bezogenen Auseinandersetzungen wie die christologischen und trinitarischen oder sakramentsbezogenen Streitigkeiten zurück. Sie setzten in der Regel eine philosophische bzw. theologische Bildung voraus, die nur wenige erwerben konnten. Dazu wurden sie nicht selten von den Herrschenden im machtpolitischen Interesse funktionalisiert. Den bis in die Neuzeit hinein mehrheitlich illiteraten Menschen waren sie nicht oder nur gebrochen zugänglich. Dies gilt ebenfalls für die staatlich-kirchlichen Kooperationen und Konflikte sowie heutige innerkirchliche Auseinandersetzungen. Sie wirkten und wirken, wenn überhaupt, meist nur indirekt auf die konkrete Gestaltung der christlichen Lebensform ein.

---

13 S. hierzu ausführlich Christian Grethlein, Christsein als Lebensform. Eine Studie zur Grundlegung der Praktischen Theologie (ThLZ.F 35), Leipzig 2018; vgl. auch für die historische Arbeit das diesbezügliche Vorwort von: Peter Dinzelbacher (Hg.), Handbuch der Religionsgeschichte im deutschsprachigen Raum Bd. 1. Altertum und Frühmittelalter, Paderborn 2011,11.
14 S. grundlegend Rainer Preul, Kirchentheorie. Wesen, Gestalt und Funktionen der Evangelischen Kirche, Berlin 1997.
15 Christian Grethlein, Kirchentheorie. Kommunikation des Evangeliums im Kontext, Berlin 2018, 297; s. hierzu ausführlicher Bernd Schröder, Das Priestertum aller Getauften und die Assistenz der Kirche. Überlegungen zur Neuformatierung der Praktischen Theologie, in: Michael Domsgen/Bernd Schröder (Hg.), Kommunikation des Evangeliums. Leitbegriff der Praktischen Theologie (APrTh 57), Leipzig 2014, 141–160.

1 Gegenwärtige Herausforderungen

Mein Versuch, die christliche Lebensform zu rekonstruieren, geht von der Gegenwart aus. Diese stellt Menschen vor bestimmte Herausforderungen. Für deren Bewältigung sind das Verstehen ihrer Entstehung und damit der Blick in die Vergangenheit unerlässlich. Im Folgenden nenne ich einige Veränderungen, die sich in den letzten Jahrzehnten zumindest erheblich verstärkten. Sie betreffen unmittelbar die Art und Weise, wie Menschen ihr Leben gestalten. Dabei kann es entsprechend der jeweils gegebenen Komplexität nicht um diskursive Erörterungen gehen. Vielmehr gilt mein Interesse dem Offenlegen von Fragestellungen, die beim Zugang zu früheren Entwicklungen aus heutiger Sicht stets mitschwingen.

Zuerst ist die rapide Zunahme der Weltbevölkerung zu nennen.[16] Zur Zeit Jesu lebten wohl etwa 200 bis 300 Millionen, im Jahr 1500 etwa 500 Millionen Menschen auf der Erde; um 1800 hatte sich ihre Zahl verdoppelt, 1950 war sie bereits auf 2,5 Milliarden angewachsen. Mittlerweile – 2020 – werden etwa 7,8 Milliarden gezählt, bis Ende des 21. Jahrhunderts sagen Demographen etwa 10 Milliarden Menschen vorher. Yuval Noah Harari macht die Folgen dieses explosionsartigen Wachstums am Beispiel Produktion und Konsum anschaulich:

> „Im Jahr 1500 wurden auf der ganzen Welt Waren und Dienstleistungen im Wert von umgerechnet 250 Milliarden Dollar produziert. Heute sind es knapp 60 Billionen Dollar. Im Jahr 1500 verbrauchte die Menschheit pro Tag 13 Billionen Kalorien Energie. Heute verbrauchen wir pro Tag 1500 Billionen Kalorien. (... 14 mal so viele Menschen produzieren 240 mal so viel und verbrauchen dabei 115 mal so viel Energie.)".[17]

Wir leben also in einer „vollen Welt".[18] Das vielerorts diskutierte Phänomen der Globalisierung hat in diesem Wandel – neben neuen Fortbewegungsmöglichkeiten – eine Grundlage. Nachdenklich macht hierzu die Feststellung des Club of Rome: „Die heutigen Religionen und Denkmuster stammen alle aus der Zeit der leeren Welt (Hermann Daly) und eignen sich nicht für die volle Welt."[19] Gilt dies auch für die christliche Lebensform?

---

16 Die folgenden Zahlen sind entnommen der Homepage der Bundeszentrale für politische Bildung, Stichwort: Bevölkerungsentwicklung (www.bpb.de; abgerufen am 14.08.2020).
17 Yuval Noah Harari, Eine kurze Geschichte der Menschheit, München [13]2015 (hebr. 2011), 301.
18 S. hierzu aus ökonomischer Perspektive William Nordhaus, The Spirit of Green. The Economics of Collisions and Contagions in a Crowded World, Princeton 2021.
19 S. Ernst Ulrich v. Weizsäcker/Anders Wijkman u. a., Club of Rome: Der große Bericht. Wir sind dran. Was wir ändern müssen, wenn wir bleiben wollen, Gütersloh [4]2018, 18.

Die vielleicht schwierigste Auswirkung dieser Entwicklung äußert sich in vielfältigen Belastungen der Umwelt. Eine Publikation zum 50-jährigen Bestehen des Club of Rome 2018 stellte die entsprechenden statistischen Befunde zusammen – unter der Überschrift „Anthropozän"[20] übersichtlich in Grafiken aufbereitet.[21] Aktuell zieht besonders der Klima-Wandel, konkret die zunehmende Erwärmung mit ihren vielfältigen Folgen, die Aufmerksamkeit der Öffentlichkeit auf sich. Auf jeden Fall kommt dem Umgang des Menschen mit seiner Um- und Mitwelt aus heutiger Sicht besondere Bedeutung zu. In diesem Zusammenhang verdient der – ebenfalls in den letzten zweihundert Jahren explosionsartig verlaufende – Prozess der Urbanisierung Aufmerksamkeit.

> „1800 gab es nur eine einzige Stadt mit einer Million Menschen Einwohner – London. ... Heute gibt es mehr als 300 Städte mit über einer Million Menschen und 29 Megacitys von über zehn Millionen Menschen".[22]

Mittlerweile lebt über die Hälfte der Menschen in Städten (und deren Vororten).

Auch für Deutschland treffen diese Entwicklungen, wenngleich in moderater Akzentuierung, zu. Die Einwohnerzahl – im Deutschen Reich bzw. in der Bundesrepublik Deutschland – verdoppelte sich zwischen 1871 und 2020 von 41,1 Millionen auf 83,2 Millionen Einwohner. Und hier ist ebenfalls in diesem Zeitraum das Anwachsen der Städte unübersehbar. Dadurch kommen Menschen weniger bzw. gar nicht mehr in Kontakt mit dem Bereich, dem sie – durch die Nahrung – ihr Leben verdanken. Deutlich tritt dies in der Arbeitswelt zu Tage. Waren in Deutschland 1950 noch ein Viertel (24,6%) der Erwerbstätigen im sog. primären Sektor (Land-, Forstwirtschaft, Fischerei) beschäftigt, so sank dieser Anteil bis 2015 auf 1,5%.[23]

Eine weitere, jetzt allerdings nur auf ökonomisch reiche Länder wie Deutschland zutreffende Entwicklung vollzieht sich im demographischen Bereich. Betrug 1870 das Durchschnittsalter der in Deutschland lebenden Menschen 27 Jahre, liegt es mittlerweile bei 44 Jahren.[24] Für die alltägliche Lebenspraxis noch gravierender ist das Anwachsen des Anteils Hochaltriger an der Gesamtbevölkerung, das durch die gestiegene Lebenserwartung bei gleichzeitig niedriger

---

20 S. zu diesem geologischen Konzept und seiner theologischen Relevanz Alexander Loichinger, Schöpfungsglaube im Anthropozän?, in: JRP 34 (2018), 96–108.
21 v. Weizsäcker/Wijkman, Club of Rome 48.
22 A. a. O. 73.
23 Die Zahlen sind den entsprechenden Tabellen entnommen in: Grethlein, Kirchentheorie 207 f.
24 S. die entsprechende Tabelle unter: https://www.bib.bund.de/Permalink.html?id=10208850 (abgerufen am 15.09.2020).

Geburtenrate begründet ist. So lebten 1990 in Deutschland 8 Millionen Menschen, die mindestens 70 Jahre alt waren, 2018 waren es bereits 13 Millionen, mit weiter steigender Tendenz.[25] Diese Entwicklung ist sehr jung, hat aber für die christliche Lebensform erhebliche Bedeutung. Denn nicht nur Jesus von Nazaret starb als – in heutiger Perspektive – recht junger Mann. Auch sonst war eine Lebenslänge, wie sie mittlerweile in vielen – ökonomisch gut gestellten – Ländern als selbstverständlich erscheint, nicht im Blick (s. z. B. Ps 90,10). Dies impliziert noch nicht bewältigte Herausforderungen an die Lebensgestaltung, wie z. B. die im Alter stetig ansteigende Suizidalität zeigt.[26]

Auf ein scheinbar ganz anderes Terrain führen die Stichworte *„Digitalisierung"* bzw. *„Mediatisierung"*.[27] Vorbereitet durch Telefon und Fernsehen entsteht mit Einführung des Computers[28] und dann des sog. Internet, eines Anglizismus für „internetwork", eine neue Kommunikationskultur. Schon die zeitliche Nutzungsdauer[29] zeigt, dass sich hierdurch eine tiefgreifende Veränderung in der Gestaltung des Lebens bei den meisten Menschen ergibt. Nutzten 1997 erst 6,5 % der Deutschen (ab 14 Jahren) Online-Kommunikation, so waren dies 2018 bereits 90,3 %. Dafür verbrachten sie 2018 durchschnittlich jeden Tag über 3 Stunden im Internet (196 Minuten). In den jüngeren Altersgruppen ist diese Entwicklung bereits erheblich ausgeprägter. Die 14–29-Jährigen bewegen sich täglich fast 6 Stunden (353 Minuten) im Internet. Eine wesentliche Konsequenz dieser mittlerweile zumindest bei den Menschen in der ersten Lebenshälfte dominanten Kommunikationsform ist eine neue Form von Öffentlichkeit. Bisher war der Zugang zur Öffentlichkeit institutionell geregelt. Dies hat sich grundsätzlich geändert. Der frühere Google-CEO Eric Schmidt und sein Mitarbeiter Jared Cohen konstatieren:

> „If we are on the web we are publishing and we run the risk of becoming public figures – it's only a question of how many people are paying attention, and why."[30] Es gilt: „size matters

---

25 S. a. a. O.
26 S. die entsprechenden Daten bei: https://pflegia.de/artikel/alterssuizid-ein-trauriger-befund (abgerufen am 15.09.2020).
27 S. zu diesen beiden Konzepten knapp Anna-Katharina Lienau, Kommunikation des Evangeliums in social media, in: ZThK 117 (2020), 489–522, 490–492.
28 S. zu „Computer als Medium" Philipp Sarasin, 1977. Eine kurze Geschichte der Gegenwart, Berlin 2021, 263–287.
29 Die folgenden Angaben sind Tabellen entnommen aus: Media Perspektiven. Basisdaten. Daten zur Mediensituation in Deutschland 2018, Frankfurt Februar 2019, 83.
30 Eric Schmidt/Jared Cohen, The New Digital Age. Reshaping the Future of People, Nations and Business, New York 2013, 56.

less. Technology empowers all parties, and allows smaller actors to have outsized impacts. And those actors need not to be known or official."[31]

Dazu wird „das Weltverhältnis auf fundamentale Weise transformiert"[32], wie der Soziologe Hartmut Rosa notiert:

> „Das Weltwissen ist mittels Smartphone und Suchmaschinen in der Hosen- oder Jackentasche verfügbar, wir tragen es stets am Leib. Die damit verbundene Veränderung unseres Weltverhältnisses betrifft nicht nur die Richtung vom Selbst zur Welt (die Subjekte sind in der Lage, sich gewaltige Weltausschnitte verfügbar zu machen), sondern auch die umgekehrte Richtung: Das Selbst ist für ‚die Welt' verfügbar, nicht nur im Sinne kommunikativer Erreichbarkeit, sondern auch hinsichtlich der digital zugänglichen Bilder, Daten und Informationen."[33]

Die Corona-Epidemie beschleunigt diese Entwicklung, insofern die digitale Kommunikation in vielen Bereichen, nicht zuletzt bei der Erwerbsarbeit und in den Schulen, an die Stelle des direkten Kontaktes tritt und diesen zeitlich, sozial und räumlich entgrenzt.

> „Besonders eindrücklich lassen sich diese Entgrenzungen im Hinblick auf Familien beobachten, die durch die Gleichzeitigkeit von Beruf und Familie sowie eine multilokale Lebenssituation geprägt sind."[34]

Durch die Verbreitung solcher Kommunikationstechnologie verlieren – wie bereits angedeutet – Institutionen und Organisationen an Bedeutung für die öffentliche Meinungsbildung und damit auch die Lebensgestaltung.

Schließlich fördert die Internet-Technologie eine bereits anderweitig angestoßene Entwicklung, nämlich die *Beschleunigung*. Sie begann mit der Einführung der Eisenbahn,[35] die Menschen eine schnellere Fortbewegung ermöglichte als dies bei der bisherigen Verwendung naturaler Gegebenheiten (wie Pferden oder Flussschifffahrt) möglich war. Die Einführung und seit der Mitte der fünfziger Jahre des 20. Jahrhunderts massenhafte Verbreitung des Automobils sowie des Flugverkehrs steigerten die dadurch ermöglichte und gegebene Beschleunigung weiter, seit den neunziger Jahren unterstützt durch die rasende Datenverarbeitung

---

31 A.a.O. 101.
32 Hartmut Rosa, Unverfügbarkeit, Wien 2018, 85.
33 A.a.O. 86.
34 Lienau, Kommunikation 491.
35 S. hierzu anschaulich Rüdiger Safranski, Zeit. Was sie mit uns macht und was wir aus ihr machen, München 2015, 123–126.

im Internet. Rüdiger Safranski beobachtet dadurch eine grundlegende Veränderung:

> „Mit der technischen Beschleunigung bei Verkehr, Kommunikation, Produktion und Konsum beschleunigt sich auch der soziale Wandel in Beruf, Familie, Partnerschaft bis hin in die individuellen Lebensentwürfe. Die ganze Gesellschaft, auch wenn ihr äußerer Rahmen stabil bleibt, ist in Bewegung geraten, die Flexibilitätsanforderungen an den Einzelnen sind gewachsen. ... Die sich schnell wandelnden Arbeits- und Lebensverhältnisse entwerten die Erfahrungen. Man muss fortwährend umlernen. ... Auch die Natur, die wir verbrauchen, wird in diese Beschleunigung hineingerissen. ... Alexander Kluge hat dafür den treffenden Ausdruck gefunden – er nennt diesen Vorgang den Angriff der Gegenwart auf den Rest der Zeit."[36]

Angesichts dieser tiefgreifenden Veränderungen – Ulrich Beck sprach sogar von einer „Metamorphose"[37] – ist es unerlässlich, von neuem die christliche Lebensform zu bestimmen. Es gilt die vom Auftreten, Wirken und Geschick Jesu ausgehenden Impulse auf diesen neuen Kontext zu beziehen und so die christliche Lebensform in der Spannung zwischen Adaption und Kontrast zu profilieren. Ein bloßes Festhalten an Überkommenem, das sich – genau gesehen – wiederum früher aktuellen Kontexten verdankte, verstellt den Zugang auf ihr lebensförderliches Potenzial. Christsein droht zur Folklore zu mutieren – wie ein Blick auf schwarze Talare, „eine preußische Beamtenuniform",[38] oder aus dem Mittelalter stammende Messgewänder nahe zu legen scheint.[39]

2 Heutige Problemlagen der Kirchen

Statistisch ist – auch in Deutschland – in den letzten sechzig Jahren ein großer Wandel bzw. pointierter formuliert: Abbruch hinsichtlich der kirchlichen Orga-

---

36 A.a.O. 126 f.
37 Ulrich Beck, Die Metamorphose der Welt, Berlin 2017.
38 Christian Trappe, Reformation im Kleiderschrank, in: PTh 81 (1992), 117–130, 117; s. zu historischer Genese und gegenwärtigem Stand in den evangelischen Landeskirchen Alexander Proksch, Amtlich gekleidet. Zur Funktion liturgischer Kleidung in evangelischen Landeskirchen, in: Thomas Klie/Jakob Kühn (Hg.), FeinStoff. Anmutungen und Logiken religiöser Textilien (PTHe 178), Stuttgart 2021, 103–124.
39 S. Jürgen Bärsch, Liturgie im Hoch- und Spätmittelalter, in: Ders./Benedikt Kramemann in Verbindung mit Winfried Haunerland/Martin Klöckener (Hg.), Geschichte der Liturgie in den Kirchen des Westens. Rituelle Entwicklungen, theologische Konzepte und kulturelle Kontexte Bd. 1. Von der Antike bis zur Neuzeit, Münster 2018, 329–376, 343–346.

nisationen unübersehbar.[40] 1961 waren 51,1% aller Bundesdeutschen Mitglied in einer evangelischen Landeskirche, 45,5% in der römisch-katholischen Kirche. Lediglich 3% waren also keine Kirchenmitglieder! 1990 gehörten nur noch 36,9% einer evangelischen Landeskirche an, 35,4% der römisch-katholischen Kirche, also schon weniger als drei Viertel der Gesamtbevölkerung. 2019 waren insgesamt noch 24,9% der Deutschen Mitglieder in einer evangelischen Landeskirche, 27,2% in der römisch-katholischen Kirche.[41] Seit der politischen Vereinigung Deutschland verließen über zehn Millionen Menschen eine der beiden großen christlichen Kirchen:

Kirchenaustritte in Deutschland zwischen 1990 und 2019 (in Tausend)

Jahr	Katholische Kirche	Evangelische Kirche	Insgesamt
1990	143	144	287
1991	168	321	489
1992	193	361	554
1993	154	280	434
1994	156	290	446
1995	168	297	465
1996	133	226	359
1997	124	197	321
1998	119	183	302
1999	129	193	322
2000	129	189	318
2001	114	172	286
2002	119	174	293
2003	130	177	307
2004	101	142	243
2005	90	120	210
2006	84	122	206
2007	94	130	224
2008	121	170	291
2009	124	148	272
2010	181	145	326
2011	126	141	267
2012	118	138	256
2013	179	177	356
2014	218	270	488

40 S. ausführlicher Christian Grethlein, Quo vadis, ecclesia? Evangelische Kirche im Transformationsprozess, in: DtPfrBl 120 (2020), 5–10.
41 S. Evangelische Kirche in Deutschland (EKD) (Hg.), Gezählt 2020. Zahlen und Fakten zum kirchlichen Leben, Hannover Juli 2020, 4.

Kirchenaustritte in Deutschland zwischen 1990 und 2019 (in Tausend) *(Fortsetzung)*

Jahr	Katholische Kirche	Evangelische Kirche	Insgesamt
2015	182	211	393
2016	162	190	352
2017	168	197	365
2018	216	221	436
2019	273	270	543

Angesichts der hohen Austrittszahlen in den letzten Jahrzehnten sowie der demographischen Zusammensetzung der Kirchenmitglieder, die im Durchschnitt älter als die Gesamtbevölkerung sind, ist für die nächsten Jahre zu erwarten, dass in Deutschland die Kirchenmitglieder in die Minderheit geraten werden. Eine 2019 veröffentliche Prognose des Forschungszentrums Generationenverträge (FZG) der Albert-Ludwigs-Universität Freiburg sagt bis 2060 eine weitere Halbierung dieser Zugehörigkeitszahlen voraus.[42] *Schon heute steht fest, dass Kirchenmitgliedschaft keine Selbstverständlichkeit mehr ist – vielmehr eine Option, der vor allem jüngere Menschen zunehmend kritisch bzw. zurückhaltend gegenüber stehen.* Auf jeden Fall ist in der Altersgruppe der 25- bis 34-Jährigen die Austrittswahrscheinlichkeit besonders hoch.[43] Kirchenleitende Versuche, dieser Entwicklung mit betriebswirtschaftlich und organisationssoziologisch inspirierten Programmen zu begegnen – Stichwort: „gegen den Trend wachsen"[44] –, konnten diese Entwicklung nicht stoppen.

Zugleich zeigen Umfragen, dass die Kirchenmitgliedschaft an Bedeutung für die konkrete Daseins- und Wertorientierung der Menschen verliert. So nimmt auf der einen Seite die Zahl der Kirchenmitglieder zu, die z. B. angeben, nicht an Gott zu glauben, „der sich in Jesus Christus zu erkennen gegeben hat" (2012: 38,9 % der Evangelischen), während auf der anderen Seite immerhin 5,7 % der Konfessionslosen diesen Glauben für sich bekennen.[45]

Ähnlich widersprüchliche Tendenzen zeigen sich hinsichtlich des Gottesdienstes als einer zweifellos vom Anspruch und Mitteleinsatz her zentralen

---

42 S. https://www.dbk.de/fileadmin/redaktion/diverse_downloads/dossiers_2019/2019-05-02_Projektion-2060_EKD-VDO_FactSheets_final.pdf.pdf (abgerufen am 13.08.2020).
43 S. die entsprechende Tabelle a.a.O.
44 So das vom Rat der EKD herausgegebene Impulspapier „Kirche der Freiheit" (2006), 7.
45 S. die entsprechende Tabelle bei Heinrich Bedford-Strohm/Volker Jung (Hg.), Vernetzte Vielfalt. Die fünfte EKD-Erhebung über Kirchenmitgliedschaft, Gütersloh 2015, 500.

kirchlichen Veranstaltung.[46] Hier geht der Zuspruch zu der Gottesdienstform, die lange Zeit als „Normalfall" galt,[47] nämlich zum sonntäglichen Gottesdienst, kontinuierlich zurück. Feierten 1989 durchschnittlich noch 1.266.000 Menschen einen solchen „Hauptgottesdienst" in einer evangelischen Kirche, so waren dies 2019 – also nach der Erweiterung der Bundesrepublik durch die politische Vereinigung – nur noch 682.827, etwa eine Halbierung der Teilnahmezahl in einer Generation.[48] Selbst für Menschen, die sich der evangelischen Kirche verbunden fühlen, besteht zunehmend eine Reserve bzw. Desinteresse gegenüber dem sonntäglichen Kirchgang, was sich durch die Corona-bedingten Restriktionen noch verstärken dürfte. Entsprechende Befunde einer Umfrage unter evangelischen Kirchenmitgliedern, die sich ihrer Kirche mehrheitlich sehr verbunden bzw. verbunden fühlen, führen zu dem Ergebnis: „Der klassische agendarische Gottesdienst erscheint ... als Zielgruppengottesdienst, der nur für einen Bruchteil der Kirchenmitglieder attraktiv ist."[49] Ebenfalls dramatisch stellt sich der Abbruch bei der römisch-katholischen Kirche dar. 1960 feierten in ihren Gemeinden sonntags durchschnittlich 11,9 Millionen Menschen die Messe, 2018 waren es nur noch 2,13 Millionen,[50] also ein Schwund von über 80% in zwei Generationen. Nach römisch-katholischem Kirchenrecht begehen damit heute jeden Sonntag mehr als 90% der deutschen Katholiken eine „schwere Sünde" (CIC 1247). Umgekehrt entstanden zahlreiche neue Gottesdienstformen, teilweise biografie-, teilweise zielgruppenbezogen, die jedenfalls manchmal großes Interesse finden.[51] Die genaue Zahl der hier Teilnehmenden wird aber kirchenamtlich nicht flächendeckend erfasst. Michael Ebertz erklärt diese Spannung wissenssoziologisch durch den Hinweis auf unterschiedliche Teilnahme-Logiken. Demnach verdankt sich der Sonntagsgottesdienst einer einseitig binnenkirchlichen Logik, während sich bei

---

46 S. ausführlicher Christian Grethlein, Gottesdienst in Deutschland – im Umbruch! Einige Überlegungen zur Zukunft evangelischen Gottesdienstes, in: ZThK 118 (2021), 122–140.
47 S. z.B. Michael Meyer-Blanck, Der Sonntagsgottesdienst. Elemente einer praktisch-theologischen Theorie des „Normalfalles", in: Kristian Fechtner/Lutz Friedrichs (Hg.), Normalfall Sonntagsgottesdienst? Gottesdienst und Sonntagskultur im Umbruch (PTHe 87), Stuttgart 2008, 72–81.
48 Diese Zahlen errechnen sich im Verhältnis von 2 zu 1 aus den Teilnehmerzahlen am Sonntag Invokativ und am 1. Advent (ohne Kindergottesdienst; https:/fowid.de/meldung/kirchliches-leben-evangelische-kirche-deutschland-1953-2019; abgerufen am 20.07.2020).
49 S. Liturgische Konferenz, Kirchgangsstudie 2019. Erste Ergebnisse 2019, Hannover 2019, 1.
50 Die Zahlen sind entnommen: https://de.statista.com/statistik/daten/studie/2637/umfrage/anzahl-der-katholischen-gottesdienstbesucher-seit-1959 (abgerufen am 20.07.2020).
51 S. z.B. Jochen Arnold (Hg. im Auftrag der Liturgischen Konferenz), Andere Gottesdienste. Erkundungen und Reflexionen zu alternativen Liturgien, Gütersloh 2012; Ulrike Wagner-Rau/Emilia Handke (Hg.), Provozierte Kasualpraxis. Rituale in Bewegung (PTHe 166), Stuttgart 2019.

neueren Gottesdienstformen kirchliche sowie biografie- und/bzw. familienbezogene Logiken miteinander verschränken.

„Während die Funktionsträger der Kirchen ihre Erwartungen gegenüber den Kirchenmitgliedern vor allem auf deren Befolgung ekklesiastischer Kriterien und Normen richten und etwa am sonntäglichen Kirchgang messen, konzentrieren sich die Erwartungen der Mehrheit der übrigen Kirchenmitglieder um den Gesichtspunkt, ob die kirchlichen Deutungsschemata und symbolischen Handlungen ihnen helfen, zu verstehen und selbst verstanden zu werden, ob sie ihnen helfen, ihre Interaktionen fortzuführen und ihre jeweilige Lebenssituation zu bestehen, symbolisch zu markieren und festlich zu begehen, und zwar unabhängig von sonstigen kirchlichen Bedingungen".[52]

Neue Perspektiven eröffnen Kommunikationen in den elektronischen Medien, die sich auf das Evangelium beziehen (lassen). Sie weiten über die mittlerweile vertrauten diesbezüglichen Sendungen in Radio und Fernsehen den Horizont noch einmal erheblich,[53] nicht zuletzt durch die hier möglichen Interaktionen in den Social Media.[54] Im Zug der Corona-Epidemie kam es auf vielfältigen regionalen und lokalen Ebenen zu einer geradezu explosionsartigen Vermehrung entsprechender Angebote und Kommunikationen.

Insgesamt ist unübersehbar, dass die in staatsanalogen Kirchenorganisationen institutionalisierte Form des Christentums, wie sie in Deutschland herrscht, an Bedeutung verliert.

In diese Richtung weisen auch die Gründe, die bei einer Befragung 2019 für den Kirchenaustritt in Deutschland angegeben wurden: 41,0 % „Kirchensteuer"; 39,3 % „Unzufriedenheit mit der Institution Kirche"; 15.6 % „Glaube nicht (mehr) an Gott"; 1,8 % „Glaube jetzt an einen anderen Gott/andere Göttin/Götter"; 2,8 % „Anderes".[55]

Soziologisch dürften vor allem folgende Entwicklungen im Hintergrund stehen, die eine weitere Marginalisierung erwarten lassen:

---

52 S. Michael Ebertz, Einseitige und zweiseitige liturgische Handlungen. Gottes-Dienst in der entfalteten Moderne, in: Benedikt Kranemann/Eduard Nagel/Elmar Nübold (Hg.), Heute Gott feiern. Liturgiefähigkeit des Menschen und Menschenfähigkeit der Liturgie, Freiburg 1999, 14–38, 27.
53 S. grundlegend Stefan Böntert, Gottesdienste im Internet. Perspektiven eines Dialogs zwischen Internet und Liturgie, Stuttgart 2005; Anna-Katharina Lienau, Gebete im Internet. Eine praktisch-theologische Untersuchung (CPV 17), Erlangen 2009; Kristin Merle, Religion in der Öffentlichkeit. Digitalisierung als Herausforderung für kirchliche Kommunikationskulturen (PTHW 22), Berlin 2019.
54 S. Lienau, Kommunikation.
55 S. https://www.kirchenaustritt.de/nachrichten/umfrageergebnis2019 (abgerufen am 25.02.2021).

Ein Blick nicht nur auf die beiden großen Kirchen, sondern auch auf Gewerkschaften oder Parteien zeigt: Die Bedeutung von Institutionen geht zurück, die sich herkömmlich durch grundsätzliche Selbstverständlichkeit, distanzierte Kommunikation sowie fixierte rechtliche und inhaltliche Rahmensetzungen auszeichnen.[56]

Der französische, lange in Stanford lehrende Epistemologe Michel Serres hat diesen Prozess eindrücklich in folgendem Bild formuliert: „Ich sehe unsere Institutionen in einem Glanz erstrahlen, der dem jener Sternbilder gleicht, von denen Astronomen uns berichten, daß sie längst erloschen sind."[57] Im Hintergrund steht seine Analyse, dass sich die Lebensbedingungen für heutige junge Menschen gegenüber früheren Generationen erheblich verändert haben. Auch die Organisationslogik, mit ihrer Zielorientierung, Werbung und entsprechenden Einbindung der Mitglieder „bei Ausbau der geplanten Kommunikationswege" zur Zielerreichung[58] verliert an Plausibilität. So fasst Felix Roleder zutreffend entsprechende Befunde zusammen: „Hinsichtlich der Handlungsmöglichkeiten religiöser Organisationen ist ... festzuhalten, dass sich religiöser Austausch und Einfluss zumeist in privaten und spontanen Netzwerken vollziehen, auf die religiöse Organisationen keinen unmittelbaren Einfluss haben."[59]

Vor allem die digitalisierte Kommunikation lässt mit ihren Möglichkeiten der Partizipation an Öffentlichkeit einen netzwerkartigen Raum entstehen, in dem die Institutionen rapide an Bedeutung verlieren. Dem entspricht die Beobachtung des Kultursoziologen Armin Nassehi hinsichtlich des Wandels bei der religiösen Kommunikation. An die Stelle der früheren Dominanz der autoritären Form – „Pfarrer bzw. Bischof NN sagt" – tritt jetzt das kommunikative Format der Authentizität, also eine „individuelle Selbstrepräsentation"[60]. Sie erlaubt in einer zunehmend als inkonsistent erlebten Welt eine sonst nicht mögliche Ganzheit.

> „Dieses Ganze ist eher die ‚biographische Konstruktion von Ganzheit' ... Die authentische Rede erzeugt semantisch eine Einheit – sie arbeitet sich ... daran ab, das zeitlich, sachlich und sozial differenzierte, inkonsistente und bisweilen unbegreifliche Leben als eine Einheit

---

[56] S. zu dieser Institutionenlogik Eberhard Hauschildt/Uta Pohl-Patalong, Kirche (Lehrbuch Praktische Theologie 4), Gütersloh 2013, 216.
[57] Michel Serres, Erfindet euch neu! Eine Liebeserklärung an die vernetzte Generation, Berlin 2013 (franz. 2012), 7.
[58] S. Hauschildt/Pohl-Patalong, Kirche 216.
[59] Felix Roleder, Die relationale Gestalt von Kirche. Der Beitrag der Netzwerkforschung zur Kirchentheorie (PTHe 169), Stuttgart 2020, 114.
[60] S. Armin Nassehi, Religiöse Kommunikation: Religionssoziologische Konsequenzen einer qualitativen Untersuchung, in: Bertelsmann Stiftung (Hg.), Woran glaubt die Welt? Analysen und Kommentare zum Religionsmonitor 2008, Gütersloh 2009, 169–203, 190.

darstellen zu können. Darin bleibt die Thematisierung des Religiösen durchaus einer traditionellen Form verpflichtet, nämlich der Herstellung von Ganzheit, von Transzendenz im durchaus substanziellen Sinne."[61]

Theologisch bietet sich in dieser Situation die Bezugnahme auf das von den Reformatoren behauptete *Allgemeine Priestertum*[62] an. Von daher legt also die hier versuchte Rekonstruktion des Wandels der christlichen Lebensform zugleich das Fundament für eine Pastoraltheologie – jetzt aber nicht mehr als der Theorie einer bestimmten geweihten oder ordinierten Personengruppe, sondern eben aller Christinnen und Christen. Denn die Rekonstruktion der Geschichte des Christseins ermöglicht, diese Lebensform inhaltlich genauer zu profilieren.

3 Hermeneutische Instrumente

Weil die Gegenwart und ihre Herausforderungen auch geschichtliche Rückblicke prägen, ist es notwendig, methodisch kontrolliert frühere Texte auszuwerten. Dabei ist allerdings vorweg ein doppeltes Problem zu beachten: der „Social" und der „Gender Data Gap".[63] Demnach bleiben in vielen historischen Dokumenten Arme bzw. sozial Ausgegrenzte und Frauen unbeachtet. Dies ist für eine Geschichte der christlichen Lebensform besonders problematisch, weil sich Jesu Auftreten und Wirken – wie in Kapitel 2 gezeigt wird – durch eine besondere Zuwendung zu Armen und Frauen auszeichneten. Es wird also wichtig sein, immer wieder nach den Einstellungen, Problemen und Aufbrüchen dieser Personengruppen zu fragen.

Der kommunikative Charakter der christlichen Lebensform macht es erforderlich, ihren Zusammenhang mit dem jeweiligen politischen, gesellschaftlichen und kulturellen Kontext zu bestimmen. Hier bewährt sich die Differenzierung, die Ende des 20. Jahrhunderts eine im Auftrag des Lutherischen Weltbundes arbeitende, international und ökumenisch zusammengesetzte Arbeitsgruppe entwarf. Sie beschrieb das Verhältnis von Kultur und Gottesdienst in vier Dimensionen:

---

61 Ebd.
62 S. z. B. Martin Luther, Von der Freiheit eines Christenmenschen (WA 7,57,4–58,3); s. zur praktisch-theologischen Rezeption und Profilierung dieses Begriffs Georg Bucher, Befähigung und Bevollmächtigung. Interpretative Vermittlungen zwischen allgemeinem Priestertum und empowerment-Konzeptionen in religionspädagogischer Perspektive (APrTh 81), Leipzig 2021, 139–205.
63 Zum Gender Data Gap s. Carel van Schaik/Kai Michel, Die Wahrheit über Eva. Die Erfindung der Ungleichheit von Frauen und Männern, Hamburg Dezember 2020, 348, 592.

„– Es ist kulturübergreifend (30f.): So werden etwa Taufe und Herrenmahl in den verschiedensten christlichen Gemeinschaften gefeiert. Ebenso lesen Menschen dort die Bibel, beten das Vaterunser und bekennen ihren Glauben.
- Es ist kontextuell (31–33): Nur in Verbindung mit der jeweiligen Kultur wird das Evangelium kommuniziert. Dies kann in zweifacher Weise geschehen. Zum einen erweist sich die ‚dynamische Äquivalenz' (31) als hilfreich. ‚Durch sie werden Bestandteile des christlichen Gottesdienstes durch Elemente einer lokalen Kultur, die ihnen in Bedeutung, Wert und Funktion entsprechen, neu ausgedrückt.' (31) Zum anderen hat sich die ‚Methode kreativer Assimilation' (32) bewährt. ‚Dabei werden relevante Bestandteile der lokalen Kultur in den liturgischen ordo eingegliedert, um seinen ursprünglichen Kern zu bereichern.' (32)
- Es ist kontrakulturell (kulturkritisch; 33). Dabei leitet die Einsicht: ‚Einige Bestandteile einer jeden Kultur dieser Erde sind sündhaft, der Menschlichkeit abträglich und widersprechen den Werten des Evangeliums.' (33) Ausdrücklich werden hier ‚alle Arten von Unterdrückung und sozialer Ungerechtigkeit' (33) genannt.
- Es ist kulturell wechselwirksam (33f.). Hier geht es um die gegenseitige Bereicherung von Kirche, die deren Verortung in unterschiedlichen Kulturen ermöglicht. Verbunden durch die Einheit der Taufe wird wechselseitig auf Formen von Kunst, Liedern u. a. zurückgegriffen."[64]

Diese Unterscheidungen sind unschwer auf das Christsein als ganzes übertragbar bzw. erweiterbar. Besondere Bedeutung kommt dabei dem *Mit-, In- und Gegeneinander von „kontextuell" und „kontrakulturell"* zu. Die hiermit bezeichnete Adaption des bzw. der Kontrast zum allgemein Üblichen markieren nämlich die Spannung zwischen der Verständlichkeit und der sachlichen Eigenständigkeit des Christseins.

„Beim Ausblenden der kontextuellen Perspektive wird die Kommunikation des Evangeliums unverständlich und alltags- bzw. lebensfremd. Umgekehrt führen ein Übersehen oder zu geringes Beachten der kontrakulturellen Perspektive zu einer affirmativen Verzerrung der Kommunikation des Evangeliums."[65]

Ein weiteres wichtiges hermeneutisches Werkzeug für eine Geschichte des Christseins bildet die gesellschaftsgeschichtliche Theorie der *Nebenfolgen*. Demnach intendieren Entscheidungen bestimmte Folgen. Ihre Umsetzung zieht dann aber oft Nebenfolgen nach sich, die manchmal das ursprünglich Intendierte überlagern und sogar konterkarieren.

---

64 Grethlein, Kirchentheorie 42, unter Bezug (mit Seitenangaben) auf die Erklärung von Nairobi über Gottesdienst und Kultur. Herausforderungen und Möglichkeiten unserer Zeit, in: Anita Stauffer (Hg.), Christlicher Gottesdienst: Einheit in ökumenischer Vielfalt. Beiträge zur Gestaltung des Gottesdienstes heute (LWB Studien), Genf 1996/Hannover 1997, 29–35.
65 Grethlein, Kirchentheorie 43.

„Aus der Perspektive eines Krisendiskurses ... erscheinen Folgeprobleme bzw. Nebenfolgen unbeabsichtigt oder werden ursächlich der Absicht eines, meistens minoritären und daher relativ einflusslosen, Gegendiskurses zugesprochen. Irritierend wirkt dabei stets, dass die Probleme nicht nur unbeabsichtigt waren und außerhalb des Mainstreams eine Heimat im ‚Untergrund' finden, sondern dass sie auch dem Hauptdiskurs inhärent zu sein und in letzter Konsequenz in ihm schon ursprünglich angelegt scheinen."[66]

So führt in liturgicis z. B. das Bemühen darum, die Tradition zu bewahren, nicht selten zur Unverständlichkeit des Gefeierten, wenn etwa die Liturgiesprache den Zusammenhang mit der Umgangssprache verliert. Angesichts der hohen Bedeutung von Verständlichkeit bei der Zusammenkunft der Christen, wie sie Paulus in 1Kor 14 nachdrücklich formulierte, steht dann die gottesdienstliche Feier dem inklusiven Impuls des Wirkens Jesu entgegen

Schließlich bestimme ich den Gegenstand meiner Untersuchung, das Christsein, als eine *Lebensform*. Denn die bisher üblichen Begriffe „Kirche" und „Religion" erscheinen mir nur eingeschränkt tauglich, um den Zusammenhang der sich über 2000 Jahre erstreckenden Entwicklungen zu erfassen und in der Gegenwart zu orientieren. Beide Begriffe implizieren nämlich erhebliche Reduzierungen hinsichtlich der inhaltlichen Bestimmung des Christseins. Eine Zentrierung auf „Kirche" schränkt jedenfalls nach üblichem Sprachgebrauch das Christsein auf eine bestimmte Sozialform ein, die in Deutschland noch immer staatsanalog organisiert ist. Dabei bleibt die theologisch interessante Tatsache ausgeblendet, dass im Neuen Testament vier verschiedene Sozialformen „ekklesia" genannt werden:

„– Ekklesia bezeichnet die Christen im ökumenischen, also den ganzen bewohnten Erdkreis umspannenden Sinn (1Kor 4,17; Mt 16,18).
– ‚Ekklesiai' (Plural) begegnen in Städten, etwa in Korinth (1Kor 1,2),
– oder in Landschaften, z. B. in Syrien und Zilizien (Apg 15,41).
– Auch die Institution des Hauses, also die soziale Vorform der Familie, wird mehrfach ‚ekklesia' genannt (Röm 16,5; 1Kor 16,19; Phlm 2; Kol 4,13)."[67]

---

66 S. Benjamin Steiner, Nebenfolgen in der Geschichte. Eine historische Soziologie reflexiver Modernisierung, Berlin 2015, 33 f.
67 Christian Grethlein, Praktische Theologie, Berlin ²2016, 338; s. zu den einzelnen Textbefunden Karl Ludwig Schmidt, Ekklesia, in: ThWNT Bd. 3 (1938/1957), 502–535; s. zum paulinischen Kirchenverständnis Hans-Joachim Eckstein, Gottesdienst im Neuen Testament, in: Ders./Ulrich Heckel/Birgit Weyel (Hg.), Kompendium Gottesdienst, Tübingen 2011, 22–41, 40; s. auch aus katholischer Perspektive Michael Theobald, Kirche im Neuen Testament, in: ZThK 117 (2020), 377–408, 381–386.

„Religion" reduziert – neben den eurozentrischen und protestantischen Implikationen dieses Begriffs[68] – den Weltbezug. Denn herkömmlich bezeichnet sie nur einen möglichen Weltzugang, neben den andere treten.[69]

Demgegenüber enthält die von Eduard Spranger populär gemachte,[70] im Werk des späten Ludwig Wittgenstein[71] weiterentwickelte Kategorie der Lebensform die Möglichkeit, zugleich umfassender und inhaltlich genauer zu sein.

> „Lebensformen sind ... Zusammenhänge von Praktiken und Orientierungen und Ordnungen sozialen Verhaltens. Diese umfassen Einstellungen und habitualisiertes Verhalten mit normativem Charakter, die die kollektive Lebensführung betreffen, obwohl sie gleichzeitig nicht streng kodifiziert oder institutionell verbindlich verfasst sind." Gegenüber der Mode zeichnen sie sich durch „Sachhaltigkeit", „Dauerhaftigkeit" und „Selbständigkeit" aus.[72]

Schon sprachlich enthält „Lebensform" zum einen die „biegsame Kategorie des Lebens", die allen dogmatischen Reduktionen entgegensteht, und zum anderen das „Ordnungsprinzip ‚Form'",[73] das eine inhaltliche Bestimmung erfordert. Dabei weist die Verwendung des Begriffs im Plural, etwa in statistischen Erhebungen, auf dessen Potenzial hin, Pluralismus zu erfassen. Allerdings ist es das Ziel einer Konturierung des Christseins als Lebensform (im Singular), die in unterschiedlichen Ausprägungen der Lebensführung für Christinnen und Christen gegebene Gemeinsamkeit zu erfassen.

Sie wird – bereits im Neuen Testament – durch den Begriff des Evangeliums und die Darstellung von dessen Kommunikation präzisiert. Der Dynamik die-

---

[68] S. Falk Wagner, Religion II. Theologiegeschichtlich und systematisch-theologisch, in: TRE Bd. 28 (1997), 522–545.
[69] Deutlich tritt dies z. B. in der pädagogischen Theorie der „Modi der Weltbegegnung" hervor, wie sie – auch religionspädagogisch vielfach rezipiert – Jürgen Baumert entwarf (Jürgen Baumert, Deutschland im internationalen Bildungsvergleich, in: Nelson Kilius u. a., [Hg.] Die Zukunft der Bildung, Frankfurt 2002, 100–150, 108–113); vgl. dagegen Christian Grethlein, „Religion" oder „Kommunikation des Evangeliums" als Leitbegriff für die Praktische Theologie?, in: ZThK 112 (2015), 468–489.
[70] S. Eduard Spranger, Lebensformen. Geisteswissenschaftliche Psychologie und Ethik der Persönlichkeit, Halle 1921.
[71] Zur differenten Interpretation hierzu s. mit entsprechenden Literaturhinweisen Rahel Jaeggi, Kritik von Lebensformen, Berlin 2014, 68 Anm. 3.
[72] A. a. O. 89.
[73] S. Herbert Hrachovec, Formvollendet? Nein danke!, in: Christian Denker (Hg.), Lebensform Wittgenstein. Bilder und Begriffe, Wien 2009, 21–24, 24.

ser Kommunikation – der griechische Begriff „euangelizesthai" steht (meist) im Medium – entspreche ich dadurch, dass ich vorzüglich Verben, nicht Substantiva verwende, um die Ausdrucksformen des Christseins zu formulieren.[74]

---

[74] S. hierzu den Hinweis bei Erich Fromm, Haben oder Sein. Die seelischen Grundlagen einer neuen Gesellschaft, Stuttgart 1976, 30 f.; vgl. auch Tristan Garcia, Das intensive Leben. Eine moderne Obsession, Berlin 2017, 99.

Kapitel 2:
Impulse durch das Auftreten, Wirken und Geschick Jesu

Christsein bezieht sich – wie aus dem bereits genannten, ersten Vorkommen dieses Begriffs in Apg 11,26 hervorgeht – *auf das Auftreten, Wirken und Geschick Jesu von Nazaret*. Als „Christianoi" (Christen) wurden in Antiochien die bezeichnet, die als „Schüler" bzw. – so die verbreitete Übersetzung Martin Luthers – „Jünger" Jesu lebten. Von daher ist es notwendig, eingangs die Impulse zu rekonstruieren, die vom Auftreten, Wirken und Geschick Jesu ausgingen und zunehmend mehr Menschen in ihrer Lebensgestaltung bestimmten. Da Jesus selbst ein Jude aus Galiläa war und ihn diese Herkunft prägte, ist zuerst (1.) ein kurzer erinnernder Blick hierauf zu werfen.

> „Der Erinnerungsbegriff soll ... das Verständnis von Gegenwart und Vergangenheit hermeneutisch erfassen. Die Vergangenheit als solche ist per definitionem vergangen. Sie ist nur als gedeutete Vergangenheit – also als Geschichte – zugänglich. Auf diese Weise, im Modus ihrer Deutung, gewinnt die Vergangenheit Bedeutung für die Gegenwart, insofern diese als gewordene im Horizont prägender Ereignisse der Vergangenheit verstanden wird."[1]

Es folgt eine knappe Rekonstruktion des Inhalts von Jesu Botschaft, die das Anbrechen der Königsherrschaft Gottes ankündigte (2.). Die von ihm dabei verwendeten Kommunikationsmodi werden anschließend bestimmt (3.). Denn sie bilden die grundlegenden Ausdrucksweisen für die christliche Lebensform. Eine komprimierte und zugleich ganz praktische Zusammenfassung des hier Gehofften und Intendierten bietet das Vaterunser (4.). Es bildet nicht zufällig das Zentrum des wirkmächtigsten Rede-Komplexes im Neuen Testament, der Bergpredigt. Abschließend sind noch ethische Weisungen zu nennen (5.), denn sie prägen nachhaltig – wenn auch immer wieder umstritten und vielfach modifiziert – die christliche Lebensform.

---

[1] Jens Schröter, Jesuserinnerung. Geschichtshermeneutische Reflexionen zur Jesusforschung, in: Eckart David Schmidt (Hg.), Jesus, quo vadis? Entwicklungen und Perspektiven der aktuellen Jesusforschung (BThSt 177), Göttingen 2018, 115–153, 119.

1 Jesus als Jude

Jens Schröter fasst die entsprechenden historischen Erkenntnisse zur Herkunft Jesu aus Nazaret kurz zusammen:

> „Jesus stammt ... aus einem kleinen, unbedeutenden Dorf in Untergaliläa, das zu seiner Zeit weniger als 400 Einwohner zählte. Dort lebte seine Familie, dort war er – wie offenbar auch sein Vater – als Bauhandwerker tätig (Mk 6,3; Mt 13,55). Auch in der Jesusüberlieferung spielt dieser Ort nur eine untergeordnete Rolle. Den synoptischen Evangelien zufolge tritt Jesus dort nur ein einziges Mal auf – und das durchaus erfolglos."[2]

Tatsächlich wirkte Jesus vor allem im Umfeld des Galiläischen Sees. Landwirtschaft auf fruchtbaren Böden und Fischfang waren hier wichtige Erwerbsquellen:

> „Wenn die ersten Jünger Jesu Fischer vom See Gennezaret sind und in den Gleichnissen der Evangelien ein Sämann, wie von selbst wachsende Saat, ein winziges Senfkorn, das zu einer großen Staude wird, Unkraut unter Weizen, Weinbergbesitzer und Menschen, die im Weinberg arbeiten, begegnen, dann spiegelt sich darin die galiläische Lebenswelt wider."[3]

Dass eine gewisse Separation der Galiläer von in Judäa Ansässigen bestand, zeigte sich bereits am besonderen Dialekt, den sie sprachen. So wurde in der Nacht der Gefangennahme Jesu dem – ursprünglich als Fischer am Galiläischen See tätigen (Mt 4,18) – Petrus, der seine Zugehörigkeit zu Jesus verleugnen wollte, entgegengehalten: „Wahrhaftig, du bist auch einer von denen, denn deine Sprache verrät dich." (Mt 26,73).[4]

Im Umfeld der am See gelegenen Städte Sepphoris und Tiberias, in denen Jesus „auf Montage" als Bauhandwerker tätig war,[5] hatten sich Dörfer gebildet. Dabei entstanden „Zwangsarbeits- und Schuldverhältnisse",[6] also ein Gegenüber von Armen und Reichen, wie es in Jesu Wirken begegnet. Doch ist insgesamt zu vermuten: „Die Jesusbewegung war keine Armutsbewegung vom Land, sondern eine Erneuerungsbewegung, deren engster Kreis aus Personen bestand, die nicht zu den politisch und wirtschaftlich Mächtigen, aber auch nicht zu den Besitzlosen

---

[2] Jens Schröter, Jesus von Nazaret. Jude aus Galiläa – Retter der Welt (Biblische Gestalten), Leipzig ²2009, 78.
[3] A.a.O. 92.
[4] S. Martin Ebner, Jesus von Nazaret. Was wir von ihm wissen können, Stuttgart 2007, 43.
[5] A.a.O. 99, unter Bezug auf Heinz Schürmann, Gottes Reich – Jesu Geschick. Jesu ureigener Tod im Licht seiner Basileia-Verkündigung, Freiburg 1983, 25.
[6] Schröter, Jesus 93.

gehörten."[7] *Allerdings galt Armen und sozial Segregierten offenkundig das besondere Augenmerk Jesu.*

Interesse verdient die damalige Frömmigkeitspraxis auf dem Land. Peter Wick arbeitete für das zeitgenössische Judentum überzeugend den Zusammenhang von „Tempel-, Synagogen- und Hausfrömmigkeit" heraus.[8] Im Vergleich zu anderen altorientalischen und mediterranen Kulten stellte hier die exklusive Zentrierung der Opfertätigkeit auf den Tempel in Jerusalem eine Besonderheit dar. Dadurch wurde „die Möglichkeit für Juden, an ihrem Gottesdienst teilzunehmen, enorm reduziert und in der Diaspora sogar verunmöglicht".[9] Dies galt in besonderem Maße für die Juden in Galiläa auf Grund ihrer räumlichen Entfernung – mindestens drei Tagesreisen[10] – von Jerusalem.

> „Die Synagogenversammlungen waren radikal wortorientiert: Gemeinsames Hören und Lernen der Schriften standen in ihrem Mittelpunkt."[11] Demgegenüber war das Haus „der wichtigste Ort für das religiöse Leben im Alltag und für die religiöse Sozialisation der nächsten Generation".[12] Das „Zentrum häuslichen Lebens und häuslicher Frömmigkeit war das gemeinsame Mahl, welches etwa mit Segnungsgebeten gerahmt wurde."[13]

Auch Jesus wirkte vor allem in Häusern und im Freien. Die im Neuen Testament überlieferten Auftritte in der Synagoge könnten „zur Ausgestaltung des Lebens Jesu gehören, wie es sich die Evangelien später vorstellten".[14] Auf jeden Fall war Jesus kein Priester und agierte nicht in kultischen Zusammenhängen. Vielmehr stand er diesen in Form des Jerusalemer Tempels skeptisch bis ablehnend gegenüber (s. Mk 11,15–19 par.), was wesentlich zu seiner Verurteilung beitrug.

> „Mit der Infragestellung des Tempels als des Zentrums der Identität Israels hatte er sich einer Grenzüberschreitung schuldig gemacht, die für die Führung des jüdischen Volkes nicht mehr akzeptabel war. Mit dem Tempel stellte er die zentrale Institution des Judentums, auf die sich dessen Identität zu einem wesentlichen Teil stützte, in Frage."[15]

---

7 A.a.O. 98.
8 Peter Wick, Die urchristlichen Gottesdienste. Entstehung und Entwicklung im Rahmen der frühjüdischen Tempel-, Synagogen- und Hausfrömmigkeit (BWANT 150), Stuttgart ²2003 (2002), 360–363.
9 A. a. O 360.
10 S. Ebner, Jesus 48.
11 Wick, Gottesdienste 360.
12 A. a. O 118.
13 A. a. O 361.
14 S. Jürgen Becker, Jesus von Nazaret, Berlin 1996, 36.
15 Schröter, Jesus 286.

Schließlich entstammen die später üblich werdenden Ehrenbezeichnungen bzw. Titel Jesu wie „Messias" (griechisch: Christus), „Herr" (griechisch: Kyrios) oder auch „Sohn Gottes" den vielfältigen eschatologischen Erwartungen im antiken Judentum. Sie griffen auf biblische Traditionen und zeitgenössische Interpretationen zurück.

> „Wie schon die Psalmen Salomos versteht auch Paulus den Messias als Davididen, dessen Aufgabe es ist, die Völker zu leiten; so wie Josephus übersetzt auch Paulus die messianischen Deutungen der Schrift in die kulturellen Idiome seiner nichtjüdischen Adressaten; so wie die späteren rabbinischen Erzählungen über Bar Kochba verbindet auch Paulus schon messianische Traditionen und Deutungen der Schrift mit historischen Ereignissen."[16]

2 Anbrechen der Gottesherrschaft

Im Zentrum von Jesu Wirken stand – nach übereinstimmendem Zeugnis des Markus- und Lukas-Evangeliums sowie der Logienquelle[17] – *die anbrechende Königsherrschaft Gottes.*

Mit diesem Begriff bewegte er sich in einem „Sprachfeld", das „Gott als König, als königlicher Herr und verbale Formulierungen zum Herrschen" umfasste. Daneben weckte er aber auch „Assoziationen" zu „Gott als Herr und Richter", „zu königlichen Attributen und Insignien (z. B. Palast, Thron, Hofstaat, Herrlichkeit)" und wies auf „königliche Aufgaben (den Frieden gewähren, die Feinde richten)" hin.[18] Traditionsgeschichtlich knüpfte Jesus damit an die Zionstheologie an, die – wie z. B. Sabbatlieder von Qumran vermuten lassen – damals durchaus verbreitet war.[19] Jürgen Becker folgert:

> „Man wird also davon auszugehen haben, daß Jesu Hörer aufgrund dieses Befundes mit den Aussagen von Gottes Königtum in irgendeiner Spielart der Zionstheologie vertraut waren. Sie war ihnen also nicht erst und nur dann erschlossen, wenn sie Literatur lasen. Vielmehr stellte die Zionstheologie mit ihren verschiedenen Entfaltungen, in deren Zentrum die theologische Aussage von Gottes königlichem Herrschen stand, einen Teil der religiösen Luft dar, die sie atmeten."[20]

---

[16] Kathy Ehrensperger, Jesus der Jude. Beobachtungen zu den jüdisch-christlichen Beziehungen in der gegenwärtigen Forschung, in: ThLZ 146 (2021), 21–35, 29.
[17] S. Becker, Jesus 101; zur matthäischen Formulierung „Herrschaft der Himmel" s. a. a. O. Anm. 1.
[18] A. a. O. 102.
[19] S. a. a. O. 104.
[20] A. a. O. 104 f.

Religionsgeschichtlich begegnet die Vorstellung eines königlichen Gottes bereits in Kanaan und Ugarit. Sie wurde dann auf Israels Gott übertragen und fand einen prominenten Platz in der Theologie des Salomonischen Tempels.[21] Aber auch nach der Zerstörung des Tempels bildete sie eine wichtige Vorstellung, die theologisch in verschiedene Richtungen weitergeführt wurde. Dabei standen u.a. der „Lobpreis der gegenwärtigen Herrschaft Gottes und (die) Erwartung ihrer zukünftigen Durchsetzung"[22] nebeneinander.

Jesu Besonderheit innerhalb dieses Komplexes ist seine Behauptung, „daß die Gottesherrschaft ab jetzt in dieser Welt Platz greift."[23]

> „Hatte niemand vor Jesus die Erwartung kommender Gottesherrschaft anders ausgelegt, als daß die Gegenwart auf sie noch zu warten habe, so erklärt Jesus seine Zeit zur Zeit der Heilswende selbst, weil die endzeitliche Gottesherrschaft sich nach ihm in ihr beginnt durchzusetzen."[24]

Tatsächlich bricht nach Jesu Auffassung in seinem Auftreten und Wirken die Gottesherrschaft bereits an. Damit ist ein Bruch mit der Vergangenheit gegeben, und zwar in dreifacher Hinsicht: auf Israels Geschichte hin (s. Mt 13,16f.; Lk 10,23f.); auf das Wirken Johannes des Täufers hin (Mt 11,11; Lk 7,28); als „Lebensbestimmung oder Anforderung an Jesu Nachfolger" (Mt 8,21f.; Lk 9,59f.).[25] *Positiv aktualisierte Jesus dabei den in der weishheitlichen und apokalyptischen Tradition gepflegten Schöpfungsglauben.*

> „Für Jesus gibt es ganz unabhängig von der Heilsgeschichte eine fundamentalere und umfassendere Erfahrungswelt, die angesichts der Verlorenheit Israels, radikalisiert durch die verbrauchte Heilsgeschichte, gleichwohl für die dem Menschen als heilsam begegnende Gottesherrschaft durchsichtig gemacht werden kann, nämlich seine eigene Geschöpflichkeit und die seiner Welt."[26]

Dies gab ihm die Freiheit, traditionelle Beschränkungen bzw. Engführungen seiner jüdischen Zeitgenossen zu relativieren und dann auch zu überschreiten. Deutlich trat das in seinen Mahlzeiten und sonstigen Kommunikationen mit Zöllnern hervor (s. z.B. Mk 2,16).

---

21 S. a.a.O. 105.
22 Schröter, Jesus 198.
23 Becker, Jesus 127.
24 A.a.O. 131.
25 S. a.a.O. 131, ausgeführt 131–144.
26 A.a.O. 162.

Anstoß erregte auch das Ausbrechen Jesu aus dem überkommenen Lebensstil seiner Familie, was u. a. in seiner Diffamierung als „Fresser und Weinsäufer" (Mt 11,19) seinen Niederschlag fand. Im Hintergrund dieser Beschuldigung steht wohl Dtn 21,18–21, wonach ein Vater seinen widerspenstigen Sohn mit dieser Anklage vor die Ältesten stellen kann, was u. a. wegen der Vernachlässigung seiner familiären Pflichten zur Steinigung führte.[27] Anscheinend hatte Jesus ein gebrochenes Verhältnis zu seiner Herkunftsfamilie (s. Mt 12,46–50) und erfüllte seine traditionellen Pflichten als Sohn nicht. Vielmehr bezeichnete er „die, die den Willen Gottes tun, als seine ‚Familie' (Mk 3,31–35)."[28] Dazu gehörten auch Sünder, Zöllner und Prostituierte (s. Mk 2,14–17; Lk 19,1–10).[29] Auffällig ist hier nicht zuletzt das „ansatzweise ‚freie' Verhältnis"[30], das Jesus – für seine Zeitgenossen durchaus anstößig – zu Frauen pflegte (s. z. B. Lk 8,1–3; Mk 10,40 f.).[31]

Weiter relativierte Jesus von der anbrechenden Gottesherrschaft aus, also in eschatologischer Perspektive, die traditionellen Sabbatgebote, ohne sie allerdings grundsätzlich in Frage zu stellen.[32]

„Das bestehende Sabbatinstitut muß innerhalb der beginnenden Endzeit eine neue Bewertung erhalten! ... Jesus abrogiert nicht generell ein bestimmtes Toragebot. Er spricht aber davon, daß in der endzeitlichen Gegenwart Gottes Wille zur Etablierung des Endheils Vorrang vor Sabbatregeln bekommen muß. Seinem Wirken kann der Sabbat im Einzelfall nicht Einhalt gebieten."[33] „Legt man Mk 2,27 (der Sabbat ist für den Menschen gemacht worden) zugrunde – wobei offen bleiben kann, ob die Formulierung von Jesus selbst stammt –, dann zeigt sich, dass Jesus die Zuwendung der Liebe Gottes zum Menschen als Maßstab der Auslegung des Sabbatgebotes betrachtete."[34]

Schließlich entschied sich Jesus „kompromißlos für ethische Reinheit":

„‚Begreift ihr nicht, daß alles, was durch den Mund (in den Menschen) hineinkommt, in den Magen gelangt und dann wieder ausgeschieden wird? Was aber aus dem Mund herauskommt, das kommt aus dem Herzen und das macht den Menschen unrein' (Mt 15,17 f.). Befremden erregte er damit, ‚daß er sich vor dem Essen nicht die Hände wusch' (Lk 11,38). Die Quelle der Unreinheit findet Jesus ausschließlich im Herzen (Lk 11,38). ... Ungewöhnlich war Jesu Verhalten gegenüber den als unrein angesehenen Frauen, so gegenüber einer

---

27 S. ausführlicher Ebner, Jesus 124–126.
28 Schröter, Jesus 226.
29 S. a. a. O. 227.
30 Becker, Jesus 35.
31 S. a. a. O. 34.
32 S. ausführlicher Schröter, Jesus 236–242.
33 Becker, Jesus 376.
34 Schröter, Jesus 242.

Ehebrecherin (Joh 7,53 – 8,11) und einer Prostituierten (Lk 7,36 – 50), wie er auch die eigene Befleckung durch eine unreine Frau für nichtig erachtete (Mk 5,25 – 34)."³⁵

So öffnete Jesus die jüdischen Reinheitsgebote durch eine „Position, die vor allem an der Integration der als unrein Ausgegrenzten innerhalb Israels orientiert war, aber auch zur sporadischen Offenheit gegenüber Heiden führen konnte." ³⁶ *Damit überwand er den Menschen exkludierenden Charakter der Reinheitsgebote und versah seine Botschaft mit einem radikal inklusiven Vorzeichen.* Dies ist eine tiefgreifende Neuinterpretation des bereits bei den Jägern und Sammlern verbreiteten Reinheits-Konzepts, das dann vielfältig theologisch und dämonologisch aufgenommen und nicht zuletzt hinsichtlich sexueller Vorgänge ausgestaltet wurde.³⁷

3 Gottesherrschaft in verschiedenen Kommunikationen

*Die Botschaft von der anbrechenden Gottesherrschaft vermittelte Jesus in verschiedenen Kommunikationsmodi: im Helfen zum Leben, während gemeinschaftlicher Mahlzeiten und beim Lehren und Lernen.*³⁸ Dabei zeichnen sich diese jeweils miteinander verbundenen Kommunikationen durch – nicht nur damals – ungewöhnliche Inklusivität aus.

Ich beginne mit dem Kommunikationsmodus des *Helfens zum Leben*. Dieser genießt nicht nur heute breite – auch Konfessionslose umfassende – Hochschätzung.³⁹ Zu Jesu Lebzeiten scheint er ebenfalls – in dessen Agieren als „Exorzist und Therapeut"⁴⁰ – am meisten Aufsehen erregt zu haben.

„Grundlegend für das Verständnis der Kommunikationsform des Helfens zum Leben ist das Gebot der Nächstenliebe (Lev 19,18). Ihm gehen Schutzbestimmungen für Arme, Fremde und

---

35 Arnold Angenendt, Offertorium. Das mittelalterliche Meßopfer (LQF 101), Münster ²2013, 75.
36 Schröter, Jesus 244 (s. ausführlicher a.a.O. 242–244).
37 S. Carel van Schaik/Kai Michel, Die Wahrheit über Eva. Die Erfindung der Ungleichheit von Frauen und Männern, Hamburg Dezember 2020, 500.
38 S. zu dieser auf Becker, Jesus 176–233 zurückgreifenden Systematisierung Christian Grethlein, Praktische Theologie, Berlin ²2016, 256–330.
39 S. Gerald Kretschmar, Kirchenbindung – Konturen aus der Sicht der Mitglieder, in: Heinrich Bedford-Strohm/Volker Jung (Hg.), Vernetzte Vielfalt. Kirche angesichts von Individualisierung und Säkularisierung. Die fünfte EKD-Erhebung über Kirchenmitgliedschaft, Gütersloh 2015, 208–218, 213f., und Gert Pickel, Sozialkapital und zivilgesellschaftliches Engagement evangelischer Kirchenmitglieder als gesellschaftliche und kirchliche Ressource, in: a.a.O. 280–301, 293.
40 Reinhard v. Bendemann, Die Fülle der Gnade – Neutestamentliche Christologie, in: Jens Schröter (Hg.), Jesus Christus (Themen der Theologie 9), Tübingen 2014, 71–118, 79.

Behinderte (Taube und Blinde) voraus (Lev 19,9 f.,13,14), die zur Heilung alltäglichen Lebens gehörten. Zunehmend wurden solche ethischen Weisungen als Entsprechungen zum Handeln Gottes verstanden."[41]

Exemplarisch traten wesentliche Strukturen dieses Kommunikationsmodus in der Erzählung von der Heilung des (wahrscheinlich) an Epilepsie erkrankten Sohns (Mk 9,14–29; Mt 17,14–20; Lk 9,37–42) und der Heilung der kranken Tochter (Mk 7,24–30; Mt 15,21–28) hervor. Der Neutestamentler und Diakoniewissenschaftler Dierk Starnitzke rekonstruiert hierzu einen jeweils ähnlich verlaufenden Kommunikationsprozess:

> „1. Es geht zunächst um den Hilfsbedürftigen, der sich selbst nicht mehr helfen kann und auch nicht angemessen gegenüber Dritten um Hilfe bitten kann ...
> 2. In Bezug auf das Hilfegeschehen sind deshalb zunächst die Angehörigen wichtig, die sich um den Hilfebedürftigen kümmern, bei Mt die Mutter und bei Mk der Vater.
> 3. An einem bestimmten Punkt reicht deren Hilfsbereitschaft nicht mehr aus. ...
> 4. Es folgt darum ein Hilfeappell des nahestehenden Angehörigen an den gewissermaßen professionellen Helfer Jesus. ...
> 5. In den beiden Bibeltexten findet sich fast schon in der Art eines festen Formulars das vorläufige Hinhalten der Bittenden ...
> 6. Es folgt das Insistieren des dem Hilfebedürftigen nahestehenden Helfers gegenüber dem ‚professionellen Helfer' Jesus. ...
> 7. Nach dem inständigen Appell des angehörigen Helfers findet schließlich die Gewährung der Hilfe durch ... Jesus statt."[42]

Demnach waren Dämonenaustreibungen bzw. Heilungen keine einfachen magischen Hantierungen, sondern Resultat ergebnisoffener Kommunikationen. In ihnen rangen die Kommunizierenden miteinander. Bei der Heilung des Mädchens konnte die Mutter sogar durch ihr Verhalten – eine Proskynese (Mt 15,25) – Jesus dazu bringen, seine eigene Position zu korrigieren. Er erkannte durch die Intervention dieser nichtjüdischen Frau (!), dass die Beschränkung seines Wirkens auf die „Kinder Israels" zu kurz griff. Jesus erfasste den Umfang seiner Aufgabe also erst durch die Intervention einer – nach herkömmlich jüdischen Vorstellungen unreinen – Frau.

Einen weiteren wichtigen Akzent erhielt dieser Kommunikationsmodus in den *gemeinsamen Mahlzeiten*. Neben dem – im Folgenden noch näher betrachteten – Charakter des gemeinschaftlichen Feierns handelte es sich in einer Ge-

---

41 Grethlein, Theologie 307.
42 Dierk Starnitzke, Hilfebedürftigkeit und Hilfsbereitschaft, in: Günter Ruddat/Gerhard Schäfer (Hg.), Diakonisches Kompendium, Göttingen 2005, 353–365, 356 f.

sellschaft mit vielen Armen um eine wichtige Hilfe und Unterstützung. Ulrich Luz erklärt hierzu:

> „Dass die Anhänger und Anhängerinnen Jesu von Anfang an gemeinsame Mahlzeiten feierten, ist evident ... Gemeinsame Mahlzeiten sind aber im Land Israel, wo die armen Leute ständig von Hungersnöten bedroht waren, eine Form der sozialen Sicherstellung. Eine solche war umso nötiger, als manche der Jüngerinnen und Jünger Jesu in Jerusalem Fremde waren: Jesus hatte ja sein Hauptwirkungsgebiet und die meisten seiner Anhänger/innen in Galiläa."[43]

Schließlich hob der Bezug auf das „Dienen" (diakonein) als Grundhaltung (Mk 10,42–45) einen weiteren wichtigen Aspekt dieses Kommunikationsmodus hervor. Grundsätzlich wurden hier herkömmliche Rangfolgen und Herrschaftsverhältnisse nicht nur in Frage gestellt, sondern sogar umgekehrt.

Bei der Skizze des Helfens zum Leben kamen bereits Mahlzeiten in den Blick, also der wesentliche Ausdruck des Kommunikationsmodus des *gemeinschaftlichen Feierns*. Sie schlossen an eine entsprechende Tradition in der Hebräischen Bibel an, die ein Festmahl am Ende der Zeiten in Aussicht stellte (Jes 25,6–12). Bei der Lektüre des Neuen Testaments fällt auch hier das Fehlen kultischer Terminologie auf.

> „Neben verbale Wendungen, die das Zusammensein von Menschen umschreiben (synerchesthai: 1.Kor. 11,17 f.20.33 f.; 14,23.26; synagesthai: Apg. 4,31; 20,7 f.; Did. 14,1; einai epi to auto: Apg. 2,44; 1.Kor. 11,20; 14,23) oder die gemeinsame Mahlhandlung schildern (das Brot brechen: Apg. 2,42.46; 20,7.11; 1.Kor. 10,16; Did. 14,1), tritt um die Wende zum 2. Jahrhundert der Begriff ‚Gemeinschaft' (synaxis: 1.Clem. 34,7; Just. Apol. I,65).
> Man wird daraus folgern dürfen, daß das Zusammenkommen zum gemeinsamen Vollzug des Mahles die primäre Motivation für die Entwicklung einer genuin christlichen Gemeinschaftsform gewesen ist."[44]

Jesus konnte – als Gast (!) – bei Mahlfeiern den Anbruch der Gottesherrschaft für viele Anwesende plausibilisieren. Welche Bedeutung diesen Mahlfeiern im Wirken Jesu zugemessen wurde, geht eindrucksvoll aus dem Aufbau des Lukas-Evangeliums hervor. Es lässt sich geradezu nach Mahlfeiern gliedern:

---

43 Ulrich Luz, Biblische Grundlagen der Diakonie, in: Günter Ruddat/Gerhard Schäfer (Hg.), Diakonisches Kompendium, Göttingen 2005, 17–35, 25 f.
44 Jürgen Roloff, Heil als Gemeinschaft. Kommunikative Faktoren im urchristlichen Herrenmahl, in: Ders., Exegetische Verantwortung in der Kirche, hg. v. Martin Karrer, Göttingen 1990, 171–200, 176 (im Original sind die griechischen Worte in Originalbuchstaben geschrieben).

- Lk 5,27–39: Mahl beim Zöllner Levi;
- 7,36–50: Gastmahl beim Pharisäer Simon;
- 10, 38–42: Gastmahl bei Martha und Maria;
- 11,37–53: Mähler bei Pharisäern;
- 19,1–10: Mahl beim Zöllner Zachäus;
- 22,1–38: Abschiedsmahl von den Jüngern;
- 24,13–35: Abendessen mit dem Auferstandenen in Emmaus.[45]

Zugleich tritt bei der Durchsicht dieser Berichte der inklusive Charakter der Mahlgemeinschaften hervor: Die Teilnehmenden reichten vom Zöllner über Pharisäer bis zu – damals keinesfalls selbstverständlich – Frauen.

Als dritter Kommunikationsmodus begegnet in Jesu Wirken *das Lehren und* – damit verbunden wie das genannte Beispiel der Heilung der kranken Tochter (Mk 7,24–30; Mt 15,21–28) zeigt – *Lernen*. Sowohl die gelegentliche Anrede an Jesus als Rabbi (z. B. Mt 26,25; Joh 1,38) als auch die Bezeichnung der mit ihm Verbundenen als „Schüler" (griechisch: mathetes) spiegeln die Bedeutung dieses Kommunikationsmodus in der Rezeption Jesu wider. Besonders wandte sich Jesus Menschen zu, die durch sonstige Lehrformen nicht erreicht wurden:

„Als Adressaten seiner Lehre rücken die Evangelien vor allem ‚das Volk' … (exemplarisch Mt 5,1), ‚Unmündige, Mühselige und Beladene' (exemplarisch die Jüngerberufungen und Mt 11,25–30), Frauen (exemplarisch Lk 10,38–42), Zöllner und Sünder (exemplarisch Mt 9,9–13) und schließlich auch Kinder (exemplarisch Mk 10,13–16) in den Blick. Insofern damit eine breit dokumentierte Kritik an Schriftgelehrten und Tora-Kundigen einhergeht, drückt sich in Jesu Zuwendung zu bildungsfernen Gruppen jedenfalls Kritik an einem elitären Verständnis religiösen Lehrens und Lernens aus, womöglich auch Kritik an einem Verständnis von ‚Verstehen der Weisung Gottes', das eher traditions- und bildungsbasiert ist als kairologisch."[46]

Als wichtigste Form, solchen – in heutiger Terminologie: bildungsfernen – Menschen die anbrechende Gottesherrschaft verbal nahe zu bringen, erwiesen sich die Gleichnisse und Parabeln Jesu. Das waren damals häufig verwendete Gattungen. Allerdings vermied Jesus bei seinen Erzählungen – im Gegensatz zu seinen Zeitgenossen – lange, häufig allegorisierende Erklärungen. Vielmehr

---

[45] S. Andreas Leinhäupl-Wilke, Zu Gast bei Lukas. Einblicke in die lukanische Mahlkonzeption am Beispiel von Lk 7,36–50, in: Martin Ebner (Hg.), Herrenmahl und Gruppenidentität (QD 221), Freiburg 2007, 91–120, 115.
[46] Bernd Schröder, Lehren und Lernen im Spiegel des Neuen Testaments. Eine Sichtung der Befunde in religionspädagogischem Interesse, in: Wolfgang Kraus (Hg.), Beiträge zur urchristlichen Theologiegeschichte (BZNW 163), Berlin 2009, 497–524, 509 f.

schloss er die – bäuerliche – Welt seiner Mitmenschen mit der Gottesherrschaft geradezu kurz.[47] Inhaltlich tritt dreierlei hervor:

> „– Sie enthalten durchgehend eindrückliche Bilder. Das Erzählen eröffnet für die Zuhörenden einen weiteren Interpretationsspielraum als dies bei visuellen Eindrücken möglich ist. Durch die Schallwellen dringen die Bilder gleichsam in die Menschen ein ... und werden dort verarbeitet.
> – Es begegnet häufig das Mahlmotiv. Entsprechend jüdischem Brauch ist dies stets mit Orationen und Benediktionen verbunden.
> – Konkrete Hilfeleistungen durch Jesus werden berichtet. Auch hierbei ist die Gemeinschaft mit Gott, den er seinen Vater nennt, vorausgesetzt."[48]

Deutlich begegnet also in diesen Erzählungen das Mit- und Ineinander der drei Modi, in denen Jesus das Anbrechen der Gottesherrschaft kommunizierte. Durch ihre schöpfungstheologische Grundierung waren sie alle inklusiv und transzendierten „kulturelle, soziale und religiöse Grenzziehungen ..., die zeitgenössisch besonders von den Pharisäern verstärkt wurden."[49]

Schließlich berichten die Evangelien bei der Darstellung des Wirkens Jesu, immer wieder von Unterbrechungen. Während deren zog sich Jesus von anderen Menschen zurück, hatte spirituelle Auseinandersetzungen und machte wichtige Erfahrungen (Mk 1,12f.; Mt 4,1–11; Lk 4,1–3).[50] Kommunikation des Evangeliums erfordert offenkundig solche Auszeiten.

4 Vaterunser als Ausdruck des Christseins

Nicht von ungefähr steht das Vaterunser im Zentrum der Bergpredigt, wie sie Matthäus überliefert (Mt 6,9–13).

> „Die Bergpredigt geht ... mit ihren Leser/innen einen Weg, der sie von den radikalen Forderungen Gottes hineinführt in den ‚Innenraum' des Glaubens, in dem sie die Nähe des Vaters im Gebet erfahren, und von dort wieder zurück in die Praxis des Besitzverzichtes und der Liebe."[51]

---

47 S. Becker, Jesus 183.
48 Grethlein, Theologie 166.
49 v. Bendemann, Fülle 81.
50 Den Hinweis hierauf verdanke ich Lutz Friedrichs.
51 Ulrich Luz, Das Evangelium nach Matthäus (Mt 1–7) (EKK I/1), Düsseldorf ⁵2002, 255.

Schon Tertullian erkannte im Vaterunser eine „Kurzfassung des ganzen Evangeliums" („Breviarum totius Evangelii").[52] Ursprünglich war es in aramäischer Sprache verfasst,[53] während die meisten sonstigen jüdischen Gebete aus der damaligen Zeit hebräisch abgefasst waren. Ulrich Luz folgert daraus: „Man kann nur sagen, daß Jesus die Sprache des Volkes benutzte und nicht die der synagogalen Gebetsliturgie."[54] Schon bei erstem Hinsehen fällt die offene Formulierung der Bitten auf,[55] die in unterschiedlichsten Situationen konkretisiert werden kann.

Jürgen Becker charakterisiert das sog. Herrengebet „als Notruf zu Gott, den Menschen äußern, die schon auf den Geschmack der sich realisierenden Gottesherrschaft gekommen sind, und nun dem alleinwirksamen Gott ... alles zutrauen".[56] So setzt es mit drei Gott betreffenden Bitten ein, nimmt seinen Ausgang also von dem Motiv der Königsherrschaft Gottes. Dabei markiert die Abba-Anrede[57] eine große Nähe, die die drei folgenden Bitten konkretisieren. Insgesamt fällt – im Vergleich zu anderen damaligen Gebeten wie dem 18-Bitten-Gebet – das vollständige Fehlen der heilsgeschichtlichen, das jüdische Volk betreffenden Dimension auf. Auch hier herrscht stattdessen eine schöpfungstheologische Grundierung. Ein Blick in die Passions-Erzählungen zeigt für die dritte Bitte („dein Wille geschehe") dessen existentielle Tiefendimension. Vor der Gefangennahme in Gethsemane richtete sich Jesus demnach verzweifelt an seinen „Vater", also Gott. Seine Bitte um Verschonung mündete dabei in „so geschehe dein Wille" (Mt 26,42). Nähe zu Gott als „Vater" und Sich-seinem-Willen-Unterwerfen sind hier unmittelbar miteinander verbunden. Sie bieten eine eindrückliche Konkretion der dritten Vaterunser-Bitte und damit des Motivs der Königsherrschaft Gottes, auch in der Situation des Leidens und der Todesangst.

In der zweiten Hälfte des Gebets, also in den Wir-Bitten, kommt der Mensch in seiner Kreatürlichkeit in den Blick. Herausgehoben ist dabei die Brotbitte. Vielleicht spiegelt sich in ihr auch – neben der genannten teilweise schwierigen Versorgungssituation – die Bedeutung der Mahlfeiern im Wirken Jesu wider.[58] Die Vergebungsbitte gliedert menschliches Tun in Gottes Praxis ein. Der/die Bittende stellt sich so in die Bewegung der Königsherrschaft Gottes hinein. Indikativ und Imperativ gehen ineinander über. Es folgt eine Bitte um Bewahrung vor Versu-

---

52 Zitiert nach a.a.O. 438 bzw. 438 Anm. 29.
53 Ein Rekonstruktionsversuch der ältesten Fassung findet sich bei Becker, Jesus 329.
54 Luz, Evangelium 455.
55 S. a.a.O. 456.
56 Becker, Jesus 331.
57 S. hierzu vor allem im frühjüdischen Kontext genauer a.a.O. 331–333.
58 S. a.a.O. 330.

chung, hinter der das Problem „des so unscheinbar von Gott inszenierten Anfangs seines Herrschaftsbeginns (Mk 4,2–8 par. ...)"[59] steht.

Insgesamt liegt also mit dem Vaterunser „ein nichtkultisches Gemeinschaftsgebet"[60] *vor, das aus der Perspektive der anbrechenden Königsherrschaft Gottes grundsätzlich alle Menschen und ihre Belange umfasst:* „Alles, was Menschen von der Zukunft erwarten dürfen, enthalten die beiden Du-Bitten. Alles, was noch der göttlichen Wendung zum Guten bedarf, steht in den drei Wir-Bitten. Damit ist für Zukunft und Gegenwart alles gesagt."[61] Als Grundlage des Christseins kommt das Vertrauen des Menschen zu Gott als „Vater" zum Ausdruck.

Die später in der urchristlichen Gemeinde hinzugefügte Schlussdoxologie weist bereits auf die Transformation des Gebets in einen kultischen Rahmen hin.

5 Ethische Weisungen

Aus dem Anbruch der Königsherrschaft Gottes ergaben sich für Jesus – wie bereits bei der fünften Bitte des Vaterunsers („und vergib uns unsere Schuld, wie auch wir vergeben unsern Schuldigern") angedeutet – ethische Konsequenzen. Diese entwickelte er aber nicht systematisch, sondern in konkreten Zusammenhängen. Dabei ist es wichtig, die jeweiligen Adressatenkreise im Blick zu haben. *Zum einen wandte sich Jesus an Menschen, die mit ihm durch Galiläa zogen, also auf feste Unterkunft und Familie verzichteten. Zum anderen sprach er zu und mit Menschen, die weiter am angestammten Ort und in ihren bisherigen Sozialbezügen verblieben.* Diese Unterscheidung zwischen Menschen, die sich aus den üblichen Lebensbezügen separierten, und anderen, die weiter in ihren bisherigen sozialen Bindungen verblieben, durchzieht die ganze Christentumsgeschichte. Nachfolge ist demnach von Anfang an in verschiedener Weise möglich. Jesus vermied stets eine Über- bzw. Unterordnung der verschiedenen Formen von Verbundenheit mit ihm.

Deutlich tritt die daraus folgende Spannung z. B. in Jesu Äußerungen zu *Familie und Ehe* zu Tage. Auf der einen Seite forderte er radikal den Bruch mit der Familie, auf der anderen Seite verbot er – über das im jüdischen Gesetz Bestimmte hinaus – ebenso entschieden die Ehescheidung.[62] Gemeinsam war solchen materialiter differenten Weisungen an unterschiedliche Personengruppen aber die

---

59 A. a. O. 331.
60 A. a. O. 336.
61 A. a. O. 333.
62 S. Schröter, Jesus 217.

Begründung im Anbruch der Königsherrschaft Gottes, die ein neues Verhalten mit sich bringe bzw. erfordere.

Ähnliches lässt sich für den Umgang mit *Geld und Eigentum* beobachten. Auf der einen Seite rief Jesus in der Aussendungsrede (Mt 10,5–42) seine Jünger zu radikalem Verzicht „auf all das auf, was zur Ausrüstung eines Reisenden in der Antike gehörte: Proviant, Geld, Schuhe, ein zweites Gewand, ein Stock zur Verteidigung."[63] Auf der anderen Seite schärfte er ein, sich nicht an materielle Dinge („Mammon") zu verlieren (Mt 6,24), ohne aber grundsätzlich Besitz zu verbieten. Vielmehr ging es ihm darum, dass dieser nicht an die Stelle des Vertrauens zum Schöpfer tritt. Auf jeden Fall sah Jesus – wie z. B. das Logion in Mk 8,36 f. zeigt – „in der Bindung an irdischen Besitz ... eine ernste Gefahr für die Orientierung des Menschen am Willen Gottes."[64]

Jens Schröter fasst die entsprechenden Befunde zur doppelten Ausrichtung der Weisungen Jesu zusammen:

> „Das Ethos der ‚Familie Jesu' lässt sich also in Analogie zu demjenigen seiner Nachfolgegemeinschaft verstehen: In Analogie zur Feindesliebe steht die unbegrenzte Vergebungsbereitschaft, in Analogie zum radikalen Besitzverzicht der barmherzige und verantwortliche Umgang mit irdischen Gütern, in Analogie zum Verlassen von Haus und Familie die Orientierung an der Gottesherrschaft, in Analogie zur Verkehrung von Herrschen und Dienen die Ausrichtung an der Herrschaft Gottes, die derjenigen irdischer Machthaber Grenzen setzt."[65]

Den Hintergrund dieses Ethos, das also von Anfang an unterschiedliche inhaltliche Ausprägungen fand, bildete der Zusammenhang von Gottesherrschaft und Gericht, den Jesus von Johannes übernahm. Die enge Verbindung zu ihm und seiner Gerichtsansage ging schon aus der Taufe Jesu durch Johannes hervor (Mk 1,2–13 par.).

> „Das Gericht Gottes steht nahe bevor, die Scheidung in Gerettete und Verlorene wird dabei mitten durch Israel hindurchgehen. Daraus ergibt sich die Unbedingtheit der Forderung zum Eintritt in die Gottesherrschaft als der einzigen Möglichkeit, dem Gericht zu entkommen."[66]

Die von Jesus gelehrte Scheidung von Gerechten und Ungerechten war dabei aber nicht mehr – wie bei anderen zeitgenössischen apokalyptischen Texten – am Gegenüber von Israel und den Heiden orientiert. Vielmehr fasste Mt 25,35–46

---

63 A.a.O. 219.
64 A.a.O. 228.
65 A.a.O. 232f.
66 A.a.O. 198.

wirkmächtig die „Werke der Barmherzigkeit" als entscheidend für das Bestehen im Gericht zusammen: „Hungrigen zu essen geben, Durstigen zu Trinken geben, Fremde aufnehmen, Nackte bekleiden, Kranke aufnehmen, Gefangene besuchen". Die Alte Kirche fügte – unter Bezug auf Tob 1,17–19 – als siebtes Werk das Bestatten hinzu.[67]

Dazu kamen einige besondere Akzente, die bei den Zuhörerinnen und Zuhörern Jesu für Aufsehen sorgten. In den Antithesen der Bergpredigt (Mt 5,21–48) verschärfte er die jüdische Tora an mehreren Stellen. Dazu führte ihn – wie erwähnt – der Aspekt der anbrechenden Königsherrschaft Gottes zu kritischen Anfragen an die Sabbat-Vorschriften[68] und die Reinheitsgebote.[69] Die in der Barmherzigkeit Gottes begründete Orientierung am einzelnen Menschen stand ihrer starren Durchführung entgegen. Bei der Frage nach der Reinheit kehrte dieser Ansatz die bisherige Auffassung geradezu um: „Durch den Kontakt mit ihm (sc. Jesus, C.G.) wurden die Unreinen rein, Reinheit war also ‚ansteckend' und übertrug sich auf Unreinheit."[70] Paulus nahm diese Position hinsichtlich des Verhältnisses von christlichem und nichtchristlichem Ehepartner auf (1Kor 7,14).

6 Zusammenfassung und Ausblick

Christsein als eine Lebensform verdankt sich Impulsen, die vom Auftreten, Wirken und Geschick Jesu ausgingen. Bei deren Erinnerung erweist sich die Metapher der Königsherrschaft Gottes als grundlegend. Sie ist zum einen deutlich in der damaligen Zeit mit der Monarchie als selbstverständlicher Herrschaftsform verwurzelt und war damit Jesu Zeitgenossen unmittelbar plausibel. Zum anderen erfuhr dieses in der Zions-Tradition aufgenommene und theologisch ausgearbeitete Konzept bei Jesus eine grundlegende Veränderung. In seinem Auftreten und Wirken bricht die – bisher für die Zukunft erhoffte – Königsherrschaft Gottes bereits an.

Die inhaltliche Näherbestimmung der Botschaft von der anbrechenden Königsherrschaft Gottes erfolgte jeweils situativ und nicht systematisch-deduktiv. Dabei griff der frühere Bauhandwerker aus Nazaret vor allem auf einen weisheitlich und apokalyptisch ausgearbeiteten Schöpfungsglauben zurück. So konnte er eine radikal inklusive Praxis entwickeln, die bisherige heilsgeschichtliche Konzepte hinter sich ließ. Nicht mehr Israel oder Heiden, sondern Gerechte

---

[67] Lutz Friedrichs, Bestatten (PTk 2), Göttingen 2020, 18.
[68] S. ausführlicher Schröter, Jesus 236–242.
[69] S. ausführlicher a.a.O. 179–188.
[70] A.a.O. 180.

oder Ungerechte waren jetzt die bestimmenden Kategorien im bevorstehenden Gericht. Dazu zählte Jesus – wie erwähnt – selbst Sünder, Zöllner und Prostituierte zu seiner „Familie".

Konkret richtete er sich an zwei unterschiedliche Adressatenkreise: die, die mit ihm aus ihrem lokalen und sozial-familiären Kontext heraustraten, und die, die an ihrem bisherigen Ort und in ihren bisherigen Sozialbezügen verblieben. Für beide wurden – im Einzelnen durchaus unterschiedliche – Konsequenzen aus dem Anbrechen der Königsherrschaft Gottes gezogen. Gemeinsam war ihnen: *Christsein zeichnet sich durch Offenheit für alle Menschen und Distanz zu materiellem Besitz sowie zu Hierarchien aus. Die hierfür grundlegende Nächstenliebe ist begründet im Vertrauen auf Gott als Vater.*

Praktisch kommunizierte Jesus den Anbruch der Königsherrschaft Gottes in drei Modi, die aber untrennbar miteinander zusammenhängen (s. die Tabelle in Kapitel 10 2.):
- im Helfen zum Leben, konkret in Form von Heilungen und Dämonenaustreibungen, die beide Menschen wieder in die Gemeinschaft mit anderen führten;
- im gemeinschaftlichen Feiern, das in inklusiven gemeinschaftlichen Mahlzeiten seinen Ausdruck fand;
- im Lehren und Lernen, das die Wirklichkeit für Gottes Gegenwart durchsichtig machte und beispielhaft in den Gleichnissen und Parabeln Jesu hervortrat.

Ihnen ist eine kommunikative Grundstruktur gemeinsam, die egozentrischen, etwa nur auf das eigene Heil konzentrierten Reduktionen entgegensteht. Vielmehr lässt sie in der Begegnung mit dem Nächsten Gottes Gegenwart erfahren. Durch den Kreuzestod schien das Fundament dieser Kommunikationen zerstört. Doch wirkten sie weiter und orientieren seitdem – vermittelt durch die Osterhoffnung[71] – Menschen in ihrem Leben. Es bildete sich das Christsein als eine im Einzelnen allerdings höchst unterschiedlich ausgestaltete Lebensform heraus.

Im Folgenden will ich durch die Jahrhunderte verfolgen, wie Menschen diese Impulse aufnahmen und veränderten, wie also Menschen als Christen lebten. Vor dem aktuellen Hintergrund des raschen Bedeutungsverlustes kirchlicher Organisationen frage ich grundlegend nach dem Christsein im Laufe der Zeiten. Dabei geht es sowohl um Prozesse der Kontextualisierung als auch des Kontrastes

---

71 S. zum historischen Befund Schröter, Jesus 300–323.

gegenüber dem herkömmlich Üblichen (Kontrakulturation).[72] Im Einzelnen wird sich zeigen, dass heute als unverzichtbar „christlich" bzw. kirchlich Geltendes sich der Adaption bestimmter, historisch besonderer Kontexte verdankt. Umgekehrt traten in den Organisationen, die das Christsein als Lebensform fördern wollen, also den Kirchen, *wesentliche Anliegen Jesu* zurück: *die inklusive Kommunikation, die Abweisung von Reinheitsvorstellungen und entsprechender kultischer Praxis sowie jeden hierarchischen Gefälles.*

Dementsprechend rekonstruiere ich in den Kapiteln 3 bis 9 – nach einer Skizze des politischen, gesellschaftlichen und kulturellen Kontextes (1.) – das *Christsein in seinen grundlegenden Kommunikationsmodi des gemeinschaftlichen Feierns, des Lehrens und Lernens sowie des Helfens zum Leben.*[73] Dabei konzentriere ich die Modi des gemeinschaftlichen Feierns, also die *liturgische Dimension* der christlichen Lebensform, auf das Mahlfeiern (2.) und Taufen (3.), um so exemplarisch präziser[74] die Veränderungen der christlichen Lebensform im Lauf der Zeit herausarbeiten zu können. Bei den Lehr- und Lernprozessen (4.), also der *Dimension von Bildung,* sind unterschiedliche Lernorte zu beachten, wobei sich meist die Familie als grundlegend erweist. Den Abschluss bilden Rekonstruktionen zum Kommunikationsmodus des Helfens zum Leben, Die hier darzustellende *spirituelle Dimension* der christlichen Lebensform konzentriere ich zuerst (5.) auf Fragen der individuellen Lebensführung. Dabei sind das Ringen mit Sterben und Tod, die Gestaltung von Sexualität sowie der Umgang mit materiellen Gütern wichtige Themen. Die beiden erstgenannten führen mit Bestattung und Trauung zu eigenständigen Ritualen, in denen sich die spirituelle Dimension der christlichen Lebensform ausdrückt. Es folgt (6.) die Rekonstruktion der Gemeinschaftsformen, in denen sich Christsein vollzieht. Die Pluriformität des Anfangs wich hier schnell machtpolitisch begründeten Uniformisierungsbestrebungen, denen aber immer wieder Aufbrüche von unten entgegenstanden.

---

72 Ich verwende „Kontrakulturation" bzw. „kontrakulturell" als Begriffe, die einen theologisch im Auftreten, Wirken und Geschick Jesu begründeten Gegensatz zu dem sonst in einer Kultur bzw. Gesellschaft Üblichen bezeichnen. Bei den frühen Christen war dies z. B. die schöpfungstheologisch begründete Ablehnung des allgemein verbreiteten Infantizids.

73 Ausführlich findet sich diese Theorie begründet und entfaltet in Grethlein, Theologie 139–329.

74 „Taufe und Mahlpraxis sind der rituelle Nukleus des frühen Christentums." (Michael Theobald, Anfänge christlichen Gottesdiensts in neutestamentlicher Zeit, in: Jürgen Bärsch/Benedikt Kranemann in Verbindung mit Winfried Haunerland/Martin Klöckener [Hg.], Geschichte der Liturgie in den Kirchen des Westens. Rituelle Entwicklungen, theologische Konzepte und kulturelle Kontexte Bd. 1. Von der Antike bis zur Neuzeit, Münster 2018, 37–82, 53).

6 Zusammenfassung und Ausblick — 37

Nicht nur de facto, sondern auch durch den Grundimpuls, der im Begriff des Anbrechens der Königsherrschaft Gottes formuliert ist, hängen die verschiedenen Modi der Kommunikation des Evangeliums, konkretisiert in den genannten Themenbereichen, untrennbar zusammen und gehen ineinander über. Ihre Unterscheidung ist didaktisch, nicht sachlich begründet. In der Darstellung sind deshalb gelegentliche Überschneidungen nicht nur unvermeidlich, sondern auch sachlich notwendig.

Angesichts der 2000-jährigen Geschichte des Christseins ist es ebenfalls aus didaktischen Gründen unerlässlich, eine solche Darstellung übersichtlich zu gliedern. Bei vorhergehenden Arbeiten zur Tauf- und Abendmahlpraxis[75] bewährte sich dafür der Gliederungsvorschlag des englischen Wissenssoziologen und Anthropologen Martin Stringer für die Darstellung der Liturgiegeschichte. Er unterteilt den geschichtlichen Ablauf jeweils in 300-Jahres-Schritten. Neben der Praktikabilität spricht dafür die Beobachtung, dass „many of the most significant events in Christian history appear to happen at either the early fourth century, the early tenth century or the early sixteenth century and so on."[76]

Materialiter liegt dabei ab dem 7. Jahrhundert der Schwerpunkt bei den Entwicklungen auf dem Gebiet des – früheren – Weströmischen Reichs. Die orthodoxen Kirchen hatten sich dadurch, dass sie – ausgenommen die russisch-orthodoxe Kirche – größtenteils auf islamisch beherrschten Territorien lagen, besonderen Herausforderungen zu stellen. Dabei bezogen und beziehen sie sich bis heute in hohem Maße auf eigene Traditionen, die sie auch untereinander disparat erscheinen lassen.[77] So bestehen gegenwärtig drei „Kirchenfamilien des christlichen Orients" nebeneinander, die jeweils keine Kommuniongemeinschaft haben:

> „die Assyrer, die aus der ostsyrischen Tradition stammen, die altorientalischen Kirchen, die ganz unterschiedliche Traditionen als Hintergrund haben, aber gemeinsam das Konzil von Chalkedon ablehnen, sowie die Kirchen der byzantinischen Orthodoxie, mit denen die westliche Kirche seit dem 11. Jahrhundert keine Gemeinschaft mehr hat."[78].

---

75 S. Christian Grethlein, Taufpraxis in Geschichte, Gegenwart und Zukunft, Leipzig 2014, 18–84; ders., Abendmahl feiern in Geschichte, Gegenwart und Zukunft, Leipzig 2015, 24–106.
76 Martin Stringer, A Sociological History of Christian Worship, Cambridge 2005, 24.
77 S. aktuell am Beispiel der Reaktionen auf die Corona-Pandemie Dagmar Heller, Aus der Orthodoxie, in: Materialdienst des Konfessionskundlichen Instituts Bensheim 71 (2020/6), 109–113.
78 Thomas Bremer, Einleitung, in: Daniel Benga/Thomas Bremer/Hacik Rafi Gazer/Viorel Ioniţa, Die Ostkirchen, in: Hubert Wolf (Hg.), Ökumenische Kirchengeschichte Bd. 3: Von der Französischen Revolution bis 1989, Darmstadt 2007, 353–356, 353.

Für die gegenwärtige Bestimmung der christlichen Lebensform spielen in den westlichen Ländern die stark traditionsorientierten orthodoxen Kirchen keine bzw. kaum eine Rolle, wenn man von gelegentlichen Anregungen für die liturgische Gestaltung absieht.

Abschließend versuche ich – vor diesem Hintergrund – Hinweise zur Attraktivität der christlichen Lebensform in Gegenwart und Zukunft zu geben. Dazu rekapituliere ich exemplarisch verschiedene Gestaltungen des Christseins im Laufe der Jahrhunderte und reflektiere die dabei zum Ausdruck kommende Notwendigkeit und zugleich Problematik von Kontextualisierungen. Von hier aus kann die Kommunikation des Evangeliums in der Gegenwart genauer bestimmt und über die Attraktivität des Christseins in Gegenwart und Zukunft nachgedacht werden.

Kapitel 3:
Entstehen des Christseins als Lebensform (bis 300)

1 Politischer, gesellschaftlicher und kultureller Kontext

Das Römische Reich und die hellenistische Kultur bildeten in den ersten drei Jahrhunderten den Kontext, innerhalb dessen Menschen ihre Verbundenheit mit Jesus Christus als Christen gestalteten.[1] Dabei begünstigten sowohl die politische Struktur als auch die allgemeine kulturelle Situation die Ausbreitung der neuen Daseins- und Wertorientierung. Zugleich kam es zu tiefgreifenden Veränderungen der christlichen Lebensform, deren Nebenfolgen bis heute reichen und Probleme aufwerfen.

Das Imperium Romanum war „ein Flickenteppich sehr unterschiedlicher Territorien ..., der nur durch sehr basale Machtstrukturen und die große Berücksichtigung regionaler und kultureller Eigenheiten zusammengehalten wurde."[2] Neben der Rotation leitender Beamter, der einheitlichen Militär-Struktur sowie dem Ausbau einer Infrastruktur gewährte nicht zuletzt der öffentliche Kult den notwendigen Zusammenhalt. Besondere Bedeutung hatte bei letzterem die sog. kapitolinische Trias, „also die Verehrung von Iuppiter (analog zu Zeus), Iuno (analog zu Hera) und Minerva (analog zu Athene)"[3]. Dazu trat im Laufe des 1. Jahrhunderts n. Chr. der *Kaiserkult*.

> „Die Ursprungsidee des Kaiserkultes liegt in der Vorstellung, dass die besondere öffentliche Verantwortung des Kaisers nur möglich war, wenn göttlicher Beistand ihm dies ermöglichte. Ältere Vorstellungen der sakralen Würde des Königs wirkten fort. ... Zunächst bezog sich die Verehrung nur auf das numen bzw. den genius der Kaiser. Die Vorstellung, dass verstorbene Kaiser – ohne ihren Leib – fortwirkten, eben als besonderes numen bzw. als genius, der auch den adoptierten Nachfolger beschützte, führte zu der Vorstellung, dass verstorbene Kaiser divinisiert, d.h. zu Göttern erhoben und entsprechend kultisch verehrt wurden. ... Hieraus entstand auch die Vorstellung der lebenden Kaiser als divi (eigentlich ‚göttlich, gottgestaltig', dann auch als Bezeichnung für Gott schlechthin)."[4]

---

[1] S. Christoph Markschies, Das antike Christentum. Frömmigkeit, Lebensform, Institutionen, München ³2016, 13–36.
[2] Wolf-Dieter Hauschild/Volker Henning Drecoll, Alte Kirche und Mittelalter. Lehrbuch der Kirchen- und Dogmengeschichte Bd. 1, Gütersloh ⁵2016, 217.
[3] A.a.O. 224.
[4] A.a.O. 224.

In der Armee und bei offiziellen Anlässen wie Ernennungen wurden Abbilder des Kaisers vorangetragen. Dabei ging es aber nicht um Fragen des individuellen Ergehens oder gar der Erlösung. Vielmehr war dieser Kult „Ausdruck der Loyalität und Verehrung gegenüber dem Imperium und seinem princeps."[5] Dass es dabei immer wieder zu Verfolgungen von Christen kam,[6] bildet einen dunklen Hintergrund für die Ausbreitung des Christentums im Römischen Reich: zunächst nur regional und erst später reichsweit im Zuge des von Decius angeordneten allgemeinen Bittopfers (249/250), verschärft durch ein Edikt von Kaiser Valerian (257–259). Für die Christen ging es um die Wahrheit ihres Ein-Gott-Glaubens, für die Vertreter des Imperium Romanum um den grundlegenden Ausdruck einer Loyalität, die angesichts der sonstigen Verschiedenheiten unverzichtbar erschien.

Ansonsten gab es viele unterschiedliche Devotionen und Kulte, die nebeneinander bestanden und teilweise von ein und derselben Person praktiziert wurden.

> „Religion begegnet in der Antike auf vielen Ebenen: als Verehrung von Stadtgöttern, als Verehrung von Lokalgottheiten oder auch an übergreifend attraktiven Kultorten, die bisweilen mit Orakeln und/oder Heilungen verbunden waren, als familiäre Frömmigkeit, etwa in der Verehrung von Hausgöttern und dem Totengedenken. Diese Formen von Religiosität sind in starker Weise an die Gemeinschaft gebunden, während die in nachklassischer Zeit sich zunehmend ausbreitenden Mysterienreligionen sich nicht auf soziale Systeme beziehen, sondern einzelne ‚Eingeweihte' zu neuen Gemeinschaften verbinden."[7]

Eine besondere Stellung nahmen innerhalb dieser großen Vielfalt die Juden ein. Nach der Eroberung Palästinas (63 v. Chr.) erhielten sie bestimmte Sonderprivilegien, wozu auch die Freistellung von der Teilnahme an öffentlichen Kulthandlungen gehörte. Solange die Christen als zur jüdischen Religion Gehörige erschienen, gab es also kein Problem mit dem Kaiserkult. Doch seit Beginn des 2. Jahrhunderts wurden die christlichen Gemeinden selbstständiger.[8] Zugleich betonte die im Zuge zweier gescheiterter Aufstände (66–70 bzw. 132–135) sich neu im Gegenüber zur hellenistischen Kultur formierende jüdische Gemeinschaft[9] den Abstand zu den Christen. Vor allem die Aufnahme nichtjüdischer Menschen in die

---

5 A.a.O. 225.
6 S. die entsprechende Entwicklung kurz zusammenfassend a.a.O. 247–254.
7 A.a.O. 222.
8 Zu den vielfältigen Forschungen hierzu s. den Literaturüberblick von Michael Tilly, Antikes Judentum und frühes Christentum 2002 – 2019, in: ThR 85 (2020), 1–45, sowie Udo Schnelle, Römische Religionspolitik und die getrennten Wege von Juden und Christen, in: EvTh 80 (2020), 432–443.
9 S. Hauschild/Drecoll, Alte Kirche 130.

christlichen Gemeinschaften und der damit verbundene Wegfall der Beschneidung (bei Männern) sowie der Speise- und Reinheitsvorschriften trieben diesen Prozess voran.

Aus der vielfältigen kultischen Umwelt der Christen sind noch folgende Gegebenheiten besonders hervorzuheben, weil sie die christliche Lebensform nachhaltig prägten:

Die meisten Kulte, darunter auch der genannte der kapitolinischen Trias wurden von *Priestern* geleitet, die in der Öffentlichkeit hohes Ansehen genossen. Zuerst schienen die Christen davon wenig beeindruckt. Die Naherwartung – Paulus ging in 1Thess 4,15 selbstverständlich davon aus, dass manche Lebende die Parusie des Herrn erleben werden – ließ die Herausbildung fester Strukturen unnötig erscheinen. Die profanen Bezeichnungen für erste Leitungsfunktionen in christlichen Gemeinschaften – „episkopos" = Aufseher oder „presbyteros" = Ältester – zeigen einen erheblichen Abstand zu dem verbreiteten, kultisch begründeten Priesterverständnis. Damit standen die ersten (Haus-)Gemeinden in der kultkritischen Tradition Jesu, der selbst nie priesterlich agiert hatte.

Dass sich im Laufe des 2. Jahrhunderts in den christlichen Gemeinden Tätige als Priester zu profilieren begannen – als Taufende, als bei der Eucharistie Vorsitzende sowie als Predigende in der sonntäglichen Zusammenkunft –, ist Ausdruck einer Kontextualisierung des Christseins. Allgemein bewährt erscheinende Organisationsformen in anderen Kulten wurden adaptiert. Eine Folge davon war die Öffnung gegenüber einem religiösen Opfer-Konzept, wie es dann vor allem die Eucharistie-Feier und deren Verständnis bestimmen sollte. Ähnliches lässt sich für die Reinheits-Vorstellungen zeigen. Die jesuanische Einsicht, dass Reinheit Unreinheit aufhebt (Kapitel 2 5.), rückte in den Hintergrund, die Sorge um Verunreinigung etwa der Christen-Versammlung durch Sünder und Häretiker gewann an Bedeutung.

So näherten sich die Christen wichtigen Ausdrucksformen des damals verbreiteten Wissenssystems „religio" an. Die dadurch gewonnene größere Verständlichkeit des Christseins diente auch dazu, um allgemein kursierenden Anfeindungen der christlichen Lebensform zu begegnen. Gründe dafür gab es manche:

> „Christen kommen auffällig oft zusammen, nennen sich Brüder und Schwestern, veranstalten seltsame Feiern und gemeinsame Mahlzeiten, boykottieren den öffentlichen Kult und entsprechende Feste, nicht zuletzt auch das damit zusammenhängende gesellschaftliche Leben wie Schauspiele und Gladiatorenkämpfe."[10]

---

10 A.a.O. 238.

Tacitus beobachtete dementsprechend ein „odium humani generis" (Hass auf die Menschen) bei den Christen.[11] Verschiedentlich wurde auch – wie schon gegen die Juden – der Vorwurf des Atheismus erhoben.[12]

Schließlich sei auf die Stellung der *Frauen* in der damaligen hellenistisch-römischen Kultur hingewiesen. Denn auch hier kam es zu einer weitreichenden, kontextuell begründeten Veränderung der christlichen Lebensform. In den Evangelien-Berichten fällt die Unbefangenheit Jesu im Kontakt zu Frauen auf, sogar zu Nicht-Jüdinnen und zu in jüdischen Augen offenkundigen Sünderinnen. Sie stand in Spannung zu der sonst damals verbreiteten Geringschätzung von Frauen. Diese galten als „schwaches Geschlecht", „dem man Wankelmütigkeit, mangelnden Mut, Verführbarkeit durch falsche Lehren und Naivität im Umgang mit Geld zuschrieb".[13]

Die dazu in Kontrast stehende hohe Bedeutung von Frauen in der Nachfolge Jesu setzte sich unmittelbar nach Jesu Tod fort. Dies zeigen die Berichte, dass zuerst Frauen das leere Grab Jesu entdeckten, und die offenkundig leitende Stellung von Frauen in christlichen Gemeinschaften: Lydia als Gemeindeleiterin in Apg 16,14 f.,40; die damals unübliche Zuerst-Nennung der Frau beim Ehepaar Prisca und Aquila (Apg 18,18);[14] Junia als Apostelin Röm 16,7. Doch wurden die Frauen in den christlichen Gemeinden – wie anderswo – bald zurückgedrängt bzw. traten zurück. Diese Entwicklung verlief etwa zeitgleich zur Herausbildung des Priesteramts, das – bis in die zweite Hälfte des 20. Jahrhunderts – nur für Männer zugänglich war. Allerdings blieb unstrittig, dass Menschen beider Geschlechts getauft werden,[15] eine nicht unbedeutende Differenz zum Judentum mit seiner – männlichen Personen vorbehaltenen – Beschneidung.

2 Von inklusiven Mahlzeiten zur kultischen Mahlfeier

Hunger und Durst sowie als deren Stillung Essen und Trinken sind grundlegende Phänomene des Menschseins. Letztlich geht es in ihnen elementar und unmit-

---

11 S. a. a. O. 228.
12 S. Wilhelm Nestle, Die Haupteinwände des antiken Denkens gegen das Christentum, in: Jochen Martin/Barbara Quint (Hg.), Christentum und antike Gesellschaft (WdF 649), Darmstadt 1990, 17–80, 67.
13 Hauschild/Drecoll, Alte Kirche 177.
14 S. Markschies, Christentum 21.
15 Eine kleine geschlechtsspezifische, dem – letztlich paganen – Reinheitsdiskurs geschuldete Ausnahme war, dass menstruierende Frauen von der Taufe zurückgestellt wurden (s. TradAp XX,6).

telbar um Leben und Tod. Von daher liegt es nahe, dass für Menschen als soziale Wesen gemeinsames Essen und Trinken zu den Fundamenten ihrer jeweiligen Kultur gehören. Dieses wird in der Regel von Gesprächen der miteinander Mahlzeit Haltenden begleitet.

> „Von daher erklärt sich die vielfach in der Kulturgeschichte zu beobachtende Verbindung von gemeinschaftlichem Essen und Erinnerung (Anamnese). Diese wendet sich aber nicht nur Vergangenem zu, sondern richtet die Teilnehmenden ebenso auf die Zukunft aus."[16]

Dementsprechend pflegten die Menschen in den ersten Jahrhunderten eine ausgedehnte Mahl-Kultur. Hal Taussig stellte die diesbezüglichen historischen Einsichten zu den *hellenistischen Gepflogenheiten im Mittelmeerraum* übersichtlich zusammen:

> „They include the following
> - the reclining of (more or less) all participants while eating and drinking together for several hours in the evening
> - the order of a supper (deipnon) of eating, followed by an extended time (symposium) of drinking, conversation, and performance
> - marking the transition from deipnon to symposion with an ceremonial libation, almost always wine
> - leadership by a ‚president' (symposiarch) of the meal – a person not always the same, and sometimes a role that was contingent or disputed
> - a variety of marginal personages, often including servants, uninvited guests, ‚entertainers,' and dogs."[17]

Zentraler Wert solcher Zusammenkünfte – Taussig präsentiert zwei anschauliche, kommentierte Skizzen hierzu[18] – war die Gemeinschaft der Anwesenden. Dabei spiegelten die Eingeladenen die soziale Ordnung wider, was noch einmal differenziert in der Anordnung der Liegen zum Ausdruck kam.[19] „The act of reclining was a mark of one's rank in society: only free citizens were allowed to recline."[20] Inhaltlich bestand in der Regel eine Verbindung zur Verehrung eines Gottes, ohne dass diese aber exklusiv war:

---

16 Christian Grethlein, Praktische Theologie, Berlin ²2016, 560 f.
17 Hal Taussig, In the Beginning was the Meal. Social Experimentation & Early Christian Identity, Minneapolis 2009, 26.
18 S. a. a. O. 24 f.
19 A. a. O. 30.
20 Dennis Smith, From Symposion to Eucharist. The Banquett in the Early Christian World, Minneapolis 2003, 11.

> „On the one hand, it is fair to say that all Hellenistic meals contained a relatively strong dose of religious vocabulary and behavior. For instance, all of them included the central libation, which divided the deipnon from the symposion. This libation was always dedicated to a god and served in many regards as a way of dedicating the whole evening. Similarily, it was rare that these meals would not include some kind of singing expressive of gratitude to or admiration of a god. On the other hand, only in a minority of the cases these religious expressions represent exclusive devotion to a particular god."[21]

Zu den familiären und nachbarschaftlichen Zusammenkünften traten entsprechende Versammlungen von Vereinigungen und sonstigen Assoziationen hinzu.

Für die ersten Christen waren neben dieser allgemein verbreiteten Mahl-Kultur, in die sie mit ihren neuen Gemeinschaften eintraten, die Erinnerungen an die *Teilnahme Jesu an Mählern* wichtig und anregend. Dabei begegnen drei verschiedene Impulse:

> „Die Mahlpraxis des irdischen Jesus, sein letztes Mahl mit den Seinen ‚in der Nacht, da er ausgeliefert wurde', und die österlichen Gastmähler, bei denen er sich ihnen als der Auferweckte offenbarte und sie so zur Wiederaufnahme der Mahlgemeinschaft mit ihm als dem lebendigen Herrn und Gastgeber ermutigte."[22]

Berichte zu den Mählern, an denen Jesus teilnahm, zeigen, dass er die sonst übliche soziale Parität der Anwesenden sowie die daraus resultierenden Exklusionen souverän überschritt:

> „... the Christian literature of the first century regularly advocated for inclusion at meals of people who for one reason or another had been kept outside. Invitation to meals of marginalized people in this literature addressed poor people, the lame, the blind, women, tax collectors, Jews, and gentiles."[23]

Wie verschieden im Einzelnen die konkreten Feierformen waren, geht aus den unterschiedlichen Ausdrücken hervor, mit denen sie bezeichnet wurden: *„Herrenmahl" (kyriakon deipnon), „Brotbrechen" (klasis tou artou), „Agape" (agape)* und *„Eucharistie" (eucharistia)*. Gemeinsam schien ihnen zu sein, dass Brot und Wein wichtige Nahrungsmittel waren, zu denen freilich andere hinzutraten: „Belegt sind Feiern mit Brot und Wein, Käse und Quark, Milch und Honig, Öl, Salz,

---

[21] Taussig, Beginning 32.
[22] Michael Theobald, Eucharistie als Quelle sozialen Handelns. Eine biblisch-frühkirchliche Besinnung (BThSt 77), Neukirchen-Vluyn 2012, 25 f.
[23] Taussig, Beginning 48.

Obst und Gemüse sowie Fisch."[24] Diese Lebensmittel brachten die Teilnehmenden von zuhause mit.[25]

> „Seit dem vierten Jahrhundert wurden im Oströmischen Reich (und seit dem neunten Jahrhundert auch im Westen) nicht mehr die von den Gläubigen mitgebrachten Gaben verzehrt, sondern Brot und Wein von den Klerikern gestellt und im Namen der Kirche gespendet. Aus dem Brot der Christen war ein Brot der Kirche geworden."[26]

Allerdings gab es im 2. und 3. Jahrhundert asketische Gruppen, die den Wein durch Wasser ersetzten (sog. Aquarier).[27] Auch die inhaltliche Ausrichtung scheint anfangs recht unterschiedlich gewesen zu sein. „In manchen frühchristlichen Texten steht z. B. das Gedächtnis an Jesu Tod im Zentrum (etwa 1Kor 11,26), in anderen wird dieser nicht erwähnt (so in der Apostelgeschichte oder Didache), sondern von einem gemeinschaftlichen Mahl mit Dank und Lobgesang berichtet."[28]

Die zum Mahl Versammelten sangen wohl – entsprechend dem Brauch in den Synagogen – gemeinsam Psalmen. Manche Texte lassen vermuten, dass auch getanzt wurde: „Die Johannes-Akten berichten, dass Jesus nach dem letzten Abendmahl beim Wechselgesang getanzt habe, wobei er sich mit den Jüngern an den Händen hielt (94–97)."[29]

Auf jeden Fall war das Mahl-Feiern zumindest für Paulus eine „radical political and theological subversion of economic and social hierarchies that divided and continued to divide the church".[30]

Im Laufe des 2. Jahrhunderts ergaben sich – an verschiedenen Orten in unterschiedlicher Weise und zu differenter Zeit – *Veränderungen in dieser pluriformen Mahl-Praxis und -Deutung.* Bereits die Didache nannte – als Konsequenz aus dem dort vertretenen Heiligkeits-Konzept und dem damit verbundenen Streben

---

24 Hans Joachim Stein, Frühchristliche Mahlfeiern. Ihre Gestalt und Bedeutung nach der neutestamentlichen Briefliteratur und der Johannesoffenbarung (WUNT II 255), Tübingen 2008, 11; s. ausführlich Anselm Schubert, Gott essen. Eine kulinarische Geschichte des Abendmahls, München 2018.
25 S. Schubert, Gott 12.
26 A.a.O. 13.
27 S. Markschies, Christentum 161 f.
28 Christian Grethlein, Abendmahl feiern in Geschichte, Gegenwart und Zukunft, Leipzig 2015, 27.
29 Hartmut Leppin, Die frühen Christen. Von den Anfängen bis Konstantin, München ²2019, 45.
30 Charles Campbell, 1 Corinthians: Belief. A Theological Commentary on the Bible, Louisville (KY) 2018, 188.

nach Reinheit der Gemeinde[31] – die Taufe als Voraussetzung für die Teilnahme an der – noch als vollständige Mahlzeit gefeierten – Eucharistie (Did 9,5).

> „Das hier zum ersten Mal auftauchende Verbot für Ungetaufte, an der Mahlfeier teilzunehmen, stellt ein neues Element in der Entwicklung dar. Es begegnet etwas später wieder bei Justin, dann in der Traditio Apostolica sowie in eigener Weise in den Johannesakten. Diese Anweisung gibt den besonderen Charakter zu erkennen, den das Mahl innerhalb der christlichen Versammlung erhält: Es ist ein Mahl, das die im Namen Jesu versammelte Gemeinschaft zusammenschließt und ihr an dem durch Jesus vermittelten Heil Anteil gibt. Deshalb darf dieses Mahl nicht dadurch entweiht werden, dass Ungetaufte daran teilnehmen."[32]

Das die Gemeinde der Didache leitende, letztlich antik-profane Reinheitskonzept erforderte also eine Exklusion vom Mahl. Diese Regelung stand zwar der inklusiven jesuanischen (Mahl-)Praxis diametral entgegen, setzte sich aber im Weiteren allgemein – bis heute – durch. In der Folgezeit wurden die Zulassungsbestimmungen noch weiter differenziert und umfassten die Zustimmung zur kirchlichen Lehre und dem entsprechenden Ethos.

Dazu trat eine „gewisse Annäherung an die paganen Kultpraktiken ... schon allein dadurch, daß die Eucharistie bereits im zweiten Jahrhundert als ‚Opfer' bezeichnet wurde".[33] Einzelne neutestamentliche Textstellen, vor allem Hebr 10,1–18, schienen das nahezulegen.

Insgesamt wurde die Praxis der Menschen zunehmend doktrinären Bestimmungen unterworfen, was zu einer Veränderung ihres Verhältnisses zu Jesus Christus führte. Nicht von ungefähr begegnet bald – bei dem Apologeten Justin († um 165), der sich um den Anschluss des Christentums an die damalige Philosophie bemühte – ein Vergleich mit den Mithras-Mysterien. Theologisch begründete der spätere Märtyrer die Exklusion anderer mit dem Hinweis auf das Abschiedsmahl Jesu, zu dem nur die Jünger Zutritt hatten[34] – eine im Weiteren immer wieder begegnende Argumentation. Überhaupt dominierte im Lauf der Zeit die Überlieferung des Abschiedsmahls Jesu von seinen Jüngern das Mahlverständnis; die Mähler des irdischen Jesus mit sehr unterschiedlichen Menschen sowie die Teilnahme des Auferstandenen an Mahlzeiten traten dagegen zurück. Zugleich begegnen bei Justin erstmals eine direkte Verbindung zwischen Mahl-

---

31 S. Jonathan Draper, Die Didache, in: Wilhelm Pratscher (Hg.), Die Apostolischen Väter. Eine Einleitung, Göttingen 2009, 17–38, 33f.
32 Jens Schröter, Das Abendmahl. Frühchristliche Deutungen und Impulse für die Gegenwart (SBS 210), Stuttgart 2006, 71.
33 Markschies, Christentum 112.
34 S. Schröter, Abendmahl 87.

feier und einer Kollekte sowie die Vorstellung einer „Umwandlung" (metabole) der Kommunikanten.

Eine weitere wichtige Veränderung hing mit der wachsenden Größe der christlichen Gemeinschaften zusammen. Sie erschwerte bzw. machte es unmöglich, gemeinsam ein Sättigungsmahl zu feiern. Denn das Symposion wurde auf Klinen liegend begangen. Somit war die Zahl der Teilnehmenden recht begrenzt.[35] Dazu ist seit Beginn des 3. Jahrhunderts zu beobachten, dass sich die Zeit der entsprechenden Zusammenkunft vom Abend auf den Morgen verschob. Eine Spezialstudie zu Karthago legt nahe, diese Veränderung ebenfalls als eine Kontextualisierung zu deuten. Die bestehende Sozialform, an die sich die Christen mit dem morgendlichen Termin der Zusammenkunft anschlossen, waren die bei Patronen üblichen „morning salutationes".[36] Demnach agierten die Bischöfe als Patrone ihrer Gemeindeglieder und gewährten ihnen einen morgendlichen (Klienten-)Empfang.

Weiter gewann im 3. Jahrhundert die Betonung der Einheitlichkeit der Mahlfeier an Bedeutung, z.B. bei Cyprian von Carthago († 258). Sie wurde durch die hervorgehobene Stellung der Bischöfe und Priester ermöglicht und stärkte zugleich deren Macht. So kann insgesamt für die Entwicklung der ersten 300 Jahre kontextualitätstheoretisch konstatiert werden: *„Die für sozial, religiös und kultisch Segregierte offene Mahlpraxis Jesu, die in ihrer Kontrakulturalität als prophetische Zeichenhandlung gedeutet werden kann, wurde zu einem in die antike Religionskultur eingefügten Ritual der Gruppenidentität.* Dabei blieb noch der Einsatz für die Armen in Form der Kollekte und des Diakonenamts erhalten. Allerdings stand er in Spannung zur kultischen, von Priestern vorgenommenen Handlung und trat in der Großkirche zunehmend zurück."[37]

Zu Beginn des gemeinsamen Mahlfeierns waren die entsprechenden Zusammenkünfte also im Kontext des hellenistischen Symposions eine Kommunikationsform von Einzelnen, die sich zusammen für die von Jesu Auftreten und Wirken ausgehenden Impulse interessierten.

> „Die christlichen Gruppen sahen sich anfangs der Herausforderung gegenüber, dass ihnen alles Konkrete, Greifbare fehlte, was ein ‚normales' Gedenken erlaubt hätte. Sie waren ortlos; sie hatten keinen Altar, keinen Tempel, kein Grab mit einem Leichnam, nicht einmal eigene Schriften, eine eigene Kulttradition oder eigene Priester. ... Bei den gemeinschaftlichen Mählern aber trafen sie Gleichgesinnte."[38]

---

[35] S. Schubert, Gott 31.
[36] S. Clemens Leonhard, Morning salutationes and the Decline of Sympotic Eucharists in the Third Century, in: ZAC 18 (2014), 420–442.
[37] Grethlein, Abendmahl 44 unter Bezug auf Theobald, Eucharistie 63.
[38] Leppin, Christen 44.

Die gemeinsame Sättigung entwickelte sich bei größer werdenden Gemeinden im Kontext nicht zuletzt von Mysterienkulten zu einem auf Brot und Wein (vorübergehend teilweise: Wasser) reduzierten Ritus. Ihn leitete – nach dem Modell des antiken Patrons – ein priesterlich agierender Mann. Damit war eine Exklusivität hinsichtlich der Teilnahmebedingungen – Taufe, rechte Lehre und Ethos – verbunden. So trug der damalige Kontext der antik-paganen Kultur zu einer grundlegenden Veränderung des Mahlfeierns bei, an die wiederum spätere Kontextualisierungen gleichsam als selbstverständlich anknüpften.

3 Getauft-Werden als Lebenswende

Wie das Abendmahl direkt auf die elementaren Vollzüge von Essen und Trinken bezogen ist, so die Taufe auf das Wasser als Reinigungsmittel. Menschen können ohne – zumindest gelegentliche – Waschungen nicht leben. Dies spiegelte sich auch in den Kulten der hellenistischen Kultur wider. So spielte bei der Einweihung in Mysterien die Reinigung mit Wasser eine wichtige Rolle.

> „Ein Relief zu den Weihungen im attischen Eleusis zeigt neben Opfer und Begegnung mit den Göttinnen auch eine Reinigung aus einem Brunnen. Ein Fries der dionysischen Mysterien in Pompeji (Villa dei Misteri) enthält eine Reinigungsszene, die auch aus anderen Quellen für diesen Kult belegt ist ... Besonders in den Mysterien der Isis war Reinigung verankert".[39]

Im Judentum finden sich ebenfalls – etwa in Anknüpfung an die talmudische Tradition vom Tauchbad der Erzmütter[40] – ähnliche Praktiken beim Proselytentauchbad.[41] Zweifellos bilden diese und andere Reinigungsriten den allgemeinen kulturellen Hintergrund und damit auch Verstehenskontext für die Taufe in den ersten Jahrhunderten. *Die Unterscheidung von rein und unrein war ein wichtiger Diskurs in der Antike.*

Historisch ist die christliche Taufe eng mit der Wasserhandlung des asketischen Wüstenpredigers Johannes verbunden, der sich auch Jesus unterzog (Mk 1,4–12 par.). Diese stellte im Kontext jüdischer Reinigungsrituale „eine ein-

---

39 Markus Öhler, Einheit und Vielfalt: Die Taufe in neutestamentlicher Perspektive, in: Ders. (Hg.), Taufe (Themen der Theologie 5), Tübingen 2012, 39–81, 70 f.
40 S. Dieter Sänger, „Ist er hinaufgestiegen, gilt er in jeder Hinsicht als ein Israelit" (bYev 47b). Das Proselytentauchbad im frühen Judentum, in: David Hellholm u. a. (Hg.), Ablution, Initiation, and Baptism. Waschungen, Initiation und Taufe (BZNW 176/1), Berlin 2011, 291–334, 293, 319.
41 S. Markschies, Christentum 78 f.

zigartige Kombination verschiedener Elemente dar, von denen etliche für die christliche Taufe besondere Bedeutung erlangten":[42]

- „– Die Taufe geschieht im Jordan (Mk 1,5 u. ö.), jenem Fluss, der für die Landnahme (Jos 3) besonders wichtig war. ...
- – Die Taufe geschieht durch den Täufer. Jüdische Reinigungsbäder sind ausnahmslos Selbstreinigungen ... Der Täufer hat als Prophet eine mediatorische Rolle. Sowohl die Verkündigung als auch das Ritual selbst geben Gottes Wirken weiter.
- – Die Taufe des Johannes geschah, obwohl dies nicht explizit gesagt wird, nur einmal. Das ergibt sich vor allem aus der eschatologischen Naherwartung, aber auch aus der deutlichen Forderung einer ethischen Neuorientierung, die keine Wiederholung zulässt.
- – Die Taufe steht unter der Qualifizierung der Zeit als Endzeit. ...
- – Die Taufe hat eine reinigende Funktion: Sie nimmt die Sünden, die als Verunreinigung verstanden werden können ..., von den Menschen und qualifiziert damit zur eschatologischen Begegnung mit Gott.
- – Die Taufe kann als Gegenritual zum Tempelkult gedeutet werden ...., ist aber eher als eine Ausweitung auf ganz Israel zu verstehen ...
- – Die Taufe setzt die Lebensführung der Getauften unter ein neues Vorzeichen: Die ethische Ausrichtung an der Tora ... ist eine unbedingte Konsequenz".[43]

Demnach begegneten schon bei Johannes drei der folgenden vier Konstitutiva für christliche Taufe[44]: die Unterscheidung von Täufling und Täufer, also das Getauft-Werden (Passiv!) durch einen Anderen; die Verwendung von Wasser; die Einmaligkeit der Handlung. Dazu trat bei den Christen der ausdrückliche Bezug auf Jesus Christus.

„Die Tatsache, dass christliche Taufe durch einen anderen Menschen vollzogen werden muss, also – die in anderen Kulten übliche – Selbstwaschung ausgeschlossen ist, hebt die grundlegende Bedürftigkeit des Menschen heraus. Das Wichtigste kann nur empfangen, nicht selbst geleistet werden. Damit wird in elementarer Weise der Sozialität menschlichen Lebens Rechnung getragen und zugleich der besondere kommunikative Charakter des Christseins zum Ausdruck gebracht.

Die Verwendung des Wassers schließt den Ritus in grundlegender Weise an die Leben erst ermöglichende materielle Welt an, theologisch formuliert: an Schöpfung. ...

Eine besondere inhaltliche Ausrichtung erhält das Ritual durch den Verweis auf Jesus Christus. In der Taufe tritt der Mensch in eine explizite Beziehung zu dem Mann aus Nazareth. Dieser ließ sich selbst am Jordan durch Johannes taufen. Damit begann nach den Berichten der Evangelien sein Wirken.

---

42 Öhler, Einheit 41.
43 A. a. O. 41 f.
44 S. Christian Grethlein, Taufpraxis in Geschichte, Gegenwart und Zukunft, Leipzig 2014, 13.

> Schließlich impliziert die von Anfang an bestehende Einmaligkeit der Taufe ein besonderes Verhältnis zur Zeit. Vergangenheit, Gegenwart und Zukunft koinzidieren in einer besonderen Weise, die nicht wiederholbar ist."[45]

Bereits in den Erwähnungen von Taufe im Neuen Testament tritt hervor, dass diese an unterschiedlichsten Menschen in verschiedenen Formationen vollzogen wurde. Dabei markierte sie jeweils eine Lebenswende:

> „die summarischen Erzählungen über Taufen an Pfingsten in Jerusalem, bei der Mission in Samaria und in Ephesus, ferner Einzeltaufen eines äthiopischen Kämmerers durch Philippus, des Paulus in Damaskus, des römischen Hauptmanns Cornelius in Caesarea in Palästina, der Purpurhändlerin Lydia in Philippi zusammen mit den Mitgliedern ihres Hauses, eines Gefängniswärters in Philippi mit seinen Angehörigen, des Synagogenvorstehers Krispus mit seinem ganzen Haus und vieler weiterer Menschen in Korinth sowie der Johannesjünger in Ephesus."[46]

Historisch nicht genau nachvollziehbar, aber in erstaunlicher Geschwindigkeit und breiter Deutung[47] verbreitete sich das Taufen im Zuge der Zunahme und des Wachsens christlicher Gemeinden. So konstatiert Georg Kretschmar in einem liturgiegeschichtlichen Standardwerk:

> „Wenn man einen Christen im dritten Jahrhundert nach der zentralen gottesdienstlichen Handlung der Kirche gefragt hätte, dann hätte er in seiner Antwort von der Taufe, nicht vom sonntäglichen Herrenmahl gesprochen."[48]

Zwar wurden bei der Taufe von „Häusern" wohl von Anfang an auch Kinder getauft,[49] die noch im 2. Jahrhundert als sündlos galten;[50] insgesamt dominierte

---

45 A.a.O. 13f.
46 Alfons Fürst, Die Liturgie der Alten Kirche. Geschichte und Theologie, Münster 2008, 99 (zu den biblischen Belegen s. a.a.O. 279 Anm. 236).
47 S. die Zusammenstellung entsprechender Metaphern und Interpretamente bei Michael Theobald, Anfänge christlichen Gottesdiensts in neutestamentlicher Zeit, in: Jürgen Bärsch/Benedikt Kranemann in Verbindung mit Winfried Haunerland/Martin Klöckener (Hg.), Geschichte der Liturgie in den Kirchen des Westens. Rituelle Entwicklungen, theologische Konzepte und kulturelle Kontexte Bd. 1. Von der Antike bis zur Neuzeit, Münster 2018, 37–82, 56.
48 Georg Kretschmar, Die Geschichte des Taufgottesdienstes in der alten Kirche (Leiturgia 5), Kassel 1970, 7.
49 Zur Auseinandersetzung um die Kindertaufe in den evangelischen Kirchen s. Hans Hubert, Der Streit um die Kindertaufe. Eine Darstellung der von Karl Barth 1943 ausgelösten Diskussion um die Kindertaufe und ihre Bedeutung für die heutige Tauffrage, Frankfurt 1972.
50 S. mit entsprechenden Belegen Eugen Paul, Geschichte der christlichen Erziehung Bd. 1. Antike und Mittelalter, Freiburg 1993, 32.

aber in den ersten drei Jahrhunderten die Taufe von Erwachsenen. Für diese war sie ein Ritus der Lebenswende mit der Gabe der Sündenvergebung. Das kam dadurch zum Ausdruck, dass der Wasserhandlung eine grundsätzliche Befragung zum Glauben vorausging, also eine verbale Kommunikation zwischen dem fragenden Täufer und dem antwortenden Täufling stattfand. Hier dürfte die Entwicklung späterer Bekenntnisse wie des Apostolicums einen sozialen Ort haben.[51] Dabei zeigt die Erzählung von der Taufe des Kämmerers aus Äthiopien, dass anfangs das Taufen zwar mit dem Hören auf das biblische Zeugnis, nicht aber notwendig mit der Zugehörigkeit zu einer Gemeinde verbunden war (Apg 8,26–39). Demgegenüber rückte – analog zur Ausbildung einer Ämterhierarchie – der Gemeindebezug zunehmend in den Mittelpunkt.

Das trat im Format des *Taufkatechumenats* hervor. Einen ausführlichen Bericht, wie sich dieses gegen Ende des 2. bzw. im 3. Jahrhundert darstellte, gibt die – lange dem Hippolyt zugeschriebene – Traditio Apostolica.[52] In einem in der Regel dreijährigen Prozess (TradAp XVII,1 f.) wurden die Taufbewerberinnen und -bewerber auf diesen in Analogie zu den letzten Lebenstagen Jesu gestalteten Ritus vorbereitet.[53] Bischof, Presbyter und Diakone begleiteten sie dabei. Die Taufbewerber hörten in den Tagen vor ihrer Taufe Lesungen aus der Heiligen Schrift, beteten, fasteten und wachten (TradAp XX,5–9). Dann wurden sie im Morgengrauen des Sonntags ans fließende Wasser geführt und durch dreimaliges Untertauchen Jesus Christus als ihrem neuen Herrn übergeben. Übernächtigt, nüchtern, seit drei Tagen ungewaschen, voller tiefer Eindrücke durch Gebete, Exorzismen und Segenshandlungen erlebten sie den Gang ins Wasser als umfassende Reinigung und die anschließende Eucharistiefeier mit Wasser, Milch, Honig, Brot und Wein als Stärkung auf dem Weg zum ewigen Leben (TradAp XXIII,1–11). Das Ereignis der Taufe blieb so für sie lebensbestimmend.

Allerdings war sie – worauf das lange Katechumenat sowie die an die Taufe anschließenden Mystagogien hinweisen – Teil eines letztlich bis zum Lebensende reichenden Prozesses. Der Taufakt selbst konnte dabei – wie die Nachricht von sog. Bluttaufen zeigt – durchaus substituiert werden. Konkret ging es im Kontext der Christenverfolgungen darum, den Heilsstatus von nichtgetauften Katechumenen zu beschreiben, die das Martyrium auf sich genommen hatten.

---

51 S. Frederick Ercolo Vokes, Apostolisches Glaubensbekenntnis I. Alte Kirche und Mittelalter, in: TRE Bd. 3 (1978), 528–554, v. a. 544 f., 552.
52 Zur schwierigen historischen Einordnung s. knapp mit Verweis auf die entsprechende Forschungsliteratur Christoph Markschies, Traditio Apostolica, in: RGG⁴ Bd. 8 (2005), 504 f.
53 Ausführlich zitiert bei Rudolf Roosen, Taufe lebendig. Taufsymbolik verstehen, Hannover 1990, 10–13.

> „Das Bekenntnis zu Christus vor den Gerichtsbehörden bzw. das nachfolgende Martyrium stellten nun eine der Taufe gleichwertige Handlung dar. Ein eindeutiges Zeugnis dieser Vorstellung findet sich in TA 19. Ein prominenter Zeuge für die Vorstellung der Bluttaufe im 3. Jahrhundert ist auch Origenes."[54]

Das Christsein begann demnach bereits mit dem Eintritt in das Katechumenat.[55]

Auf jeden Fall war die Taufpraxis – entsprechend dem vom Auftreten und Wirken Jesu ausgehenden Grundimpuls – *grundsätzlich inklusiv*. Sie überwand das „ethnische Paradigma" des Judentums[56] und öffnete sich nicht nur in geschlechtlicher und sozialer Hinsicht, sondern relativierte solche Differenzen grundsätzlich, wie schon Paulus radikal in Gal 3,26–28 konstatierte.[57] Gegenüber den – auch – in der Antike verbreiteten Affekten verschiedener Gruppen gegeneinander, wie Griechen, Juden oder Barbaren sowie Freien und Sklaven, bildete das inklusive Taufen einen brisanten politischen und zivilgesellschaftlichen Kontrast. Kontextuell ist dabei eine Parallele zur stoischen – und aristotelischen – Philosophie unübersehbar, in der der Affektkontrolle eine wichtige Bedeutung zukam.[58]

Theologisch stand damit die Verbindung von Taufe und Verleihung des Geistes Gottes in Zusammenhang, der rituell seinen ebenfalls bereits im Neuen Testament begegnenden Ausdruck in Handauflegung (Apg[59]) und Salbung (2Kor 1,21; 1Joh 2,20.27) fand. Diese Verbindung erwies sich seit dem 2. Jahrhundert gegenüber enthusiastischen Aufbrüchen als wirkungsvoll, insofern Handauflegung und Salbung in der Taufe dem Episkopen-Amt vorbehalten blieben. Den Übergang zu dieser „*Sazerdotalisierung*"[60] der Taufe, also ihrer Fixierung auf den Priester, zeigt folgende Äußerung Tertullians zur Frage nach dem Täufer:

---

54 Andreas Müller, Tauftheologie und Taufpraxis vom 2. bis zum 19. Jahrhundert, in: Markus Öhler (Hg.), Taufe (Themen der Theologie 5), Tübingen 2012, 83–135, 90.
55 S. unter Bezug auf Jan Badewien Wolfgang Lienemann, Taufe – Mitte und Grenze der Kirche. Zur theologischen Vorgeschichte der neuzeitlichen Taufproblematik, in: Christine Lienemann-Perrin (Hg.), Taufe und Kirchenzugehörigkeit. Studien zur Bedeutung der Taufe für Verkündigung, Gestalt und Ordnung der Kirche (FBESG 39), München 1983, 147–191, 154.
56 Öhler, Einheit 65.
57 S. zu den daraus folgenden Konsequenzen Heike Walz, Gal 3,26–28 und die Taufe. Ökumenische Visionen zur Verwandlung des Zusammenlebens angesichts der Intersektionen von Ethnie, sozialer Klasse und Geschlecht, in: Günter Ruddat (Hg.), Taufe – Zeichen des Lebens. Theologische Profile und interdisziplinäre Perspektiven, Neukirchen-Vluyn 2013, 147–166.
58 S. David Konstan, The Emotions of the Ancient Greeks. Studies in Aristotle and Classical Literature, Toronto 2006.
59 S. hierzu grundlegend Friedrich Avemarie, Die Tauferzählungen der Apostelgeschichte. Theologie und Geschichte (WUNT 139), Tübingen 2002.
60 Leppin, Christen 37.

„Die Taufe zu erteilen hat das höchste Recht der höchste Kleriker, wenn einer da ist: der Bischof, dann die Priester und Diakone, jedoch nicht ohne die Vollmacht des Bischofs wegen der der Kirche schuldigen Ehrerbietung: ist sie gewahrt, ist der Friede gewahrt. Im Übrigen haben auch die Laien die Berechtigung – denn was auf gleicher Ebene empfangen wird, kann auf gleicher Ebene weitergegeben werden –, es sei denn, die Jünger des Herrn wären schon Bischöfe oder Priester oder Diakone genannt worden, das heißt, so wie das Wort vor niemandem verborgen werden darf, kann demnach auch die Taufe, die gleichermaßen Gottes Eigentum ist, von allen vollzogen werden. Aber da es umso mehr Aufgabe der Laien ist, respektvolle Zurückhaltung und die Bereitschaft zur Unterordnung zu zeigen, da dies auch den Höheren zukommt, sollen sie sich nicht die Funktion des Bischofs anmaßen. Die Rivalität gegenüber dem Bischofsamt ist die Mutter der Spaltungen. ... Es genügt, in Notlagen davon Gebrauch zu machen, wo immer die Umstände von Ort, Zeit oder Person dazu zwingen".[61]

Diese Eingliederung in das kirchliche Amt führte letztlich zu einer Vereinheitlichung der Taufpraxis, eine Entwicklung, die durch die Zunahme von Kindertaufen ab dem 4./5. Jahrhundert noch gefördert wurde.

Allerdings ergaben sich bald Konflikte im Umfeld der Taufpraxis. Bereits im Neuen Testament begegnet das Problem, ob es nach der Taufe und der mit ihr verbundenen Vergebung der Sünden noch eine zweite Buße geben könne (Hebr 6,4–6). Dabei dürften allgemein verbreitete antik-pagane Reinheitsvorstellungen die dominante Rolle gespielt haben. Dass Jesus ihnen – in der erwähnten Umkehrung des Verhältnisses von Reinheit und Unreinheit (s. Mk 7,15; Kapitel 2 2.) – entgegengetreten war, verblasste bzw. geriet in Vergessenheit. Aus dieser problematischen Entwicklung folgte später die sog. Klinikertaufe, eine Taufform, die an Bedeutung gewann, als die christliche Botschaft auch Menschen in öffentlichen und staatstragenden Positionen erreichte (s. Kapitel 4 3.).

Insgesamt markierte in den ersten drei Jahrhunderten die Taufe als ein letztlich lebenslanger Prozess, der in der Wasserhandlung rituell konzentriert begangen wurde, eine Grundlage des Christseins. In ihr verbanden sich Kontextualisierung und Kontrakulturation miteinander. Auf der einen Seite boten die vielfältigen, damals in paganen Kulten und im Judentum verbreiteten Reinigungsriten mit Wasser einen allgemeinen Verständnishintergrund. Bereits die Johannes-Taufe setzte aber mit ihrer Abkehr von der Selbstreinigung einen Kontrast. Er gewann in den christlichen Gemeinden nicht zuletzt im Zuge der Entwicklung des Episkopen- und des Presbyteramtes an Bedeutung. Auf der anderen Seite eröffnete vor allem die Ausrichtung auf Jesus Christus einen neuen, inklusiven Horizont, der sonst bei Initiationen übliche ethnische, soziale und genderbezogene Distinktionen überwand. Die Taufe wurde dadurch zu einem Ausdruck der grundsätzlich

---

61 Übersetzt und zitiert a. a. O. 37.

für jeden Menschen offenen und möglichen Lebenswende. Die damit verbundenen ethischen Implikationen veränderten allerdings in Verbindung mit den sich in den christlichen Gemeinden ausbreitenden Reinheitsvorstellungen das Taufverständnis dahingehend, dass exkludierende Perspektiven an Bedeutung gewannen. Das zeigt nicht zuletzt ein Blick auf die bis ins 2. Jahrhundert zurückreichenden Bedingungen zur Aufnahme in das Katechumenat (s. 4.)

4 Lehren und Lernen im Kontext von Taufe und philosophischer Bildung

Die Bedeutung von Lehr- und Lernprozessen für die christliche Lebensform geht schon sprachlich daraus hervor, dass diejenigen, die sich dem Wanderprediger Jesus anschlossen, als „Schüler" (griechisch: mathetai) bezeichnet wurden. Sie nannten ihren Meister „Rabbi" (Mt 26,25). Zutreffend formulierte im 2. Jahrhundert Tertullian: „Fiunt, non nascuntur Christiani." (Christen werden gemacht, nicht geboren; Tert.apol. 18,4). Von daher kommt dem Kommunikationsmodus des Lehrens und Lernens konstitutive Bedeutung für das Christsein zu.

Konkret standen die Christen in den ersten drei Jahrhunderten dadurch vor einer zweifachen Herausforderung: „einerseits vor derjenigen ihr Verhältnis zur heidnischen Paideia zu bestimmen, andererseits vor derjenigen den Unterricht im christlichen Sinne zu konzipieren, der im Zusammenhang mit der Taufe als notwendig galt: die eigene Lektüre der Schrift und den Katechumenat."[62]

Entsprechend der auf Erwachsene gerichteten,[63] wenn auch Kinder inkludierenden Taufpraxis konzentrierte sich das pädagogische bzw. katechetische Handeln auf Erwachsene. Hier sind zuerst die Zusammenkünfte der Christinnen und Christen zu nennen, bei denen u. a. aus den Heiligen Schriften vorgelesen wurde. Manche Texte, vor allem aus dem Psalter, memorierten die Feiernden. Daneben wurde die heimische Lektüre der biblischen Texte empfohlen; doch setzte sie zum einen eine entsprechende Lesefertigkeit und zum anderen verfügbare Texte voraus, was nur für eine kleinere Zahl von Christen zutraf.

> „Sowohl der Nachdruck, mit dem auf häusliche Lektüre gedrungen wurde, als auch die tatsächliche Lektüre-Frequenz ist vor allem im östlichen, griechischsprachigen Teil des Römischen Reiches ausgeprägt gewesen – im lateinischen Sprachraum fehlte bis zur Übertragung der Hexapla ins Lateinische durch Hieronymus (veröffentlicht etwa 400 nach

---

62 Bernd Schröder, Religionspädagogik, Tübingen 2012, 34.
63 S. Eugen Paul, Geschichte der christlichen Erziehung Bd. 1. Antike und Mittelalter, Freiburg 1993, 27 und 37.

Christus) eine literarisch gelungene, verständliche Übersetzung. Zudem waren die Christen im westlichen Teil des Reiches seltener alphabetisiert".[64]

Dazu bildeten sich – im Kontext der damals verbreiteten philosophischen Akademien – entsprechende Schulen, in denen im Modus der Philosophie das Christsein erklärt und gedeutet wurde. So etablierte z. B. Justin, der selbst eine Philosophenschule besucht hatte und sich als Platoniker bezeichnete (Iust.2 apol. 12,1), in Rom eine entsprechende, private Schule.

> „Die Theologie, die Justin dort vermittelte, versteht das Christentum als die wahre Philosophie ... und die christologische Interpretation des Alten Testaments als den wahren Schlüssel zu dessen Inhalt ... Seine Schule stand getauften Christen (die den Katechumenat bereits durchlaufen hatten) offen, aber wohl auch interessierten Nichtchristen."[65]

Bekannt wurde die – in deutlichem Bezug zu Kirche und Bischof stehende – alexandrinische Katechetenschule, im letzten Drittel des 2. Jahrhunderts gegründet und von einflussreichen Theologen wie Clemens von Alexandrien († um 215) und Origenes († 254) geleitet. Ihr Name – „Schule der heiligen Worte" (didaskaleion ton hieron logon) – bezeichnete ihren Zweck.[66]

> „Festzuhalten ist ..., dass eine Schule dieses Zuschnitts und dieser Ausstrahlungskraft nicht ohne Grund ausgerechnet in Alexandrien entstand. Hier hatten schon jüdisch-hellenistische Theologie und entsprechender Unterricht ihren Zenit ... erreicht."[67]

Am wirkmächtigsten in der Breite dürften aber das *Taufkatechumenat* und sein Ausbau gewesen sein, das am Beispiel der Traditio apostolica bereits vorgestellt wurde (s. 3.). Hieran ist interessant, dass es offenkundig nicht primär um kognitiven Wissenserwerb ging, sondern um die Einführung in die christliche Lebensform. Demgemäß formulierte z. B. Ignatius als *Ziel der Taufvorbereitung das Wissen,* „wie man leben muss" (hopos dei zen; Brief an die Magnesier 10,1). Dementsprechend lag das Schwergewicht auf der Ethik. Bereits bei der Zulassung zum Katechumenat stand sie im Mittelpunkt, insofern der „sponsor" (Pate) für die rechte Lebensführung des/der die Taufe Begehrenden bürgen musste.[68]

---

64 Schröder, Religionspädagogik 35.
65 A.a.O. 38.
66 S. a.a.O. 39.
67 A.a.O. 39.
68 S. mit entsprechenden Stellenangaben Paul, Geschichte 48.

> Bestimmte Berufe wie „Zuhälter, Bildhauer und Maler von Götzen(bildern), Regisseure und Schauspieler, in der Arena Tätige oder in diesem Umkreis Beschäftigte (Wagenlenker, Gladiatoren ... und ihre Ausbilder), heidnische Priester und Tempelpersonal, höhere Beamte, Dirnen, Magier und ähnliche Leute, verstockte Konkubinarier" waren ausgeschlossen. „Problematisch ist der Soldatenberuf: Wer Soldat ist, soll nicht töten, einen entsprechenden Befehl nicht ausführen und keinen Eid schwören; wer Soldat werden will, ist abzuweisen (weil er ‚Gott verachtet'); wer Lehrer ist und keinen anderen Beruf hat oder finden kann, kann es bleiben; eine Sklavin, die Konkubine ihres Herrn ist, ihre Kinder großgezogen hat und nur mit ihm lebt, kann zugelassen werden, wenn sie (auf das Evangelium) hört."[69]

Die ethische Ausrichtung des Christseins führte also in erheblichem Umfang zu Exklusionen, die Kontrakulturation gewann zuerst – in der Minderheitensituation der ersten Jahrhunderte – die Oberhand. In diese Richtung weist auch die große Bedeutung, die der Buße zugemessen wurde. So konstatierte Tertullian:

> „Niemand rede sich also ein, das Sündigen sei ihm jetzt noch erlaubt, weil er noch zu den Anfängern im Unterricht gehört. Sobald du den Herrn kennen gelernt hast, solltest du ihn auch fürchten; sobald du ihn erblickt hast, auch ehrfurchtsvoll werden." (De paenitentia 6)[70]

Es hatte sich also in Form des Taufkatechumenats – neben den Zusammenkünften der Christinnen und Christen – eine eigene Form des Lehrens und Lernens für Erwachsene entwickelt. In ihm fanden – in heutiger Diktion – ganzheitliche Lernprozesse statt. Für die Kinder fehlte jedoch etwas Vergleichbares. In den ersten drei Jahrhunderten bestand die – heidnische – „Paideia" weiter, auch für die Kinder christlicher Eltern. Das – für die empfohlene Lektüre der heiligen Schriften – unerlässliche Lesen (und Schreiben) wurde in den allgemeinen Schulen und bei den Reicheren im Privatunterricht anhand von Texten wie denen Homers gelernt. In ihnen war selbstverständlich die antike pagane Götterwelt präsent. So kam es – jenseits radikaler Ablehnung etwa im frühen Mönchtum – zu mancherlei Versuchen einer Harmonisierung zwischen antiker Paideia und Christsein.

> „Im Brief des Origenes ... an Gregor den Wundertäter, seinen Schüler, wird die – dann später neben anderen berühmte – Begründung geliefert durch eine (von Irenäus inspirierte) allegorische Exegese von Ex 3,21 f (11,2; 12,35 f): Wie Israel Ägyptens goldene und silberne Gefäße und Gewänder mitnahm und in den Dienst der Gottesverehrung stellte, so dürfen die Schätze heidnischer Bildung in den Dienst der Gotteserkenntnis gestellt werden. Alles Gute und Wahre kommt ja von Gott; es muss nur aus seiner unvollkommenen, verdunkelten Gestalt, in der es in der heidnischen Kultur begegnet, befreit werden."[71]

---

69 Zusammenstellung unter Bezug auf die Traditio Apostolica a.a.O. 49.
70 Nach Übersetzung a.a.O. 48.
71 A.a.O. 19.

Bei der Erziehung und Bildung von Kindern außerhalb des Hauses dominierte demnach die Adaption an die bestehenden Einrichtungen des hellenistisch-römischen Schulwesens.

> „Neben den öffentlichen Schulen unterrichteten auch Lehrer privat (für Schulgeld). Die Elementarschulen (ab 7 Jahren) besucht wenigstens in der Stadt fast jedes Kind. Dort lernt man aber kaum mehr als Lesen und Schreiben. Die Grammatikschulen (ab 11/12 Jahren) haben nur relativ wenige Schüler. Die Rhetorikschulen (ab 15 Jahren) schließlich vermitteln die höheren Studien (‚Hochschule'). ... Die grundlegenden Inhalte dieser Bildung sind ... klar; es sind die antiken (heidnischen) Mythologien und Philosophien."[72]

Tatsächlich war es der Minderheit der Christen nur durch solche Anpassung möglich, ein Hineinwachsen ihrer Kinder in die damalige Gesellschaft zu ermöglichen. Integration in das Bestehende stand hier also an erster Stelle. Dagegen dürfte im Haus durch Morgen-, Abend- und Tischgebet den Kindern eine deutliche Ausrichtung auf den biblischen Gott zuteil geworden sein, die nicht zuletzt auf ethischem Gebiet bisweilen kontrakulturell war.

5 Ethische Orientierungen zwischen Angleichung und Kontrast

Auch in Fragen der konkreten Lebensführung ist bei den Christen ein Neben-, In- und Gegeneinander von Kontextualisierung und Kontrakulturation unübersehbar. In dem vermutlich aus den letzten Jahrzehnten des 2. Jahrhunderts stammenden (aber erst 1436 in Konstantinopel entdeckten) Text „An Diognet"[73] kommt dies anschaulich in folgender Passage (4,6–5,12) zum Ausdruck, die werbend die christliche Lebensform präsentiert:

> „Das Geheimnis ihrer besonderen Frömmigkeit wirst du nicht erwarten von einem Menschen erfahren zu können. Die Christen nämlich sind weder durch Land noch durch Sprache noch durch Sitten von den übrigen Menschen verschieden. Denn weder bewohnen sie irgendwo eigene Städte, noch bedienen sie sich irgendeiner abweichenden Sprache, noch führen sie ein auffälliges Leben (...). Sie bewohnen vielmehr griechische und auch barbarische Städte, wie immer es einen jeden traf, und sie folgen den einheimischen Sitten in Kleidung und Essen und in der übrigen Lebenspraxis (...). Sie bewohnen jeder ein Vaterland, aber wie Nichtbürger, sie haben an allem Anteil wie Bürger, und alles erdulden sie wie Fremde. Jede

---

72 A.a.O. 21.
73 S. zu den historischen Problemen und der inhaltlichen Gesamtausrichtung Horacio Lona, Die Schrift „An Diognet", in: Wilhelm Pratscher (Hg.), Die Apostolischen Väter. Eine Einleitung, Göttingen 2009, 208–225.

> Fremde ist für sie Vaterland und jedes Vaterland Fremde. Sie heiraten wie alle und bekommen Kinder; aber sie setzen die Neugeborenen nicht aus. Einen gemeinsamen Tisch stellen sie auf, aber nicht ein (gemeinsames) Bett (...). Sie gehorchen den erlassenen Gesetzen, und mit der ihnen eigenen Lebensweise überbieten sie die Gesetze. Sie lieben alle, und von allen werden sie verfolgt. Man kennt sie nicht, und **doch verurteilt man sie.**"[74]

Kirchenhistoriker bezeichnen die hier zum Ausdruck kommende Einstellung als „Diasporamentalität".[75] Dabei wird eine breite Adaption des allgemein Üblichen kontrastierend durch einzelne Besonderheiten durchbrochen. Dies sei kurz an einigen Beispielen verdeutlicht:

Christen heirateten – wie Andere, sog. Heiden, auch. Allerdings wurde dies komplementär durch Christinnen und Christen ergänzt, die – in der Tradition Jesu – ehelos lebten. Für diese Lebensgestaltung entschieden sich ebenfalls Nichtchristen aus philosophischen Gründen. In der Ehe war die Besonderheit, die der Autor von „An Diognet" herausstellte, dass Christen – im Gegensetz zu einer weit verbreiteten antiken Praxis, die im (römischen) Recht des Vaters legitimiert war – keine Kinder aussetzten. Gegen die evolutionsbiologisch angelegte, in der Antike allgemein verbreitete Praxis des Infantizids[76] stand der Glauben an Gott als Schöpfer jedes einzelnen Lebens.

> „Diese christliche Haltung hatte unmittelbare Folgen für den allgemeinen gesellschaftlichen Umgang mit Säuglingen und besonders mit neugeborenen Mädchen, die der pagane pater familias damals ja nicht als Kinder akzeptieren mußte und vielfach auch nicht akzeptiert hat ... Die aufgrund dieses ‚Rechtes' ausgesetzten Kinder wurden ... ‚von Zuhältern oder Zuhälterinnen aufgezogen und von klein auf zur Prostitution ‚abgerichtet'."[77]

Bei der *Bestattung* als dem zentralen Akt am Ende des Lebens folgten die frühen Christen dem allgemein Üblichen.[78] Dem entgegengesetzte biblische Weisungen fehlten.

> „Die biblischen Erzählungen setzen als Bestattungsart die Erdbestattung oder die Bestattung in Felsengräbern voraus. Das Verbrennen gilt im Alten Testament als Strafe (siehe Gen 38,24).

---

74 Zitiert nach Markschies, Christentum 95 f.
75 So unter Bezug auf Carl Andresen a. a. O. 95.
76 S. Carel van Schaik/Kai Michel, Die Wahrheit über Eva. Die Erfindung der Ungleichheit von Frauen und Männern, Hamburg Dezember 2020, 25.
77 Unter Zitat von Bettina Eva Stumpp Markschies, Christentum 245.
78 S. hierzu detailliert Ulrich Volp, Tod und Ritual in den christlichen Gemeinden der Antike (SVigChr 65), Leiden 2002, 10–95.

> Im Neuen Testament werden der Trauerzug (Lk 7,12), das Bestellen von Klagefrauen (Mk 5,38) und das Verhüllen des Gesichts der Verstorbenen (Joh 11,44) erwähnt."[79]

In der Antike war die Bestattung von Verstorbenen eine Aufgabe der Familie. Doch gab es auch Bestattungsvereine, die ihre Mitglieder würdig beisetzten. „In ähnlicher Weise kümmern sich die Christen gleichsam als neue Familie um ihre verstorbenen Glaubensgenossen. Dabei galt ihr Verhalten auch bei Nichtchristen als vorbildlich."[80]

> So räumt der heidnische römische Kaiser Julian Apostata um 362 ein: „Was ist der Grund, dass wir unsere Augen nicht auf das richten, wodurch die gottlose Religion der Christen Verbreitung gefunden hat, nämlich ihre Güte gegen die Fremden und auf die Sorgfalt, die sie auf die Bestattung ihrer Toten verwenden..."[81]

Hinsichtlich der *Zuordnung der Geschlechter* erschienen die Christen in der damaligen patriarchalischen Gesellschaft bald eher unauffällig. Das besondere Verhältnis Jesu zu Frauen, dessen Spuren in den ersten Gemeinden und dann nur noch vereinzelt zu finden sind,[82] hatte schnell an Bedeutung verloren. Schon in den neutestamentlichen „Haustafeln" (Kol 3,18–4,1; Eph 5,21–6,9 u.a.), Texten, die das Verhalten der Hausangehörigen regeln, ist die Unterordnung von Frauen unübersehbar.

> „Die christliche Bestimmung des Verhältnisses von Frau und Mann vermochte sich damit freilich nicht von der patriarchalischen Geschlechter- und Ständeethik der Umwelt zu emanzipieren; zaghafte Ansätze einer neuen Ethik der Freiheit im Urchristentum wurden von ihr verdrängt."[83]

Ebenfalls in Analogie zu anderen Gruppen können bestimmte *Ernährungsformen* bei Christen verstanden werden. So fasteten sie zweimal die Woche – damit ähnlich den jüdischen Gemeinden, allerdings an anderen Tagen. Fasten gab es z.B. auch im Demeter- bzw. Cereskult und anderen Mysterienreligionen. Dazu kam es im Kontext bestimmter gemeindlicher Veranstaltungen wie der Vorberei-

---

79 Lutz Friedrichs, Bestatten (PTk 2), Göttingen 2020, 18.
80 Christian Grethlein, Grundinformation Kasualien. Kommunikation des Evangeliums an Übergängen im Leben, Göttingen 2007, 275.
81 Zitiert nach Klemens Richter, Christliche Begräbnisliturgien in nachchristlicher Zeit, in: Albert Gerhards/Benedikt Kranemann (Hg.), Christliche Begräbnisliturgie und säkulare Gesellschaft (EThS 30), Leipzig 2002, 298–319, 301.
82 S. zum Einzelnen Leppin, Christen 145–158.
83 Markschies, Christentum 144.

tung von Taufen, Ordinationen und Weihen und dem Empfang der Eucharistie zu vorangehendem Fasten.[84] Davon versprach man sich Reinigung. Eine Besonderheit gegenüber antiker Esskultur war dagegen – entsprechend Gen 9,4 – der Verzicht auf den Genuss von Blut, konkret der sehr beliebten Blutwurst (botuli cruore distenti).[85] Dieses Sonderverhalten von Christen wurde bei Christenverfolgungen sogar zu deren „Überführung" herangezogen, insofern ihnen Blutwurst kredenzt wurde, deren Genuss sie verweigerten.

Weiterreichend war die – bereits im Zusammenhang mit der Zulassung zur Taufe bzw. zum Taufkatechumenat erwähnte – Selektion bestimmter Berufe (s. 3.). Allerdings zeigt ein genauerer Blick, dass nicht wenige von den ausgeschlossenen Berufen – wie z. B. Prostituierte oder Strichjungen – allgemein als unehrenhaft galten.[86]

In deutlicher Analogie zur jüdischen Lebensform stand das *Gebet des Einzelnen* im Mittelpunkt des christlichen Lebens. Dabei kam es zu einer Strukturierung des Tagesablaufs, mit Morgen-, Mittags- und Abendgebet bzw. auch Gebet am Abend, zur Mitternacht und am Morgen. Meist beteten die Menschen auf dem Boden liegend bzw. kniend; nur am Sonntag geschah dies als Ausdruck von Freiheit der Kinder Gottes im Stehen.[87]

In ähnlicher Weise stellten die – ebenfalls vielfach in der Hebräischen Bibel begegnenden – *Benediktionshandlungen* für viele Christen eine wichtige Praxis dar.[88] Dabei wurden sowohl für den Ritenvollzug wichtige Gegenstände wie das Taufwasser, Öl, Kreuz oder Kerzen als auch Personen in besonderen Lebenslagen, etwa bei der Hochzeit, auf dem Krankenlager oder vor einer Reise, gesegnet. Die Grenze zur Magie als einer die Differenz zwischen menschlichem Wunsch und göttlichem Handeln kurzschließenden Praxis dürfte dabei nicht immer gewahrt worden sein.

Schließlich bildete das *Almosen-Geben* eine Praxis, die allgemein positives Aufsehen erregte. Tertullian beschreibt die in seiner Gemeinde übliche Armenkasse folgendermaßen:

> „Ein bescheidenes Scherflein steuert jeder einzelne bei an einem bestimmten Tag im Monat oder wenn er will und falls er überhaupt will und falls er überhaupt kann. Denn niemand wird gezwungen, sondern man zahlt aus freien Stücken. Dies sind gewissermaßen Darlehen

---

84 S. a. a. O. 132.
85 S. a. a. O. 133 f.
86 S. a. a. O. 136.
87 S. a. a. O. 108.
88 S. Christian Grethlein, Benediktionen und Krankensalbungen, in: Hans-Christoph Schmidt-Lauber/Michael Meyer-Blanck/Karl-Heinrich Bieritz (Hg.), Handbuch der Liturgik, Göttingen ³2003, 551–574, 552–556.

der Frömmigkeit. Denn davon wird nichts für Schmausereien und Trinkgelage oder unnütze Freßwirtschaften ausgegeben, sondern für den Unterhalt und das Begräbnis Armer, für Knaben und Mädchen, die kein Geld und keine Eltern haben, und für altgewordene Diener, ebenso für Schiffbrüchige und für jene, die in Bergwerken oder die auf Inseln oder in Gefängnissen – vorausgesetzt sie sind dort wegen ihrer Zugehörigkeit zur Gemeinschaft Gottes – zu ‚Pflegekindern' ihres Bekenntnisses werden." (Tert.apol. 39,6 f.)

Dieses Spendenwesen hob sich vom damals in der paganen Umwelt Üblichen ab. Zwar gab es hier ebenfalls soziale und kulturelle Einrichtungen auf der Basis von Spenden. „Aber erst in den christlichen Gemeinden wurde dieses System in eine kontinuierliche Institution verwandelt und streng organisiert."[89] Solches soziales Engagement führte zur Herausbildung eigener Ämter, das Diakonat und das Viduat. Letzteres bot verwitweten Frauen die Möglichkeit, sich sozial in der Gemeinde zu engagieren.

Insgesamt weisen die Beispiele darauf hin, dass sowohl Übernahme bzw. Angleichung an die bestehenden Verhältnisse als auch immer wieder Kontraste hierzu das Ethos der Christen prägten. Dass es dabei im Einzelnen große Unterschiede an den verschiedenen Orten des Reiches gab, liegt nahe. Allerdings begegnet die skizzierte Grundspannung in den verschiedensten Zeugnissen aus der damaligen Zeit.

Eine gewisse, durchaus volkstümliche Formatierung erhielt die ethische Orientierung über einzelne Fragen hinaus dadurch, dass in Gestalt von *Märtyrern*[90] und *Confessoren* sowie *Asketen* zunehmend Vorbilder eine größere Rolle spielten und später dominierten.

„Spätestens seit Mitte des dritten Jahrhunderts wurde es üblich, am Todestag von Märtyrern eine eucharistische Gedächtnisfeier zu begehen (sogenannte anniversaria). ... Wenn die Synode zu Elvira zu Beginn des vierten Jahrhunderts Frauen die Übernachtung an den (Märtyrer-)Gräbern verbietet und auch anderswo gegen nächtliche Exzesse an solchen Ruhestätten polemisiert wird, dann entspricht es zum einen einer wohl geläufigen antiken Polemik gegen Frauen, aber zum anderen wohl auch einer tatsächlichen gelegentlichen Entartung der Jahresgedächtnisse."[91]

In der Person der Asketen begegnete eine besondere Form des Christseins, insofern hier die Individualität der Einzelnen hervortrat.

---

[89] Markschies, Christentum 131.
[90] S. zu damit gegebenen Problemen Christel Butterweck, ›Martyriumssucht‹ in der Alten Kirche? (BHTh 87), Tübingen 1995.
[91] Markschies, Christentum 119.

> „Asketische Autorität beruhte nicht auf einem Amt, sondern auf eigener Leistung, in der Lebensweise erwies sich die Glaubensstärke eindringlich und oft aufsehenerregend. Das Paradox des Christentums verkörpert sich in den Asketen ganz besonders. Aus Schwäche wird Stärke."[92]

Ein allgemein verbreiteter Ausdruck der Verehrung von Märtyrern, Confessoren und Asketen findet sich bei der Ausgestaltung und Platzierung ihrer Gräber. Sie wurden mit einem Altar und dann mit einer Kirche überbaut. Umgekehrt wurde auch der Reliquien-Leib eines Märtyrers oder Asketen in einen Altar und damit in eine Kirche eingefügt.[93]

Archäologische Funde wie z.B. die von Amuletten mit Engelsdarstellungen u. Ä. weisen darüber hinaus darauf hin, dass Christen in vielfacher Weise pagane Kultgegenstände christlich überformten. Später, ab dem 5. Jahrhundert, kam es dann sogar – trotz gelegentlicher, entgegenstehender Synodenbeschlüsse – zu Kirchbauten, die bestimmten Engeln geweiht waren,[94] wobei die Differenzen zu paganen Gottheiten fließend waren.

6 Von Hausgemeinden zur Kirche mit Klerus-Hierarchie

Auch in der paganen griechisch-römischen Kultur spielte Gemeinschaft eine wichtige Rolle. Dies kam z.B. in zahlreichen Vereinen zum Ausdruck, in denen sich jeweils durch Beruf, soziale Schicht oder ein gemeinsames Anliegen Verbundene versammelten. Dieses *Vereinswesen* stellte den sozialen Kontext für die Gemeinschaften der Christen dar. Neben dessen Adaption begegnet zugleich aber ein kontrakultureller Akzent, der aus dem inklusiven Impuls Jesu resultierte. *Die christlichen Gemeinden waren für Menschen aus unterschiedlichen Schichten und Herkünften offen;* die sich hier bildenden Gemeinschaften waren gemischter als in den sonst damals üblichen Vereinen.

Gemeinsam war den in den christlichen Gemeinschaften Verbundenen die „Metanoia" (Umkehr; wörtlich: Umdenken) auf Grund der Impulse, die vom Wirken und Geschick Jesu ausgingen. Handelte es sich bei der darauf bezogenen *Buße* zuerst um einen einmaligen Akt im Kontext der Taufe (s. 3.), stellte sich bald das Problem, wie mit Verfehlungen danach umzugehen sei. Bis zum 3. Jahrhun-

---

[92] Leppin, Christen 235.
[93] S. Arnold Angenendt, Geschichte der Religiosität im Mittelalter, Darmstadt 1997, 678.
[94] S. Markschies, Christentum 114f.

derte entwickelte sich hierfür „eine regelrechte kirchliche Verfahrensordnung für die Buße"⁹⁵.

> „‚Sünde' wurde nun stärker als eine bleibende Erscheinung selbst des christlichen Lebens und nicht mehr nur als abzulegendes wie ablegbares Kennzeichen eines paganen Lebenswandels wahrgenommen. ... Sogenannte ‚Todsünden' wie Abfall vom Christentum (zum Beispiel in der Verfolgung), Verehrung fremder Gottheiten (‚Götzendienst'), Mord und bestimmte Formen der Sexualität waren allerdings sehr lange von der Vergebung ausgeschlossen."⁹⁶

Das jesuanische Grundanliegen der Neuausrichtung der Lebensform auf Grund der anbrechenden Gottesherrschaft wurde so gleichsam in Vereinsregeln übergeführt. Die sich verfestigende Hierarchie überwachte ihre Einhaltung. So bildeten sich im Osten im 3. Jahrhundert vier „Bußstufen" aus:

> „‚Weinende' (‚prosklaiontes'), die im Vorhof die Gottesdienstbesucher um ihre Fürbitte anflehten; ‚Hörende' (‚akroomenoi'), die wenigstens am Wortgottesdienst teilnehmen durften; ‚Kniende' (‚hypopiptontes'), die zusätzlich noch eine besondere Segnung des Bischofs empfingen, und schließlich die ‚Mitstehenden' (‚systantes'), die auch am eucharistischen Gottesdienst teilnehmen durften, aber dies, ohne die Kommunion zu empfangen."⁹⁷

Schon bald kam es zu Kontakten zwischen den verschiedenen christlichen Gemeinschaften an unterschiedlichen Orten. Die antike Gesellschaft mit ihrer großen Mobilität und vielfältigen Reiseaktivitäten ermöglichte dies. Dazu traten – wie bereits die Briefe des Apostels Paulus zeigen – schriftliche Korrespondenzen, etwa in Form von Empfehlungen, aber auch von Ratschlägen bei etwaigen Streitigkeiten. Inhaltlich kam es zunehmend zu Auseinandersetzungen hinsichtlich konkreter Praxis, aber auch geäußerter Lehrauffassungen, die schnell zur Abqualifizierung der Anderen als „Häretiker" führten. Der jesuanische Impuls der inklusiven Öffnung trat dabei hinter dem engeren Zusammenschluss gegenüber den „Anderen" zurück. Antik-pagane Reinheitsvorstellungen spielten bei solchen Abgrenzungen eine große Rolle.

Im Zentrum der ersten christlichen Gemeinschaften standen Mahlfeiern und die Neuaufnahme von Menschen durch die Taufe. Allerdings bahnte sich auch hier seit dem 2. Jahrhundert eine tiefgreifende Kontextualisierung in mehrfacher Hinsicht an. Aus den nicht zuletzt für Arme attraktiven Sättigungsmahlen wurden – wie gezeigt (2.) – priesterlich zelebrierte Kultfeiern. Die Taufe wandelte

---

95 A.a.O. 183.
96 A.a.O. 183.
97 A.a.O. 184.

sich – allerdings erst später im Zusammenhang mit dem Allgemein-Werden der Kindertaufe – von einer Interaktion in Form der Tauffragen zu einer priesterlichen Taufspendung.

Dahinter steht ein erstaunlich rasch verlaufender Hierarchisierungsprozess. Bereits in der zweiten Hälfte des 2. Jahrhunderts, also 150 Jahre nach Jesu Tod, hatte sich die „dreistufige Hierarchie von Bischof, Presbytern/Priestern und Diakonen" herausgebildet, die dann im 3. Jahrhundert allgemein wurde.[98] Gelegentliche kritische Rückfragen, wie sie etwa die Gruppe der „Aërianer" äußerten, änderten nichts Grundlegendes. Diese fragten – bis heute aktuell, aber schon damals ohne Resonanz – provokativ:

> „Was ist ein Bischof mehr wert gegenüber einem Presbyter? Jener unterscheidet sich in keinem Punkte von diesem. Es besteht eine (einzige) Ordnung, eine Ehre, eine Würdigkeit. Der Bischof legt die Hände auf ..., in gleicher Weise auch der Priester. Der Bischof hält den Gottesdienst, und der Priester in derselben Weise. Es sitzt der Bischof auf dem Thron, es sitzt auch der Priester."[99]

Doch selbst bei dieser hierarchiekritischen Stimme wird die *Besonderheit des Klerus,* also von Bischof und Presbyter/Priester vorausgesetzt. In der Gemeindepraxis verschwanden parallel zu dieser Klerikalisierung Charismatikerinnen und Charismatiker, die bis dahin wirkmächtig in Gottesdiensten aufgetreten waren.[100] Kontext hierfür sind zum einen der damals übliche Patriarchalismus – Frauen hatten gleichsam selbstverständlich keinen Zugang zu den drei besonderen Ämtern – und zum anderen die hierarchische Ordnung in der sonstigen, etwa kommunalen Verwaltung. Die schnelle Ausbreitung des frühen Christentums in den städtischen Bereich hinein dürfte bei dieser Kontextualisierung eine bedeutende Rolle gespielt haben.

> „In diesen größeren und kleineren Städten und Kommunen gab es selbstverständlich hierarchisch gegliederte Ämter, gab es allerlei berufsständische Organisationen und Vereine (beispielweise Bestattungsvereine). In dieser Umwelt etablierte sich nun das Christentum, ihm strömten Menschen zu, denen solche hierarchischen Strukturen vollkommen selbstverständlich waren."[101]

Wie stark diese Kontextualiserung theologisch aufgeladen wurde, zeigt die folgende Mahnung des Ignatius „An die Smyrnäer" (8,1f.):

---

98 S. a.a.O. 199.
99 Zitiert a.a.O. 198.
100 S. a.a.O. 177.
101 A.a.O. 201f.

> „Folgt alle dem Bischof, wie Jesus Christus dem Vater, und dem Presbyterium wie den Aposteln; die Diakone aber achtet wie Gottes Gebot. Keiner soll etwas von den kirchlichen Dingen ohne Bischof tun. Jede Eucharistiefeier gelte als zuverlässig, die unter dem Bischof oder einem von ihm Beauftragten stattfindet. Wo der Bischof erscheint, soll die Gemeinde sein, wie da, wo Jesus Christus ist, die katholische Kirche. Ohne Bischof darf man weder taufen noch das Liebesmahl halten; was aber jener für gut findet, das ist auch Gott wohlgefällig, auf daß alles, was ihr tut, sicher und zuverlässig sei."[102]

Parallel zu dieser Sazerdotalisierung des Christseins entwickelte sich – allerdings nicht unumstritten – im 3. Jahrhundert die Praxis der Entlohnung von Priestern, was damals nicht allgemein üblich war.

> „Eine derartige Versorgung von Priestern kannten die meisten antiken Kulte nicht. Gerade die bedeutenden Priesterstellungen wurden von Vornehmen bekleidet, die es nicht nötig hatten, es sogar als ehrenrührig betrachteten, eine Bezahlung zu empfangen. ... Oft bekleideten sie die Priesterschaft nur für ein Jahr."[103]

Eine zusätzliche Stärkung erhielt die Heraushebung der Priester gegenüber den sog. Laien durch die bereits im 3. Jahrhundert gelegentlich erhobene Forderung nach deren zölibatärer Lebensweise. „Priesterliche Sexualität wurde als Verunreinigung und Makel für die Reinheit der Opferhandlung empfunden."[104] Die dabei im Hintergrund stehende Aufnahme des antik-paganen Reinheits-Diskurses, von dem sich Jesus ausdrücklich distanziert hatte (Mk 7,15), stand zugleich in einem gewissen Kontrast zu damals in anderer Beziehung Üblichem, ja Gebotenem.

> „Der Ausdruck caelibatus, eheloser Stand, selbst bezeichnete seit der frühen Kaiserzeit eigentlich eine moralisch verwerfliche Verweigerung gegenüber der Staatsbürgerpflicht der Kinderzeugung. Das konnte seit republikanischer Zeit in einem Sittengerichtsverfahren mit der Ehrlosigkeitserklärung enden, unter Augustus wurden die Strafen noch verschärft."[105]

Eine letzte Steigerung erhielt die dreistufige Ämterhierarchie bei der Frage der Zuordnung von einzelnen Kirchengebieten und ihrer Bischöfe zueinander. Im Weiterverfolgen der genannten Verbindungen christlicher Gemeinschaften, die an unterschiedlichen Orten angesiedelt waren, bildete sich im 3. Jahrhundert eine *Metropolitanverfassung* heraus. Gemeinden aus einer Landschaft bzw. Region

---

102 Zitiert a.a.O. 205.
103 Leppin, Christen 210.
104 Markschies, Christentum 212.
105 A.a.O. 212f.

schlossen sich zusammen, wobei in der Regel der Bischof der größten Stadt die Führung übernahm. Auch damit knüpfte die Organisation der Gemeinden an die im Staat bewährte Form an. Hier bahnte sich – in einem weiteren Schritt, gleichsam einer „Obermetropolitanverfassung"[106] – der Ehrenprimat des Bischofs von Rom, des Papstes, an.

Insgesamt folgte also die Organisation der christlichen Gemeinschaften durch das dreistufige hierarchische Amt sowie die Metropolitanverfassung dem im Römischen Reich auf staatlicher Seite Üblichen. Das ermöglichte den Menschen damals einen leichteren Zugang zu den Gemeinden, weil ihnen solche Strukturen vertraut waren. Zugleich drohten aber die von Jesus vertretene egalitäre Geschwisterlichkeit und seine inklusive Offenheit grundsätzlich allen Menschen gegenüber verloren zu gehen. Dies galt nicht zuletzt hinsichtlich der Unterordnung von Frauen, wozu deren Exklusion von leitenden Ämtern gehörte. Die im Weiteren immer tiefer ausgeprägte und weiter reichende Unterscheidung von Klerikern und Laien dürfte am wirkmächtigsten gewesen sein. In Kontrast zu dieser Entwicklung steht die anfangs bestehende Offenheit und Einladung der ersten Gemeinden für Menschen unterschiedlicher Schicht und Herkunft.

7 Zusammenfassung

Der Kirchenhistoriker Christoph Markschies charakterisiert die Entwicklungen der Christenheit auf der Leitungsebene in den ersten drei Jahrhunderten wie folgt: „Die Christenheit des zweiten Jahrhunderts unterscheidet sich von der des ersten schon allein durch die verschiedenen hochgebildeten Theologen, die sich um das wissenschaftliche Verständnis der neuen Religion bemühen. Auf breitester Front werden in den Großstädten Menschen verschiedenster Schichten gewonnen, und die Kirche wirkt wie ein ‚Laboratorium', in dem verschiedene Gestalten von Theologie, Ämterhierarchie und Ethik ausprobiert werden. Nur sehr allmählich ist eine ‚Mehrheitskirche' erkennbar, die abweichende Positionen als ‚häretisch' ausscheidet. Dieser Prozeß ist im dritten Jahrhundert zu einem gewissen Abschluß gekommen: Bewegungen wie beispielsweise die Gnosis und der Montanismus haben sich von einer ‚Mehrheitskirche' getrennt; diese hat ein hierarchisches Amt, Konsens über eine Art von ‚Minimaldogmatik', über den Gottesdienst und die ethischen Ansprüche an ein christliches Leben ausgebildet. Die verschiedenen christlichen Metropolen beginnen mit einer Mission des Um-

---

[106] A.a.O. 191.

landes und entwickeln sich zu selbstbewußten Bischofssitzen mit eigenen theologischen Akzenten."[107]

Für die häufig wenig gebildeten Gemeindeglieder vor Ort – mehrheitlich Analphabeten[108] – dürften die zunehmende organisatorische und nicht zuletzt liturgierechtliche Straffung und Ordnung hilfreich gewesen sein. Sie konnten so die im sonstigen Leben übliche Unterordnung unter eine Hierarchie beibehalten. In der Lebensführung gab es bei den Christen einige in Kontrast zum sonst Üblichen stehende Besonderheiten, etwa hinsichtlich der Aussetzung von Kindern, aber auch durch das Gebot, Almosen zu spenden, und das exklusive Bekenntnis zu dem einen Gott. *Christwerden war auf jeden Fall eine Entscheidung für eine Lebenswende. Sie kam rituell in der Taufe zum Ausdruck, zu der Männer und Frauen, Reiche und Arme, Freie und Sklaven gleichermaßen eingeladen waren.*

Doch behielten die Menschen in ihrem neuen Leben als Christen Vieles bei, was sie bereits früher praktiziert hatten bzw. überformten es mit christlichen Inhalten. Als Beispiele können dafür die weit verbreiteten Amulette oder die Ausdifferenzierung von Engelsvorstellungen dienen. Eine problematische Nebenfolge solcher Adaptionen an das sonst Übliche war schließlich die Hintanstellung von Frauen, die jetzt – entgegen ihrer bedeutenden Rolle in den ersten Hausgemeinden – wie selbstverständlich von Leitungspositionen in den Gemeinden ausgeschlossen wurden.

Ganz grundsätzlich stellte sich die mit der Lebenswende zum Christsein gegebene Herausforderung bei den Christenverfolgungen. Doktrinäre Distinktionen traten demgegenüber zurück. Doch verwoben sich die Besonderheit des Christseins und die Alltäglichkeit der Lebensvollzüge bei vielen Getauften zunehmend miteinander. *Als Folge davon wurde das noch im Neuen Testament allen Getauften zugesprochene Prädikat des „Heiligen" jetzt auf einige Wenige übertragen.* Sie beeindruckten durch ihre vorbildliche Lebensführung – als Märtyrer, Confessoren oder Asketen. Die bereits in Jesu Wirken zu beobachtende Binnendifferenzierung – zwischen den mit ihm Ziehenden und den vor Ort in ihren Familien Verbleibenden – hielt sich also durch, jetzt allerdings mit klarer Über- und Unterordnung versehen. Pädagogisch war die Herausstellung weniger Heiliger gewiss attraktiv. Denn durch sie wurde die christliche Lebensform in ihrer liturgischen, bildungsmäßigen und spirituellen Dimension anschaulich. Die Nebenfolge war aber eine Abwertung des Gros der Christen, die noch in 1Petr. 2,9 als „Priester" bezeichnet worden waren (s. Kapitel 3 7.).

---

[107] A.a.O. 44.
[108] S. a.a.O. 174.

Kapitel 4:
Dominant-Werden des Christentums (300 – 600)

1 Politischer, gesellschaftlicher und kultureller Kontext

Auch abgesehen von der im Folgenden skizzierten „Christianisierung" des Römischen Reichs ist der Zeitraum vom 4. bis 6. Jahrhundert durch tiefe Umbrüche gekennzeichnet:

> „There were invasions from the North and the East from tribal groups that were not Christian. There was an increasing use of foreign mercenaries in the armed forces and a demilitarisation of the aristocracy. There were famines and droughts and regular epidemics that took many lives in both urban and rural areas. The centre of power was moving from West to East and the population of Rome, for example, probably declined by almost two thirds in the period from 300 to 500. The very infrastructure of the Empire was, in many places, simply collapsing."[1]

Dadurch ergab sich für die Menschen die Notwendigkeit zu einer Neuorientierung. Die überkommenen Kulte verloren an Glaubwürdigkeit und einflussreiche Personen begannen, sich neu auszurichten. Das Christentum hatte bis zum Beginn des 4. Jahrhunderts „im Prinzip das ganze Imperium, allerdings mit unterschiedlicher regionaler Dichte"[2] erfasst. Eine wichtige Grundlage für seine weitere Ausbreitung und Gestaltung stellten rechtliche Neuregelungen während des 4. Jahrhunderts im Römischen Reich dar. Ein erster Schritt war die Tolerierung der christlichen Religionsausübung im Reich:

> „311 erließ der zuständige Senior des Kaiserkollegiums, Galerius, ein Toleranzedikt und gestattete auch den Christen die Ausübung ihrer Religion. Sie durften ‚ihre Versammlungsstätten wieder herrichten', ‚unter der Bedingung allerdings, daß sie in keiner Weise gegen die [bestehende] Ordnung handeln'. 313 vereinbarten Licinius und Konstantin in Mailand uneingeschränkte Religionsfreiheit auch für die Christen. Einschränkende Gesetze und Verordnungen wurden aufgehoben und konfiszierter Besitz zurückerstattet."[3]

---

[1] Martin Stringer, A Sociological History of Christian Worship, Cambridge 2005, 60.
[2] Wolf-Dieter Hauschild/Volker Henning Drecoll, Lehrbuch der Kirchen- und Dogmengeschichte Bd. 1. Alte Kirche und Mittelalter, Gütersloh ⁵2016, 125.
[3] Christoph Markschies, Das antike Christentum. Frömmigkeit, Lebensformen, Institutionen, München ³2016, 42.

Schnell traten dazu Privilegien für die Kirche und ihre Ordnungen:

> „318 erkannte Konstantin eine bischöfliche Gerichtsbarkeit neben der staatlichen an und stellte deren Anrufung frei; 321 regelte er gesetzlich die Einhaltung des Sonntages durch Richter, Stadtleute und Handwerker (nicht jedoch Bauern)."[4]

In einem dritten Schritt folgten kaiserliche Erlasse, die die als rechtgläubig anerkannte Kirche schützen und stärken sollten:

> „326 verbot er (sc. Konstantin, C.G.) ... einigen von der Kirche als häretisch ausgegrenzten Bewegungen die Zusammenkünfte und beschlagnahmte ihre dazu genutzten Häuser. Sein Sohn Konstantius II. ... untersagte 341 ‚den Wahnsinn der (heidnischen) Opfer' und befahl 346 (oder 354), Zuwiderhandlungen mit dem Schwert zu ahnden sowie die paganen Tempel zu schließen und den Zutritt zu ihnen zu verbieten."[5]

Einen gewissen Schlusspunkt unter diese Entwicklung setzte 380 Theodosius I. Dieser über beide Reichsteile herrschende Kaiser erklärte „das Christentum in einer bestimmten trinitätstheologischen Konzeption" – unter direktem Bezug auf den römischen und den alexandrinischen Bischof – zur Staatsreligion. Das geschah in expliziter Abgrenzung von dissidenten Gruppen und Akteuren:

> „Andersgläubige, ‚die wir für toll und wahnsinnig halten, haben den Schimpf ketzerischer Lehre zu tragen. Auch dürfen ihre Versammlungsstätten nicht als Kirchen bezeichnet werden. Endlich soll sie vorab die göttliche Vergeltung, dann aber auch unsere Strafgerechtigkeit ereilen, die uns durch himmlisches Urteil übertragen ist.'"[6]

Im 4. Jahrhundert vollzog sich also eine grundlegende Wende in der Stellung des römischen Staates bzw. seiner Kaiser zu einer bestimmten – als „rechtgläubig" bezeichneten – Formation von Kirche. Tatsächlich dürfte deren Umsetzung jedoch in den einzelnen Teilen des Reiches unterschiedlich verlaufen, mitunter durch die pagane Beamtenschaft nicht vollzogen oder wenigstens verzögert worden sein. So konstatieren Wolf-Dieter Hauschild und Volker Henning Drecoll, dass im 4. Jahrhundert das sog. Heidentum „lebendig" blieb.[7] Von daher ist auch der – gescheiterte – Versuch von Julian im späten 4. Jahrhundert zu verstehen, den paganen Staatskult zu restaurieren. Dazu blieb – trotz der eindeutigen kaiserlichen Option für die bischöflich organisierte Form des Christseins – eine gewisse Vielgestaltigkeit dieser Lebensform erhalten.

---

4 A.a.O. 42.
5 A.a.O. 42.
6 A.a.O. 42.
7 Hauschild/Drecoll, Lehrbuch 127.

> „Zwar ließen die Christen sich seit der Spätantike stark auf die politische Macht ein und erlebten den kontrollierenden Zugriff von Bischöfen und Herrschern, doch wirkte die Vielfalt an christlichen Lebensweisen weiter. Denn ihre Texte, die bei ihnen so hohe Autorität besaßen, belegten, dass Christen auch anders leben konnten, als sie dies gerade taten – und das gilt bis heute."[8]

Auf jeden Fall veränderte sich durch die staatliche Anerkennung die christliche Lebensform, die bis zum Anfang des 4. Jahrhunderts wenigstens potenziell in Kontrast zum offiziellen Kaiserkult stand. Jetzt übernahm die – „rechtgläubige" – Kirche staatstragende Funktion, was sich auch in gewaltsamem Vorgehen gegen Dissidenten und Nichtchristen äußerte. Der Lynchmord an der angesehenen heidnischen Philosophin Hypathia 415 in Alexandria durch einen „christlichen" Mob ist ein furchtbares Beispiel für diesen Umschwung.[9] Mit dem Wegfall der Verfolgungen setzte die staatliche Förderung der Kirche ein, etwa durch Bauprojekte. Große Kirchengebäude prägen bis heute viele Städte und Ansiedelungen.

> „Christliche Kathedralen werden Überwältigungsarchitektur pur. Mit ihrer monumentalen Architektur, mit der in Bild und Plastik visualisierten Bilderwelt der Bibel, den Gräbern und Reliquien der Heiligen, ihren Messen und Ritualen, den Beichten, dem Geruch des Weihrauchs und der Kerzen werden sie zu einem performativen Gesamtkunstwerk und für anderthalb Jahrtausende zur mächtigsten Propagandamaschine der Patrix".[10]

Auch agierten die Bischöfe zunehmend öffentlich.

Damit traten die in Kontrast zum Üblichen stehenden Seiten der christlichen Lebensform zurück bzw. erübrigten sich. Stattdessen wurde es zunehmend lukrativer, sich zumindest nach außen hin der Kirche anzuschließen. Dies galt aber nur für die Form des Christseins, deren theologische Führer der staatlichen Obrigkeit als rechtgläubig erschienen, was sich im sonntäglichen Credo äußerte.

Doch geschah die hier skizzierte Entwicklung in einer Phase, in der das Römische Reich bereits – meist – in eine westliche und eine östliche[11] Hälfte zerfiel. Dabei geriet die erstgenannte zunehmend durch die Bewegung unter Druck, die herkömmlich als germanische *Völkerwanderung* bezeichnet wird.

---

8 Hartmut Leppin, Die frühen Christen. Von den Anfängen bis Konstantin, München ²2019, 442f.
9 S. Hauschild/Drecoll, Lehrbuch 284.
10 Carel van Schaik/Kai Michel, Die Wahrheit über Eva. Die Erfindung der Ungleichheit von Frauen und Männern, Hamburg Dezember 2020, 530.
11 Zur eng mit der bald als Stadt der Gottesmutter verehrten Hauptstadt Konstantinopel verbundenen besonderen Entwicklung des oströmischen Reichteils s. Mischa Meier, Geschichte der Völkerwanderung. Europa, Asien und Afrika vom 3. bis zum 8. Jahrhundert n. Chr., München ²2020, 290–298.

> „Die moderne Forschung zum frühen Mittelalter hat das klassische Bild einer germanischen Völkerwanderung erheblich revidiert. In der traditionellen Vorstellung von durch Europa ziehenden ethnisch homogenen Völkern oder Stämmen verbinden sich die Darstellungen der römischen Autoren von den auf das Reich eindringenden Barbaren mit historischen Erzählungen im Horizont des modernen Nationalismus. An zwei Punkten muss dieses Bild korrigiert werden. Zum einen setzt es ein Zusammengehörigkeitsbewusstsein von Germanen voraus, das es so wohl nicht gegeben hat. Zum anderen setzt es die Größe Volk oder Stamm als eine durch natürliche Verbundenheit gegebene Einheit voraus, statt deren dynamische Wandlung aufgrund sozialer und kultureller Gegebenheiten zu berücksichtigen."[12]

Die Soldaten der – aus der Perspektive des Konzepts Nation im 18./19. Jahrhundert als Völker erscheinenden – „Identitätsgruppen"[13] drangen stetig vor, nicht zuletzt wegen Ernteausfällen auf Grund abgesunkener Durchschnittstemperaturen.[14] Die Eroberung Roms durch den Westgoten-König Alarich I. (410) war ein Fanal,[15] das auch zu theologischer Reflexion führte. „Augustin sah sich genötigt, in einer großen Apologie ‚De civitate Dei' zu erklären, dass die Niederlage Roms nicht Folge des Wechsels zum Christentum und der Preisgabe der römischen Götter war."[16] 476 ging das Weströmische Reich endgültig unter – die Eroberer brachten auch neue Götter und religiöse Zeichen mit. Von besonderer Bedeutung war dabei im Weiteren: „Religion war in diesem Sinne stets gemeinschaftlich-öffentliche Angelegenheit." Sie diente der „Sicherung des öffentlichen Heils."[17]

Kulturell gravierend, und zwar nicht zuletzt für die Entwicklung der hohen Theologie, war die Schädigung der bis ins 5. Jahrhundert gewachsenen Stadtkultur durch die Unruhen.

> „Wiewohl ein gewisses Maß an Bildung für das Christentum unaufgebbar war und tatsächlich auch erhalten blieb, markiert die weitgehende Zerstörung der antiken Zivilisation und ihrer Bildungseinrichtungen doch einen tiefen Einschnitt im Eigenverständnis der Christen. Ohne die Grammatik- und Philosophieschulen fehlten nämlich die Grundlage wie die Herausforderung zur Theologie."[18]

---

12 Volker Leppin, Geschichte des mittelalterlichen Christentums, Tübingen 2012, 16.
13 S. zur Wissenschaftsgeschichte des Begriffs „Völkerwanderung" und seiner Problematik sowie alternativer Konzepte Meier, Geschichte 99–116.
14 S. Marcia Bjornerud, Zeitbewusstheit. Geologisches Denken und wie es helfen könnte, die Welt zu retten, Berlin 2020, 157.
15 S. zu den vielen, teilweise widersprüchlichen Facetten dieses Ereignisses in den verschiedenen Quellen a.a.O. 26–37.
16 Leppin, Geschichte 19.
17 A.a.O. 17.
18 Arnold Angenendt, Geschichte der Religiosität im Mittelalter, Darmstadt 1997, 32.

Von daher ist – wie Benedikt Vollmann am Beispiel Gregor von Tours anschaulich zeigt – die unübersehbare *Verschiebung von spekulativer Theologie hin zu direkt praxisbezogenen Formen wie „Wunder- oder Teufelsglaube"*[19] erklärbar. Auch drangen kultische Praktiken z. B. in den militärischen Bereich ein. So etablierten sich Ende des 6. Jahrhunderts neue Parolen im byzantinischen Heer wie „adjuta Deus" („Gott hilf!") oder „Maria". Auch wird von wundersamen Begebenheiten berichtet, etwa dem Schlagen des Kreuzzeichens durch Elefanten mit ihren Rüsseln bei Prozessionen.[20]

Schließlich entstanden Kirchen außerhalb der Grenzen des Römischen Reichs, nämlich im persischen Reich, in Armenien, Zentralasien, China, Äthiopien, Indien und Irland.[21] Die Vielgestaltigkeit des Christseins blieb also trotz der genannten Zentralisierungstendenzen bei den römischen Kaisern und – in anderer Weise – bei den migranten Identitätsgruppen erhalten. Für die konkrete Lebenspraxis der Menschen, die meist ihr ganzes Leben an einem Ort verbrachten, war sie aber nicht im Blick.

2 Vergeistigung und Verdinglichung der Eucharistie

Der bereits Ende des 3. Jahrhunderts sich andeutende Wandel in der Mahlpraxis setzte sich in der zunehmend staatlich protegierten Kirche weiter fort. Dabei beeinflussten die dogmatischen Grundsatzentscheidungen des 4. Jahrhunderts auch die Feierform.

> „Schon bei Basilius († 379) und erst recht nach ihm wirkte sich das vom Kampf gegen den Arianismus geprägte Bild Christi als göttlichen Herrn und Richters auf die Haltung gegenüber der Eucharistie aus, die nun als so geheimnisvoll ‚schreckliches Opfer' (Chrysostomus) gesehen wurde, daß der sündige Mensch es nur noch selten wagte, vom ‚furchtbaren Tisch' des Altars das Sakrament zu empfangen. Der (Ehr-)Furcht vor den ‚schauervollen Mysterien' entsprach der wachsende Glanz der liturgischen Feier mit einem reichen Zeremoniell, der Gebrauch kostbarer Gewänder, von Licht und Weihrauch, die immer stärker werdende Abtrennung und schließlich vollständige Verhüllung des Altarraumes durch Schranken, Vorhänge und endlich die Bilderwand …"[22]

---

19 Benedikt Vollmann, Gregor von Tours, in: RAC Bd. 12 (1983), 895–930, 906.
20 S. Meier, Geschichte 1035 f.
21 S. mit knappen Hinweisen zu liturgischen Besonderheiten Stringer, Worship 82–86.
22 Hans-Bernhard Meyer, Eucharistie. Geschichte, Theologie, Pastoral (GDK 4), Münster 1989, 133.

So veränderte sich der Ort, an dem Eucharistie gefeiert wird, weg vom Haus und hin zum Kirchengebäude bzw. Altar.

> „Ein gewisser Endpunkt der Verwurzelung im Haus war erreicht, als die Synode von Laodicea (zwischen 360 und 370 n. Chr.) per Dekret häusliche Eucharistiefeiern untersagte: ‚es darf nicht mehr von Bischöfen und Presbytern in den Häusern das Opfer abgehalten werden.'"[23]

Allerdings bestand nach wie vor die Opferpflicht für die Kommunizierenden. So konstatierte Caesarius von Arles († 542): „Ein guter Christ ist, wer, wenn er zur Kirche kommt, seine Gabe darbringt, die auf dem Altar konsekriert wird, darüberhinaus nach Kräften den Armen entweder Geld oder Brot gibt".[24]

Theologisch erfolgte eine zunehmende Konzentration auf die Elemente Brot und Wein und deren besonderen Charakter. Beim mailändischen Bischof Ambrosius († 397) begegnet das im Weiteren wirkmächtige Konzept der *Konsekration*:

> „Bevor die Konsekration vollzogen wird, ist es Brot; sobald aber die Worte Christi hinzugekommen sind, ist es der Leib Christi."[25] Und: „Vor der Konsekration heißt es anders, nach der Konsekration wird es Blut genannt."[26]

Konkret wurde der Vollzug der Konsekration mit den Herrenworten des sog. Einsetzungsberichts verbunden. Mit ihrer Rezitation vollzog sich nach dieser Auffassung das „unblutige Opfer", wobei in der Folge das Adjektiv „unblutig" zunehmend zurücktrat bzw. verschwand.[27] Von den damals allgemein präsenten Opfer-Vorstellungen der paganen Kulte her ist dies gut verständlich und eine entsprechende Kontextualisierung. *An die Stelle der feiernden, mit Christus verbundenen Gemeinschaft traten jetzt die Einzelnen, die an Gottes Opfer teilnahmen.* „Nicht mehr das Herren-Gedächtnis stand im Zentrum, sondern die Anliegen der Menschen traten nach vorn. Hier bahnt sich eine Entwicklung an, die später zur täglichen bzw. sogar täglich mehrfachen Messfeier in sog. Privatmessen führte."[28]

---

23 Peter Cornehl, Der Evangelische Gottesdienst – Biblische Kontur und neuzeitliche Wirklichkeit Bd. 1. Theologischer Rahmen und biblische Grundlagen, Stuttgart 2006, 253.
24 Zitiert nach Arnold Angenendt, Offertorium. Das mittelalterliche Meßopfer (LQF 101), Münster ²2013, 160 f.
25 Ambrosius, De sacramentis 4,14.
26 Ambrosius, De mysteriis 54.
27 S. genauer mit Literaturangaben Angenendt, Offertorium 69.
28 Christian Grethlein, Abendmahl feiern in Geschichte, Gegenwart und Zukunft, Leipzig 2015, 47.

Deutlich wurde dies z. B. bereits in dem auf dem Konzil von Nicäa (325) empfohlenen Brauch des Viatikums, also der „Wegzehrung" mit der Eucharistie auf dem Sterbebett. In den folgenden Jahrhunderten setzte sich dieser Ritus allgemein durch. Als Folge hiervon musste die Kommunion auch außerhalb der sonntäglichen Eucharistiefeier zur Verfügung stehen.

Sogar über den Tod hinaus reichte die Hoffnung auf die sündentilgende Kraft der Eucharistie. Die Christen folgten dabei der gemeinantiken Vorstellung, dass Verstorbene in den Gräbern weiterexistierten und deshalb hier auch zu versorgen seien. So kam es zu Totenmählern an den Gräbern. Ethisch differenziert wies Augustin nachdrücklich auf den Zusammenhang zwischen dem irdischen Leben und einer eventuellen Sündenvergebung im Jenseits hin:

> „Man darf nicht abstreiten, daß den Seelen der Verstorbenen durch die frommen Gebete ihrer lebenden Verwandten Erleichterung verschafft wird, dann nämlich wenn für sie das Opfer des Mittlers dargebracht wird oder Almosen in der Kirche gespendet werden. Das kann aber nur denen nutzen, die es in der Zeit ihres irdischen Lebens verdient haben, daß diese Dinge ihnen später helfen können. ... Wenn also die Opfer des Altares oder der Almosen für alle Verstorbenen dargebracht werden, so sind sie für die ganz Guten eine Danksagung, für die nicht ganz Schlechten eine Sühne, und für die ganz Schlechten sind sie zwar keine Hilfe für die Verstorbenen selbst, aber doch irgendein Trost für die Lebenden. Denen aber, welchen sie nützen, dienen sie entweder in der Weise, daß ihnen volle Verzeihung geschenkt wird oder doch gewiß eine erträglichere Art der Verdammung."[29]

Hier wurde also versucht, eine Balance zwischen den ethischen Anforderungen an die christliche Lebensform und der göttlichen, durch die Konsekration des Priesters bewirkten Heilsgabe der Eucharistie zu finden. Dabei überwog allerdings im Weiteren das Anliegen der im Opfer gegründeten Fürbitte.

Dieser die folgenden Jahrhunderte bestimmenden Entwicklung entsprach eine weitere Zuspitzung der Exklusionen von der Eucharistie. So konstatierte Papst Leo I. († 461) in einer Predigt: „Nicht kann feiern das Pascha des Herrn der Unzüchtige, nicht der Prunkliebende, nicht der Überhebliche, nicht der Geizige; keiner aber entfernt sich von diesem Fest weiter als der Häretiker."[30] Bezeichnend für die Entwicklung im 5. Jahrhundert ist hier das Zurücktreten der diakonischen gegenüber der doktrinären Dimension. Häresie, nicht ethisches Fehlverhalten ist der primäre Grund für die Exkommunikation.

All diese Entwicklungen begleiteten und förderten die *Klerikalisierung der christlichen Lebensform*. Der Priester wurde zur entscheidenden Figur bei der heiligen Handlung. Erst die Konsekration durch ihn bewirkte die Wandlung der

---

29 Augustinus, Enchiridion ad Laurentium 110 (zitiert nach Angenendt, Offertorium 247 f.).
30 Leo M.serm. 59,5 (zitiert nach Angenendt, Offertorium 63).

Elemente in Christi Fleisch und Blut, und damit die mit der Eucharistie verbundene Gabe der Sündenvergebung. Deutlich trat die Zentralstellung des Klerikers im Eucharistiegebet zu Tage, das im 5. Jahrhundert etwa folgendes Agieren des Priesters umfasste:

> „Bereitung: Herbeibringen der Gaben
> Eucharistischer Dialog (dreigliedriger Wechselgesang)
> Lob- und Dankgebet (Präfation)
> Überleitung zum Sanctus
> Sanctus/Benedictus
> Einsetzungsbericht
> Anamnese und Darbringungsformel
> Epiklese
> Fürbitte (Einheit, Vollendung)
> Doxologie"[31].

Einer so im Ritus herausgehobenen Position entsprach im Kontext von – antikpaganen – Reinheitsvorstellungen, dass die Unbeflecktheit des Priesters ein wichtiges Thema bei der Bestimmung des Christseins wurde. Aus heutiger Sicht griffen bei den diesbezüglichen Forderungen, die schließlich zum Pflichtzölibat führten, die Theologen auf die stoische Ethik zurück:

> „Grundaxiom der stoischen Sexualethik ist der Satz, die menschliche Sexualität habe nur ein Ziel und eine Rechtfertigung: Die Fortpflanzung und keinesfalls das Vergnügen. ... Es gab kaum einen Theologen der frühen Kirche, bei dem sich das stoische Axiom nicht fände, und für sie alle steht fest, daß ein ‚reiner' Christ derjenige ist, der sein eheliches Leben danach ausrichtet, wenn er nicht überhaupt unverheiratet bleibt."[32]

Insgesamt gewann also – verstärkt noch im Osten durch das platonische Konzept von Urbild und Bild[33] – die Eucharistie als Ritual an Bedeutung. Zugleich nahm aber aus der darin begründeten Scheu vor dem Heiligen und möglichen Verfehlungen die Teilnahme an ihr ab. Die bei Jesu irdischen Mahlfeiern grundlegende solidarische Gemeinschaft der zum gemeinsamen Essen und Trinken Versammelten ging verloren.

---

31 Hans-Christoph Schmidt-Lauber, Die Eucharistie, in: Ders./Michael Meyer-Blanck/Karl-Heinrich Bieritz (Hg.), Handbuch der Liturgik. Liturgiewissenschaft in Theologie und Praxis der Kirche, Göttingen ³2003, 207–246, 216.
32 Dorothea Wendebourg, Die alttestamentlichen Reinheitsgesetze in der frühen Kirche, in: ZKG 95 (1984), 149–170, 158.
33 S. genauer Meyer, Eucharistie 148.

3 Vom riskanten Initiationsritus zum kollektiven Ritual

Die (in 1.) skizzierten grundsätzlichen Veränderungen in den rechtlichen und politischen Rahmenbedingungen des Christseins führten ebenfalls zu einem tiefgreifenden Wandel der Taufpraxis und damit der Bedeutung von Taufe für das Christsein. Die staatliche Duldung und bald sogar Förderung der (rechtgläubigen) Kirche ließ die Zahl der Taufbewerber stark ansteigen. Das Christentum trat in Form neu errichteter Kirchen, häufig in der repräsentativen Gestalt von Basiliken und nicht selten auch Baptisterien, in der Öffentlichkeit machtvoll in Erscheinung. Die Zugehörigkeit zur Kirche wurde zunehmend sozial- und karriereförderlich. Allerdings bestanden nach wie vor Spannungen zwischen den überkommenen ethischen Forderungen des Christseins und dem Gewohnten in manchen Tätigkeiten sowie in der Lebenspraxis vieler. Deshalb breitete sich im 4. Jahrhundert der Brauch des *Taufaufschubs* aus. Dabei traten die Menschen in das Katechumenat ein. Hierfür entwickelten sich besondere liturgische Formen wie vor allem die Konsignation und mancherorts die Darreichung von Salz.

> „Augustinus spricht von ‚condire' als Wirkung des Salzes auf die Empfänger; Salz würzt und macht haltbar, wirkt also apotropäisch gegen Anfechtungen des Satans ... Gebete, die später im Kontext der Salzreichung auftauchen, sprechen vom Salz der Weisheit (sal sapientiae), dem Symbol der Glaubensweisheit, die dem Bewerber zuteil wird ... Auch ist ‚diese erste Speise' Unterpfand für die volle Sättigung am Tisch des Herrn im eucharistischen Mahl."[34]

Die so ins Katechumenat rituell Aufgenommenen wurden bereits zur christlichen Gemeinde gezählt – ohne allerdings zur Eucharistie zugelassen zu sein. Viele – und am bekanntesten von ihnen Kaiser Konstantin († 337)[35] – verblieben dann etliche Jahre in diesem Status, ohne eine besondere Taufvorbereitung zu verfolgen, wie sie ursprünglich im Katechumenat (s. Kapitel 3 3.) vorgesehen war. Erst auf dem Sterbebett ließen sie sich taufen und empfingen nach ihrem Glauben so die Sündenvergebung. Dies führte zu einer grundlegenden Veränderung der wichtigsten Bildungsinstitution der alten Kirche: „Aus dem Katechumenat als einer Zeit der Prüfung und Bewährung mit allen sittlichen Anforderungen wurde eine weniger verbindliche Form des Christseins, eine Art minderer Dauerzustand von Christen, die am Wortgottesdienst teilnehmen und sich so der Kirche zugehörig fühlen durften, sich aber nicht taufen ließen."[36]

---

[34] Bruno Kleinheyer, Sakramentliche Feiern I. Die Feiern der Eingliederung in die Kirche (GDK 7,1), Regensburg 1989, 67.
[35] S. Eusebius, Vita Constantini 4,66.
[36] Alfons Fürst, Die Liturgie der Alten Kirche. Geschichte und Theologie, Münster 2008, 115.

Zweifellos dürften solche Taufen auf dem Sterbebett von hoher kommunikativer Dichte gewesen sein, wenn der/die Sterbende noch interagieren konnte. Systematisch gesehen waren sie Ausdruck der nicht bewältigten Spannung zwischen den ethischen Anforderungen an das Leben von getauften Christen und der tatsächlichen, alltäglichen Lebenspraxis.

Von der staatlich protegierten Kirche als häretisch eingestufte und mit staatlicher Gewalt verfolgte Gruppierungen versuchten dieses Problem anderweitig, etwa durch strenge Askese zu lösen. Auch kam es zu Diskussionen um die Gültigkeit von Taufen durch Bischöfe, deren Weihe zweifelhaft erschien. Dabei ging es stets um die Einheit und Rechtgläubigkeit der Kirche: „Anhand der Taufe wurde in diesen Kontroversen über die wahre Kirche diskutiert, oder präziser gesagt: über den Zugang zu Heil und Erlösung."[37] *Dabei mutierte das ursprünglich für das Christsein fundamentale Getauft-Sein zu einer Funktion der jetzt übergeordnet erscheinenden Sozialform episkopal verfasster Kirche.*

Allerdings trat das Problem des Taufaufschubs zurück, als im 5. Jahrhundert die Zahl der *Kindertaufen* anstieg und diese Taufform zur Regel wurde. Die Taufen von kleinen Kindern folgten zwar dem bisher für Erwachsene vorgesehenen Ritus, mussten an einigen Stellen jedoch modifiziert werden. So war bei Säuglingen und Kleinkindern die bisherige Befragung der Taufbewerber zu ihrem Glauben nicht möglich. An deren statt mussten Erwachsene befragt werden, die stellvertretend antworteten. Dazu schienen auf den ersten Blick die Eltern prädestiniert. Doch hatte sich inzwischen die wirkmächtig von Augustin formulierte Erbsündenlehre[38] allgemein durchgesetzt. Nach ihr wurde die Erbsünde in der Zeugung als einem von der sündigen „Begierde" (concupiscentia) bestimmten Akt weitergegeben. Die, die demnach das Neugeborene mit der Erbsünde infiziert hatten, konnten für dieses schlecht den Glauben bekennen. So entstand das *Amt der Paten*, also von Erwachsenen, die mit der Zeugung des Kindes selbst nichts zu tun hatten. Sie beantworteten die Tauffragen stellvertretend für das Kind, wozu auch die Absage an den Teufel gehörte. Diese Aufgabe trat an die Stelle der Bürgen („sponsors") bei der Aufnahme (Erwachsener) in das Taufkatechumenat sowie der Begleitung während des Katechumenats. Das Patenamt, eine geistliche Elternschaft, stiftete neue Beziehungen in Familien, Verwandtschaften sowie Bekanntschaften und erfreute sich bald großen Ansehens.

Schließlich hatte das Allgemeinwerden der Kindertaufe noch eine weitere Konsequenz, die das Christsein vieler Menschen im Weiteren prägen sollte. An-

---

37 A.a.O. 217.
38 S. hierzu genauer mit Belegstellen Winrich Löhr, Sündenlehre, in: Volker Henning Drecoll (Hg.), Augustin Handbuch, Tübingen 2007, 498–506, 502f.

gesichts der damals hohen Kindersterblichkeit begehrten viele Eltern – auf Grund der Erbsündenlehre um das Seelenheil ihres Kindes fürchtend – möglichst umgehend nach der Geburt die Taufe ihres Kindes. In den dünn besiedelten Diözesen konnte der Bischof diesem Anliegen häufig nicht pünktlich nachkommen – anders als bei den bisherigen Erwachsenentaufen, die zu bestimmten Festtagen wie Ostern oder Epiphanias gemeinschaftlich stattfanden. Von daher erhielten die Priester vor Ort die Erlaubnis zum Taufen. Allerdings konnte nur der Bischof den Zusammenhang mit der Einheit der (rechtgläubigen) Kirche garantieren. Daraus entstand ein neuer Ritus, die *Firmung*. Deren Intention geht aus einem Brief des Papstes Innozenz I. an Bischof Decentius von Gubbio (416) hervor. Innozenz I. bezog sich dabei auf Apg 8,14:

> „Offenkundig ist es nur erlaubt, daß Bischöfe – und niemand anders – an den Kindern die Konsignation vollziehen. Denn die Presbyter, die zwar Priester der zweiten Rangstufe sind, haben nicht das höchste Amt inne, das des Bischofs. Daß dieser höchste Dienst, d. h. die Konsignation bzw. die Übermittlung des Heiligen Geistes, allein Aufgabe der Bischöfe ist, zeigt nicht allein die kirchliche Überlieferung, sondern in der Tat auch jene Perikope der Apostelgeschichte, die darlegt, daß Petrus und Johannes beauftragt wurden, Leuten, die schon getauft sind, den Heiligen Geist zu übermitteln."[39]

Dadurch kam es letztlich zu einem Verlust der pneumatologischen Dimension von Taufe, insofern Handauflegung und Salbung als deren symbolisch kommunikativer Ausdruck in die Firmung auswanderten. Auch sonst führte die – dem Auftreten und Wirken Jesu entgegengesetzte und widersprechende – hierarchische Struktur des Klerus zu einer Aufspaltung der Taufpraxis mit insgesamt schwierigen Folgen. Denn im Lauf der Zeit erschien den mehrheitlich ungebildeten Menschen, die selbst als Kinder getauft worden waren und so auch kein Katechumenat durchlaufen hatten, die Firmung als der wichtigere Vollzug. Diese war nämlich dem ranghöheren Bischof vorbehalten, während für die Taufe anscheinend ein gewöhnlicher Priester genügte.

So sind die Veränderungen in der Taufpraxis in mehrfacher Hinsicht durch die Spannung zwischen Adaption und Kontrast zum sonst Praktizierten bzw. Geglaubten gekennzeichnet. Das Beibehalten hoher ethischer Standards in Kontrast zum sonst Üblichen stand in Gegensatz zur Attraktivität der geduldeten und bald staatlich geförderten Zugehörigkeit zur Kirche. Getrieben von der Sorge um das ewige Heil versuchten Menschen diese Spannung durch den Taufaufschub bis zum Ende des Lebens für sich zu reduzieren.

---

[39] Zitiert nach Kleinheyer, Feiern 195; s. zur Rezeption außerhalb des Bereichs der römischen Liturgie Arnold Angenendt, Geschichte der Religiosität im Mittelalter, Darmstadt 1997, 472 f.

Das ebenfalls von der Sorge um das Heil, jetzt des Neugeborenen, bestimmte Aufkommen der Kindertaufe ließ den Taufaufschub allerdings zu einer Übergangsepisode werden. Bei diesem neuen Taufbrauch war wirkungsgeschichtlich am problematischsten, dass es zu keiner Transformation des auf Erwachsene ausgerichteten Katechumenats in die neue Situation kam. Von daher trat das Lehren und Lernen als ein zentraler Modus der Kommunikation des Evangeliums für die große Mehrzahl der Getauften etwa tausend Jahre lang zurück bzw. fiel (weitgehend) aus. Zugleich gewann der Episkopat durch die sich im Laufe der folgenden Jahrhunderte im Westen allgemein durchsetzende Firmung auch für sonst kirchlich nicht besonders interessierte Kirchenglieder an Gewicht.

Insgesamt ist die Tendenz deutlich: An die Stelle der von Jesus kommunizierten Zuwendung zum Nächsten trat zunehmend eine selbstbezügliche Konzentration auf das eigene Heil. Das Dominant-Werden der wesentlich durch Augustin ausgearbeiteten Sündenlehre unterstützte – als Nebenfolge – diese Entwicklung. Pointiert formuliert: *Aus dem Getauft-Werden als Lebenswende hin zur christlichen Lebensform wird zunehmend die Taufe als ein Instrument zum Erreichen des persönlichen Heils.* Das bereits seit dem 2. Jahrhundert entwickelte Buß-Institut war hierfür ein wichtiges Mittel, das in Form der Einzelbeichte später – vermittelt durch die Beichte in Klöstern – die Lebenswelt auch der Einzelnen erreichte. Religionswissenschaftlich gesehen wurde aus einer „esoteric initiation" eine „age group initiation".[40]

Eine neue Akzentuierung erhielt die Taufe schließlich im Bereich der ins Römische Reich seit dem 5. Jahrhundert eindringenden Gruppierungen. Als Beispiel hierfür sei die Taufe des Frankenherrschers Chlodwig (ca. 466–511) genannt, ein schon damals viel kommentierter Vorgang. Neben dem Einfluss seiner Frau Chrodechilde, die sich zum nizänischen Christentum bekannte und die beiden gemeinsamen Söhne frühzeitig taufen ließ, scheint eine bevorstehende Schlacht mit Alemannen ein wichtiger Grund dafür gewesen zu sein. Nach den „Historiae" Gregors von Tours habe sich Chlodwig in dieser Situation folgendermaßen an Jesus Christus gewandt:

> „Jesus Christus, von dem Chrodechilde verkündet, dass er der Sohn des lebendigen Gottes sei (...), wenn du mir den Sieg über diese Feinde gewährst und ich jene Macht erfahre, die das deinem Namen geweihte Volk an die bewährt zu haben sich preist, werde ich dir glauben und mich in deinem Namen taufen lassen".[41]

---

40 Christian Grethlein, Grundinformation Kasualien. Kommunikation des Evangeliums an Übergängen des Lebens, Göttingen 2007, 113.
41 Zitiert nach Leppin, Geschichte 43 (lateinische Fassung a.a.O. Anm. 16).

Zwar ist eine gewisse Stilisierung in Hinblick auf Konstantin nicht zu übersehen, doch weist der Bericht darüber hinaus auf militärische Zusammenhänge hin, in deren Kontext die Taufe loziert wurde. Noch wichtiger für die Veränderung der Taufpraxis dürfte sein, dass sich mit Chlodwig 3000 Gefolgsleute taufen ließen. Taufe war somit „keine individuell motivierte Einzelentscheidung ..., sondern eine repräsentative Entscheidung",[42] der die ganze Führungsschicht folgte. Die für die neuen Machthaber charakteristische Religionsauffassung als „gemeinschaftlich-öffentliche Angelegenheit" zur „Sicherung des öffentlichen Heils" (s. 1.) trat hier deutlich zu Tage. *Das Christsein erfuhr dadurch eine tiefgreifende Veränderung von einer persönlich gewählten zu einer herrschaftlich bestimmten kollektiven Lebensform.*

4 Lehren und Lernen in der Staatskirche

Wie soeben ausgeführt, ist im 5. Jahrhundert das Ende der bis dahin wichtigsten institutionalisierten christlichen Form des Lehrens und Lernens, des Taufkatechumenats, eine Nebenfolge der Umstellung zur Kindertaufe als Normalfall. *Über viele Jahrhunderte fehlte nun eine geregelte Hin- und Einführung der kommenden Generation in die christliche Lebensform.*

Theoretisch beschäftigten sich Theologen weiterhin mit der grundsätzlichen Frage nach dem Umgang mit der heidnischen Paideia.

> „Die Antwortversuche der altkirchlichen Theologen ... lassen sich grob in drei Gruppen einteilen ... Die einen lehnen den Kontakt mit der heidnischen Paideia und ihren Inhalten ab. Christen sind auf deren Wissensbestände nicht angewiesen und sollen sich von ihren irreleitenden religiösen Überzeugungen fernhalten ... Die anderen bejahen die Teilhabe an der Paideia vorbehaltlos. Die heidnischen Wissenschaften dienen der Glaubenspropädeutik, sie sind Grundlage für das Verständnis der Heiligen Schrift und entsprechend ist ihre Rezeption für die Christen unerlässlich ... Eine dritte Strömung, die sich gegen Ende des 4. Jahrhunderts durchsetzt ..., optiert für die selektive, die auswählend kritische Benutzung der Paideia, für den ‚rechten Gebrauch' ... heidnischer Wissenschaft und Philosophie."[43]

Kontextualisierender und kontrakultureller Umgang mit der antiken Paideia gingen schließlich ineinander über, wie das viel zitierte, anschauliche Bienengleichnis von Basileios (ca. 330–378) zeigt: „Wie die Biene aus Blüten Honig saugt, so soll der Christ heidnische Literatur und Paideia benutzen: allein das

---

42 Hauschild/Drecoll, Lehrbuch 551.
43 Bernd Schröder, Religionspädagogik, Tübingen 2012, 41 f.

Nützliche trägt sie heim."⁴⁴ Tatsächlich wurde aber nur eine kleine Oberschicht hiervon etwa in den im 4. Jahrhundert zahlreicher werdenden theologischen Schulen erreicht, die sich an Orten mit Bischofssitz ansiedelten. Die große Mehrzahl der Christen blieb illiterat und hatte keinen Zugang zu den theologisch-philosophischen Reflexionen.

Für die meisten Kinder verblieb es bei der familiären Erziehung mit Morgen- und Abendgebet sowie einer zunehmenden Fülle von Benediktionen⁴⁵. Vorbilder, die als Märtyrer, Confessoren oder Asketen ihr Christsein unter Beweis gestellt hatten bzw. stellten und so diese besondere Lebensform plausibilisierten, orientierten ethisch.

Von daher ist es auch zu erklären, dass seit dem 5. Jahrhundert im Westen zunehmend Eltern ihre Kinder an Klöster übergaben.

> „Im griechischsprachigen Christentum nahmen Eremiten- und Koinobiten-Klöster zwar ebenfalls Kinder auf, um monastischen Nachwuchs zu gewinnen, doch lag der Akzent hier nahezu durchweg auf der Schulung zur Askese, nicht auf deren Bildung. Man fand nichts dabei, ‚dass ein frommer Mensch ungebildet ist'; die Beschulung von Kindern, die nicht Mönche werden wollten, gewann im Osten kaum Bedeutung; sie wurde 451 sogar verboten."⁴⁶

Aus solchen *Übergaben*⁴⁷ entwickelten sich teilweise im 6. bis 8. Jahrhundert erste christliche Schulen, eben *Klosterschulen*, die sich gut neben Bibliothek und Skriptorium einfügten.⁴⁸

> „Geht es bei der Schule im üblichen Sprachgebrauch um die Erfüllung einer Teilaufgabe der Sozialisation, nämlich der Aufgabe des auf das Erwachsenenleben vorbereitenden Lehrens und Lernens samt seines (mehr oder minder ausgeprägten) erzieherischen Aspekts, so handelt es sich beim Kloster um eine Lebensform, die jung und alt in der Regel lebenslang umfaßt. ... In der ‚Klosterschule' nämlich lernt man lebenslang und zwar das, was man zugleich schon jetzt (nicht erst ‚später', im Erwachsenenleben) beherrschen muß. ... Zentral

---

44 Zitiert a.a.O. 42.
45 S. hierzu eindrücklich Adolf Franz, Die kirchlichen Benediktionen im Mittelalter 2 Bde., Freiburg 1909.
46 Schröder, Religionspädagogik 53.
47 S. Marcell Saß, Schulanfang und Gottesdienst. Religionspädagogische Studien zur Feierpraxis im Kontext der Einschulung (APrTh 45), Leipzig 2010, 236.
48 S. Hans-Werner Goetz, Weltliches Leben in frommer Gesinnung? Lebensformen und Vorstellungswelten im frühen und hohen Mittelalter, in: Gerd Althoff/Hans-Werner Goetz/Ernst Schubert, Menschen im Schatten der Kathedrale. Neuigkeiten aus dem Mittelalter, Darmstadt 1998, 111–228, 165 f.

ist die Teilhabe am Leben der Erwachsenen, deren Lebensform durch Imitation und Identifikation gelernt werden soll."[49]

Attraktiv wirkte hier die monastische Lebensform, wie sie Johannes Cassianus (360–435) entworfen hatte – auf ihn bezog sich später auch Benedikt von Nursia. Bezeichnend für das hier verfolgte Programm einer bestimmten Lebensform sind folgende Überlegungen im Vorwort seiner „Institutiones coenobiorum":

> „Das wiegt hier besonders schwer (sc. die Schwierigkeit, anderen die mönchische Lebensweise zu schildern, C.G.), da man das Wesen dieser Lebensart nicht durch fruchtlose Betrachtungen noch durch lehrhafte Unterweisungen weitergeben, lernen oder im Gedächtnis behalten kann. Das Ganze besteht nämlich allein in der Erfahrung und im Leben. Nur der Erfahrene kann es weitergeben. Begriffen und erkannt werden kann es nur von dem, der mit gleichem Eifer und gleicher Anstrengung sich darum bemüht. Wird schließlich die Erfahrung nicht durch andauernde Unterredung mit geistlichen Männern ständig besprochen und vertieft, dann entschwindet sie wiederum rasch dem sorglosen Geist."[50]

Die Regula Benedicti (1. Hälfte des 6. Jahrhunderts) enthält gleichermaßen ein Programm für das klösterliche Leben wie für die Sozialisation in dieses hinein. Christsein wird hier als in Regeln fassbare Lebensform verstanden:

> „Maßgeblich wirkten insbesondere folgende Festlegungen: die Hervorhebung des Gebets als strukturgebendes Element des Tagesablaufs gemäß dem Grundsatz ‚Der Liebe zu Christus ist nichts vorzuziehen' ..., die Gleichgewichtigkeit geistlicher und körperlicher Arbeit ..., einhergehend mit der Ablehnung des Müßiganges ..., der Gemeinschaftsbezug allen monastischen Lebens und die Treue zur konkreten Gemeinschaft eines Klosters ..., das Gebot der Demut und des Gehorsams ... und damit die Hintanstellung des Eigenwillens hinter den Willen Gottes (und des Abtes) ..."[51]

In Anlehnung an biblische Texte wie 1Sam 1 und Mk 10,14 gaben – „vornehme" (nobiles)[52] – Eltern ihre Kinder gleichsam als Opfer für Gott in ein Kloster, damit sie in die dortige Lebensform eingefügt würden. Auch für Waisen standen – nach Hi 29,12 – die Türen von Klöstern offen. Dabei war umstritten, ob eine solche Übergabe später rückgängig gemacht werden konnte. Während manche die freie

---

49 Eugen Paul, Geschichte der christlichen Erziehung Bd. 1. Antike und Mittelalter, Freiburg 1993, 127 f.
50 Zitiert a. a. O. 116.
51 Schröder, Religionspädagogik 54 (mit den Stellenangaben in der Regula Benedicti sowie den lateinischen Formulierungen).
52 So die bezeichnende Formulierung in der Regula Benedicti für die Eltern, die eine Aufnahme ihres Kindes im Kloster wünschten (s. Saß, Schulanfang 238).

Entscheidung des älter Gewordenen voraussetzten, betrachtete z. B. die Regula Benedicti die Oblation eines Kindes als endgültig.[53]

Für die breite Bevölkerung lagen solche Übergaben, in der Regel mit großzügigen Spenden für das aufnehmende Kloster verbunden, außerhalb des Möglichen. Doch auch sie wurde von der Ausbreitung der Kirche und der Bewunderung des monastischen Lebens erreicht. Zum einen nahm die Zahl der *Kirchengebäude* und der in ihnen gefeierten Gottesdienste zu. Im Gegensatz zu den Tempeln der paganen Kulte boten die Basiliken breiten Raum für die Versammlung von Gemeinde und damit das Mitfeiern der Gottesdienste. Zum anderen bildete sich seit dem 4. Jahrhundert das *Kirchenjahr* aus,[54] das zunehmend als „Haus in der Zeit"[55] den Zeittakt der Gesellschaft vorgab. Bald lagerten sich weitere Festtage um Ostern und Weihnachten herum an und wurden entsprechend liturgisch begangen.[56] Jesu Auferstehung und seine Geburt waren also präsent im Jahreskreislauf. Die mit der Vorbereitung auf diese beiden Christusfeste verbundenen Fastenzeiten, Passions- und Adventszeit, galten für alle Getauften. Dazu entstanden regional unterschiedlich Gedenktage für Heilige, deren Feier sich oft mit traditionellem Brauchtum vermischte. Diese Formen der Zeiteinteilung implizierten ganz praktische Lernprozesse, als Christ zu leben, ohne dass es aber bei den meisten zu kognitiver Aneignung oder gar Durchdringung des jeweils Gefeierten kam.

So öffnete bzw. verbreitete sich die Differenz beim Lehren und Lernen als Modus der Kommunikation des Evangeliums zwischen wenigen Vornehmen/Wohlhabenden und der breiten Bevölkerung dramatisch. Die Tradierung wichtiger Einsichten der Paideia sowie die Hinführung zur Theologie zogen sich in die Klöster zurück. Die Ausrichtung von Jesu Auftreten und Wirken auf die Ungebildeten und Armen war auf den Bereich von Almosen und Spenden reduziert.

---

53 S. Paul, Geschichte 118 f.
54 S. genauer Harald Schroeter-Wittke, Gottesdienst in der Zeit, in: Christian Grethlein/Günter Ruddat (Hg.), Liturgisches Kompendium, Göttingen 2003, 235–259, 238–251.
55 Karl-Heinrich Bieritz, Das Kirchenjahr, in: Hans-Christoph Schmidt-Lauber/Michael Meyer-Blanck/Karl-Heinrich Bieritz (Hg.), Handbuch der Liturgik, Göttingen ³2003, 355–390, 355–367.
56 S. hierzu im Einzelnen Martin Klöckener, Liturgie in der Alten Kirche des Westens, in: Jürgen Bärsch/Benedikt Kranemann in Verbindung mit Winfried Haunerland/Martin Klöckener (Hg.), Geschichte der Liturgie in den Kirchen des Westens. Rituelle Entwicklungen, theologische Konzepte und kulturelle Kontexte Bd. 1. Von der Antike bis zur Neuzeit, Münster 2018, 203–269, 241–249.

5 Streben nach Erlösung und Orientierung an Vorbildern

Wie in 1. angedeutet, waren die Lebensbedingungen für die meisten Menschen in der Zeit zwischen 300 und 600 in vielerlei Hinsicht schwierig. Politische Wirren, tiefgreifende soziale Umstellungen und nicht zuletzt Naturkatastrophen bedrohten die Existenz vieler. Hohe Kindersterblichkeit, immer wieder Hungersnöte und Seuchen ließen die großenteils formal ungebildeten, also illiteraten Menschen nach Möglichkeiten des Schutzes und der Orientierung suchen. Die die Dogmengeschichte bestimmenden Diskussionen nahmen zwar die damaligen philosophischen Diskurse auf, standen aber eher beziehungslos neben den alltäglichen Nöten der Menschen wie Missernte, hoher Kinderzahl bzw. Unfruchtbarkeit, jähem Tod usw.

In diesem Kontext wuchs die mönchische Bewegung im 4. Jahrhundert stark an.

> „Antike Quellen sprechen von der Notwendigkeit, daß der Mönch vor allem vor dem Bischof und der Frau fliehen müsse (so Johannes Cassianus ...); diese Texte deuten also ... auf hierarchiekritische und sexualitätsfeindliche Motive."[57]

Im Hintergrund stand eine allgemeine, gleichermaßen im pagan-philosophischen, im alltäglichen Leben wie im christlich-theologischen Bereich dominante sexualkritische Einstellung.[58] Sie führte auch zu den besonderen Ständen der Diakonissen und der „Jungfrauen" in den christlichen Gemeinden. So bestimmte das Konzil von Calcedon (451):

> „Kan. 15: ‚Eine Diakonisse soll nicht eingesetzt werden (non ordinandam), bevor sie 40 Jahre alt ist [...] Wenn sie aber die Handauflegung erhalten hat, eine zeitlang in ihrem Dienst gewirkt hat und sich dann der Ehe hingibt, dann hat sie die Gnade Gottes gröblichst geschmäht, und sie sei verflucht zusammen mit dem, dem sie sich verbunden hat'.
> Kan. 16. ‚Eine Jungfrau, die sich Gott geweiht hat, darf keine Ehe eingehen. Untersteht sie sich, das doch zu tun, soll sie exkommuniziert werden.'"[59]

Daneben zeigt sich eine vom sonstigen sozialen Leben distanzierte Seite damaligen Christseins, insofern die Mönche – und Nonnen – sich vom allgemeinen Lebensraum separierten und „allein" (monachos) lebten.

---

57 Markschies, Christentum 163.
58 S. a. a. O. 147 f.
59 Zitiert nach Norbert Ohler (Hg.), Frauen im Leben der Kirche. Quellen und Zeugnisse aus 2000 Jahren Kirchengeschichte, Münster 2015, 26.

„Das abendländische Mönchtum breitete sich schnell und schon früh mit der Unterstützung der weltlichen und geistlichen Machthaber, des Königs, des Adels und der Bischöfe, aus. Erst diese Akzeptanz erklärt seinen ‚Siegeszug', förderte gleichzeitig aber die Einbindung der Klöster in die ‚Welt'. Trotz ähnlicher Ziele gab es keine Einheitlichkeit der monastischen (klösterlichen) Bewegungen. Während im Süden Galliens beispielsweise das weltzugewandte Mönchtum des Bischofs Martin von Tours (371–397), des späteren Reichsheiligen des Frankenreichs, ohne festen Sitz und feste Ordnung und das aristokratische, bildungsfreundliche Rhônemönchtum einander gegenüberstanden, kamen mit der am Ende des 6. Jahrhunderts irischen und später der angelsächsischen ‚Mission' des 8. Jahrhunderts insulare Formen auf den Kontinent, die von der Idee der ‚Pilgerschaft' (peregrinatio) beseelt waren: einer als Askese begriffenen Heimatlosigkeit und Loslösung aus den familiären Bindungen."[60]

Spirituell stand hinter der Mönchsbewegung die verbreitete Sehnsucht nach Vollkommenheit, die für die meisten Menschen angesichts der tatsächlichen Lebensumstände unerreichbar schien. Dabei wurden einzelne *Asketen* zu öffentlichkeitswirksamen „Stars":

„sie lebten nicht zurückgezogen in einer lebensfeindlichen Wüste jenseits des Kulturlandes (wie viele ägyptische Mönche), sondern an seinem Rande. Auf und an den Hügeln, die das nordsyrische Kalksteinmassiv durchziehen, standen ihre Klöster und Einsiedeleien – sie erhoben sich deutlich sichtbar über dem vor allem zum Olivenanbau genutzten fruchtbaren Gebiet. Diese exponierte Position war natürlich ganz bewußt gewählt, so diente die Säule, auf der der heilige Simeon saß, als eine Art ‚Leuchtturm' für die Umgebung. Die Scharen von saisonal engagierten Handwerkern, aber auch die Reisenden fanden hier eine Orientierung in ihrem unsteten Leben."[61]

Dies führte zu – in heutiger Perspektive teilweise merkwürdig anmutenden – „Fastenwettkämpfen"[62] in der Hinsicht, welcher Asket sich der Nahrung länger enthalten konnte o.Ä. Viele, die nicht so lebten bzw. leben konnten, bewunderten und verehrten diese Männer. Dies geht z.B. eindrücklich aus dem Brief eines gewissen Justinus an den Mönch Paphnuthius hervor:

„Der Autor bat Paphnuthius, den er als ‚Gebieter' anredet, ‚meiner in Deinen heiligen Gebeten zu gedenken', also um den Dienst der Fürbitte. Von dem Gebet des religiösen Profis versprach sich der Laie offenbar viel, denn er hielt den Ausgang des Endgerichtes für den angeschriebenen Mönch schon für entschieden. ‚Wir glauben an dein Bürgerrecht im Himmel', spielt er auf Paulus an (Phil 3,20): ‚Daher betrachten wir dich, den Gebieter, auch als neuen Menschen.' Der Mönch hat den alten Menschen mit seinem durch die Vergänglichkeit

---

60 Goetz, Leben 139 f.
61 Markschies, Christentum 165.
62 A.a.O. 166.

gezeichneten Körper abgelegt; als solcher vermag seine Fürbitte bei Gott mehr als die eines ‚alten' Menschen."[63]

Ähnliches bildete sich in Form von Nonnenklöstern für Frauen heraus, die jedoch nicht in gleichem Maß an die Öffentlichkeit traten. Aus entsprechenden Klosterregeln geht hervor, dass auch bei ihnen u. a. die sonst bestehenden sozialen Über- und Unterordnungen aufgehoben waren. So bestimmt die von Bischof Caesarius gegebene Regel für ein Nonnenkloster in Arles (512–534) u. a.:

> „7. Keine, auch nicht die Äbtissin, darf eigene Mägde in ihrem Dienst haben; falls nötig, soll sie Unterstützung von den Jüngeren erhalten. [...] 9. Keine darf sich eine abgesonderte Wohnung wählen: sie soll weder eine Kammer noch einen Schrank oder irgendetwas anderes besitzen, was abschließbar ist. Alle bewohnen einen Raum mit einzelnen Betten. Den Greisinnen oder Kranken aber soll man nach ihrem Bedarf dienen oder zur Verfügung stehen, ohne dass sie Einzelzellen erhalten [...]."[64] Besonders wird dann die Jungfräulichkeit eingeschärft: „23. Kein Wunsch nach den Blicken eines Mannes soll durch die Anstachelung des Teufels in euch aufkommen; auch sollt ihr nicht sagen, dass ihr eine schamhafte Seele habt, wenn ihr schamlose Augen habt, da das schamlose Auge der Künder eines Herzens ohne Scham ist [...]"[65]

Die Verehrung von sog. Heiligen äußerte sich – vermischt mit der Hochschätzung früherer Märtyrer und Confessores – auch in kultischen Praktiken. Dabei gingen Heiligen- und traditioneller Totenkult untrennbar ineinander über.

> „Der Märtyrerkult ist eine besondere Form des Totenkultes. Die Märtyrerfeste wurzeln in den Gedächtnisfeiern für die Verstorbenen sowohl bezüglich ihrer Form als auch bezüglich ihres Inhaltes. ... Nach der heutigen Forschung läßt sich hauptsächlich auf zwei Faktoren hinweisen: auf den Toten- und Heroenkult der heidnischen Antike ... und auf die atl.-jüdische ‚Verehrung' von Märtyrern und Gerechten".[66]

Dementsprechend begannen seit dem 4. Jahrhundert vornehmere Kreise Überreste (Reliquien) von Verstorbenen zu sammeln, deren Lebensführung als vorbildlich galt. Sie wurden im eigenen Oratorium beigesetzt[67] und sollten den dort liegenden verstorbenen Familienmitgliedern den Weg ins Paradies erleichtern.

---

63 A. a. O. 167 f. (mit entsprechender Quellenangabe).
64 Zitiert nach Ohler, Frauen 31.
65 A. a. O. 32.
66 Hansjörg Auf der Maur, Feste und Gedenktage der Heiligen, in: Feiern im Rhythmus der Zeit Bd. II/1 (GDK 6,1), Regensburg 1994, 65–357, 81.
67 S. Markschies, Christentum 90.

Ohne Schnörkel schilderte ein platonisierender Rhetor, Eunapius von Sardes, Ende des 4. Jahrhunderts diese Praxis:

> „Sie (sc. die Christen, C.G.) sammelten die Knochen und Schädel von Leuten, die bei mannigfaltigen Verbrechen zur Hinrichtung geführt worden waren, Menschen, die die städtischen Gerichtshöfe bestraft haben, erklärten sie zu Göttern, trieben sich bei den Knochen herum und dachten, besser zu werden, da sie sich an den Gräbern verunreinigten. ,Märtyrer' wurden sie nun genannt und ,Diakone' und ,Botschafter' der Gebete zu den Göttern."[68]

Solche Heiligenverehrung nimmt Vieles auf, was schon länger in paganen Kulten praktiziert wurde, und beschränkte sich keineswegs nur auf Ungebildete.

> „Ausgangspunkt ist ... die urtümliche Vorstellung von der Seele, ,welche nach dem Tod im Leichnam oder nahe beim Leichnam [haust], so lange noch ewas von ihm übrig ist' ... Daraus entwickelte sich die Vorstellung einer Doppelexistenz: Die im Jenseits weilende Seele bleibe mit dem zur Auferstehung berufenen Leib auf Erden in Verbindung. Wer folglich zum Grab eines Heiligen ging und dort dessen Leib berührte, rührte zugleich an die Seele im Himmel."[69]

Eine Vertiefung fand solche ursprünglich an Gräbern lozierte Verehrung von Märtyrerinnen und Märtyrern, Asketinnen und Asketen sowie sonstigen Heiligen dadurch, dass – regional – Gedenktage an die Glaubensheroen den Jahresablauf strukturierten. Dadurch wirkten sie prägend bis in den Alltag der Menschen hinein.

Nicht nur hier war die Grenze zur Magie, also zur effektiven Einflussnahme auf das Göttliche, fließend. Auch andere, für das Christsein wichtige Gegenstände wurden so gebraucht, und zwar keineswegs nur durch Ungebildete.

> „Auf eine intensive Verehrung der biblischen Bücher – und dazu bedurfte es ja nicht zwingend ihrer Lektüre! – deuten viele Berichte. Selbst Augustinus hatte nichts dagegen, daß die Bücher quasi magisch verwendet wurden: ,Wenn du Kopfschmerzen hast, so loben wir es, wenn du dir das Evangelium auf das Haupt legst und nicht zu einem Amulett Zuflucht nimmst.' Und Johannes Chrysostomus erwähnte, daß viele Frauen das Evangelium (wohl Teile im Miniaturformat) am Halse tragen."[70]

---

68 Zitiert a.a.O. 117.
69 Arnold Angenendt, Liturgie im Frühmittelalter, in: Jürgen Bärsch/Benedikt Kramemann in Verbindung mit Winfried Haunerland/Martin Klöckener (Hg.), Geschichte der Liturgie in den Kirchen des Westens. Rituelle Entwicklungen, theologische Konzepte und kulturelle Kontexte Bd. 1. Von der Antike bis zur Neuzeit, Münster 2018, 273–292, 283 (unter Zitat von Max Weber).
70 Markschies, Christentum 102f.

In ethischer Hinsicht erwies sich also die christliche Lebensform als durchaus vielschichtig, bunt und offen für Anregungen aus dem – antik-paganen – Kontext. Die bereits im Wirken Jesu zu beobachtende doppelte Adressatenschaft – hier die sozialen Bezüge verlassende und direkt mit ihm ziehende Menschen, dort in ihren Familien und am Ort Verbleibende – begegnet wieder, jetzt allerdings in verschärfter und hierarchisierter Weise. Als vorbildlich galten asketisch, vor allem sexuell enthaltsam Lebende. Sie dienten den Anderen als Anlaufstellen für Fürbitte und Verehrung. Der in der Antike weit verbreitete Totenkult verstärkte – nach dem Ableben der entsprechenden Personen – diese Tendenz noch.

So gestalteten sich die christlichen *Bestattungen* ebenfalls zunehmend aufwändiger. Die „Verbindung von Friedhof und Gottesdienststätte war ... bereits im vierten Jahrhundert etabliert."[71]

> „Die Apostolischen Konstitutionen binden das Totengedenken in die Heilsgeschichte ein: am dritten Tag nach dem Tod, weil Christus am dritten Tage auferstanden ist; am neunten Tag ein Gottesdienst für Lebende und Tote; am 40. Tag, weil Mose so lange betrauert wurde (Dtn 34,8), schließlich am Jahrestag des Todes. Verbunden sind damit Eucharistie und Fürbitte".[72]

Dabei kam es zu einer Aufhebung früherer Distinktionen hinsichtlich Ethnie oder Geschlecht, was dem inklusiven Impuls des Evangeliums entsprach.

> „Die zahlreich erhaltenen christlichen Grabinschriften weisen darauf hin, dass eine relativ hohe Zahl an Kindern, Frauen, Sklaven und anderen Menschen, die in der antiken gesellschaftlichen Rangordnung weit unten standen, eine geordnete Bestattung im Kontext christlicher Gemeinden erhielten."[73]

6 Zentralisierung von Kirche als öffentliche Institution

Die sich vor allem im 3. Jahrhundert vollziehende (s. Kapitel 3 6.) Herausbildung einer hierarchischen Amtsstruktur verfestigte sich im Lauf der Zeit. Zu den Ämtern der Episkopen, Presbyter und Diakone kamen weitere hinzu: Lektoren, Subdia-

---

[71] Ulrich Volp, Der menschliche Tod in den christlichen Gemeinden. Kirchengeschichtliche Perspektiven, in: Ders. (Hg.), Tod (Themen der Theologie 12); Tübingen 2018, 117–161, 127.
[72] Ottfried Jordahn, Die Bestattung – Geschichte und Theologie, in: Hans-Christoph Schmidt-Lauber/Michael Meyer-Blanck/Karl-Heinrich Bieritz (Hg.), Handbuch der Liturgik, Göttingen ³2003, 531–550, 534.
[73] Volp, Tod 126.

kone, Akolythen, Ostiarii,[74] aber auch die Witwen und Jungfrauen mit ihren meist diakonischen Aufgaben. Gemeinsam war diesen Ämtern die Einsetzung in einem Gottesdienst unter Gebet und Handauflegung, womit der Heilige Geist übertragen werden sollte. Die Wahlen vor allem der Bischöfe fanden noch länger regional unterschiedlich statt. So standen Akklamation durch den Klerus und die Gemeinde sowie die Weihe durch benachbarte Bischöfe nebeneinander. Auch wirkte der jeweils führende Bischof der Provinz mit, in der der Bischofsstuhl zu besetzen war.[75]

> „Faktisch dürfte die Benennung für die Bischofsposition in den meisten Fällen auf Diskussionen oder auch Machtkämpfe in dem jeweiligen Klerus und mit Bischöfen aus der Umgebung, die ihren Einfluss geltend machen wollten, zurückgegangen sein."[76]

Dazu traten als mächtige Instrumente die Synoden, in denen sich in größerem – dann teilweise sogar vom Kaiser einberufen – oder kleinerem Rahmen Bischöfe einer bestimmten Gegend – oder auf Diözesanebene auch Priester und Laien – berieten. Dort wurden Beschlüsse etwa hinsichtlich von Fragen des rechten Glaubens oder der kirchlichen Ordnung gefasst.[77] Im Laufe der Zeit ergab sich hier eine besondere Stellung für den Bischof von Rom.

> „Bereits im 3. und 4. Jh. haben einzelne Synoden (Antiochien 268; Arles 314) ihre Beschlüsse dem römischen Bischof mitgeteilt, nicht damit dieser die Beschlüsse bestätige, sondern bekannt mache ... Der römische Bischof war der Erstgenannte unter den Bischöfen, welche über die Synodalentscheidungen informiert wurden. Erst allmählich begannen die Päpste, autoritativ in das Synodalwesen einzugreifen."[78]

Normgebend war dabei die Maxime „presbyteron kreitton/Das Ältere ist das Bessere".[79] Tatsächlich ging es dabei oft, wie etwa die Konstruktion von Bischofslisten zeigt, die die „Apostolizität" der Amtsträger belegen sollten, um die Begründung und Absicherung eigener Ansichten und Machtpositionen.[80]

---

74 S. Hauschild/Drecoll, Lehrbuch 170 f.
75 S. a. a. O. 173.
76 A. a. O. 173.
77 S. zur uneinheitlichen Nomenklatur Ferdinand Reinhard Gahbauer, Synode I. Alte Kirche, in: TRE Bd. 32 (2001), 559–566, 559 f.
78 A. a. O. 563.
79 Hauschild/Drecoll, Handbuch 174.
80 S. a. a. O. 175; s. zu den sich über Jahrhunderte – bis zum 7. Ökumenischen Konzil in Nicäa (787) – hinziehenden dogmatischen Auseinandersetzungen zu Christologie und Gnadenlehre die zusammenfassende Darstellung bei Leppin, Geschichte 28–35.

Allerdings bildete sich durch Einsiedeleien und dann vor allem Klöster eine Struktur neben und gegenüber der episkopalen Organisation aus, die – wie in 5. gezeigt – für viele Menschen erhebliche Ausstrahlung besaß. Die hier präsente radikale, auf Eigentum und Ehe verzichtende Lebensweise beeindruckte Menschen und eröffnete ihnen Anschlussmöglichkeiten für ihre am unmittelbaren Wohlergehen interessierten Anliegen. Die „Heiligen" wurden um Fürbitte gebeten. Ansonsten griffen die Menschen auf aus paganen Kulten gewohnte Formen zurück. Die Amulette als ein Beispiel hierfür wurden schon genannt.

Auch in Frömmigkeitsformen wie den *Benediktionen*, die aus dem Jüdischen stammten und schon in den ersten Gemeinden aufgenommen wurden, zeigten sich interessante Akzentverschiebungen. Stand hier zuerst der Dank für Gottes Wirken im Vordergrund, so drängten jetzt die Bitten der Menschen nach vorn. Einen gewissen Übergang markiert dabei die folgende Euchologie des Serapion von Thmuis († nach 362):

> „Schöpfer des Himmels und der Erde, du hast den Himmel durch den Reigen der Sterne gekrönt und durch Lichter erleuchtet, du hast die Erde zum Nutzen der Menschen mit Früchten ausgestattet; dem von dir erschaffenen Menschengeschlecht hast du die Gnade verliehen, von oben her den Glanz und das Licht der Gestirne zu genießen und von unten her durch die Früchte der Erde ernährt zu werden. Wir bitten: Sende belebenden Regen in Fülle; lass auch die Erde Früchte hervorbringen und reichen Ertrag abwerfen um deiner Menschenfreundlichkeit und Güte willen. Gedenke derer, die dich anrufen, verherrliche deine heilige, eine und katholische Kirche; erhöre unsere Bitten und Gebete und segne die ganze Erde. Durch seinen Einziggezeugten, Jesus Christus, ..."[81]

Im privat-familiär-häuslichen Bereich dürften schnell die Bitten größeren Umfang eingenommen haben, unterstützt durch die erbetene Fürsprache von Heiligen oder besondere Hantierungen mit geweihtem Wasser, Ablutionswein (Wein zum Ausspülen des Kelchs nach der Eucharistie) oder Eulogien (nichtkonsekriertes Brot).

So bildete sich zum einen zwischen dem 4. und 6. Jahrhundert eine straff organisierte Institution heraus, die in den damaligen politischen und militärischen Wirren Stabilität bot; zum anderen entwickelte sich in den Klöstern durchaus eigenständig eine asketische Lebensweise, die viele Menschen beeindruckte. Nicht zuletzt der Kontrast des hier Praktizierten zum sonst Üblichen dürfte attraktiv gewirkt haben. Auch für die Priester wurde im Westen die For-

---

[81] Zitiert nach Jakob Baumgartner, Ein geschichtlicher Durchblick durch die Segnungen, in: Ders. (Hg.), Gläubiger Umgang mit der Welt. Die Segnungen der Kirche, Einsiedeln 1976, 50–92, 73 f.

derung nach zölibatärer Lebensweise lauter.[82] Dazu gewannen im häuslichen Bereich – nicht zuletzt durch den am Gegenständlichen interessierten germanischen Einfluss – praktische Hantierungen an Bedeutung. Sie schlossen nur lose an Vorstellungen an, die von den Impulsen Jesu ausgingen, und überschritten nicht selten die Grenze zum Magischen.

7 Zusammenfassung

Zwei scheinbar entgegengesetzte Tendenzen bilden den Kontext des Christseins während des in diesem Kapitel behandelten Zeitraums:

Zum einen konsolidierte sich in politisch und sozial unruhigen Zeiten die christliche Kirche in ihrer hierarchischen, strikt zwischen Laien und Klerikern unterscheidenden, episkopalen Organisationsform. Für die christliche Lebensform bedeutete dies einen tiefen Einschnitt. Denn die synodal verabschiedeten Lehrentscheidungen wurden allgemein, womit die Exklusion von Dissidenten verbunden war. Letztere nahm nicht selten gewaltsame, durch die Staatsmacht vollzogene Formen an und stand so in schroffem Widerspruch zum gewaltlosen Auftreten und Wirken Jesu. *Die Bedeutung der Einzelnen trat hinter die Macht der Kleriker zurück. Damit vollzog die Kirche im organisatorischen Bereich eine Kontextualisierung. Durch die Hierarchisierung schloss sie an die staatliche Organisation im Römischen Reich an, durch die Klerikalisierung an die Priesterstruktur paganer Kulte.*

Zum anderen zeigten sich aber auch gegenläufige Tendenzen. Die Herausbildung und Verbreitung klösterlichen Lebens vollzogen sich im Gegenüber zur sonstigen, auch der episkopal strukturierten kirchlichen Lebenswelt. Der Besonderheit des Christseins sollte hier durch den Verzicht auf Besitz, die Zuwendung zu Armen und die Ehelosigkeit entsprochen werden. Zweifellos wurden so wichtige Impulse des Auftretens und Wirkens Jesu aufgenommen. Allerdings war damit – im Kontext einer hierarchisch denkenden Kultur – eine klare Überordnung monastischer Lebensweise gegenüber dem sonst üblichen Leben in Familie, Haushalt und Landwirtschaft verbunden. Zugleich vollzog sich eine Entlastung der meisten Menschen von den hohen ethischen Standards. Die Verehrung der Heiligen, die nicht zuletzt als Fürsprecher vor Gott funktionalisiert wurden, war eine Nebenfolge hiervon, die wiederum an antik-pagane Gepflogenheiten anschließen konnte.

---

82 S. ausführlich Stefan Heid, Zölibat in der frühen Kirche. Die Anfänge einer Enthaltsamkeitspflicht für Kleriker in Ost und West, Paderborn ³2003.

Dazu kam – den Menschen auf Grund der verbreiteten Stabilitas loci nicht bewusst – die Ausbreitung des Christentums über die Grenzen des Reichs hinaus. Hier entstanden im Folgenden neue Formen des Christseins, die sich eigenständig entwickelten.

Insgesamt transformierte sich die Spannung zwischen Anpassung und Kritik der christlichen Lebensform gegenüber der Kultur und Gesellschaft im Wesentlichen auf verschiedene Personengruppen: Den radikal besitz- und ehelos in den Klöstern Lebenden stand die große Zahl derer gegenüber, die mühsam inmitten politischer Wirren, sozialer Verwerfungen und Problemen wie Missernten und Seuchen ihr Leben fristeten. Eine Verbindung bestand in der gemeinsamen Ausrichtung auf als heilig empfundene Personen. Auch war die etwa in der Konzentration auf die Elemente bei der Eucharistie hervortretende *Verdinglichung der tragenden Glaubensvorstellungen* allgemein. So wurde zum einen Christsein zunehmend zu etwas Selbstverständlichem, was sich am deutlichsten in der Etablierung von Kindertaufen zeigte. Zum anderen blieb aber – immer wieder durch die Lebensweise der Mönche und Nonnen erinnert – ein kritischer Vorbehalt gegenüber einer Selbstzufriedenheit. Die bereits im vorhergehenden Kapitel genannte Unterordnung der Frauen bestand fort. Ihnen blieben die Möglichkeit zu Predigt oder der Vorsitz bei der Eucharistie verwehrt. Allerdings fanden sie als Nonnen in Klöstern – wenigstens teilweise – ein Refugium vor patriarchalem Zugriff.

Kapitel 5:
Formalisierung des Christseins (600–900)

1 Politischer, gesellschaftlicher und kultureller Kontext

Die bereits im 5./6. Jahrhundert beginnenden politischen und kulturellen Umbrüche und Umstürze, die u. a. zum Ende des Weströmischen Reichs führten, setzten sich auch in den nächsten Jahrhunderten fort. Sie und die damit gegebenen Lebensumstände bildeten einen prägenden Kontext für das Leben der Christinnen und Christen. Bevor ich dies kurz ausführe, muss aber auf einen – bis heute – wichtigen Einschnitt aufmerksam gemacht werden: die Entstehung einer neuen, ebenfalls rasch expandierenden Lebensform, des *Islams*.

610 hatte Muhammad (etwa 570–632) seine Berufung als Prophet erfahren, die im Koran ihren bis heute wirksamen Ausdruck fand.

> „Die arabische Halbinsel war bereits seit Jahrhunderten vollständig und auf allen Seiten von Christen umgeben, sodass man davon ausgehen darf, dass zur Zeit der Entstehung des Korans schon seit langem die Präsenz der Christen in den Handelszentren des Landes spürbar war. Auch in Mekka und Medina dürften christliche Gedanken und innerchristliche Kontroversen also präsent gewesen sein."[1] „In jedem Fall gehen die meisten Forscher davon aus, dass auch die jüdische Präsenz auf der arabischen Halbinsel stark verankert war."[2]

Anfangs stand Muhammad noch in der Tradition der großen prophetischen Religionen, Judentum und Christentum.

> „Zu Beginn seines Wirkens wird man sich Mohammed wie einen typischen spätantiken Asketen vorzustellen haben, der seine Mitbevölkerung durch mahnende, aufrüttelnde Worte und Predigten zur Umkehr aufrief. Die frühesten Offenbarungen ... stehen – ganz wie das Denken seines Zeitgenossen Papst Gregor I. – im Zeichen des drohenden Jüngsten Gerichts und der Auferstehung."[3]

Eine Zäsur stellte seine Auswanderung (Hidschra) nach Jathrib (dann: Medina, Stadt des Propheten) dar,[4] wobei ihn das Eintreten für einen strikten Monotheismus leitete. Bei der Rückeroberung Mekkas griff Muhammad auch zu militärischen Mitteln, was die Kalifen als seine Nachfolger intensivierten.

---

[1] Mouhanad Khorchide/Klaus v. Stosch, Der andere Prophet. Jesus im Koran, Freiburg 2018, 54 f.
[2] A. a. O. 58.
[3] Mischa Meier, Geschichte der Völkerwanderung. Europa, Asien und Afrika vom 3. bis zum 8. Jahrhundert n. Chr., München ²2020, 1055.
[4] S. Annemarie Schimmel, Die Religion des Islam. Eine Einführung, Stuttgart 1990, 18.

"Schon der erste Träger dieses Amtes, Abu Bakr (632–634), hat auf der arabischen Halbinsel eine Politik militärischer Unterwerfung getrieben und Feldzüge bis nach Palästina und Syrien geleitet. Unter Omar (634–644) wurden diese Gebiete vollends erobert: 635 marschierte er in Damaskus, 638 in Jerusalem ein. Wenig später fiel Ägypten in die Hand der Araber, zeitgleich wurde Persien erobert."[5]

Dadurch veränderte sich die politische Situation für das Römische Reich und auch die Kirche grundlegend. Drei der fünf (451) festgelegten Patriarchate gerieten unter muslimische Herrschaft: Alexandrien, Antiochien und Jerusalem. Politisch reduzierte sich damit die Macht von Byzanz drastisch: „Der Römische Kaiser herrschte nur noch über Rudimente des alten Reiches."[6] Im Lauf der Zeit entstanden hier „muslimische Gesellschaften mit christlichen Minderheiten", die zwar toleriert wurden, dafür aber eine eigene Kopfsteuer zahlen mussten.[7]

Sowohl politisch als auch kulturell bildet seitdem die islamische Lebensform eine potenzielle Herausforderung für die Christen. Es kam bisweilen zu erbitterten gewaltsamen Auseinandersetzungen, aber bei Gelehrten auch zu anregendem Austausch.

Neben diesem die östlichen Regionen betreffenden Umbruch vollzog sich im Westen ein kultureller Niedergang. Exemplarisch formulierte dies bereits Gregor v. Tours (538–594) einleitend zu seinen zehn Geschichtsbüchern:

„Da die Pflege der schönen Wissenschaften in den Städten Galliens in Verfall geraten, ja sogar im Untergang begriffen ist, hat sich kein in der Redekunst erfahrener Grammatiker gefunden, um in Prosa oder Versen zu schildern, was sich unter uns zugetragen hat (...). So mancher hat oftmals jenen Mangel beklagt und gesprochen: ‚Wehe über unsere Tage, dass die Pflege der Wissenschaften bei uns untergegangen ist und niemand im Volke sich findet, der das, was zu unsern Zeiten geschehen ist, zu Pergament bringen könnte!'"[8]

Erst in der sog. karolingischen Renaissance bemühten sich Theologen darum, wieder Anschluss an die antiken Wissensvorräte und Reflexionen zu finden.[9] Doch kam es in der Zwischenzeit zu inhaltlichen Veränderungen des Überlieferten, auch etwa in Folge von sprachlichen Entwicklungen:

Durch die im spätmerowingischen Latein vollzogene Lautverschiebung, dass „au" als „o" gesprochen wurde, ergab sich z. B. Folgendes: Es begegnet „nun das Lukas-Zitat: ‚Qui vos

---

5 Volker Leppin, Geschichte des mittelalterlichen Christentums, Tübingen 2012, 24.
6 A. a. O. 24.
7 Wolf-Dieter Hauschild/Volker Henning Drecoll, Lehrbuch der Kirchen- und Dogmengeschichte Bd. 1. Alte Kirche und Mittelalter, Gütersloh ⁵2016, 556, 559.
8 Zitiert bei Leppin, Geschichte 46f. (im lateinischen Original a. a. O. 47 Anm. 23).
9 S. Arnold Angenendt, Geschichte der Religiosität im Mittelalter, Darmstadt 1997, 37.

audit, me audit' (Lk 10,16) („wer euch hört, hört mich', C.G.) in der Version ,Qui vos odit, me odit', was dann ,korrekt' bedeutet: Wer euch haßt, haßt mich."[10]

Umgekehrt verbreiteten sich in einem allgemeinen Klima geringer formaler Bildung kultische Bräuche aus den Volksstämmen jenseits der römisch-hellenistischen Kultur und prägten zunehmend das Christsein. Dies galt vor allem für das in den Stämmen verbreitete Konzept von Opfer in ganz dinglichem Verständnis.

> „Erst die moderne Archäologie hat die umfänglichen Opfer aufgezeigt: über Jahrhunderte beibehaltene Opferplätze mit Waffen, Kleidern, Schmuck, Nahrungsmitteln, Geräten, Pferdegeschirren, Schiffs- und Wagenteilen, dazu häufig Tiere wie Pferde und Hunde, sogar Menschen."[11]

Solche Opfer brachten eine „do, ut des"-Beziehung zwischen Menschen und der jeweiligen Gottheit zum Ausdruck. Die sich anderen Diskursen verdankende theologische Deutung der Eucharistie als „unblutiges Opfer" (s. Kapitel 4 2.) bot hierfür gute Anschlüsse. Dabei geriet – im Kontext paganer Opferpraxis und der mit ihr verbundenen Gegenständlichkeit – die mit dem Attribut „unblutig" intendierte Vergeistigung in Vergessenheit.

Schließlich war den neuen Machthabern und ihren Gefolgsleuten die Individualisierung fremd, die sich in der römisch-hellenistischen Kultur und deren philosophischen Systemen entwickelt hatte. Dabei bildete eine Besonderheit in der Genese der später als germanische Stämme bezeichneten Sozialformen die Grundlage. Diese waren nämlich keineswegs durch ein jeweils gemeinsames Territorium bestimmt. Vielmehr „formierten sich diese Gruppen zu Stammesverbünden, die sich durch einen politischen Zusammenhang, die Leitung durch einen Heerkönig, sowie religiöse und andere kulturelle Berührungspunkte einer gemeinsamen Identität versicherten."[12]

Dementsprechend war „*Gefolgschaft*" die Grundlage für die Sozialität. Von daher bekamen das Kollektiv und sein Führer zum einen großes Gewicht; zum anderen waren beide aber bei etwaigem militärischen Misserfolg auch veränderbar, indem sich etwa ein bisheriger Gefolgsmann an die Spitze setzte oder sich die Sippen bzw. Stämme anderweitig orientierten. Bei den Wanderungen der verschiedenen Stämme, die nicht zuletzt Reaktionen auf klimatische Um-

---

10 A.a.O. 39.
11 Unter Bezug auf Michael Müller-Wille, Opferkulte der Germanen und Slawen (Sonderheft von: Archäologie in Deutschland), Stuttgart 1999, Arnold Angenendt, Offertorium. Das mittelalterliche Meßopfer (LQF 101), Münster ²2013, 92.
12 Leppin, Geschichte 18.

schwünge waren, kam es wiederholt zu solchen Neuorientierungen. Religion und Kult hatten dabei eine wichtige Funktion für die Stabilisierung der Herrschaftsverhältnisse. Der Anschluss an das katholische Christentum, so wie etwa am Beispiel des Frankenführers Chlodwig gezeigt (Kapitel 4 3.), wirkte – jenseits individueller Glaubensentscheidungen – dementsprechend. Dies kam auch im Kirchenbau unter Karl d. Gr. zum Ausdruck, wo etwa in der Pfalzkapelle zu Aachen im Westwerk die Kaiserloge mit einem Herrscherthron im Obergeschoss eingebaut war.[13]

Diese Tendenz findet sich noch ausgeprägter im Oströmischen Reich. Hier galt der Kaiser als „Erzhirte" (archipoimen), dessen Parusie 1Petr 5,4 ankündigte. Auch wurde sein Handeln mit dem Gottes parallelisiert. So schrieb Theophanes nach der Rückkehr des über die Perser (628) siegreichen Herakleios nach Konstantinopel:

> „Nachdem der Kaiser aber in sechs Jahren Persien niedergerungen hatte, schloss er im siebten Jahr Frieden und kehrte unter großem Jubel nach Konstantinopel zurück, wo er damit eine mystische Schau erfüllte. Denn nachdem Gott in sechs Tagen die gesamte Schöpfung vollbracht hatte, nannte er den siebten ‚Ruhetag'. So auch der Kaiser: Nachdem er in sechs Jahren viele Mühen auf sich genommen hatte, wandte er sich im siebten Jahr in Frieden und Freude der Hauptstadt zu und ruhte."[14]

Den Hintergrund für solche im Westen und Osten begegnenden religiösen Aufladungen der politischen Herrschaftsverhältnisse bildeten verbreitete *Endzeiterwartungen*. Sie fanden in militärischen Auseinandersetzungen mit ihren grausamen Auswirkungen auch auf Zivilpersonen Nahrung.[15] Mischa Meier beobachtet dabei interessante Parallelen zwischen christlichen und islamischen Herrschern:

> „Nahezu gleichzeitig mit dem Wiedereinzug Mohammeds in Mekka restituierte Herakleios zu Jerusalem die Reliquie des heiligen Kreuzes; während der Prophet die Ka'aba von paganen Kultelementen reinigte und eine monotheistische Allāh-Verehrung etablierte, zelebrierte der Kaiser am Ort der Kreuzigung den Sieg des Christentums über die zoroastrischen Gegner; und während dabei mit Rückbezug auf den biblischen David und allseits vibrierende eschatologische Naherwartungen der Neue Bund des Herrn unter Führung des Inaugurators eines neuen, letzten Zeitalters begangen wurde, schwang sich das ‚Siegel der Propheten'... zum Herrn über die arabische Halbinsel auf, um vor dem anbrechenden Weltende noch möglichst viele Menschen zum wahren Monotheismus zu bekehren; der messianische Kaiser

---

13 S. Margarete Luise Goecke-Seischab/Jörg Ohlemacher, Kirchen erkunden, Kirchen erschließen, Lahr 1998, 81.
14 Zitiert in Meier, Geschichte 1037 (und zur genaueren Erläuterung 1351 Anm. 100); s. a.a.O. 1037f. noch weitere Beispiele hierfür.
15 S. mit konkreten Beispielen a.a.O. 1039f.

und der den Messias antizipierende Prophet, beide in spezifischer Weise Repräsentanten der angebrochenen Endzeit, befanden sich auf dem Höhepunkt ihres Ruhmes – und damit in direkter Konkurrenz."[16]

2 Vom Feiern der Eucharistie zum Lesen der Messe

Einen wichtigen Hintergrund für das Verständnis und die Feierpraxis der germanischen Stämme bildete die – bereits in 1. skizzierte – Opfervorstellung. Damit wurde ein Konzept aus vorchristlicher Zeit in die christliche Lebensform übernommen. Beim Vollzug der Eucharistie trat so deren Sühnewirkung in den Mittelpunkt. Papst Gregor I. († 604) formulierte diese Vorstellung eindrücklich in einer Predigt:

„In einzigartiger Weise wirkt das Opfer des heiligen Altars, das zu unserer Lossprechung dargebracht wird, als Fürbitte, weil der, der von den Toten erstanden, nicht mehr stirbt, durch dieses Opfer in seinem Mysterium für uns nochmal leidet. Denn so oft wir ihm das Opfer seiner Passion darbringen, so oft erneuern wir seine Passion zu unserer Lossprechung."[17]

Das führte in der Feierpraxis dazu, dass die Messe immer häufiger und keineswegs nur an Sonntagen oder zu besonderen Anlässen gefeiert wurde.

„So gab es im 8. Jahrhundert Messformulare für Reisende, für Menschen, die einen anderen bewegen wollten, sie zu lieben, oder auch für Regen und Sonnenwetter: Der gesamte Lebens- und Alltagszyklus konnte in dieses um die Eucharistie zentrierte Zeichensystem integriert werden und so einerseits religiös gründiert werden, andererseits aber zu einer massiven Veränderung der Eucharistiefeier beitragen."[18]

Zugleich wurde das Handeln des Priesters entscheidend. Er konsekrierte die Elemente und vollzog damit das sühnende Opfer. Die feiernde Gemeinde verlor an Bedeutung, war für den heiligen Vollzug nicht notwendig. Damit kam es zu einem „Bruch mit der bisher leitenden Vorstellung", der nur mit dem Wegfall der Sättigung beim Mahl im 3. Jahrhundert zu vergleichen ist.

„Der Priester hat dank Jesus Christus eine Mittler-Funktion zwischen den Menschen und Gott inne; die Messe ist ein Opfer, das der zelebrierende Priester vom Volk annimmt, um es in

---

16 A. a. O. 1059.
17 Gregor der Große, Homilie 37,7 (zitiert nach: Arnold Angenendt, Offertorium. Das mittelalterliche Meßopfer [LQF 101], Münster ²2013, 115).
18 Leppin, Geschichte 87.

Verbindung mit dem Hohenpriester Jesus Christus mittlerisch Gott darzubringen. Das Ergebnis ist ein Bruch, denn nicht nur konsekriert der Priester im Namen Jesu Christi; vielmehr vollzieht er auch die Opfer im Namen des Hohepriesters und alleinigen Mittlers Jesu Christi. Das zerspaltete die Versammlung der Getauften, die zusammen die heilige Priesterschaft waren, ‚um durch Jesus Christus geistige Opfer darzubringen' (1 Petr 2,5). Die Gesamtgemeinde ist nicht länger ungeteiltes Opfersubjekt. ... Eben darin liegt der theologische Bruch: Allein nur die Sondergruppe der Kleriker opfert im Vollsinn."[19]

Für die Mahlfeier erschien also die Anwesenheit anderer Menschen als des Priesters nicht notwendig. Der Weg für sog. Privatmessen war gebahnt. Nichtpriester waren daran nur noch als Geldgeber beteiligt, um sich von ihren Verfehlungen freizukaufen. Auch zelebrierten die Priester jetzt in der Messe den sog. Kanon zunehmend „schweigend".[20]

Weiter wurde die Feier der Messe durch die vereinheitlichenden Reformbestrebungen Karls d. Gr. († 814) geprägt. Ihm war – angesichts des geringen Bildungsstandes vieler Priester verständlicherweise – an der Korrektheit liturgischer Vollzüge gelegen. „Denn nur bei exakter Zelebration schien es möglich, Gottes Zorn – wegen ‚Fehlern in Inhalt und Form des Gottesdienstes' – zu entgehen."[21] Eine Nebenfolge davon war das Entstehen von entsprechenden Büchern: Lektionar, Psalter, Benedictionale und Bußbuch traten neben die Bibel und legten das liturgische Handeln fest. Dadurch löste das Ablesen von Texten aus Büchern das freie kommunikative Handeln ab. Arnold Angenendt macht auf die Besonderheit dieses Vorgangs aufmerksam: „Ausgerechnet das Frühmittelalter, das sonst weitgehend seine Schriftkultur verlor, schuf das Genus der Liturgiebücher und verpflichtete jeden Dorfpfarrer auf eine buchstabengetreue Befolgung."[22] Kommunikation erfolgte im Modus der Autorität. Medial ermöglichte dies die Vielzahl der Klöster, in denen Kopisten die Texte vervielfältigten.[23]

Dazu kamen noch weitere Veränderungen, die nachhaltig als Nebenfolgen ursprünglich antik-paganer Anschauungen die konkrete Kommunionspraxis der Menschen prägten. So wurde im Kontext der *Reinheitsvorstellungen* den Menschen jetzt das Brot nicht mehr in die Hand gegeben, sondern direkt in den Mund gelegt. Sie durften die heilige Speise nicht mehr mit ihren – durch praktizierte Sexualität befleckten – Händen berühren, damit sie diese nicht verunreinigten. Der zöli-

---

19 Angenendt, Offertorium 207.
20 So der Ordo Romanus I (um 700), s. a. a. O. 199.
21 Christian Grethlein, Abendmahl feiern in Geschichte, Gegenwart und Zukunft, Leipzig 2015, 51 f.
22 Angenendt, Geschichte 37.
23 S. Martin Stringer, A Sociological History of Christian Worship, Cambridge 2005, 114 f.

batäre bzw. zumindest sexuell zeitweilig enthaltsame Priester reichte die heilige Speise, seit dem 9. Jahrhundert zunehmend eine Hostie aus ungesäuertem Teig.[24]

Ebenfalls mit solchen Pollutionsvorstellungen hing die Sitte der Eulogien zusammen, also der Segensgebete über nichtkonsekrierten, aber zum Altar gebrachten und dort geweihten Broten.

> „Im Laufe der Jahrhunderte sind vielfältige Bedeutungen bzw. Funktionen der Broteulogie nachzuweisen. Zum Beispiel als Symbole kirchlicher Gemeinschaft und einmütigen Sinnes bzw. liebevoller Zuwendung wie beim Liebesmahl (agape), als Ersatz für die Eucharistia für solche Leute, die nicht kommunizieren dürfen/durften (etwa Kinder, Büßer), als Gedächtnis-‚zeichen' für das Letzte Abendmahl Christi, als Willkommens‚zeichen' gegenüber den ankommenden Fremden, vereinzelt auch, ihres als apotropäisch geltenden Charakters wegen, als Mittel gegen Unglück (Krankheit, Unfall). Die Weihe der Eulogie ist Privileg der Bischöfe oder Priester."[25]

Weiter vergrößerte – neben der Forderung sexueller Enthaltsamkeit mehrere Tage vor dem Kommunionempfang[26] – die Regel der eucharistischen Nüchternheit[27] die Distanz zum Alltag der Menschen. Sogar Säuglinge sollten vor der – ihnen damals noch gereichten (s. Kapitel 7 2.) – Kommunion nicht gestillt werden. Pragmatisch führten solche Regelungen dazu, dass die meisten Menschen nur noch in der Fastenzeit kommunizierten, in der sie sowieso asketisch lebten bzw. leben sollten.

Welche Bedeutung die Eucharistie bzw. der Genuss der heiligen Speise trotz oder vielleicht sogar wegen solcher Bestimmungen und Einschränkungen für viele Menschen hatte, zeigen Bräuche jenseits der kirchlichen Liturgie. So stellte sich etwa in der Schlacht für verletzte bzw. tödlich getroffene Soldaten das Problem, das Viatikum – und damit die Sühne ihrer Sünden und den Zutritt zum Paradies – auf dem Schlachtfeld zu erhalten. Sie ersannen dafür einen Ersatz, nämlich das zu sich zu nehmen, was ihnen am Boden liegend noch zur Hand war,

---

[24] S. Rupert Berger, Naturelemente und technisierte Mittel, in: Ders. u. a. (Hg.), Gestalt des Gottesdienstes. Sprachliche und nichtsprachliche Ausdrucksformen (GDK 3), Regensburg 1987, 249–288, 260 f.
[25] Gisela Goldberg, Heiligenbrote. Ein weit verbreiteter Brauch auch der Gegenwart, in: Bayerisches Jahrbuch der Volkskunde 1994, 51–92, 55.
[26] S. Peter Browe, Die Kommunionvorbereitung im Mittelalter, in: Ders., Die Eucharistie im Mittelalter. Liturgiehistorische Forschungen in kulturwissenschaftlicher Absicht, hg. v. Hubertus Lutterbach/Thomas Flammer, Berlin ⁶2011, 173–198, 193–198.
[27] S. Peter Browe, Die Nüchternheit vor der Messe und Kommunion im Mittelalter, in: Ders., Eucharistie 33–38.

nämlich Gras. Noch heute ist die daraus resultierende Wendung „ins Gras beißen" gebräuchlich.[28]

Insgesamt wird man zusammenfassend konstatieren müssen: *Der Zeitraum zwischen 600 und 900 stellte „eine tiefe Zäsur für die Praxis des Mahlfeierns dar: Ansätze aus früherer Zeit, wie die Vorstellung der Konsekration oder der kultischen Reinheit, verstärkten sich beim Übergang des Christentums in den germanischen Kulturraum. Dagegen zerfiel die Gemeinschaft der Feiernden.* Die das Messopfer still zelebrierenden Priester wurden zu Mittlerfiguren zwischen den bedürftigen Laien und der fernen Gottheit. Die Sorge um den korrekten und häufigen Vollzug der Messe kostete viel Geld. Das kultische Anliegen trat hier an die Stelle des diakonischen.

Dabei vollzog sich hinsichtlich der germanischen Kult- und Opfervorstellungen eine Kontextualisierung, die das Mahlgeschehen für die neu zum Christentum Hinzugekommenen plausibel machte. Leitend war die Vorstellung von Gabe und Gegengabe. Dazu wurden – zum Teil bereits in der Alten Kirche begegnende – Reinheitsvorstellungen aufgenommen, die in der antiken Religionskultur verbreitet waren. Sie sollten den ungehinderten Zugang zur fernen Gottheit und deren Segnungen gewährleisten.

Demgegenüber trat der kontrakulturelle, also dem Willen Gottes entgegen dem allgemein Üblichen folgende Impuls Jesu zurück. Die in der Tradition alttestamentlicher Propheten stehende kultkritische, ethisch orientierte Ausrichtung der Kommunikation des Evangeliums wurde durch kultische Verrichtungen ersetzt. Wichtig erschien vor allem das tägliche Lesen der Messe durch einen Priester, um individuellen Nutzen für sein Seelenheil zu erlangen."[29]

> „Die Zahl der Priester und der Meßfeiern nahm im selben Maß zu wie die Beteiligung der der Messe ‚beiwohnenden' Gläubigen abnahm. Als Träger der Feier erscheint nicht mehr die Gesamtgemeinde, sondern der geweihte Amtsträger, und im Mittelpunkt des Interesses steht nicht mehr die Gedächtnisfeier des Todes und der Auferstehung des Herrn, sondern seine sakramentale Gegenwart in den ‚konsekrierten' Gestalten von Brot und Wein."[30]

---

28 S. Angenendt, Offertorium 225.
29 Grethlein, Abendmahl 58.
30 Meyer, Eucharistie 170.

3 Entwicklung der Taufe zum formalisierten staatlichen Zwangsritual

Wie bei der Eucharistie vollzog sich seit dem 7. Jahrhundert auch bei der Taufe ein grundlegender Wandel. Ende des 6. Jahrhunderts hatte Papst Gregor d. Gr. auf die Anfrage, ob man bei der Taufe ein- oder dreimal untergetaucht werden müsse, geantwortet, hier seien unterschiedliche Formen möglich („In una fide nil officit sanctae ecclesiae consuetudo diversa." – „angesichts des einen Glaubens tut ein verschiedenartiger Brauch der [heiligen] Kirche keinen Abbruch").[31] Sogar noch 746 unterstrich Papst Zacharias in Hinblick auf eine in falschem Latein gespendete Taufe, dass es nur auf den Sinn, nicht den sprachlichen Ausdruck ankomme.[32] Doch änderte sich diese großzügige, sinnbezogene Einstellung schnell. Bonifatius meldete Zweifel an der Gültigkeit einer Taufe an,[33] bei der die Taufformel falsch gesprochen wurde, und Alkuin betonte die Notwendigkeit des dreifachen Untertauchens.[34]

In der Wende vom 7. zum 8. Jahrhundert wurde die Formel „Ich taufe dich im Namen des Vaters und des Sohnes und des Heiligen Geistes" allgemein und ersetzte die bis dahin übliche dreifache Frage nach dem Glauben („Credis ...?" – Antwort: „Credo"). Dadurch wurden gleichermaßen die Rollen des Täufers und des Täuflings verändert:

> „War es bei der interrogativen Spendeformel der Täufling selbst, der mit seinem ‚credo' das entscheidende Taufwort sprach, so ist es nun bei der indikativischen Spendeformel der Spender, der mit seinem ‚ego te baptizo' das Sakrament vollzieht. Als solcher beherrscht er, der normalerweise ein Kleriker ist, das Geschehen, und ihm muß sich der Täufling als Empfänger unterordnen."[35]

Noch gravierender war die „Integration der Taufe in politische Machtzusammenhänge".[36] Zuerst sind hier *Zwangstaufen* von Juden zu nennen, wofür seit dem Beginn des 7. Jahrhunderts Nachrichten aus dem westgotischen Spanien vorlie-

---

31 Zitat mit genauem Beleg bei Angenendt, Geschichte 465 f.
32 Der ungebildete Priester hatte die Taufformel folgendermaßen verfälscht: „Baptizo te in nomine patria et filia et spiritus sancti." (zitiert nach Andreas Odenthal, Liturgie vom Frühen Mittelalter zum Zeitalter der Konfessionalisierung [Spätmittelalter, Humanismus, Reformation 61], Tübingen 2011, 67 Anm. 78).
33 S. Angenendt, Geschichte 466.
34 S. a. a. O. 466.
35 A. a. O. 466.
36 Christian Grethlein, Taufpraxis in Geschichte, Gegenwart und Zukunft, Leipzig 2014, 43.

gen.³⁷ Noch viel mehr Menschen betrafen dann die Zwangstaufen im Rahmen der Konflikte um die Vorherrschaft im Gebiet des früheren (Weströmischen) Reichs. Schon vorher war es – wie am Beispiel der Taufe Chlodwigs gezeigt (Kapitel 4 3.) – zu kollektiven Taufen gekommen, bei denen sich die Gefolgsleute ihrem Führer und dessen Entscheidung für die Taufe anschlossen. Unter Karl d. Gr. wurden jetzt aber Menschen vor die Wahl zwischen Taufe oder Tod gestellt. So lautete die Alternative, vor der der sächsische Herzog Widukind nach seiner Niederlage gegen Karl stand. In der „Capitulatio de partibus Saxoniae" wurde schließlich die Todesstrafe für Taufverweigerung festgelegt.³⁸ „Unter den Karolingern war es sogar gesetzlich vorgeschrieben worden, dass jedes Kind zu taufen sei."³⁹ Zwang trat jetzt an die Stelle der – früheren – freien Entscheidung. Zwar gab es durchaus theologische Gegenstimmen gegen diese in diametralem Gegensatz zum Wirken Jesu stehende Taufpraxis. So wandte Alkuin, Karls Hoftheologe, ein:

> „Denn der Glaube ist, wie der heilige Apostel sagt, eine freiwillige Angelegenheit, nicht eine erzwungene. Zum Glauben kann der Mensch wohl gezogen, nicht aber gezwungen werden. Natürlich kann man zur Taufe zwingen, aber das ist kein Gewinn für den Glauben. ... Ein Mensch im Erwachsenenalter muß für sich selbst antworten, was er glaubt und was er will, und wenn er trügerisch den Glauben bekennt, wird er in Wahrheit nicht das Heil gewinnen."⁴⁰

Doch konnte er sich damit nicht durchsetzen. *Im Hintergrund der Transformation der Taufe in eine staatlich verordnete Zwangshandlung stand die an das Kollektiv gebundene germanische Grundordnung.* Danach war das Heil aller vom Verhalten jedes und jeder Einzelnen abhängig. So gingen „Zentralisierung und Machtförmigkeit ... ineinander über."⁴¹

Auch anderweitig übernahm bei den Franken die staatliche Obrigkeit die Herrschaft über das kirchliche Leben, so z. B. in den Entscheidungen zur *Firmung*, die die vom fränkischen Hausmeier Karlmann einberufene und geleitete Reformsynode Concilium Germanicum traf. 742 wurden hier Regeln für dieses Ritual

---

37 S. Wolfgang Lienemann, Taufe – Mitte und Grenze der Kirche. Zur theologischen Vorgeschichte der neuzeitlichen Taufproblematik, in: Christine Lienemann-Perrin (Hg.), Taufe und Kirchenzugehörigkeit. Studien zur Bedeutung der Taufe für Verkündigung, Gestalt und Ordnung der Kirche (FBESG 39), München 1983, 147–191, 158.
38 S. mit Quellenangabe Leppin, Geschichte 120.
39 Andreas Müller, Tauftheologie und Taufpraxis vom 2. bis zum 19. Jahrhundert, in: Markus Öhler (Hg.), Taufe (Themen der Theologie 5), Tübingen 2012, 83–135, 111.
40 Zitiert nach Angenendt, Geschichte 470.
41 Grethlein, Taufpraxis 46.

festgelegt, an die sich die Bischöfe zu halten hatten.[42] Dass diese obrigkeitliche Fixierung der Firmung als Aufgabe episkopalen Handelns zugleich die nach wie vor in der Regel „nur" durch Priester gespendete Taufe marginalisierte, sei wenigstens angemerkt.

Positiv wollte Karl d. Gr. – im Anschluss an eine diesbezügliche Befragung der Erzbischöfe seines Reichs (812) – die Glaubenskenntnisse seiner Untertanen stärken. So forderte er, dass jeder und jede Getaufte Glaubensbekenntnis und Vaterunser auswendig beherrsche. Damit sollte an die mit der Taufe verbundene katechumenale Tradition in der Alten Kirche angeknüpft werden. Allerdings erwies sich dieser erzieherische Impuls als nicht realisierbar.

Eine weitere Neuakzentuierung der Taufe ergab sich aus der Kirchenreform Karls, zu der auch – gegenüber dem Eigenkirchenwesen (s. 6.) – die parochiale Strukturierung von Kirche gehörte. Dabei stellte sich das Problem, entsprechende Priester zu finanzieren. Ein Beitrag dazu war, die Durchführung der Taufen an den jeweiligen Parochus zu binden. Dieser kassierte hierfür von den die Taufe Begehrenden sog. Stolgebühren. „Die Taufe war damit in das kirchliche Finanzsystem eingebunden, konkret diente sie dem Unterhalt der Priester."[43]

Schließlich bot das für die Taufe konstitutive Wasser mannigfaltige Möglichkeiten zur Tauferinnerung. So besprengten sich die am Sonntagsgottesdienst Teilnehmenden mit Weihwasser und erinnerten sich so – möglicherweise – an ihre Taufe. Wahrscheinlich überwogen hier aber bei den meisten Rezipienten allgemeine Reinheitsvorstellungen.[44]

So kann zusammenfassend konstatiert werden: „Die Taufpraxis hatte sich im Zuge der politischen und kulturellen Veränderungen im 7./8. Jahrhundert tiefgreifend gewandelt. Die Entwicklung zur strikten Formalisierung und die Klerikalisierung können eventuell noch durch Verweise auf den Kontext erklärt werden. Nicht nur die meisten Menschen, sondern auch viele Priester waren formal wenig gebildet. Sie waren es gewohnt, den Anordnungen der Obrigkeit zu folgen, und benötigten klare Regelungen.

Zugleich führte aber die Verbindung dieses Wandels mit machtförmigem obrigkeitlichem Durchgreifen weit von den biblischen Grundimpulsen der Taufe weg. Zwar kritisierten Theologen wie Alkuin die Zwangstaufe als politisches Mittel der Unterwerfung, aber Herrscher wie Karl exekutierten sie im wörtlichen Sinn.

---

42 S. Andreas Odenthal, Liturgie vom Frühen Mittelalter zum Zeitalter der Konfessionalisierung (Spätmittelalter, Humanismus, Reformation 61), Tübingen 2011, 165, 199.
43 Grethlein, Taufpraxis 46.
44 S. Martin Stuflesser, Liturgisches Gedächtnis der einen Taufe. Überlegungen im ökumenischen Kontext, Freiburg 2004, 121; s. ausführlicher zu Weihwasser in Kult und Volksgebrauch Adolf Franz, Die kirchlichen Benediktionen im Mittelalter Bd. 1, Freiburg 1909, 86–109.

Demgegenüber bildeten die Bemühungen, die pädagogische Dimension der Taufe neu zu beleben, eher eine – ebenfalls staatlich vorangetriebene – Unterströmung. Ihr blieb ein durchschlagender Erfolg über Jahrhunderte hinweg verwehrt.

Taufe mutierte so zu einer Anerkennung des offenkundig den bisherigen Göttern überlegenen mächtigen Christengottes. Sie war ein strikt nach den vom Herrscher festgelegten Regeln vollzogener Rechtsakt; er sollte das Heil der Untertanen sicherstellen. Die anfangs mit der Taufe verbundene Kommunikation ging dabei verloren."[45]

4 Lehren und Lernen von Glaubensinhalten

Wie bereits für das 5. und 6. Jahrhundert gilt auch jetzt, dass nur eine kleine Minderheit von Menschen, vor allem – künftige – Priester und Kinder von Adeligen, in den Genuss formaler Bildung kamen. Sie wurde in Klöstern und den dort sich etablierenden Schulen vermittelt (s. Kapitel 4 4.). Grundsätzlich stellte sich nicht nur für kognitives Lernen die Herausforderung der verschiedenen Sprachen (und ihrer Übersetzung). Selbst viele Priester waren des Lateins unkundig, das die Sprache der liturgischen Bücher war.

> „Die ersten volkssprachlichen (altirischen) Bußbücher sind ‚zumindest seit der zweiten Hälfte des 8. Jh.' entstanden; irische Hymnen sind schon seit dem 7. Jh. bekannt, so auch angelsächsische Bibeldichtungen (die deutschen erst um 840). Vor allem müssen – so die englische Synode von Clofesho (747), c. 10 – die Priester das Symbolum, Vaterunser, den Tauf- und sogar den Meßritus in die Landessprache übersetzen und erklären können. Ähnliches liest man in der karolingischen Gesetzgebung oft."[46]

In dieser Situation spielten – abgesehen von den diesbezüglichen, sich über Jahrhunderte hinziehenden dogmatischen Streitigkeiten auf hohen Synoden[47] – *Bilder* eine große Rolle für die Kenntnisse von christlichen Glaubensinhalten und die Einsicht in sie. So schrieb Papst Gregor I. im Jahr 600: „Was für die Gebildeten die Schrift, das ist für die Analphabeten das Bild, weil sie in ihm das sehen, was sie aus den Buchstaben nicht erkennen, nämlich wem sie folgen/anhängen sol-

---

[45] Grethlein, Taufpraxis 48 unter Verweis auf Stringer, History 110, der auf den dabei dominanten Diskurs von „power and miracles" hinweist.

[46] Eugen Paul, Geschichte der christlichen Erziehung Bd. 1. Antike und Mittelalter, Freiburg 1993, 174 f.

[47] S. hierzu die knappe Zusammenfassung bei Heinz Ohme, Bilderkult VI. Christentum, in: RGG⁴ Bd. 1 (1998), 1572–1574, 1572 f.

len."⁴⁸ Dabei war auch bewusst, dass es hier nicht nur um einen Ersatz von literarisch vermitteltem Wissen, sondern auch um einen besonderen emotionalen Zugang ging.⁴⁹ In ähnliche Richtung wies die Teilnahme an Riten wie der Messe und am Kirchenjahr. Das praktische Mittun dominierte die Aneignung kognitiver Kenntnisse.

Insgesamt verschob sich der Schwerpunkt bei Taufen Erwachsener, häufig im Kollektiv vollzogen: *von der Einführung in eine Lebensform,* wie dies im altkirchlichen Katechumenat der Fall war, *zu einer, wenngleich nur selten realisierten, Aneignung von Glaubenswissen.* So legte die von Pippin, dem Sohn Karls d. Gr. geleitete Missionskonferenz 796 fest, dass vor der Taufe die Glaubensinhalte und erst danach das christliche Ethos gelehrt werden sollten.⁵⁰ Auch Karl d. Gr. mahnte:

> „Höret, ihr allerliebsten Söhne, die ihr den Namen eines Christen angenommen habt, die Grundregel des Glaubens, die ihr ständig im Herzen angenommen haben sollt! Denn sie ist das vom Herrn den Menschen offenbarte und von seinen Jüngern eingesetzte Zeugnis für eure Christenheit. Dieser Glaube enthält nur wenige Worte, in die jedoch große Geheimnisse eingeschlossen sind. Der Heilige Geist diktierte wahrhaftig den Lehrern der Christenheit, seinen heiligen Aposteln, diese Worte in einer solchen Kürze, damit alle Christen sie glauben und danach handeln, sie verstehen und im Gedächtnis behalten können. Wie könnte sich der einen Christen nennen, ja, wie kann der ein Christ sein, der diese wenigen Worte des Glaubens, durch den er gerettet und erlöst werden wird, sowie die Worte des heiligen Gebets, das der Herr selbst als Bitte einsetzte, nicht lernen und im Gedächtnis festhalten will?"⁵¹

In diese Richtung weisen ebenfalls Nachrichten zur Beichtpraxis. Hier findet sich wiederholt die Mahnung an die Beichtväter, den Kommunionempfang denen zu verweigern, die das Glaubensbekenntnis und das Vaterunser nicht (in ihrer Muttersprache) beherrschten.⁵²

Schließlich eröffneten Bemühungen im Rahmen der sog. Karolingischen Renaissance neue Möglichkeiten, an die antike Bildung anzuschließen.

> „Insbesondere über zwei Kapitularien Karls des Großen wurde dieses Programm multipliziert: 787 fordert sein Erlaß ‚Über die Pflege der Wissenschaften' (Epistola de litteris colendis) die Gründung von Schulen und die Erteilung von Unterricht an allen Bischofs- und Abtssitzen, also in Dom- und Klosterschulen, 789 zielt die ‚Allgemeine Ermahnung' (Admonitio

---

48 Zitiert bei Paul, Geschichte 226.
49 S. den Hinweis auf diesbezügliche Ausführungen von Walahfrid Strabo († 849) a. a. O. 227 (und Anm. 8).
50 S. mit Belegen a. a. O. 176.
51 Zitiert nach Leppin, Geschichte 135 (a. a. O. Anm. 39 das althochdeutsche Original).
52 S. Paul, Geschichte 177 f.

generalis) darauf, dass Knaben dort unterrichtet werden sollen ‚in psalmos, notas, cantus, computum [= Kunst der Kalenderberechnung], grammaticam'."[53]

Inhaltlich orientierten sich die damit verbundenen Gründungen von Schulen an der „norma rectitudinis".

> „Die mustergültige Frömmigkeit (pietas) des Herrschers, die sich im Kampf gegen Häresien ebenso zeigen sollte wie in der Mission, die Orientierung am Grundsatz ‚Böses berichtigen, Gutes bestärken' (prava corrigere, recta corroborare), die Bewahrung und Weitergabe (translatio) von Tradition und Autorität, nicht zuletzt die eruditio (Unterricht; gelehrte Kenntnisse) – wörtlich: die Herausführung aus dem unbearbeiteten, barbarischen Zustand – sind Elemente dessen."[54]

So konzentrierten sich auch die Anordnungen des Herrschers im Wesentlichen auf die Tradierung und Aneignung der kirchlich festgelegten Glaubenssätze. Die rechte Lebensform schien vorzüglich im Kloster möglich und rückte für die meisten Menschen in weite Ferne. Für ihren Lebensvollzug galt die Ehe (ordo conjugatorum) als Fundament.

Die bereits seit Jesu Auftreten und Wirken zu beobachtende doppelte Adressierung setzte sich also in veränderter Form fort. Die asketische Radikalität der ihre sozialen Bezüge verlassenden und mit dem Wanderprediger Umherziehenden begegnete jetzt in den Klöstern, in denen Menschen ohne Besitz und ehelos lebten. Sie galten als Vorbilder, an denen sich die Anderen, die an ihrem Ort und in ihren familiären Bezügen blieben, orientieren sollten. Das von Anfang an mit dem Christsein gegebene Bildungsstreben blieb monastisch Lebenden vorbehalten, während die Anderen priesterlich versorgt wurden bzw. werden sollten.

5 Monastisches Ethos als Orientierung

Wie bereits in den vorhergehenden Jahrhunderten angebahnt, setzte sich der monastische Lebensstil als ethisch vorbildlich weiter durch.

> „Begründet sah man diese Auffassung in der altkirchlichen Auslegung des Gleichnisses vom Sämann und dem Samen mit der unterschiedlichen Frucht (vgl. Mt 13,23). Die hundertfältige Frucht wurde den Märtyrern zugesprochen und in deren Gefolgschaft dann auch den Mönchen, weil sie mit ihrer Askese ein lebenslanges Martyrium vollzögen; die sechzigfältige

---

53 Bernd Schröder, Religionspädagogik, Tübingen 2012, 56.
54 A.a.O. 56.

Frucht galt den Enthaltsamen und den Witwen, die dreißigfältige den Verheirateten. So gingen die Mönche jenen Weg, dessen Verheißung sonst niemand zu erlangen vermochte: das ‚centuplum' (Mt 19,29)."[55]

Besitz- und Ehelosigkeit sowie Fasten schienen am meisten dem Auftreten Jesu zu folgen und entsprachen teilweise auch antiken philosophischen Traditionen. In Ordensregeln wie – besonders wirkmächtig – der des Benedikt von Nursia wurden diese ethischen Maximen in die Ordnung der Klostergemeinschaft eingebunden. Dazu sorgten die Mönche und Nonnen nicht nur für ihr eigenes Seelenheil, sondern beteten auch für die Anderen. „In der ‚dreigeteilten' Gesellschaft der Beter, Kämpfer und Arbeiter oblag (ihnen) ... eine klare Funktion im Dienst des Gemeinwohls."[56]

Zugleich bemühten sich Theologen und Bischöfe aber auch um Maximen für Menschen im normalen, außerhalb der Klöster sich vollziehenden Alltag. Hier kam der *Ehe* von Mann und Frau in Form lebenslanger Monogamie eine hervorragende Stellung zu. Kontextuell galt es, sich den überkommenen germanischen Vorstellungen der Geschlechtsgemeinschaft zu stellen.

> „Zwei Grundformen lassen sich erkennen: die Muntehe, die auch Dotalehe genannt wird, und die Friedelehe. Erstere kam in der Weise zustande, daß die Frau aus der Munt (Rechtshoheit) des Sippenhauptes, normalerweise ihres Vaters oder auch ihres Bruders, entlassen und in diejenige ihres Mannes übergeben wurde. Nicht eine Absprache der beiden Heiratskandidaten, sondern ein Vertrag zwischen den beteiligten Sippen bzw. deren Muntherren begründete die Ehe, weswegen man auch von einer ‚Sippenvertragsehe' spricht. Doch konnte im Frühmittelalter der junge Mann bereits seinen Willen äußern, die junge Frau dagegen nicht oder nur in ganz geringem Maß. ... Hervorstehend ist die Rechtshoheit des Mannes, die nichts weniger bedeutete, als daß er über die Frau verfügte und diese selbst nicht als Rechtssubjekt auftreten konnte. ...
>
> Neben der Muntehe als der Voll- und Normalform stand die Friedelehe, das Verhältnis mit einer Geliebten (frilla), welches auf gegenseitigem Konsens beruhte. Hier hatte die Frau eine selbständigere Stellung, sie vermochte sich beispielsweise selber daraus wieder zu lösen. Aber eine solche Ehe konnten eigentlich nur Frauen aus hochstehenden Familien eingehen, solche nämlich, die über eine gesicherte Stellung verfügten und von sich aus ein Verhältnis unterhalten und wieder aufgeben konnten. ... Die Geschlechtsgemeinschaft endlich mit einer Kebse kann eigentlich nicht als Ehe bezeichnet werden; es war eine vom

---

55 Angenendt, Geschichte 55.
56 Hans-Werner Goetz, Weltliches Leben in frommer Gesinnung? Lebensformen und Vorstellungswelten im frühen und hohen Mittelalter, in: Gerd Althoff/Hans-Werner Goetz/Ernst Schubert, Menschen im Schatten der Kathedrale. Neuigkeiten aus dem Mittelalter, Darmstadt 1998, 111–228, 154.

> Mann bei einer abhängigen Frau, eben der Kebse, eingegangene oder auch erzwungene Geschlechtsgemeinschaft ...."[57]

Offenkundig standen diese Eheformen der Eheauffassung in der christlichen Lebensform entgegen. Bonifatius hatte in seiner Kirchenreform dementsprechend die Einehe sowie deren Unauflöslichkeit gefordert.[58] Allerdings ließ sich dies nur langsam durchsetzen. Einhard berichtete z. B., dass Karl d. Gr. vier Frauen und vier Konkubinen gehabt habe, wobei Letzteres wohl Friedelehen waren.[59] Gut fünfzig Jahre später hatten sich die Verhältnisse aber geändert, wie der Ehestreit Lothars II. (855–869), des letzten Königs im Mittelreich, zeigt:

> „Daß Lothar sich von der in Vollehe ihm angetrauten Theutberga, wohl wegen deren Unfruchtbarkeit, trennte und sich der Partnerin einer früheren Friedelehe wieder zuwandte, wuchs sich zu einem reichsweiten Skandal aus. Was im merowingischen Königshaus keines Aufhebens wert gewesen wäre, gefährdete nun Herrschaft und Reich."[60]

Demnach hatten entsprechende Predigten von den Kanzeln gewirkt, um die überkommenen Vorstellungen zu revidieren. Dabei war es gelungen, allgemein verbreitete Anschauungen mit der christlichen Eheauffassung zu verbinden und diese so zu plausibilisieren:

> „Äußerst intelligent verstanden es die Bischöfe des 9. Jahrhunderts, das Erbe der Kirchenväter und zugleich die damals im Adel, an den sie sich wandten, vorherrschenden Werte aufzugreifen: Das moralische Leben ist ein Kampf, die Tugend ein Sieg, die Ehe eine Waffe; das Eheleben beruht auf Treue (fides) und gegenseitiger Hilfe (adjutorium), also auf denselben Werten, auf die sich die ganze Gesellschaft stützt; von einer tugendhaften Ehe hängt die Qualität der Sippe ab."[61]

Auch im Umfeld der *Bestattung* ist eine weitere Verchristlichung zu beobachten, wie aus der folgenden Form hervorgeht, die allerdings klösterliche Gegebenheiten voraussetzte:

---

57 Angenendt, Geschichte 272 f.
58 S. a. a. O. 274.
59 S. a. a. O. 274.
60 A. a. O. 275.
61 Pierre Toubert. Die karolingischen Einflüsse (8. bis 10. Jahrhundert), in: André Burguière/ Christiane Klapisch-Zuber/Martine Sengalen/François Zonabend (Hg.), Geschichte der Familie Bd. 2. Mittelalter, Darmstadt 1997, 124.

„Commendatio animae als Entlassung des Sterbenden aus der Gemeinschaft der streitenden Kirche, u. a. mit Besprengung durch Weihwasser, kurzer Allerheiligenlitanei, Zitieren von Lk 23,46 und Act 7,58, Läuten der ‚Scheideglocke' und Beginn der Exequien mit Überführung des Leichnams in die Kirche in feierlicher Prozession mit Kreuz und Kerzen ..., unter Gebet und Psalmengesang (u. a. Ps 130, gebetet ex persona defuncti...)."[62]

Dazu trat im 8./9. Jahrhundert die Requiem-Messe.[63]

Weiter prägten der inzwischen umfangreicher gewordene *Festkalender* mit dem Oster- und Weihnachtsfestkreis im Zentrum sowie die wachsende Zahl von Gedenktagen für Heilige den Alltag. Dabei mussten sich die Menschen auf die Hochfeste durch Fasten vorbereiten. Ihm kam religionsgeschichtlich wie biblisch in mehrfacher Hinsicht Bedeutung zu:

„Die Wirkung ist zuvörderst apotropäisch-kathartisch; es sollte das mit der Nahrungsaufnahme immer zu befürchtende Eindringen von Dämonen verhindert werden, ebenso die Polluierung durch unreine Speisen. ... Ganz altertümlich und schwer zu erklären ist das Trauerfasten bei Sterbefällen. Eine ethische Dimension bringt das Bußfasten, das Selbsterniedrigung bedeutet, aber auch meritorisch wirkt und als reinigender Aufstieg verstanden wird."[64]

Auch hier waren die Mönche und Nonnen Vorbilder, bei denen es teilweise sogar zu Konkurrenzen im Umfang der Enthaltung kam.[65]

Schließlich war zwar den Christen der Besitz von *Eigentum* erlaubt. Aber wie seit alters war es geboten, sich um die Armen zu kümmern und für sie zu spenden. Der Kirchenbesitz galt herkömmlich und auch in der karolingischen Literatur als „Armengut". Ein Viertel der Kircheneinkünfte sollte den Armen gegeben werden.[66]

„Die Begründung sah man in der Gleichheit vor Gott, dem Vater aller: Die Reichen und Mächtigen ‚sollen wissen, daß die Armen ihre Brüder sind und daß sie einen gemeinsamen Vater haben, dem sie sagen: ‚Unser Vater, der du bist im Himmel' und eine gemeinsame Mutter, die heilige Kirche, die sie alle aus demselben unbefleckten Schoß der heiligen Taufe wiedergeboren hat.'"[67]

---

62 Ottfried Jordahn, Bestattung – Geschichte und Theologie, in: Hans-Christoph Schmidt-Lauber/Michael Meyer-Blanck/Karl-Heinrich Bieritz (Hg.), Handbuch der Liturgik. Liturgiewissenschaft in Theologie und Praxis der Kirche, Göttingen ³2003, 531–550, 534.
63 S. a. a. O. 534.
64 Angenendt, Geschichte 575.
65 S. a. a. O. 573 f.
66 S. a. a. O. 588.
67 A. a. O. 588 (unter Zitat von Rodulfus Bituricensis).

Bei all diesen frommen Verhaltensweisen standen das Zählen und Kumulieren des Geleisteten im Zentrum, wobei auch gegenseitige Verrechnungen möglich waren. Den Hintergrund bildete das von der irischen Kirche ausgehende *Bußwesen*.

> „Neu war, daß nun die Möglichkeit einer beliebig häufigen Buße geboten wurde; ein geheimes Bekenntnis der Sünden vor dem Priester, eine ebenso geheime Auferlegung des Bußwerkes und nach dessen Erfüllung die Rekonziliation. Die Bußzumessung geschah – was ebenfalls neu war – nach festem Tarif, wofür eigene Bücher geschaffen wurden: Die Poenitenzialien."[68]
>
> „Als Beispiel sei eine Tabelle angeführt, mit der Halitgar von Cambrai († 831) in seinem Reformbußbuch einen einheitlichen ‚Umrechnungskurs' zu gewährleisten suchte. Allen, die das übliche Fasten nicht ableisten können, werden Möglichkeiten vorgegeben, wie ein Fastentag bei Wasser und Brot umzuwandeln ist, nämlich 50 Psalmen bei gebeugten Knien und Speisung eines Armen für den, der nicht mit gebeugten Knien beten kann, 70 Psalmen in aufrechter Haltung sowie Speisung eines Armen; möglich sind auch 100 Kniebeugen und 100mal die Bitte um Verzeihung, des weiteren drei Denare als Almosen oder die Speisung von drei Armen."[69]

Besondere Bedeutung kam in diesem Zusammenhang der Begleitung Sterbender zu, wo ebenfalls gebeichtet und entsprechende Bußleistungen angeordnet wurden. Die auf Jak 5,14–16 zurückgehende Krankensalbung war mit vom Bischof konsekriertem Öl durchzuführen. Während dies bis ins 8. Jahrhundert auch noch Laien erlaubt war, gehörte seit den Kapitularien Karls d. Gr. die jetzt mit dem reinigenden Katechumenen-Öl zu vollziehende Salbung zu den priesterlichen Pflichten. Das dabei zu entrichtende Entgelt (einschließlich Naturalien wie ein Stück Vieh) machte sie jedoch bei den einfachen Menschen „geradezu verhaßt".[70]

Insgesamt kam es also zum obrigkeitlich gelenkten Versuch, wichtige Formen monastischen Lebens in den Alltag der großen Mehrheit, die außerhalb von Klöstern lebte, zu transformieren. Im Zusammenhang mit der Buße wurden zur Korrektur von Fehlverhalten – im Kontext des „do, ut des"-Konzepts – berechenbare Modelle für einen Ausgleich geschaffen. Pointiert formuliert: *Die christliche Lebensform wurde zu einem kirchlich approbierten Rechen-Exempel, das Bußleistungen (einschließlich finanzieller Zuwendungen) mit Vergebung der Schuld verknüpfte.* In der Gottesvorstellung trat an die Stelle des liebenden und barmherzigen Vaters, wie ihn Jesus in Gleichnissen vorstellte, der Richter, dessen Ju-

---

68 A.a.O. 630.
69 A.a.O. 581.
70 S. a.a.O. 667 f.

dikatur aus numerisch erfassbaren und durch Bußleistungen tilgbaren Strafen bestand.

6 Organisation der flächendeckenden Kirche

Entsprechend der Bedeutung der Städte für die römisch-hellenistische Kultur hatten sich in diesen zuerst Gemeinden gebildet, an deren Spitze sich jeweils ein Bischof etablierte. Dieser war auch für die Bewohner des umliegenden Landes verantwortlich. In seiner Vertretung wirkten, etwa als Taufende, vom Bischof eingesetzte Presbyter/Priester, die diesem jedoch unterstanden und von ihm alimentiert wurden.

Das Sesshaft-Werden der migranten Stämme im Zuge der sog. Völkerwanderung stellte diese Organisationsform vor neue Herausforderungen.[71] Denn *jetzt musste im Kontext der germanischen Zuordnung von Führung und Gefolgschaft (s. 1.) eine Neuverteilung von Grund und Boden vorgenommen werden.* Das führte auch zu einer neuen Form der kirchlichen Organisation.

Neben dem System des „feudum", also dem Lehenssystem, in dem ein Freier einem anderen Freien die Grundherrschaft übertrug, gab es in den germanischen Stämmen den Allodialbesitz (Allod). Er bezeichnete das Eigentum am Boden aus eigenem Recht, das vererb- sowie frei veräußerbar war.

> Konkret waren diese Besitztümer „kleine, räumlich überschaubare Einheiten, die in einer wenig auf Kommunikation ausgerichteten Gesellschaft für den überwiegenden Teil der Bevölkerung den Rahmen ihrer Lebenswelt bildeten."[72]

Angesichts der Unsicherheiten im Zuge des Niedergangs des Römischen Reichs kam den Gütern, die den adeligen Gefolgsleuten übertragen waren, über die Eigentumsverhältnisse hinausreichende Bedeutung zu. Deren Besitzer hatten nämlich die Verfügungsgewalt über die auf ihrem Gebiet liegenden Dinge sowie die hier angesiedelten Menschen. Damit waren sie aber zu deren Unterhalt und Schutz in umfassendem Sinn verpflichtet. Diese Rechtskonstruktion führte zu einer neuen kirchlichen Organisationsform, dem *Eigenkirchenwesen*.

---

[71] S. auch zum Folgenden Leppin, Geschichte 66–68.
[72] A.a.O. 67.

> „Das Eigenkirchenwesen, das Grundherren eine weitgehende Verfügungsgewalt über von ihnen gestiftete Kirchen und Klöster bot, band diese in das auf persönlichen Loyalitätsverhältnissen beruhende Herrschaftssystem ein."[73]

Die Allod-Eigentümer waren somit auch für das geistliche Wohlergehen der auf ihrem Gebiet angesiedelten Menschen zuständig. Dementsprechend erbauten sie hier Kirchen, sog. Eigenkirchen. Diese waren ihnen nicht nur vermögensrechtlich, sondern auch hinsichtlich der geistlichen Leitung zugeordnet. So stellte der Grundherr den entsprechenden Priester an und war für dessen Tätigkeit verantwortlich, konnte ihn also gegebenenfalls wieder abberufen. Dem Bischof verblieb nur noch das Recht, den Priester – sowie Kirchengebäude und Altar der Eigenkirche – zu weihen.

Daraus ergab sich die Aufgabe, dieses Organisationssystem, das den neuen Umständen verstreut sesshaft-werdender Migranten Rechnung trug, in ein Verhältnis zur herkömmlichen Episkopalverfassung zu setzen. Die folgende Formulierung des Canon 21 der römischen Synode von 826 ist ein Versuch hierzu:

> „Ein Kloster oder Bethaus, das nach den kanonischen Vorschriften errichtet worden ist, soll der Gewalt seines Erbauers nicht gegen dessen Willen weggenommen werden. Und er darf es zur Ausübung des Gottesdienstes mit Zustimmung des Bischofs jedem ihm genehmen Priester der betreffenden Diözese beziehungsweise mit einem ordentlichen Entlassungsbrief verleihen, damit nicht ein schlechter da sei."[74]

Das Eigenkirchenwesen stellte also eine Kontextualisierung der Organisation von Kirche angesichts neuer Siedlungs- und Herrschaftsformen dar.

> „In den germanischen Reichen war, im Unterschied zum Römischen Reich, nicht der übergreifende Verband, wie er nun durch die Königsherrschaft konstituiert wurde, für die Identitätsbestimmung entscheidend, sondern das nähere Umfeld der Grundherrschaft. Sie bildete auch den Rahmen für die Vorstellung von Kirche, zumal, durch das Taufrecht und die Feier regelmäßiger Eucharistiegottesdienste, die Heilsvermittlung durch den lokalen Priester gesichert war."[75]

Zweifellos war ein Vorteil des Eigenkirchenwesens die Nähe von Kirche zu den Menschen vor Ort in einer weitgehend immobilen Gesellschaft. Sie, in der Regel ohne Schulbildung, wurden zuverlässig vom jeweiligen Priester in rebus religionis „versorgt". Dies baute auf die bereits seit Längerem übliche Transformation der

---

73 Peter Gemeinhardt, Die Kirche zwischen theologischem Anspruch und historischer Wirklichkeit, in: Christian Albrecht (Hg.), Kirche (Themen der Theologie 1), Tübingen 2011, 81–130, 92.
74 Zitat Leppin, Geschichte 68.
75 A.a.O. 69.

christlichen Lebensform durch die Heraushebung der Priester gegenüber den Laien auf. Zugleich war mit der wesentlich den grundbesitzenden Adeligen vorbehaltenen Leitung eine „Fragmentierung von Kirche"[76] verbunden. Die Bischöfe traten in ihrer kirchlichen Leitungsfunktion zurück. Dazu erhielten sie aber von der adeligen Obrigkeit in wachsendem Umfang weltliche Leitungsaufgaben, um das Vakuum zu füllen, das durch den Zusammenbruch des Reichs entstanden war.

Das sich unter Karl d. Gr. herausbildende *Parochialwesen*, in dem die Bewohner einer Gegend jeweils einem Priester zugeordnet waren, der sie geistlich zu „versorgen" hatte, berücksichtigte auch die Notwendigkeit der Finanzierung von Kirche. Die Größe der Parochialbezirke richtete sich nach dem Aufkommen des von den Bewohnern zu entrichtenden Zehnten. Hiervon wurde je ein Viertel dem Bischof, dem Ortsklerus, dem Kirchengebäude und den Armen zugewiesen.[77]

Insgesamt veränderte sich das für die christliche Lebensform wichtige Gemeinschaftskonzept grundlegend. *War in den ersten Jahrhunderten die in der Taufe – von Erwachsenen – gefeierte Lebenswende die Grundlage für eine neue Gemeinschaft, stiftete in der parochial strukturierten, Impulse des Eigenkirchenwesens aufnehmenden Kirchenorganisation das Teilen von Grund und Boden Gemeinschaft. Christsein vollzog sich primär durch ortsgebundene priesterliche Vermittlung.* Die parochiale Gemeinschaft verdankte sich einer nicht zuletzt finanziell begründeten Organisationslogik.

7 Zusammenfassung

Von 600 bis 900 vollzog sich in mehrfacher Hinsicht entsprechend dem politischen und kulturellen Wandel durch die Migrationsbewegungen und neuen Herrschaftsformen eine tiefgreifende Veränderung der christlichen Lebensform. Die bereits vorher sich anbahnende Ausrichtung auf das priesterliche Handeln, vor allem in der Eucharistie, und die Orientierung am monastischen Lebensstil mit Keuschheit, Besitzverzicht und Fasten bildeten dazu den Hintergrund.

Dazu trat eine massive kultische Aufladung der Herrscherpersonen, wobei sich interessante Parallelen zwischen west- und oströmischen sowie arabisch-islamischen Entwicklungen beobachten lassen. Gemeinsam war ihnen das Gefühl der Menschen, in der Endzeit zu leben.

---

76 A.a.O. 69.
77 S. Angenendt, Geschichte 326.

In dieser Atmosphäre einer allgemeinen Bedrohung verstärkte sich – exemplarisch an der Eucharistiefeier zu beobachten – die *Verdinglichung der religiösen Praxis*. Das Konzept des Opfers als einer „do, ut des"-Handlung führte zu großer Häufigkeit des eucharistischen Rituals, oft allein vom Priester vollzogen, und zugleich einer geringeren Kommunionhäufigkeit der Menschen. Aus Angst vor Verunreinigung eingeführte Vorbereitungen wie sexuelle Askese und Fasten vergrößerten den Abstand der Feier zum Alltag.

Das von dem iroschottischen Mönchtum initiierte Buß-Institut unterstützte diese Tendenzen noch dadurch, dass für die jetzt häufig möglichen Beichten Tabellen erstellt wurden, die adäquate Bußleistungen bestimmten.

Auf der organisatorischen Ebene begünstigte das den germanischen Sozialformen entsprechende Eigenkirchenwesen diese Veränderungen. Priester versorgten die Menschen eines umgrenzten Raums, der Parochie, vor allem in kultischer Hinsicht. Hier gab die neue Raumaufteilung der Migranten und deren adelsbestimmte Eigentums- und Sozialform den Rahmen vor, der eine Finanzierung des priesterlichen Handelns erlaubte. Dabei dominierte die adlige Obrigkeit die Kirchenstruktur.

Dieses massive staatliche Eingreifen kam – in der Perspektive des vom Auftreten, Wirken und Geschick Jesu ausgehenden Impulses – am problematischsten in der Praxis der Zwangstaufen zum Ausdruck. Begründet in der auf Gefolgschaft beruhenden Sozialform und der Annahme, dass das Verhalten der Einzelnen für das Wohlergehen des Kollektivs verantwortlich ist, wurden Unterworfene vor die Alternative Tod oder Taufe gestellt. Der hier initiierte Zwang zur Taufe, der dann auf die Neugeborenen ausgedehnt wurde, sollte im später Deutschland genannten Territorium bis weit ins 19. Jahrhundert reichen – wenngleich später nicht mehr mit der Todesstrafe, sondern mit Geldbußen sanktioniert. Die kontrakulturelle Kraft des Evangeliums, die beispielsweise von Theologen wie Alkuin formuliert wurde, konnte sich gegen eine solche evangeliumswidrige, da die Freiheit des einzelnen Menschen missachtende Praxis der sich christlich verstehenden Obrigkeit nicht durchsetzen.

Dementsprechend konstatiert der Kirchenhistoriker Volker Leppin: Es „trat eine Vorstellungswelt in den Vordergrund, die das göttliche Wirken vorwiegend auf das äußere Heil und, damit verbunden, die Herrschaft über die Mächte der Natur bezog. In solchen Machterweisen erfuhr man die Gegenwart Christi, welche man auch in heiligen Personen und, meist von diesen abgeleitet, heiligen Orten und heiligen Gegenständen spürte. ... Auch das Ethos der Christinnen und Christen verschob sich, insbesondere durch ein unter dem Einfluss des iroschottischen Mönchtums entwickeltes neues Bußsystem. An Stelle der einmaligen Buße für die Todsünde trat ein auf vielfältiges Tun bezogenes System, das sich vor allem durch den Gedanken der quantifizierbaren Ableistung von Schuld und

Strafe auszeichnete. Bei aller Kontinuität zur Antike zeigt sich damit eine umfassende Neubestimmung des Christentums, dessen prägende Faktoren nicht der biblischen Botschaft entstammten, sondern den neuen kulturellen Rahmenbedingungen."[78]

---

[78] Leppin, Geschichte 105.

Kapitel 6:
Christsein als alles durchdringende Norm (900–1200)

1 Politischer, gesellschaftlicher und kultureller Kontext

Im 10. Jahrhundert breitete sich die Christianisierung auch nach Norden und Osten aus. In Jütland, Dänemark, Schweden sowie im Osten Russland, bei den Slawen, in Böhmen, Ungarn und Polen wurden Bistümer gegründet und die Menschen getauft.[1] Dabei gab es manchmal Widerstände, die aber – mitunter gewaltsam – gebrochen wurden.

Nach der erheblichen Bevölkerungsreduktion und dem Rückgang der Siedlungsform Stadt in den vorausgehenden Jahrhunderten kam es mit der Jahrtausendwende zu einer Umkehr dieser Entwicklungen in Europa. „Die Bevölkerung wächst zwischen 1000 und 1348, dem Jahr der großen Pest, auf mehr als das Doppelte, von schätzungsweise 24 Millionen auf 54 Millionen."[2] Das – erneute – Anwachsen der Städte war kulturell bedeutsam.

> „Sie gewähren größere persönliche Freiheit, setzen Arbeitsteilung voraus, stellen allerdings auch höhere Anforderungen. In den Städten produzieren spezialisierte Handwerker; Händler und Märkte sorgen für Absatz; obendrein entsteht ein lukrativer Fernhandel."[3]

Hier wurden neue Bildungszentren gegründet wie Ende des 11. Jahrhunderts in Bologna die erste „gelehrte Schule", aus der die Universität erwuchs. Dass in Bologna an deren Anfang die Jurisprudenz stand,[4] weist auf vielfältigen Klärungsbedarf bei den genannten Umstrukturierungsprozessen hin.

Politisch vollzog sich eine gewisse Stabilisierung unter den Ottonen, die in Manchem die Tradition der Karolinger fortsetzten.[5] Dazu traten gewisse pazifizierende Tendenzen, indem die Sarazenen und Normannen zurückgeschlagen

---

1 S. zum Einzelnen Wilfried Hartmann, Die Zeit der Ottonen und frühen Salier, in: Bernd Moeller (Hg.), Ökumenische Kirchengeschichte Bd. 1. Von den Anfängen bis zum Mittelalter, Darmstadt 2006, 226–231, 228 f.
2 Arnold Angenendt, Geschichte der Religiosität im Mittelalter, Darmstadt 1997, 44.
3 Angenendt, Geschichte 45.
4 S. Helmut Fend, Geschichte des Bildungswesens. Der Sonderweg im europäischen Kulturraum, Wiesbaden 2006, 70.
5 S. genauer Volker Leppin, Geschichte des mittelalterlichen Christentums, Tübingen 2012, 186–190.

bzw. integriert wurden.⁶ Als Folge davon „bessern sich die Lebensbedingungen, die Anbauflächen werden ausgeweitet; Binnenkolonisation und Ostwanderungen setzen ein."⁷

Kulturell war das Leben der Menschen durch die Feste des Kirchenjahrs, die dem bäuerlichen Lebens-Rhythmus entsprachen, eng mit der Kirche und ihrem priesterlichen Handeln verbunden:

> „In so many ways this cycle of rites mirrored and highlighted the cycle of the seasons and the crops. Many of the extra rites, and particularly the processional elements that became part of the liturgy, had their origins in agriculture and the need to bless and to bring the crops before God. The presence of the Christmas celebrations in the depths of the winter, the association of Lent with the last days of want before the first harvests could begin again in the spring, and the association of Easter with the new life of nature were expressed in many of popular rituals of the seasons."⁸

Politisch zeichneten sich dann um die Mitte des 11. Jahrhunderts tiefgreifende politische und kirchliche Veränderungen ab, wie folgende Daten zeigen:

> „das Jahr 1046, als Heinrich III. auf der Synode von Sutri drei Päpste absetzte, dann 1054, als sich Ost- und Westkirche wieder einmal den Bann ansagten, nun aber mit bleibender Wirkung, endlich 1056, als nach dem plötzlichen Tod Heinrichs III. ‚jenes verhängnisvolle Gegeneinander von Reichs- und Kirchenreform' einsetzte, das gängigerweise als Investiturstreit bezeichnet wird".⁹

Den weltlichen Herrschern wurde die Sakralität ihrer Herrschaft abgesprochen, was im sprichwörtlich gewordenen „Gang nach Canossa" (1077) seinen Ausdruck fand, als Heinrich IV. im Büßergewand vom Papst die Lösung vom Bann erbat.

Zugleich kam es zu einem weitreichenden militärischen Aufbruch, den sog. *Kreuzzügen*, also den Kriegszügen der lateinischen Christenheit „zur Rückeroberung bzw. Verteidigung von Jerusalem".¹⁰ Im Sommer 1095 hatte der byzantinische Kaiser Alexios I. um militärische Hilfe gegen die vordringenden Seldschuken gebeten, am 18.11.1095 nahm dies Papst Urban II. mit seinem Aufruf zum Kreuzzug auf. Er stieß auf erhebliche Resonanz. Das Ziel dieser Militäraktion war Jerusalem, die Aufgabe die Befreiung der östlichen Kirchen.¹¹ Politisch profilierte

---

6 S. Angenendt, Geschichte 44.
7 A.a.O. 44.
8 Martin Stringer, A Sociological History of Christian Worship, Cambridge 2005, 138 f.
9 Angenendt, Geschichte 45.
10 Ernst-Dieter Hehl, Kreuzzüge I. Geschichtlich, in: RGG⁴ Bd. 4 (2001), 1758–1762, 1758; auch die weiteren Ausführungen hierzu folgen der präzisen Darstellung dieses Artikels.
11 A.a.O. 1759.

sich das Papsttum in den Kreuzzügen als militärische Macht, wobei diese aus religiösen Vorstellungen hergeleitet wurde. Die Mahnung Jesu zur Gewaltlosigkeit – etwa in der Bergpredigt (Mt 5,39) – war vergessen.

Der – mittellateinische – Schlachtruf des Ersten Kreuzzugs „Deus lo vult" („Gott will es") entsprach dessen theologischer Begründung, die Augustins Lehre vom Krieg aufnahm. Für das Verständnis vom Christsein war daran wichtig, dass dieses jetzt unmittelbar mit kriegerischer Tätigkeit verknüpft wurde, ja in ihr geradezu seine Erfüllung fand. Dementsprechend war die Teilnahme am Kreuzzug mit einem Ablass verbunden.

> „Dem sich erneuernden Eintreten Gottes für die Christenheit hatte seitens des Kreuzfahrers die Absicht zu entsprechen, sich in den Dienst Gottes zu stellen und in der Nachfolge Christi bereit zu sein, das Leben für Gott und den (christl.) Nächsten einzusetzen. Nur durch diese Intention erwarb der Kreuzfahrer den ihm versprochenen Ablaß."[12]

Nachdrücklich stellte Bernhard von Clairvaux in Werbebriefen zum Zweiten Kreuzzug (1147/48) die Chance heraus, durch die Teilnahme das eigene Seelenheil zu retten. „Die bewaffnete Wallfahrt ermöglichte einen Plenarablass, also den vollen Nachlass der zeitlichen Sündenstrafen".[13]

> „Vorausgesetzt ist (dabei) die im Frühmittelalter nicht so distinkt vorgenommene Unterscheidung von ewigen und zeitlichen Sündenstrafen ... Bei Reue schenkte Gott seine Barmherzigkeit, und damit sei eine Verwerfung, nämlich die ewige Sündenstrafe, ausgeschlossen; es blieben allerdings die zeitlichen Strafen, welche die Kirche im Bußverfahren auferlege und auch wieder erlassen könne; darauf bezog sich der Ablaß."[14]

Von daher konnte im Weiteren der militärische Misserfolg zurücktreten, der Gewinn für die eigene Seele galt kirchlich und theologisch garantiert.

Auch sonst war im 12. Jahrhundert eine im Volk verbreitete *Sehnsucht nach Erlösung* zu spüren:

> „Um die Klöster bildeten sich Kreise von gottsuchenden Laien, bei Männerklöstern nicht selten auch asketische Frauengruppen. Die ins Kloster eintraten, hießen Konversen, die anderen Familiaren. Das Volk drängte zu intensiveren religiösen Lebensformen, verlangte deswegen auch nach einem besseren Verständnis des Glaubens. Die Wanderprediger, deren Bewegung im 12. Jahrhundert so mächtig aufbrach, suchten darauf zu antworten. ... Ritter

---

12 A.a.O. 1759.
13 Leppin, Geschichte 270.
14 Angenendt, Geschichte 652.

bekehrten sich im 12. Jahrhundert oft in einem spontanen und für die Umwelt spektakulären Entschluß; auf der Stelle warfen sie die Waffen weg und gelobten ein geistliches Leben."[15]

Nach manchen Verfallserscheinungen im klösterlichen Leben hatten die Impulse des Benedikt von Aniane († 821) weit reichende Reformen angestoßen, die im 11. Jahrhundert in Cluny eine „nicht mehr steigerbare(.) Höhe" erreichten:

„Nach dem geistlichen Programm unter Abt Hugo dem Großen (1049–1109) sang der Konvent jeden Tag zwei feierliche Hochämter. Da die Mehrzahl der Mönche Priester waren, folgten täglich noch zahlreiche Privatmessen, wobei die besonders Eifrigen sogar mehrere feierten. Eingebunden wurden diese Zelebrationen in das Stundengebet; dieses umfaßte in Cluny neben den althergebrachten Gebetszeiten eine Vielzahl von zusätzlichen Gebeten, zumeist Psalmen, obendrein die kleinen Gebetsoffizien zu Ehren aller Heiligen und der Gottesmutter. Auf diese Weise erreichte Cluny an manchen Tagen bis zu 215 Psalmen, während das benediktinische Stundengebet gerade 37 vorsah. Weiter las man im Verlauf eines jeden Jahres die ganze Bibel mitsamt erklärenden Vätertexten."[16]

Jahreszeitlich entstand hier der Allerseelentag, der seitdem am 2. November begangen wird. „Das Fest bestand aus Gräbersegnungen, Messen für die Toten und Seelenstiftungen für Bedürftige, aber auch Ausstellungen von gestifteten Kunstwerken und Reliquien."[17]

Insgesamt dominierten christlich bestimmte bzw. konnotierte Verhaltensweisen und Anschauungen das Leben der Menschen in Europa, wobei es aber durchaus unterschiedliche Formen des Christseins gab.[18]

Theologisch begann mit dem 12. Jahrhundert der Aufbruch der Scholastik, also einer schulmäßig gelehrten Erfassung und Durchdringung der christlichen Lebensform bzw. der diese begründenden und prägenden Glaubensinhalte.

2 Eucharistie zwischen dogmatischer Bestimmung und volksfrommer Praxis

Die im Vorhergehenden beobachteten Entwicklungen bei der Eucharistie – priesterliche Dominanz bei Verlust der Gemeinschaft der Feiernden, Prägung durch Reinheitsvorstellungen und Transformation in einen Opferkult – wurden

---

15 A.a.O. 54.
16 A.a.O. 55.
17 Ulrich Volp, Der menschliche Tod in den christlichen Gemeinden. Kirchengeschichtliche Perspektiven, in: Ders. (Hg.), Tod (Themen der Theologie 12), Tübingen 2018, 117–161, 139.
18 S. Stringer, History 120–122.

durch die Theoriebildung der Theologen verfestigt. Ihnen lag – seit dem 9. Jahrhundert – vor allem daran, genau die Präsenz Christi in den Elementen der Eucharistie zu bestimmen. Die dabei erreichte Extremposition geht aus dem Bekenntnis hervor, das der dissidente Berangar von Tours († 1088) auf Zwang von Papst Nikolaus II. (1058–1061) unterschreiben musste, nämlich dass:

> „Brot und Wein, die auf dem Altar liegen, nach der Weihe nicht nur Sakrament sind, sondern der wahre Leib und Blut unseres Herrn Jesu Christi sind und in sinnfällig dinglicher Weise, nicht nur sakramental, sondern in Wirklichkeit von den Händen der Priester berührt und gebrochen und von den Zähnen der Gläubigen zermalmt werden" (DH 690).[19]

Eine solche eindimensionale Sichtweise war für die große Zahl der Menschen verständlich und eindrucksvoll, die ohne jede Schulbildung mit körperlicher Arbeit ihren Lebensunterhalt bestritten. Doch unterstützten diese massiv-dinglichen Vorstellungen nicht nur magische Praktiken, sondern verstärkten – verständlicherweise – die Scheu vor dem Empfang dieser Gaben. Die wiederholten Mahnungen von Kirchenoberen, wenigstens einmal im Jahr, an Ostern, zu kommunizieren, weisen auf solche Zurückhaltung hin.

Zugleich agierten die Priester in der Messe immer ausführlicher. Der katholische Liturgiewissenschaftler Hans Bernhard Meyer rekonstruierte aus der sog. Rheinischen Messordnung folgende *Feierform*, die im Wesentlichen bis zum II. Vaticanum Bestand hatte:

> Nach Vorbereitung des Priesters (Händewaschen, Anlegen der Gewänder mit Begleitgebeten), Eröffnung der Messe und Wortgottesdienst wurden die Gaben bereitet und die Kommunion begangen:
> „Gabenbereitung
>   Bereiten des Altars
>   Offertoriumsgesang
>   Gabendarbringung der Gläubigen
>   Händewaschung + Begleitgebet + Apologie(n)
>   Gabendarbringung der assistierenden Kleriker + Begleitgebete
>   Darbringung des Brotes + Suscipe-Gebete f. versch. Anliegen
>   Mischung des Weines mit Wasser durch Diakon + Begleitgebet
> Darbringen des Kelches + Begleitgebet und Annahme- bzw. Segensbitte über Brot und Wein
> Inzens der Gaben und des Altares + Begleitgebete
> Orate pro me ... Suspiciat + Apologie

---

[19] Zitiert und interpretiert bei Volker Leppin, Das Ringen um die Gegenwart Christi in der Geschichte, in: Hermut Löhr (Hg.), Abendmahl (Themen der Theologie 3), Tübingen 2012, 95–136, 106f.

Secreta (Gabengebet); stilles Gebet der Assistenz
Präfation und Kanon (als getrennte Stücke)
    Einleitungsdialog und Präfation
    Sanctus – Benedictus von Klerus und Volk gesungen + Apologie(n)
    Händewaschung des (der) Diakon(e)
Kanongebete, leise gesprochen, mit begleitenden Gesten, bes. den (sechs) Kreuzzeichen; während des ‚Te igitur': Psalmengebet der Assistenz mit Versikeln und Orationen; bes. im 11./12. Jh. Nennung des Kaisers nach Kirche, Papst, Bischof
Memento der Lebenden, seit dem 11./12. Jh. mit zahlreichen Einschaltungen (auch für den Zelebranten selbst) ebenso im
Memento der Toten + Apologie
Kommunion
    Vaterunser mit Embolismus
    Brechung (nur mehr) einer (großen) Hostie in drei Teile
    Pontifikalsegen, dreiteilig nach gallischer Tradition
    Friedensgruß (Pax Domini ...) als begleitendes Segenswort zur
    Mischung + Begleitgebet (in der bischöf. Meßfeier erst unmittelbar vor Kommunion)
Agnus Dei nicht mehr als Begleitgesang zur Brechung, sondern zum Friedenskuß oder zur Kommunion; seit 11. Jh. beim 3. Ruf in der Regel dona nobis pacem (bzw. dona eis requiem sempiternam)
Friedenskuß + Begleitspruch
Kommunion unter beiden Gestalten; Priester und Diakone noch Hand-, Subdiakone (und Gläubige) schon Mundkommunion
+ Vorbereitungsgebete, Begleitgebete zum Empfang von Brot und Wein bzw. Spendeformeln, Bittgebete um Frucht der Kommunion
+ Apologie während der Kommunionsausteilung
Händewaschung des Zelebranten
Postcommunio (Schlußgebet)".[20]
Es folgten Abschluss und Danksagung.

Dazu kam, dass der Priester diese Texte in lateinischer Sprache vortrug, die die der Messe „Beiwohnenden" – so die jetzt übliche Bezeichnung für die Laien – nicht verstanden. Von daher bekamen die vielfältigen, deutlich auf Reinheit bezogenen priesterlichen Handlungen wie das mehrfache Händewaschen in ihrer Anschaulichkeit besonderes Gewicht. Seit dem 12. Jahrhundert bürgerte sich von Frankreich aus die Elevation, also das Zeigen der Hostie, ein.

> „Der neue Ritus im Zentrum der Feier bezeugt auf seine Weise die Bedeutung, die man der Realpräsenz beimaß, und kam dem Verlangen nach Schau und Verehrung des Sakramentes entgegen. Er wurde ausgestaltet durch Glockenzeichen, die auf den Augenblick der Elevation aufmerksam machen sollten, durch das Anzünden von (sogenannten Wandel- oder Sanctus-)Kerzen, durch stille Gebete des Priesters und der Gläubigen, durch eucharistische Ge-

---

[20] Hans Bernhard Meyer, Eucharistie. Geschichte, Theologie, Pastoral. Mit einem Beitrag von Irmgard Pahl (GDK 4), Regensburg 1989, 205 f.

sänge. Der Priester, die Assistenz und die Gläubigen knieten nieder. Letztere klopften an die Brust, während sie das Sakrament anschauten, wozu sie durch Ablässe und die Überzeugung motiviert wurden, daß der Anblick der Hostie dieselben Wirkungen habe wie das Anhören der ganzen Messe bzw. eine Art geistliche (Augen-)Kommunion darstelle. Das Anschauen der Hostie und in der Folge die Aussetzung des Allerheiligsten wurden daher nicht nur bei der Meßfeier selbst möglichst ausgedehnt, sondern dort, wo Meßfeier oder Meßbesuch nicht möglich waren, zu deren Ersatz."[21]

Parallel zu dieser Entwicklung erfolgte seit dem 12. Jahrhundert faktisch der Verzicht auf die Kelchkommunion, die bis dahin, wenn auch teilweise eingeschränkt, üblich war.

„Die Sorge um eine mögliche Verunehrung – besonders durch Verschütten – hat allerdings schon seit dem Ende der Antike zu Maßnahmen geführt, die Veränderungen ... mit sich brachten ... Man gab nur ein wenig konsekrierten Wein aus dem Kelch des Vorstehers in den mit unkonsekriertem Wein gefüllten Spendekelch, man verwendete Saugröhrchen ...; man tauchte das konsekrierte Brot in den Kelch und reichte es den Kommunikanten (intinctio ....)."[22]

So wurde das an die Mahlgemeinschaften Jesu erinnernde Gemeinschaftsmahl zu einer geheimnisvollen und dadurch gefährlichen rituellen Zelebration des Priesters, der die Nichtgeweihten nur staunend und ehrfürchtig beiwohnen konnten. Es verwundert angesichts dieser Entwicklung nicht, dass die Menschen auf ihre Weise versuchten, sich diesen Zauber zugänglich, nutzbar und so das eigene Leben erträglicher zu machen. Das konnte ganz praktisch geschehen:

„So erzählte man, daß eine Frau die Hostie in den Bienenkorb gelegt habe, um ihn ertragreich zu machen, daß in einem anderen Falle die Hostie selbst in den Schweinstall gebracht worden sei, um die Gesundheit dieser Tiere zu erhalten."[23]

Auf jeden Fall waren in dieser Feierform die kommunikativen Dimensionen des Lehrens und Lernens sowie des Helfens zum Leben ausgeblendet. „Insgesamt wird man konstatieren müssen, dass nur noch ein liturgiegeschichtlich geschulter Blick einen Zusammenhang dieser mittelalterlichen Klerikerliturgie mit den Mählern entdecken kann, die die frühen Christen feierten. Das in lebendiger Kommunikation ausgedrückte Lob Gottes wurde durch das Bemühen um ein korrektes Opfer und das Erlangen möglichst großer Wohltaten ersetzt. Ebenso zerstörte die strikte Trennung zwischen Klerikern und Laien den inklusiven

---

21 A.a.O. 233.
22 A.a.O. 498.
23 Adolf Franz, Die kirchlichen Benediktionen im Mittelalter Bd. 2, Freiburg 1909, 134.

Charakter des Mahlfeierns. Von daher verwundert es nicht, dass in der Folgezeit die Menschen sich in ihrer Weise dieses Ritual nutzbar zu machen suchten. Dabei spielten die neutestamentlichen Impulse für das Mahlfeiern keine Rolle: weder deren inklusiver Charakter noch das Gedächtnis an den Tod Jesu oder die eschatologische Relativierung aller menschlichen Herrschaftsverhältnisse. Es ging schlicht um den handfesten Nutzen, den Menschen vermeintlich aus den heiligen Elementen ziehen konnten."[24]

3 Taufen von Neugeborenen als selbstverständliches Ritual

Abgesehen von gelegentlichen Missionierungen an den Rändern der lateinischen Christenheit wurden jetzt in der Regel Kinder kurz nach ihrer Geburt getauft. Die ursprüngliche, der Taufe inhärente Lebenswende tauchte nur noch im Ortswechsel beim liturgischen Vollzug auf. Denn die Eröffnung der Feier mit dem noch Ungetauften fand – aus Reinheitsgründen – vor der Kirchentür statt. Der anschließende Einzug in die – heilige – Kirche begann mit einem Exorzismus. Erst dieser eröffnete dem kleinen (Noch-)Heiden den Zugang zum heiligen Raum. Dabei fand die Taufe selbst durch dreimaliges Untertauchen statt (Immersionstaufe).

> „Die Aufforderung an die Paten, auf die Sauberkeit des Kindes bedacht zu sein ... ist ebenso ein indirektes Zeugnis für die Taufe durch Tauchung wie die umfänglichen Taufbecken (aus Stein, Holz oder Erz), die in diesen Jh. üblich waren. Ikonographisch ist die Taufe durch Eintauchen nicht selten bezeugt, mit dem Gesicht zum Wasser wird das Kind ins Wasser getaucht".[25]

Entgegen dem Zurücktreten früher wichtiger liturgischer Stücke wurden die *Exorzismen* vermehrt. Sie nahmen die weit verbreiteten dämonologischen Vorstellungen auf und versprachen, den ängstlichen Menschen Schutz zu gewähren. Deutlich kam dies z. B. in den romanischen Taufbecken zum Ausdruck.

> „In der ehemaligen Stiftskirche in Freckenhorst steht das ‚bedeutendste romanische Taufbecken Deutschlands aus dem 12. Jahrhundert (um 1129)'. Das zylindrische Becken zeigt in schmaler Sockelzone Daniel in der Löwengrube, in der breiteren Hauptzone darüber in sieben Szenen das Leben Christi: Verkündigung, Geburt, Taufe, Kreuzigung, Christus in der

---

[24] Christian Grethlein, Abendmahl feiern in Geschichte, Gegenwart und Zukunft, Leipzig 2015, 63.
[25] S. Bruno Kleinheyer, Sakramentliche Feiern I. Die Feiern der Eingliederung in die Kirche (GDK 7,1), Regensburg 1989, 135 f.

Vorhölle und Engel am Grabe, dann Himmelfahrt und Jüngstes Gericht. In der die Szenen trennenden Arkatur sieht man auch einen an der Säule gebundenen Teufel."[26]

In ähnliche, von Reinheitsvorstellungen geprägte Richtung weisen Vorschriften für Reinigungsriten der Frauen nach einer Geburt.[27] Wahrscheinlich gehörte in diesen Bereich auch die brennende Kerze im Taufritual. Denn Kerzen galten als rein – deshalb durften sie z. B. am Altar aufgestellt werden.[28]

Zur Taufe gehörte bis zum Ende des 12. Jahrhunderts die Kommunion, an der selbstverständlich auch der soeben getaufte Säugling teilnahm.

> „Diese (sc. Säuglinge, C.G.) kommunizierten in Form des Weins, den sie vom Finger des Priesters ablutschten. Gelegentliche Diskussionen, ob und wie die Säuglinge die sonst geltenden Regeln der eucharistischen Nüchternheit einzuhalten hätten, zeigen indirekt die Selbstverständlichkeit dieses Brauchs."[29]

„Insgesamt ist für die Zeit der unbestrittenen Dominanz des Christentums ein weiteres Voranschreiten der Marginalisierung von Taufe zu konstatieren. Die mit staatlicher Gewalt durchgesetzte Selbstverständlichkeit des Christentums benötigte zum einen kein Ritual, das das Christsein zum Thema hat. Denn dieses war selbstverständlich, staatlich gleichermaßen geschützt wie erzwungen. Zum anderen überlagerte das Dominant-Werden von paganen Vorstellungen, konkret in den Diskursen zu Reinheit/Unreinheit sowie Dämonen/Dämonenabwehr, den biblischen Grundimpuls der Mimesis Jesu Christi. Nicht zuletzt wurde der einen lebenslangen Prozess eröffnende Grundcharakter der Taufe durch deren Punktualisierung verstellt. ... Eine mächtige Kirche und ihre die Einzelnen ausblendende rechtsförmige Taufpraxis standen in Gegensatz zu einem Ritus, der die Mimesis eines Machtlosen durch jeweils einen Menschen darstellte."[30]

Weiterhin drängte die zunehmend, wenn auch örtlich unterschiedlich schnell sich etablierende *Firmung* die Taufe an den Rand. Allmählich kristallisierte sich bei ihr die dem Bischof vorbehaltene Formel heraus: „Signo te signo crucis et

---

26 Hartmut May, Taufsteine, Taufbecken und Taufständer – Geschichte und Ikonografie, in: Bettina Seyderhelm (Hg.), Tausend Jahre Taufen in Mitteldeutschland, Regensburg 2006, 156–172, 157.
27 S. mit diesbezüglichen Literaturangaben Andreas Odenthal, Liturgie vom Frühen Mittelalter zum Zeitalter der Konfessionalisierung. Studien zur Geschichte des Gottesdienstes (SMHR 61), Tübingen 2011, 201.
28 S. Angenendt, Geschichte 411.
29 Christian Grethlein, Taufpraxis in Geschichte, Gegenwart und Zukunft, Leipzig 2014, 51.
30 A.a.O. 51f.

confirmo te chrismate salutis, in nomine Patris et Filii et Spiritus Sancti" [31] (Ich bezeichne dich mit dem Zeichen des Kreuzes und kräftige dich mit dem Salböl des Heils, im Namen des Vaters und des Sohnes und des Heiligen Geistes). Sie wurde zur Normalwendung in der römischen Kirche und bringt die geistverleihende Funktion des Ritus zum Ausdruck. Die mit ihr verbundenen Zeichen sind Handauflegung, Signation mit dem Kreuz und Salbung.[32]

Neben diesen verschiedenen Formen der Marginalisierung von Taufe gewann deren Grundelement an Bedeutung: das *Wasser*, und zwar in Form des „aus der Taufliturgie abgeleiteten Weihwassers"[33]. Es bildete für die Menschen „ein Gesundungsmittel für Leib und Seele, wirksamer noch als die Sakramente."[34] Exemplarisch zeigt dies folgende Anweisung des Regino von Prüm († 915) in seinem Send-Handbuch:

> „Daß an jedem Sonntag ein jeder Priester in seiner Kirche vor dem Hochamt in einem sauberen und dem großen Geheimnis angemessenen Gefäß Weihwasser bereitet, mit dem das Volk, wenn es die Kirche betritt, besprengt wird; und wer will, kann dann mit eigenem Gefäß daraus schöpfen und die Häuser, Äcker und Weinberge, ebenso das Vieh und dessen Futter, aber auch die eigenen Speisen und Getränke damit besprengen."[35]

Die dahinterstehende Wirklichkeitssicht geht aus der doppelten – erhofften – Wirkweise des Wassers hervor: negativ als Mittel der Bekämpfung von Dämonen und positiv als Vermittlung guter, göttlicher Kräfte. Damit konnten pagane Sehnsüchte aufgenommen und die Attraktivität des Christseins verständlich kommuniziert werden – allerdings zu dem Preis eines weitgehenden Verlustes des von der Taufe Jesu ausgehenden Impulses.

4 Lehren und Lernen zwischen allgemeiner Sozialisation und Elitebildung

Wie bisher war auch um die Jahrtausendwende nur einer kleinen Zahl von Heranwachsenden der Besuch von *Schulen* möglich, die an Bischofssitzen (sog. Domschulen) bzw. in Klöstern angesiedelt waren. Hier wurden die Kinder über kognitive Lernprozesse hinaus in das monastische Leben als christliche Lebensform eingeführt bzw. lernten sie diese als vorbildlich kennen, wenn sie nicht

---

31 S. Kleinheyer, Feiern 199.
32 S. a. a. O. 200.
33 Angenendt, Geschichte 416.
34 A. a. O. 417.
35 Zitiert a. a. O. 417.

selbst auf Dauer im Kloster verblieben. Stärker waren die Bemühungen um eine institutionalisierte Erziehung in der islamischen Welt und in jüdischen Gemeinden ausgeprägt. Denn die Hochschätzung von Hebräischer Bibel und Koran sowie der Hadithe erforderten bei den Gläubigen Lesefertigkeiten, die in Cheder (wörtlich: Zimmer) bzw. Jeschiwa (wörtlich: Sitzung) und Maktab (Elementarschule) bzw. Madrasa (höhere Schule) vermittelt wurden.[36]

Das Gros der illiterat Heranwachsenden erfuhr allerdings auf andere Weise eine christlich bzw. kirchlich geprägte Sozialisation.[37] Zuerst sind hier rituelle Vollzüge im Alltag zu nennen wie Sich-Bekreuzigen, Segnungen oder Teilnahme an liturgischen Feiern mit Biografiebezug (z. B. Bestattungen) bzw. im Rhythmus des Kirchenjahrs. Ethisch prägte die Beichte, der sich die Menschen regelmäßig zu unterziehen hatten. In ihr folgte der Priester einem Beichtspiegel, was im Lauf der Zeit zu einer grundsätzlichen, regulativen Orientierung der Beichtenden führte. Weiterhin begegneten die Menschen in Kirchengebäuden Bildern, die biblische Szenen sowie dogmatische Inhalte visualisierten. Schließlich wurden seit dem 10. Jahrhundert in Kirchen anlässlich hoher Festtage wie Weihnachten, Ostern und besonderer Heiligentage szenische Spiele aufgeführt. Sie veranschaulichten ebenfalls wichtige Inhalte und Formen des Christseins. Die genaue Wirkung solcher Einflüsse und Rituale ist schwer abzuschätzen und dürfte regional unterschiedlich gewesen sein. Allerdings weist Bernd Schröder in religionspädagogischer Perspektive auf deren gegenseitige Stabilisierung hin.

„Dies alles war schwerlich absichtsvoll auf gleichsinnige Wirksamkeit hin komponiert, doch es wirkte in einer Welt mit weithin homogenem Wahrheitsbewusstsein, ungebrochener Traditions- und Autoritätsleitung und fest gefügten Lebensordnungen gleichsinnig sozialisierend."[38]

Insgesamt erhielt also die große Mehrheit eine „auf Sozialisation und Tradition reduzierte"[39] *christliche Erziehung. Sie führte im Kontext immer wieder durch Missernten, Krankheiten oder kriegerische Auseinandersetzungen bedrohter Existenz zu einer Lebensform, in der vielfältige, in den Bereich der Magie reichende Praktiken dominierten, die sich inhaltlich jedoch auf christliches Traditionsgut bezogen.*

Zugleich vollzog sich seit dem 12. Jahrhundert ein wichtiger *kultureller Aufschwung*. Die Entstehung der Gotik, Impulse für die volkssprachigen Literaturen,

---

36 S. genauer Bernd Schröder, Religionspädagogik, Tübingen 2012, 61–63.
37 S. zum Folgenden a.a.O. 55.
38 A.a.O. 55f.
39 A.a.O. 63.

aber auch für Frömmigkeitsformen wie die Mystik sowie neues Interesse an der – antiken – Philosophie sind hier zu nennen.[40] Besonders auf dem Gebiet der Theologie kam es in Form der *Scholastik* zu einem Neuaufbruch, der seinen Ort an den Kathedralschulen großer Bischofssitze hatte.

> „An manchen Orten wuchsen generationenübergreifende schulische Traditionen, so etwa in Laon oder Chartres. Die Schule von Laon, die durch Anselm von Laon (gest. 1117), dessen Bruder Radulph (gest. 1131/33) und bis zu seinem Fortgang nach Paris durch Wilhelm von Champeaux (gest. 1122) ein hohes Ansehen erlangte und zahlreiche Studenten anzog, setzte sich vor allem die Bibelauslegung auf Grundlage der Kirchenväter zur Aufgabe. ... Schon im 11. Jahrhundert entwickelte sich an Kathedralschulen immer stärker ein Bemühen um eine dialektisch-logische Erfassung aller Wissensgegenstände, so auch der Theologie. Insbesondere die Schule von Chartres widmete sich dem Studium der septem artes unter Einschluss der boethianisch-aristotelischen Logik."[41]

Die Klerikerausbildung erreichte an solchen Orten ein hohes Niveau. Dabei war Theologie nach wie vor durch die Kirchenväter geprägte Schriftauslegung („sacra pagina"). „Im Hintergrund stand immer noch das urchristliche Schema von ‚lectio' und ‚oratio', jetzt freilich abgewandelt zur ‚Vorlesung' mit ‚Erklärung' und ‚Disputatio'."[42] Weil im 12. Jahrhundert die „Fragen" an Gewicht gewannen – und über den bloßen Schriftbezug hinausreichten –, entwickelte sich eine neue Dynamik. Sie konnte sogar – wie weithin wirksam „Sic et non" von Petrus Abaelardus (1079–1142) zeigte – zum Aufdecken von Widersprüchen in der biblischen und patristischen Überlieferung führen. Ziel solcher Erörterungen waren die begriffliche Bestimmung und begründete Definitionen.[43] Dadurch gewann die Philosophie an Gewicht.

> „Die theologische Erkenntnis mußte fortan zwei Quellen der Wahrheit ausschöpfen: die Offenbarung und die Philosophie. Das Gotteswort war im Kontext des verständlich Erkennbaren zu reflektieren, dann im Ergebnis zu begründen und systematisch darzustellen. Oder nochmals anders: göttliche Weisheit stand im Bunde mit der weltlichen; ja, die Vernunft wurde die Auslegungskraft des Glaubens."[44]

Die Frage nach der Lebensform wurde in der Scholastik abgelöst durch das Thema der kognitiv erfassbaren Glaubensinhalte, die begrifflich genau und systematisch

---

40 S. zum Einzelnen Angenendt, Geschichte 44f.
41 Leppin, Geschichte 237; s. auch Wolf-Dieter Hauschild/Volker Henning Drecoll, Lehrbuch der Kirchen- und Dogmengeschichte Bd. 1. Alte Kirche und Mittelalter, Gütersloh ⁵2016, 765f.
42 Angenendt, Geschichte 184.
43 S. a.a.O. 185.
44 A.a.O. 186.

konsistent zu entfalten waren. Ihre Bearbeitung fand – ermöglicht durch Latein als Verkehrssprache der Gebildeten – gleichsam international statt, jedoch örtlich auf Klöster und hohe Schulen sowie personal auf die wenigen Gebildeten begrenzt.

Allerdings entstand im Zusammenhang mit dem scholastischen Aufbruch eine theologische Denkform, die in den Bereich der sinnlichen Erfahrung reichte: die *Mystik*. Sie bot, etwa in Form der Auslegung des Hohen Lieds bei Bernhard von Clairvaux, zumindest potenziell auch Anschlüsse für Menschen, die außerhalb der gelehrten Schulen lebten.

> „Bernhard war vor allem ein Prediger, der als Erzieher wirken wollte. Die elementaren Wahrheiten der Bibel wollte er anschaulich zur Geltung bringen. Dementsprechend war seine Sprache von biblischen Bildern und Konkretionen durchsetzt. Die sapientia (Weisheit, d. h. die an Christus orientierte Spiritualität und Lebenserfahrung) stellte er über die scientia (Wissenschaft, das logisch vorgehende Erkenntnisbemühen)."[45]

Besonders Frauen fanden Zugang zu dieser Form von sinnlich geprägter Theologie, wie exemplarisch das Werk der Hildegard von Bingen (1098–1179) zeigt.[46]

5 Spirituelle Sehnsucht nach Heiligkeit

Die von Beginn des Christseins an begegnende Spannung zwischen einer Nachfolge Jesu unter Verzicht auf Ehe, Familie und Besitz und in einer in den üblichen sozialen Bezügen verbleibenden Lebensführung verstärkte sich im Lauf der Zeit. Zunehmend löste sie sich in Richtung auf das *monastische Ideal* hin auf. Das Leben im Kloster galt allgemein als vorbildlich und gewährte nach Meinung vieler Menschen einen direkten Zugang zur himmlischen Seligkeit. Dies trieb mitunter heute skurril anmutende Blüten wie etwa den Brauch des „Sterbens im Mönchsgewand". Unter Bezug auf Mt 22,12 galt das Mönchsgewand als heiligend, auch wenn es erst auf dem Totenbett übergestreift wurde.

> „Das Sterben im Mönchsgewand eröffnete einen ebenso einfachen wie sicheren Weg des Heiles. Viele Klöster hatten eigens einen Mönch dafür abgestellt, um mit dem rettenden Habit an die Krankenbetten zu eilen (monachus ad succurrendum). Hoch und niedrig verlangten nach dieser Einkleidung, Herrscher aus West und Ost ebenso wie einfache Menschen aus dem franziskanischen Dritten Orden."[47]

---

45 Hauschild/Drecoll, Lehrbuch 775.
46 S. anschaulich den Auszug aus der Vita sanctae Hildegardis in: Norbert Ohler (Hg.), Frauen im Leben der Kirche. Quellen und Zeugnisse aus 2000 Jahren Kirchengeschichte, Münster 2015, 135 f.
47 Angenendt, Geschichte 673 f.

In der nach 1100 begonnenen Chronik von Montecassino wird dies anschaulich geschildert:

> „Ein mächtiger Herr französischer Abkunft sei mit überzogener Kutte im Kloster verstorben. Sein lasterhaftes Leben habe nicht einen einzigen Zoll an seinem Körper unbefleckt gelassen. Im Jenseits seien denn auch die Dämonen sofort mit glühenden Ketten auf ihn zugestürzt. Doch vergeblich; der heilige Benedikt sei mit seinem Stab dazwischengetreten: ‚Wenn er noch eurer Werke schuldig ist, nachdem er mein Gewand (meum habitum) genommen hat, gehöre er euch!' Die Dämonen mußten sich geschlagen geben. Die Rettung erfolgte hier nicht nach dem ‚ex corde' des Petrus Venerabilis, sondern ‚ex virtute et benedictione sancti vestimenti' (aus der Virtus und dem Segen des heiligen Gewandes), wie es Caesarius von Heisterbach verkündete."[48]

Angesichts der großen Nähe von Menschen jedes Lebensalters zum Tod entwickelte sich eine *„ars moriendi"-Kultur*. Sie wurde z. B. in den sog. Anselmschen Fragen ganz praktisch, die die Priester am Sterbebett stellten:

> „In ihnen wurden Glaube und Frömmigkeit des Sterbenden abgefragt, aber vor allem Gelegenheit zu Reue und Danksagung gegeben. Neben der Zusicherung der Sündenvergebung enthält der überlieferte Text eine ausführliche Ermahnung, auf Christus zu vertrauen".[49]

Auch in anderer Hinsicht zeigte diese Lebensausrichtung Konsequenzen. So kam es an der Wende vom 11. zum 12. Jahrhundert zu einer „Welle der Ordens- und Klostergründungen".[50] Im Zuge der Kreuzzüge bildeten sich sog. *Ritterorden*.

> „Den Templern schlugen anfangs noch die ganzen Bedenken entgegen, die aus der älteren Tradition stammten, daß nämlich der geistliche Krieger niemals weltliche Waffen in die Hand nehmen dürfe. Bernhard von Clairvaux hat dann mit seiner Schrift ‚De laude novae militiae' dem neuen Orden ‚gleichsam zu seinem höheren Selbst verholfen'. Die Templer seien sowohl Mönche wie Krieger; sie trügen die Rüstung des Glaubens und zugleich des Eisens".[51]

Volker Leppin interpretiert von daher einleuchtend die Kreuzzugsbewegung als „ein soziales Angebot, der weltlichen Existenz der Ritter einen Sinn als christliche Lebensform zu geben."[52] Nach den Templern übernahmen bald die Johanniter

---

48 A. a. O. 673.
49 Volp, Tod 136.
50 Kaspar Elm, Frömmigkeit und Ordensleben in deutschen Frauenklöstern des 13. und 14. Jahrhunderts, in: OGE 66 (1992), 28–45, 30.
51 Angenendt, Geschichte 607.
52 Leppin, Geschichte 301.

dieses Modell des Ritterordens. Im Zuge des Dritten Kreuzzugs bildete sich schließlich der Deutsche Orden.[53]

> „Die Ritterorden haben ihre Bereitschaft zum militärischen Dienst von vornherein nicht von karitativen Zielen wie der Pilgerbetreuung, Armenfürsorge und Krankenpflege getrennt. In der Kombination von Kampf gegen die Heiden und Schutz des Heiligen Landes einerseits, mildtätigem Einsatz andererseits liegt ein Spezifikum der Ritterorden, die spezifisch umgestaltete Mönchsregeln übernahmen. Zu den klassischen Gelübden Armut, Keuschheit und Gehorsam kam als vierte Verpflichtung der Waffendienst für die Christenheit hinzu (daher die charakteristische Tracht mit dem Kreuz). Ihre Mitgliedschaft war ständisch organisiert".[54]

Die Kreuzzüge förderten auch das Verlangen nach Ablass (s. 1.). Wesentlich motiviert wurde es durch den Plenarablass, den Papst Urban II. den am Kreuzzug Teilnehmenden versprochen hatte. Hintergrund hierfür war, dass sich die Lehre vom Purgatorium, dem Fegfeuer, zunehmend verfestigt hatte und anschaulich für das Volk inszeniert wurde.[55] „Visionäre Jenseitsbeschreibungen unterstrichen seine (sc. des Reinigungsfeuers, C.G.) Bedeutung ebenso wie die Feier des Allerseelentages, der dem Gebet für alle Verstorbenen gewidmet war."[56]

Schließlich entstand die *Vita-apostolica-Bewegung*, wobei sich mit dem hier vertretenen Armuts-Ideal kritische Anfragen an die kirchliche Hierarchie verbanden.

> „Das Ideal einer ethisch realisierten vita apostolica stand in offenkundiger Spannung zum Gedanken einer Bewahrung apostolischer Nachfolge durch die kirchlichen Amtsträger. Dieser Anspruch, der das Wirken des Heiligen Geistes an die kirchliche Institution band, war durch das wenig apostolische Leben der Kleriker fraglich geworden. ... Als herausragendes Merkmal der Apostolizität galt dabei die Armut."[57]

Hier fanden Laien einen ethischen Ausdruck ihres Christseins. Bald traten auch Kleriker diesem Aufbruch bei. Er schloss an die seit dem frühen Christentum bestehende Sorge um die Armen an, die allerdings schon bald im Konzept der Sündentilgung durch Almosen in das „do, ut des"-Schema überging.

---

53 S. a.a.O. 302.
54 Hauschild/Drecoll, Lehrbuch 730.
55 S. Leppin, Geschichte 290f.
56 A.a.O. 291.
57 A.a.O. 291.

> „Der Austausch von Gabe und Gebet galt als selbstverständlich. Die Stifter ließen an der Intention der eigenen Seelenrettung keinen Zweifel aufkommen, und wo immer Arme versorgt wurden, hatten diese für ihre Wohltäter zu beten."[58]

So begegnen also unterschiedliche Versuche, die christliche Lebensform zu verwirklichen. *Ethisch dominierte nach wie vor das Modell des monastischen Lebens. Dabei entstanden in Gestalt der Ritterorden, aber auch der Vita-apostolica-Bewegung mit ihrer Hinwendung zur Armut pluriforme Innovationen. Gemeinsam war ihnen das vertraute Konzept der guten Werke, die dem eigenen Seelenheil zugute kommen sollten.*

6 Verfestigung der klerikalen Struktur von Kirche und neue Aufbrüche

Unmissverständlich brachte das Decretum Gratiani (1140) die bis dahin vollzogene *Scheidung der Christen in Kleriker und Laien* zum Ausdruck:

> „Zwei Geschlechter gibt es unter den Christen. Es gibt aber ein Geschlecht, das, weil es dem göttlichen Dienst übergeben und der Schau und dem Gebet geweiht ist, gemeinhin von jeder Unruhe der weltlichen Geschäfte Abstand hat; dies sind die Kleriker und die Gott Geweihten, nämlich die, die umgekehrt sind. (...) Es gibt aber noch ein anderes Geschlecht unter den Christen, das sind die Laien. (...) Ihnen steht es frei, weltliche Güter zu besitzen, wenn auch nur zum Gebrauch. (...) Ihnen ist es erlaubt, Frauen zu ehelichen, die Erde zu bebauen, Gericht zwischen Mann und Mann zu halten, Gerichtsverfahren anzustrengen, Opfergaben auf die Altäre zu legen, den Zehnt zu zahlen, und so mögen sie die Rettung erlangt haben, wenn sie Laster vermeiden und freilich auch Gutes tun".[59]

Frühere Distinktionen zwischen „tria hominum genera", etwa bei Augustin zwischen Klerikern, enthaltsam Lebenden, also Mönchen und Nonnen, sowie Laien, traten demgegenüber zurück. Zugleich setzten sich die Reformpäpste im 11. Jahrhundert verstärkt für das Zölibat der Kleriker ein,[60] um hier die vom Reinheitsverständnis grundlegende Differenz zu markieren. Der konkrete rituelle Unterschied war durch die Weihe gegeben. Daraus folgten weltliche Konsequenzen. So hatten die Kleriker das „privilegium immunitatis", waren also vom Militärdienst und anderen öffentlichen Aufgaben befreit. Dazu kam – noch wichtiger – das „privilegium fori", also die Unterstellung unter eine eigene kirchliche Gerichts-

---

58 Angenendt, Geschichte 594.
59 Zitiert in Leppin, Geschichte 282 (a.a.O. 282 Anm. 87 findet sich der lateinische Originaltext).
60 S. a.a.O. 281.

barkeit und damit die Befreiung von weltlichem Recht. „Kleriker waren damit grundsätzlich aus dem regionalen Herrschaftsgefüge herausgehoben."⁶¹

Auch auf der Ebene der Herrschaft zeichnete sich ein Statusgewinn der Kleriker ab. In der Auseinandersetzung zwischen Papsttum und Kaisertum konnte sich das Papsttum „zu einer eigenständigen Macht" entwickeln.⁶²

> „In Auseinandersetzungen mit den deutschen Herrschern strebten die gregorianischen Päpste eine eigenständige Kirchenstruktur an, die zunächst die Papstwahl, dann jegliche Klerikererhebung von weltlichem Zugriff befreien sollte. Damit griffen sie im römischen Reich tief in die königliche Machtbasis ein, welche zu guten Teilen auf den Bischofsstühlen beruhte."⁶³

Der bereits genannte „Gang nach Canossa" (s. 1.) machte die entsprechende Machtverschiebung augenfällig. Dahinter stand die spirituelle Potenz, die sich das Papsttum im Kontext eines allgemein verbreiteten Jenseits- und Gerichtsglaubens durch das Instrument des Ablasses geschaffen hatte.

Diese Profilierung hatte u.a. als eine Nebenfolge das weitere Auseinandertreten der lateinischen und der byzantinischen Kirche.

> „Dieser Prozess wurde zum Teil noch dadurch verschärft, dass das lateinische Christentum durch die Kreuzfahrerbewegung zeitweise im alten Einflussgebiet von Byzanz Fuß fasste. Die Kreuzzüge förderten die Wahrnehmung des lateinischen Europas als Einheit, wovon insbesondere die gregorianischen Päpste profitierten. Der Vierte Kreuzzug aber riss einen tiefen Graben zu Byzanz auf, der zunächst mit großen politischen und kirchlichen Erfolgen im östlichen Mittelmeerraum verbunden war. Langfristig ließ sich die Position hier aber ebenso wenig halten wie im Heiligen Land selbst".⁶⁴

So vertiefte sich die bereits in ritueller und theologischer Hinsicht – durch die Ablehnung des in der lateinischen Messe üblichen ungesäuerten Brots in Byzanz und das von den Lateinern als Häresie bezeichnete Sprechen des Credo ohne „filioque" – bestehende Trennung politisch. Sie besteht bis heute.

Schließlich kam es zu Entwicklungen im Bereich des konkreten *Helfens zum Leben*. In karolingischer Zeit hatten vor allem die Klöster Herberge – und Beköstigung – für Arme und Pilger geboten. Im 12. Jahrhundert traten die geistlichen Ritterorden wie die Johanniter teilweise in die Krankenfürsorge ein. Auch sonst war das Prosperieren der Städte mit der Gründung von Hospizen verbunden. Sie

---

61 A.a.O. 282.
62 S. a.a.O. 311.
63 A.a.O. 311.
64 A.a.O. 312.

waren „praktisch eine zentrale Versorgungsanstalt für Arme, Alte, Krüppel, Wöchnerinnen, Waisen, Obdachlose, Pilger und noch für Geisteskranke, die alle hier Herberge und Essen fanden."[65]

7 Zusammenfassung

Bisherige Tendenzen bzw. Entwicklungen bestimmten um die Jahrtausendwende die Profilierung der christlichen Lebensform. Die *Unterscheidung zwischen Klerikern und Laien* prägte sich noch stärker aus. Die von den Reformpäpsten erhobene Forderung nach dem Zölibat unterstrich nachdrücklich – im Kontext damals üblicher, ursprünglich antik-paganer Reinheitsvorstellungen – die besondere Stellung der Priester. Dementsprechend wurden die liturgischen Handlungen auf das Hantieren des Priesters konzentriert.

Eine Nebenfolge der kirchenamtlich propagierten, eindimensional dinglichen Sicht der eucharistischen Elemente war die wachsende Zurückhaltung vieler Menschen gegenüber dem Vollzug der Kommunion. Die sog. Augenkommunion, also der fromme, durch die Elevation unterstützte Blick auf die Elemente trat zunehmend an die Stelle des gemeinschaftlichen Vollzugs. So blieb der Kelch den Priestern vorbehalten. Ähnlich vollzog sich ein Wandel in der Taufpraxis. Auf der einen Seite wurde diese zu einer – obrigkeitlich erzwungenen – Selbstverständlichkeit am Lebensanfang; auf der anderen Seite spielte das aus der Taufliturgie abgeleitete Weihwasser eine große Rolle nicht nur in der kirchlichen Liturgie, sondern auch in den häuslichen Lebensvollzügen. Die dogmatisch gerechtfertigte, *dingliche Auffassung der Sakramente* kann als eine Kontextualisierung in einer Gesellschaft verstanden werden, in der die meisten Menschen formal ungebildet waren. Sie mussten ihren Lebensunterhalt unter viel Mühe naturnah mit den eigenen Händen verdienen und hatten weder Zeit noch Gelegenheit, etwa Lesen und Schreiben zu lernen.

Ein politischer Kontext, der Verlust der heiligen Stätten im Heiligen Land, führte zu erheblichen Veränderungen für die christliche Lebensform. Im Zuge der *Kreuzzüge* wurde deren bisherige typische Distanz zu Militär und Waffengewalt nicht nur aufgegeben, sondern das Rittersein erschien als eine besonders begnadete Form des christlichen Lebens. Der mit der Teilnahme an den Kreuzzügen verbundene Ablass hob dies in einer Gesellschaft hervor, in der die Menschen sich vor allem Sorgen um ihr eigenes Seelenheil machten. Dazu stärkten die Kreuzzüge die politische Bedeutung des Papsttums, das sich aus der Dominanz der weltli-

---

[65] Angenendt, Geschichte 592.

chen Herrscher zu lösen versuchte. Auf der Basis des Ablasses, der dem Papst in den Augen der Menschen große Macht über die ewige Seligkeit verlieh, konnte der kirchliche Hierarch sich an die Spitze der Herrschafts-Pyramide setzen.

Daneben gab es aber Neuaufbrüche, die sich wenigstens teilweise den Impulsen des Auftretens und Wirkens Jesu verdankten. Neben den Ritterorden gewann die „Vita apostolica", konkret das Armsein um Christi willen, an Zulauf. Auch die Fürsorge für Arme, Kranke und sonstige Behinderte fand regen Zuspruch. Dabei stand aber jeweils die Sorge um das eigene Seelenheil der Helfenden im Hintergrund. Das Sterben im Mönchsgewand fügt sich ebenfalls in diese Einstellung ein. *Durch eigenes frommes Tun, und sei es nur das Anlegen eines Mönchsgewandes auf dem Sterbebett schien Erlösung möglich. Dies kam den Erfahrungen der meisten, unter harten Umständen ihr Leben fristenden Menschen entgegen: „do, ut des" schien eine überzeugende Logik auch für das Verhältnis zu Gott zu bieten.*

Die sich in der Scholastik neu formierende Theologie öffnete sich zur – antiken – Philosophie hin. Deren Begriffsdefinitionen und Reflexionen hatten aber nur selten einen Bezug zum Alltag der Menschen und waren nur einem kleinen Kreis Gebildeter zugänglich.

Kapitel 7:
Ringen um Einheit und vielfältige Diversifizierungen (1200 – 1500)

1 Politischer, gesellschaftlicher und kultureller Kontext

Die Zeiten waren unruhig, sowohl in politischer als auch kultureller Hinsicht. Politisch rangen weltliche und geistliche Herrscher um die Vorrangstellung. Dabei wurde die Situation dadurch komplizierter, dass innerhalb des weltlichen und des kirchlichen Bereichs vielfältige, nicht selten gewaltsam ausgetragene Rivalitäten bestanden. Erst 1495 begann mit dem „Ewigen Landfrieden" das grundsätzliche Verbot von Fehden.[1] Dazu kamen erhebliche räumliche Verschiebungen, die auf wachsende nationale Einflüsse hinwiesen.

Bei Friedrich II., dem 1211 zum deutschen König gewählten Erben der Staufer-Dynastie, war die Basis seiner Macht Sizilien; den Bereich nördlich der Alpen betrat er nur selten.[2] Seine Herrschaft stützte sich nicht mehr primär auf das überkommene und fragil gewordene Vasallitäts-System. Vielmehr errichtete er einen „starken Beamtenstaat".[3] Trotz seiner Auseinandersetzungen mit dem Papst, die bis zur Exkommunikation und einem über Sizilien verhängten Interdikt reichten – das Friedrich II. souverän missachtete und die Priester zum Lesen der Messe zwang –, fühlte er sich als christlicher Kaiser. Dies kam vor allem in seinem gnadenlosen Vorgehen gegen Ketzer zum Ausdruck. Zugleich war er im Kontakt zu muslimischen Herrschern um Ausgleich bemüht. So gelang es ihm, auf vertraglicher Ebene einen Zugang zu Jerusalem zu erhalten – er wurde sogar in der Grabeskirche zum König Jerusalems gekrönt. Zugleich sicherte er den Muslimen zu, „den Haram, das heilige Areal der Muslime auf dem Tempelberg zu respektieren."[4] In Sizilien gestattete er selbstverwaltete muslimische Gemeinden. Doch nach der Absetzung Friedrich II. durch Papst Innozenz IV. 1245 gab es bis 1273 ein Interregnum im deutschen Reich. In dieser Zeit gewann der König von Frankreich an Bedeutung und Macht.

---

[1] Gert Althoff, Die Bösen schrecken, die Guten belohnen. Bedingungen, Praxis und Legitimation mittelalterlicher Herrschaft, in: Ders./Hans-Werner Goetz/Ernst Schubert, Menschen im Schatten der Kathedrale. Neuigkeiten aus dem Mittelalter, Darmstadt 1998, 1–110, 6.
[2] S. auch zum Folgenden Volker Leppin, Geschichte des mittelalterlichen Christentums, Tübingen 2012, 348–350.
[3] A.a.O. 348.
[4] A.a.O. 349.

Währenddessen prosperierten die Städte,[5] was sich neben einem aufblühenden Handel, seit 1397 unterstützt durch ein beginnendes Bankwesen,[6] u. a. in dem Entstehen von Universitäten äußerte.[7] Im Osten kam es zu weiteren islamischen Aufbrüchen. 1453 eroberten die osmanischen Heere von Mehmed II. endgültig Konstantinopel. Die Umwandlung der Hagia Sophia in eine Moschee verlieh diesem Ereignis symbolischen Ausdruck.

> „Der Patriarch von Konstantinopel wurde so aus dem Beteiligten an der einvernehmlichen Lenkung der Geschicke durch weltliche Regierung und Kirche zum Oberhaupt einer rechtlich regulierten Minderheit im Rahmen des osmanischen millet-Systems, das den Christen als Religion des Buches eine begrenzte Selbstverwaltung ermöglichte und starke Steuerzahlungen auferlegte."[8]

Auch in der neuen politischen, auf Frankreich konzentrierten Konstellation blieb die *Spannung weltlicher Mächte zum Papst* und damit zum kirchlichen Herrschaftsanspruch bestehen. So kam es 1296 zu einem offenen Konflikt, als Philipp der Schöne (1285–1314) versuchte, die Kleriker in Frankreich (staatlich) zu besteuern. Dagegen verbot Papst Bonifaz VIII. (1294–1303) den Priestern, ohne seine Erlaubnis Abgaben an den König zu leisten. Dahinter standen eminente Machtansprüche, die der Papst 1302 in der Bulle „Unam Sanctam" formulierte. Dort hieß es grundsätzlich:

> „Die eine und einzige Kirche hat also nur einen Leib und ein Haupt, nicht zwei Häupter wie ein Ungeheuer: Christus nämlich und Christi Stellvertreter Petrus und den Nachfolger des Petrus (...). Darüber, dass in dieser ihrer Gewalt zwei Schwerter sind, das geistliche nämlich und das weltliche, werden wir von den evangelischen Aussagen belehrt (...). Beide sind in der Gewalt der Kirche, nämlich das geistliche und das weltliche Schwert. Dieses ist aber für die Kirche zu führen, jenes hingegen von der Kirche. Jenes gehört dem Priester, dieses liegt in der Hand der Könige und Ritter, aber nur wenn und solange der Priester es will. Es ist aber nötig, dass das eine Schwert dem anderen untergeordnet ist, dass also die weltliche Autorität der geistlichen untergeordnet ist. ... So erklären, sagen, bestimmen und verlautbaren wir, dass

---

5 S. Hans-Ulrich Wehler, Deutsche Gesellschaftsgeschichte Bd. 1. Vom Feudalismus des Alten Reiches bis zur Defensiven Modernisierung der Reformära 1700–1815, München ³1996, 42; zu Baulichkeiten und Anlage der Städte s. anschaulich Ernst Schubert, Spätmittelalter – die Rahmenbedingungen des Lebens kleiner Leute, in: Gert Althoff/Hans-Werner Goetz/Ernst Schubert, Menschen im Schatten der Kathedrale. Neuigkeiten aus dem Mittelalter, Darmstadt 1998, 229–350, 293–302.
6 1397 wurde die Medici Bank gegründet (Rachel Botsman, Who Can You Trust? How Technology Brought Us Together and Why It Might Drive Us Apart, New York 2017, 206; vgl. Leppin, Geschichte 423 f.).
7 S. hierzu Leppin, Geschichte 357–373.
8 A. a. O. 402.

jede menschliche Kreatur bei Verlust ihrer ewigen Seligkeit dem römischen Papst Untertan sein muss."[9]

Doch wurde dieser Papst ein knappes Jahr nach der Veröffentlichung dieser Bulle in seiner Heimatstadt Anagni überfallen und gefangen gesetzt, ohne dass der französische König für ihn eingetreten wäre. Die Diskrepanz zwischen totalem Machtanspruch des Papstes und der Realität konnte nicht größer sein. Wieder frei gelassen starb Bonifaz VIII. kurz darauf. Nach einer sehr kurzen Nachfolge wurde 1305 der Erzbischof von Bordeaux zum neuen Papst, Clemens V., gewählt. Allerdings verblieb er auch als Papst in Frankreich und zog nicht nach Rom um. Zwischen 1309 und 1377 war dann der Heilige Stuhl dauerhaft im französischen Avignon angesiedelt, was zu einer Abhängigkeit der Päpste vom König von Frankreich führte. Von hier aus bemühten sich diese um eine Straffung der Verwaltung, nicht zuletzt hinsichtlich der Finanzen.

„Schon im Jahr seiner Wahl (sc. 1316, C.G.) erließ Johannes XXII. die Konstitution ‚Ex debito', die die sogenannten Reservationen vermehrte: die dem Papst vorbehaltenen Besetzungen von geistlichen Stellen. Da für die Vergabe solcher Ämter Abgaben fällig wurden, brachte dies einen bedeutenden finanziellen Gewinn. Wie gezielt Johannes die päpstliche Macht ausbaute, zeigt sich auch daran, dass er auf der einen Seite die Ansammlung von Pfründen verbot, auf der anderen Seite aber dort, wo es für ihn günstig war, durch die Vergabe von Expektanzen, also von Zusagen, dass jemand nach dem Ausscheiden des bisherigen Inhabers eine Pfründe erhalte, eben der Pfründenhäufung Vorschub leistete."[10]

Erst nach sieben Amtsinhabern und Doppelbesetzungen zog der Papst 1377 wieder nach Rom, was aber durch die Wahl der französischen Kardinäle konterkariert wurde. Sie setzten in Avignon einen anderen Papst ein und initiierten so ein bis 1417 reichendes Schisma.

„Das eigentlich Neue war, dass dieses Schisma der Kirche nicht von außen aufgezwungen, sondern durch einen Zwiespalt im Kardinalskollegium selbst entstanden war. ... Die Anerkennung oder Ablehnung eines Papstes war einer relativ freien Entscheidung der jeweiligen Herrscher anheim gegeben. Die in ‚Unam Sanctam' erhobenen Ansprüche universaler Leitung verloren somit gänzlich jeden Bezug auf die kirchenpolitische Realität."[11]

Schließlich kam es – in Rom – seit Nikolaus V. (1447–1455) zur Ära der sog. Renaissance-Päpste, denen sehr an der Förderung der Kunst und Wissenschaft ge-

---

9 Zitiert a.a.O. 351f. (lateinische Originalfassung a.a.O. 352 Anm. 49).
10 A.a.O. 354.
11 A.a.O. 382.

legen war. Allerdings galt zugleich: „Gelehrsamkeit und moralische Verfehlungen lagen ... vielfach eng ineinander."[12]

Für das Leben der meisten Menschen noch einschneidender als diese an wenigen Beispielen angedeuteten politischen Turbulenzen war die große Pest-Epidemie. Zwischen 1347 und 1352 überrollte sie Europa: „'noch immer die größte Katastrophe, die die in Europa lebenden Menschen je getroffen hat', raffte sie doch im Durchschnitt ein Drittel der Bevölkerung hinweg, in den Städten noch weit mehr, bis zu vier Fünfteln."[13] Anschaulich beschrieb Giovanni Boccaccio († 1375) in seinem „Decamerone" die verzweifelte Hilflosigkeit der damaligen Menschen:

> „Gegen dieses Übel half keine menschliche Klugheit oder Maßregel, obgleich man es daran nicht fehlen und die Stadt [Florenz] durch eigens dazu ernannte Beamte von vielem Unrat reinigen ließ, auch jedem Kranken den Eintritt verwehrte und zur Bewahrung der Gesundheit manchen Rat gab. Ebensowenig nützten die demütigen Gebete, die nicht ein, sondern viele Male in wohlgeordneten Prozessionen und auf andere Weise von den frommen Leuten Gott vorgetragen wurden." „Was das Erschrecklichste ist und kaum glaublich scheint: Väter und Mütter weigerten sich, ihre Kinder zu besuchen und zu pflegen, als wären es nicht die ihrigen." Zuletzt „wurden dann die Gestorbenen mit keiner Träne, Kerze oder Begleitung geehrt, vielmehr war es so weit gekommen, daß man sich nicht mehr darum kümmerte, wenn Menschen starben, als ... um den Tod einer Ziege."[14]

Auch sonst war das Leben für die meisten Menschen damals sehr beschwerlich und vielfach bedroht.

> „Die Lebenserwartung betrug 35 Jahre, die Kinder unterlagen einer fünfzigprozentigen Sterblichkeitsrate, die Männer erwartete schwerste Berufsarbeit oder auch Fehde und Kampf, die Frauen Schwangerschaft und Geburt."[15]

Von diesem Kontext her sind die wiederholten spirituellen Aufbrüche zu verstehen, die teilweise den Rahmen der hierarchisch verfassten Kirche überschritten, teilweise in diese integriert wurden. Die bereits genannte Vita-apostolica-Bewegung (s. Kapitel 6 5.) gewann weiter an Zulauf und formierte sich zu einer *Armutsbewegung*. In den sog. Bettelorden, vor allem bei den Franziskanern und Dominikanern, erhielt sie eine wirkmächtige kirchliche Gestalt. Die Katharer und

---

12 A.a.O. 400.
13 Arnold Angenendt, Geschichte der Religiosität im Mittelalter, Darmstadt 1997, 661 (unter Zitat von Neidhart Bulst, Der Schwarze Tod. Demographische, wirtschafts- und kulturgeschichtliche Aspekte der Pestkatastrophe von 1347–1352. Bilanz der neuen Forschung, in: Saec. 30 [1979], 45–67, 45).
14 Zitiert a.a.O. 661f.
15 A.a.O. 661.

auch die Anhänger von John Wycliff und Jan Hus überschritten den kirchlich gesetzten Rahmen und wurden verfolgt. Daneben kam es ebenfalls bei Frauen zu Erweckungen wie bei den Beginen oder klösterlichen Mystikerinnen.

Auch die zunehmende *Verfolgung der Juden* gehört in diesen Kontext der allgemeinen Verunsicherung. Ihnen wurde die Schuld für die allgemeine Misere zugeschoben:

> „Im 14. und 15. Jahrhundert häuften sich aggressive Maßnahmen gegen Juden. Aus England waren sie bereits 1290 vertrieben worden. In Frankreich kam es wiederholt zu Verfolgungen von Juden, die man als Schuldige für Seuchen diffamierte; 1394 wurden sie vollends ausgewiesen. Im Römischen Reich waren es wiederum vor allem dezentrale Kräfte, zumal die Städte, die insbesondere nach der Pestwelle von 1347–1349, Juden vertrieben und aus der bisher gepflegten städtischen Gemeinschaft verbannten ... Typisierte Vorwürfe begleiteten und unterstützten diese Verfolgungen: Gängige Legenden, die die Vertreibung und Ermordung von Juden im späten Mittelalter legitimieren sollten, waren Geschichten von Brunnenvergiftungen, die vor allem im Zusammenhang der Großen Pest Konjunktur hatten, und vom Hostienfrevel ... Die extremste Steigerung bildete der Vorwurf des Ritualmordes, nach dem Juden ein in der Regel christliches Kind umgebracht haben sollten."[16]

2 Schaufrömmigkeit bei der Eucharistie und Exklusion der Kinder

Das 4. Laterankonzil (1215) legte – auf dem Hintergrund der vorhergehenden theologischen Diskussion (s. Kapitel 6 2.) – das Verständnis der Eucharistie fest. Es konstatierte, dass „Leib und Blut im Sakrament des Altars unter den Gestalten von Brot und Wein wahrhaft enthalten sind, wenn durch göttliche Macht das Brot in den Leib und der Wein in das Blut wesenhaft verwandelt sind" (DH 802).

Dieses Verständnis führte dann Thomas v. Aquin († 1274) mit Mitteln der aristotelischen Philosophie als Transsubstantiationslehre aus: „Die äußeren Akzidenzien von Brot und Wein blieben erhalten, während sich gewissermaßen unter ihnen hinweg die Substanz in diejenige Jesu Christi wandelte."[17] Solche dogmatischen Bestimmungen verstärkten die Ehrfurcht der Menschen vor dem geheimnisvollen Geschehen, was – wie erwähnt – zu einer seltenen Teilnahme an der Kommunion führte. Demgegenüber verpflichtete das 4. Laterankonzil die

---

16 Leppin, Geschichte 398.
17 Volker Leppin, Das Ringen um die Gegenwart Christi in der Geschichte, in: Hermut Löhr (Hg.), Abendmahl (Themen der Theologie 3), Tübingen 2012, 95–136, 109; a.a.O. 109 f. finden sich noch genauere Hinweise zu den sakramentstheologischen Reflexionen des Thomas.

Gläubigen zur jährlichen Kommunion, der eine Einzelbeichte vorauszugehen hatte.

Die Scheu der Menschen vor den durch priesterliches Tun gewandelten Elementen fand auch darin seinen Ausdruck, dass bald nur noch der Priester aus dem Kelch trank.

> „So fürchteten die Laien, sie könnten beim Kelchempfang etwas vom wertvollen Blut Christi verschütten. Während das Decretum Gratiani noch im 12. Jahrhundert den Verzicht auf den Kelch als Aberglauben kritisierte, wurde dieser jetzt zur allgemeinen Praxis. Als theologische Begründung diente die Konkomitanzlehre, nach der Jesus Christus vollständig sowohl im Brot als auch im Wein präsent sei."[18]

Eine Nebenfolge hiervon war, dass der Unterschied zwischen den – aus dem heiligen Kelch trinkenden – Priestern und den – hierbei nur zusehenden – Laien sich weiter vergrößerte.

Die so geförderte *Schaufrömmigkeit* fand einen anschaulichen Ausdruck im Fest Fronleichnam (neuhochdeutsch: Herrenleib). Es ging auf Visionen der Juliana von Mont Cornillon (ca. 1193–1258) zurück, „in denen sie die schimmernde Scheibe des Vollmondes sah, aus der ein kleines Stück herausgebrochen war."[19] Dabei wurden der Mond als Kirche und das herausgebrochene Stück als fehlendes Fest des Altarsakraments gedeutet.

> „Hier stand das fromme Anschauen der unverhüllten Hostie im Zentrum des Geschehens, und zwar nicht nur im Kirchenraum, sondern in einer Prozession durch Straßen und über Felder. Damit war eine klare kirchliche Machtdemonstration verbunden, wie etwa der Baldachin über dem Allerheiligsten zeigt, ein Würdezeichen des Herrschers."[20]

Solche theologischen Entscheidungen und kirchlichen Gebräuche wirkten tief in den Alltag der Menschen hinein (s. schon Kapitel 6 2.). So stellte Peter Browe eine siebenseitige Liste mit Ort und Datum aus den überkommenen Quellen zusammen, die von blutenden Hostien u. Ä. berichteten.[21] Dazu wurden die Hostien funktionalisiert, um die schwierigen Lebensbedingungen zu verbessern bzw. sich sonstige Vorteile zu verschaffen, etwa durch folgenden Liebeszauber:

---

18 Christian Grethlein, Abendmahl feiern in Geschichte, Gegenwart und Zukunft, Leipzig 2015, 68.
19 Jozef Lamberts, Fronleichnamsfest, in: RGG⁴ Bd. 3 (2000), 398f., 398.
20 Grethlein, Abendmahl 69 (unter Bezug auf Angenendt, Geschichte 379f.).
21 S. Peter Browe, Die eucharistischen Verwandlungswunder des Mittelalters, in: Ders., Die Eucharistie im Mittelalter. Liturgiehistorische Forschungen in kulturwissenschaftlicher Absicht, hg. v. Hubertus Lutterbach/Thomas Flammer, Berlin ⁶2011, 265–289.

„Wenn eine Frau mit der konsekrierten Hostie im Mund ihren Mann oder Liebhaber küßt, wird seine Liebe inniger, und wie unlöslich wird er an sie gefesselt. Peter Damian, Cäsarius von Heisterbach und viele Chronisten berichten Beispiele dieser Verzauberung."[22]

Schließlich vollzog sich im 13. Jahrhundert noch eine weitere, tiefgreifende Veränderung in der eucharistischen Praxis. Bis zum Ende des 12. Jahrhunderts war es – nach den offiziellen Liturgiebüchern – selbstverständlich, dass auch Säuglinge nach ihrer Taufe die Kommunion erhielten (s. 3.). Sie bekamen im nicht seltenen Fall frühen Todes ebenfalls das Viatikum, also die Kommunion auf dem Totenbett, gereicht. Die – bis heute in den orthodoxen Kirchen übliche – Praxis der *Säuglingskommunion* wurde unter dem Einfluss der gelehrten Scholastik beendet.

„Augustinus hatte gegen pelagianische Tendenzen wiederholt mit Nachdruck den Standpunkt vertreten, das Herrenwort ‚Wenn ihr das Fleisch des Menschensohnes nicht eßt und sein Blut nicht trinkt, habt ihr das Leben nicht in euch' (Joh 6,53) gelte für jeden …; wie die Taufspendung, so sei auch der Empfang der Eucharistie heilsnotwendig, auch für die Unmündigen …

Auch in der Folgezeit hat man die Autorität Augustins ins Feld geführt … allerdings im gegenteiligen Sinn. Unter einer Reihe von Augustinus-Zitaten zu 1 Kor 10,17, die der Diakon Florus von Lyon († 860) gesammelt hat, findet sich eine Sentenz, die Florus zwar nicht als ein Wort des Augustinus kennzeichnet, die aber später als solches weitergegeben wird. Darin heißt es, jeder werde durch die Taufe Glied am Leib Christi, und wer so als Glied des Leibes Christi aus dem Leben scheide, ohne Leib und Blut Christi empfangen zu haben, sei von der Gemeinschaft mit Christus nicht ausgeschlossen. Dieses so wenig augustinische Wort wird in den folgenden Generationen in die theologischen und kanonistischen Summen übernommen."[23]

Vielleicht ist es kein Zufall, dass dieser in den westlichen Kirchen bis heute (weithin) bestehende Ausschluss der Kinder von der Mahlfeier in die Zeit fällt, als das Zölibat allgemein durchgesetzt war. Die Theologen, die jetzt auf den „anni discretionis", also der kognitiven Fähigkeit zur Unterscheidung von gewöhnlichem Essen und Trinken und der Eucharistie, bestanden, hatten keine Erfahrungen als Väter von Kindern – im Gegensatz zu den Popen in den östlichen Kirchen, die bis heute die Säuglingskommunion praktizieren. Auf jeden Fall überschattete jetzt eine problematische Exklusion die Mahlfeiern in der lateinischen Kirche. Getaufte wurden vom Mahl ausgeschlossen, bis sie die genannte

---

22 Peter Browe, Die Eucharistie als Zaubermittel im Mittelalter, in: Ders., Eucharistie 219–231, 219.
23 Bruno Kleinheyer, Sakramentliche Feiern I. Die Feier der Eingliederung in die Kirche (GDK 7,1), Regensburg 1989, 242.

Unterscheidungsfähigkeit erworben hatten. Dass damit wenigstens grundsätzlich Menschen mit kognitiven Einschränkungen ebenfalls exkludiert waren, wurde damals nicht diskutiert.

Insgesamt sind also in Spannung zueinander stehende Prozesse beim Mahlfeiern zu beobachten: Der etwa im Fronleichnamsfest mit seinen prächtigen Prozessionen greifbaren Verehrung der Hostie, die auch in vielfältiger magischer Praxis in den Haushalten ihren Niederschlag fand, korrespondierte eine Zurückhaltung der Laien gegenüber der Kommunion als gemeinschaftlichem Vollzug. Die Priester dagegen zelebrierten, nicht zuletzt im Auftrag zahlender Gläubiger, denen dies als Bußleistung galt, gehäuft das Altarsakrament. Eine tiefe Zäsur, jedenfalls in der westlichen Kirche, stellte seit dem 13. Jahrhundert der Ausschluss von Kindern dar. Kognitive Standards zölibatär lebender Theologen, die keinen alltäglich lebensmäßigen Zugang zu Kindern hatten, führten zu dieser Exklusion. Dass damit gerade die einzige Personengruppe vom Mahl ausgeschlossen wurde, der Jesus eine besondere Nähe zum Reich Gottes attestiert hatte (Mk 10,13–16), blieb unbeachtet.[24]

3 Theologische Marginalisierung und volksfromme Hochschätzung von Taufen

Die kirchliche Sakramentenlehre schrieb in ihrem Siebener-Kanon unstrittig die Taufe als Sakrament fest. Doch war diese dadurch in einen größeren Zusammenhang ein- und untergeordnet. So setzte sich der bereits früher festgestellte Prozess der Marginalisierung von Taufe weiter fort. Hier ist zuerst die – bereits in 2. erwähnte – *Abtrennung der Eucharistie von der Taufe* im 13. Jahrhundert zu nennen.

> „Der ca. 1145 entstandene Ordo des Kardinals Bernhard für die Lateranbasilika und das kurz vor 1200 zusammengestellte PontRom 12. Jh. in seiner Version für Apamea/Syrien (32,29) sind im großen Traditionsstrom anscheinend die letzten Zeugen für die Praxis, Unmündigen unmittelbar nach ihrer Taufe die Eucharistie zu reichen. Die nächsten Formen des Pontifikale ..., in denen ja auch der Firmordo vom Taufritual getrennt wurde, lassen die Einheit von Taufe und Taufkommunion nicht mehr erkennen."[25]

Dagegen erfuhr die *Firmung* theologisch weitere Aufwertung, obgleich sie sich in ländlichen Gebieten nur langsam durchsetzte.

---

24 S. Christian Grethlein, Lebensalter. Eine theologische Theorie, Leipzig 2019, 119 f.
25 Kleinheyer, Feiern 239.

> „Das Firmgeschehen selbst muss man sich wohl nicht allzu feierlich vorstellen, denn häufig firmten die über das Land reitenden Bischöfe vom Pferd aus, indem sie den ihnen entgegen gehaltenen Kindern die Hand auflegten und das Chrisamkreuz auf die Stirn zeichneten. ... eine Altersgrenze für die Firmung gab es faktisch nicht ... auch Kleinkinder (wurden) kurz nach ihrer Geburt und Taufe gefirmt".[26]

Dogmatisch schrieb Thomas von Aquin der Taufe zwei Wirkungen zu: „die Abwaschung der Sünde und der Erlaß der Strafe".[27] Der – ebenfalls als Sakrament geführten – Firmung attestierte er demgegenüber „plenitudo spiritus sancti ad robur" („die Fülle des Heiligen Geistes zur Stärke", Summa Theologiae III, 65,1 ad 4). Dem entsprach auch eine kontextualitätstheoretisch gelungene rituelle Ausgestaltung des Firmaktes. Der Bischof erteilte nämlich – in Analogie zur Ritterweihe – einen Backenstreich.

> „Durch diesen sinnlich feststellbaren, für die damaligen Menschen unmittelbar evidenten Anschluss an den Diskurs Rittertum gelang eine verständliche Kontextualisierung der Firmung: Der Mensch wird zum geistlichen Kampf im Sinn der militia Christi zugerüstet, er wird zum geistlichen Ritter."[28]

Einen wichtigen Hintergrund hierfür bildete die geistliche Aufwertung des Rittertums im Zuge der Kreuzzüge (s. Kapitel 6 1.). Taufe war demgegenüber – regulär vollzogen – „ein selbstverständlicher, aber wenig bedeutsamer punktueller Rechtsakt am Beginn des Lebens".[29]

In der alltäglichen Lebenspraxis der nichttheologisch gebildeten Menschen lassen sich aber in andere Richtung, nämlich eine Hochschätzung der Taufe weisende Verhaltensweisen beobachten. Dabei stand die verbreitete Angst vor ewiger Höllenstrafe im Hintergrund. So war die Verzweiflung von Eltern totgeborener Kinder offenkundig groß, weil diese nicht getauft waren. Vor allem an Wallfahrtsorten bemühten sie sich darum, doch noch Lebenszeichen an ihnen zu

---

26 Jürgen Bärsch, Liturgie im Hoch- und Spätmittelalter, in: Ders./Benedikt Kramemann in Verbindung mit Winfried Haunerland/Martin Klöckener (Hg.), Geschichte der Liturgie in den Kirchen des Westens. Rituelle Entwicklungen, theologische Konzepte und kulturelle Kontexte Bd. 1. Von der Antike bis zur Neuzeit, Münster 2018, 329–376, 354.
27 Jörg Ulrich, Taufe IV. Mittelalter, in: TRE Bd. 32 (2001), 697–701, 699 (mit entsprechenden Belegen).
28 Christian Grethlein, Taufpraxis in Geschichte, Gegenwart und Zukunft, Leipzig 2014, 55f.
29 A.a.O. 56.

entdecken, die eine Taufe und so den Zugang der früh Verstorbenen in die himmlische Seligkeit ermöglichten.[30]

> „Die in dieser Zeit aufkommende, allerdings nie dogmatisierte Lehre vom ‚Limbus puerorum' befriedigte die Menschen offenkundig nicht. Sie suchten vielmehr ihre Zuflucht zu besonderen, heilkräftig geltenden Wallfahrtsorten. Dahinter standen Vorstellungen, die etwa in dem seit dem späten 13. Jahrhundert begegnenden kirchlichen Verbot zum Ausdruck kamen, ungetaufte Kinder in geweihter Erde zu bestatten. Damit wurden Totgeburten mit Selbstmördern und am Galgen Hingerichteten gleichgestellt."[31]

Verzweifelte Eltern gruben – bis ins 18. Jahrhundert – teilweise bereits bestattete Kinder aus und versuchten – etwa durch deren Schütteln und so erzeugte Lebenszeichen – für diese die Taufe zu erlangen. In dieselbe Richtung weist die Praxis, bei schweren Geburten Kinder bereits im Mutterleib zu taufen („baptismus in partu").[32] Angesichts der prekären Lebensumstände vieler Menschen machte der pastorale Trost in manchen Predigten durchaus Sinn, Gott habe aus Barmherzigkeit die Kinder früh zu sich genommen und ihnen so viel Leiden erspart.[33]

Auch die weit verbreitete Praxis, Taufwasser nach Hause zu nehmen „zum Schutze von Leib und Seele und von Hab und Gut"[34] weist auf die Bedeutung hin, die Menschen der Taufe zumaßen. In der häuslichen Praxis gingen häufig der – von Theologen kritisierte – Gebrauch von Tauf- und Weihwasser sowie der Heiligen- und Reliquienkult ineinander über.

Schließlich ergibt sich indirekt aus polizeilichen Akten, dass Taufen aufwändig gefeiert wurden. Nicht umsonst waren nämlich diese Feiern vom ausgehenden 13. (bis ins 18.) Jahrhundert an Gegenstand von „Policeyordnungen".[35]

> „Dabei ging es um die Begrenzung des Aufwands von Feierlichkeiten bei und im Umfeld von Taufen. Zum einen wurde die Zahl der Festtage und der festlichen Mahlzeiten anlässlich

---

30 S. auch zum Folgenden die detaillierte Auswertung süddeutscher Mirakelbücher bei Walter Pötzl, Die Taufe totgeborener Kinder. Inchenhofen, Hohenwart und Tuntenhausen, Bergatreute und Ursberg – „Sanctuaires à répit" in Süddeutschland, in: Bayerisches Jahrbuch für Volkskunde 2012, 105–142.
31 Grethlein, Taufpraxis 56 (unter Bezug auf Pötzl, Taufe 108).
32 Bis ins 19. Jahrhundert gehörte bei – katholischen – Hebammen die intra-uterine Taufspritze in den Instrumentenkasten (s. mit Abbildung Pötzl, Taufe 122f.).
33 S. Shulamith Shahar, Kindheit im Mittelalter, Düsseldorf 2002 (1990), 64.
34 Zur vielfältigen Verwendung geweihten Wassers s. Adolf Franz, Die Kirchlichen Benediktionen im Mittelalter Bd. 1, Freiburg 1909, 52.
35 S. exemplarisch zu Frankfurt Anke Keller, Von verbotenen Feierfreuden. Hochzeits-, Tauf- und Begräbnisordnungen im Frankfurt a. M. und Augsburg des 14. bis 16. Jahrhunderts (Heidelberger Veröffentlichungen zur Landesgeschichte und Landeskunde 17), Heidelberg 2012, 126–129.

einer Taufe – und damit einer Geburt – festgelegt. Zum anderen finden sich genaue Bestimmungen hinsichtlich der Qualität und Menge von Getränken und Speisen. Dies lässt, da Polizeiuntersuchungen Abweichungen ergaben, auf ein ausgeprägtes Feiern nach den Taufen schließen – ein deutliches Zeichen für deren Bedeutung in der Bevölkerung."[36]

Vermutlich gingen bei diesen Feiern die Freude über eine Geburt – was nicht zuletzt eine Entlastung im Alter versprach – sowie die über die Taufe und die damit erworbene Aussicht auf ewige Seligkeit ineinander über.

Allerdings gab es auch zunehmend bei Menschen, die spirituell besonders interessiert waren, eine gewisse Zurückhaltung gegenüber der Taufe. So fällt z.B. auf, dass bei Franziskus zwar die „Christusrepräsentation"[37] eine wichtige Rolle spielte, diese aber nicht auf die Taufe bezogen wurde. Auch in mystischen Kreisen suchte man nach einem direkten Kontakt zu Gott, bei dem der Taufe keine besondere Bedeutung zukam. Manche der kirchlichen Lehre gegenüber dissidenten Theologen scheinen sie sogar kritisch gesehen zu haben.[38]

4 Bemühungen um christliche Erziehung und neue Gelehrsamkeit

Angesichts des geringen Schulbesuchs und der dann häufig nur kurzen Verweildauer der Kinder lag das katechetische Schwergewicht im 13. bis 15. Jahrhundert auf der Unterweisung der Erwachsenen. Wie schon bisher bestand auch jetzt eine große Diskrepanz zwischen den vor allem in der Landwirtschaft Tätigen und einigen Gebildeten in Klöstern oder Städten, etwa Dozenten an den neuen Universitäten. Um 1500 konnten – regional unterschiedlich verteilt – nur 10 bis 30% der Menschen lesen.[39] Doch auch diese verstanden meist kein Latein, vermochten also nicht der in dieser Sprache zelebrierten Liturgie zu folgen. Von daher ist es verständlich, dass sich viele katechetische Schriften vor allem an die Pfarrer richteten.[40] Sie sollten in ihren volkssprachlichen Predigten die Menschen belehren. Dabei ging es um Verkündigung „sine discucione", „denn der Glaube sei vom Laien – Roger (sc. Bischof von Coventry, C.G.) verweist auf Spr 25,27 Vg.

---

36 Grethlein, Taufpraxis 57.
37 Leppin, Geschichte 321.
38 S. Ulrich, Taufe 699.
39 S. Eugen Paul, Geschichte der christlichen Erziehung Bd. 1. Antike und Mittelalter, Freiburg 1993, 238.
40 Zur desolaten Lage der Bildung, aber auch der Lebensverhältnisse vieler Pfarrer s. anschaulich Schubert, Spätmittelalter 269–275.

und Sir 3,24! – anzunehmen und festzuhalten".[41] Doch für eine solche *Kommunikation im Modus der Autorität* mussten erst die Pfarrer selbst über entsprechende Kenntnisse verfügen. Von daher stellte sich deren Bildung als vordringliche Aufgabe. Oft ist bei entsprechenden Schriften schwer zu unterscheiden, ob sie sich – in der Landessprache verfasst – (primär) an Pfarrer oder an Laien richteten. Dies hat auch sachlich einen Grund darin, dass die klerikale Lebensführung nach wie vor als vorbildhaft für die Laien galt.

Die zu vermittelnden Inhalte richteten sich auf theologisch festgesetzte Glaubenssätze. Hier nannte z. B. ein Text vom Ende des 13. Jahrhunderts, der sich im Prolog als „summa vie celestis philosophie" vorstellte:

> „Dreifaltigkeit, Jesu Menschwerdung, Tod, Herrlichkeit und Richteramt, Dekalog, Tugenden (einschließlich theologische und Kardinaltugenden), 7 Sakramente, 7 Todsünden (mortalia), 7 leibliche Werke der Barmherzigkeit, ‚Passiones animae' (= gaudium, dolor, spes, timor), ‚Virtutes Ewangelice' (Armut usw.), 7 Gaben des Heiligen Geistes, 7 Vaterunserbitten, ‚5 (Stücke)' im Ave Maria (!), ‚Instructio cordis' (tapfer gegen den Satan kämpfen, auf Christus vertrauen), Hauptgebot, (eine Art) Symbol …, alles mit oder in Merkversen, auf kaum mehr als zwei Druckseiten."[42]

In dieselbe Richtung wiesen viele weitere Texte:

> „Die Statuten des Robert Grosseteste von Lincoln (um 1239), ‚perhaps the best known during the Middle Ages of all the English statutes', verlangen vom Pfarrseelsorger die Kenntnis von Dekalog, 7 Lastern (septem criminalia), 7 Sakramenten (besonders Taufspendung und Beicht), (apostolischem) Symbol und Symbol ‚Quicumque'; diese Stücke seien dem Volk auszulegen, und weil sie, wie man höre, manchen Erwachsenen unbekannt seien, müsse man diese bei der Beicht entsprechend examinieren."[43]

Besondere Bedeutung kam bei diesen katechetischen Bemühungen der *Beichte* zu, die – nach dem 4. Laterankonzil – mindestens einmal im Jahr abzulegen war. Dahinter stand das allgemein verbreitete „Bewußtsein von der fast übermächtigen Sünde".[44] Sie äußerte sich in einem Drang zu möglichst häufiger Beichte. So kursierte in der Mitte des 15. Jahrhunderts folgende Erzählung:

> „Er, der Priester, war und blieb von Kind an ‚reinen Herzens' und beichtete deshalb nur einmal jährlich (nicht nach Priestersitte zwei- oder dreimal monatlich). Da träumte er, er stünde vor Gottes Gericht – und wurde zu Fegefeuer verurteilt! Die Muttergottes bittet für ihn

---

41 Paul, Geschichte 239.
42 A. a. O. 264.
43 A. a. O. 247.
44 A. a. O. 261.

um Gnade (‚das erträgt er nicht', ‚er war ja immer gut und treu'). ‚Christus erwiderte: ‚Ich tue es deshalb, weil er so selten beichtete. Aber auf deine Bitten will ich ihm noch einmal verzeihen.' Nach dem Erwachen erzählt jener Priester vielen Geistlichen davon und bessert sich und diese mit ihm, ‚und erlangen so das ewige Leben. Das verleihe auch uns Gott der Vater usw.'."[45]

Allerdings deutet die Tatsache, dass sowohl die Mahnungen zur Beichte als auch zur entsprechenden Unterweisung immer wieder von neuem geäußert wurden, auf deren eher geringen Erfolg hin. Das später in den Visitationsprotokollen der Reformatoren zum Ausdruck kommende eklatante Unwissen über elementare Glaubensinhalte[46] bestätigt diese Vermutung. *Die dogmatisch entworfenen und lehramtlich fixierten Glaubensinhalte hatten nur wenig mit der Lebenswirklichkeit der Menschen zu tun. Das klerikale Leben als vorbildliche Lebensform erschien unerreichbar.*

Hinsichtlich der Kinder lag „die Erziehungs- und Unterweisungsverantwortung bei den Eltern und (subsidiär) Paten."[47] Erst im 15. Jahrhundert begegnen vermehrt Mahnungen, die Kinder zur Schule zu schicken, was sowieso nur im städtischen Bereich möglich war. Dabei stand im Vordergrund, dass die Kinder das für den Glauben Notwendige lernten – hier tauchten die bereits hinsichtlich der Bildung der Prediger sowie der Erwachsenen genannten Glaubensinhalte wieder auf.[48] Auch die Vorbereitung auf die Erstbeichte galt als wichtiges Ziel des Schulbesuchs.[49]

Schließlich entstanden seit dem Ende des 12. und während des 13. Jahrhunderts mit den *Universitäten* neue Bildungsstätten.[50]

„Hatte es im Jahr 1300 in ganz Europa gerade einmal 13 Universitäten gegeben, so stieg diese Zahl bis 1378 auf 28 an und steigerte sich bis 1500 auf 63. Diese Universitätsgründungen, die meist dem Prestige eines Landesherren oder einer Stadt dienen sollten, führten oft zum Export von Lehrbüchern und Lehrautoritäten: Wer – oftmals im Streit – eine Universität verließ, brachte an die neue Universität eben die Lehrbücher mit, die er an der alten nicht hatte lehren dürfen."[51]

---

45 A.a.O. 265f.
46 S. anschaulich Klaus Leder, Kirche und Jugend in Nürnberg und seinem Landgebiet 1400 bis 1800, Neustadt a. A. 1973, 159.
47 Paul, Geschichte 275.
48 S. a.a.O. 282.
49 S. a.a.O. 282.
50 Anschaulich tritt die schnelle Ausbreitung dieser Institution in den drei Karten – Universitätsgründungen vor 1300, von 1300 bis 1378 und 1378 bis 1500 – bei Walter Rüegg, Geschichte der Universität in Europa Bd. 1. Mittelalter, München 1993, 73, 75 und 77 hervor.
51 Leppin, Geschichte 430.

Anfangs war die Zahl der hier Studierenden recht gering, und von diesen studierten die meisten nur kurze Zeit. Die Gesamtausbildung in Theologie, die dagegen – einschließlich der Elementarbildung – 15 Jahre dauerte,[52] durchliefen nur wenige. Inhaltlich ist zu beachten, dass die damalige Wissenskonstruktion sich deutlich vom heutigen Wissenschaftsverständnis unterschied:

> „Nicht das von Menschen zu schaffende Verständnis der Welt, das permanent weiterentwickelt und verfeinert werden soll, stand hier im Mittelpunkt. Wissen war vielmehr schon ‚da', in Schriften niedergelegt, dort geoffenbart, oder den Menschen geliehen und durch die korrekte Auslegung der Schriften zu entziffern. Die Suche nach neuen Erkenntnissen wurde umgesetzt in die Suche nach alten Schriften, um die dort niedergelegten Wahrheiten kennen zu lernen."[53]

Doch herrschte von Anfang an ein Spannungsverhältnis: zwischen „Glauben als auf Zeugenschaft und Offenbarung beruhendes Für-Wahr-Halten, und Wissen, als auf Vernunft und Beweis basierende Erkenntnis".[54] Auf jeden Fall stand die Intellektualität im Vordergrund. Das etwa in den Klöstern verfolgte Ziel der Einführung in eine – in diesem Fall: monastische – Lebensform trat demgegenüber zurück. Christsein wurde an den „Hohen Schulen" – in scholastischer Tradition – auf die kognitive Kenntnis von Überliefertem und deren genaueres Verständnis mit Hilfe der Philosophie reduziert. Dabei stand inhaltlich die – über islamische Gelehrte vermittelte – Aristoteles-Rezeption im Vordergrund.[55]

Im Lauf der Zeit kam es zu einer Strukturierung der Studien und damit zur Formalisierung der Bildungsabschlüsse – Bacchalaureat, Magister, Doktorat –, die strukturell zur Stabilisierung der neuen Institution beitrug. Eine gewisse Parallelität der sich hier vollziehenden Bürokratisierung zu der etwa gleichzeitigen Entwicklung in der Organisation von Kirche sowie im Staat ist unübersehbar. Auch bildeten sich jeweils bestimmte Laufbahnen heraus, die einschlägige Bildungsabschlüsse voraussetzten.

Interessanterweise entwickelte sich in islamischen Ländern das Bemühen um Erziehung und Bildung in deutlich anderer Weise. Die Institutionalisierung im Bereich der frommen Praxis war ebenso wie im Bereich des Lehrens und Lernens geringer.

---

52 S. Helmut Fend, Geschichte des Bildungswesens. Der Sonderweg im europäischen Kulturraum, Wiesbaden 2006, 76.
53 A.a.O. 67f.
54 A.a.O. 68.
55 S. a.a.O. 83f.

> „Nicht so sehr Institutionen wurden aufgesucht, sondern berühmte Persönlichkeiten und ihre Lehrzirkel an berühmten Moscheen. Es gab keine Autorität im Sinne der christlichen Amtskirche, die den kanonisierten Glauben hätte festlegen können. Die Bindung an die jeweiligen Lehrer war dabei oft so dicht, dass sie Familienbanden glich. ... Nicht die rationale Auseinandersetzung stand im Vordergrund, sondern die Übernahme der Auslegungsformen der Schriften (Koran, Prophetentraditionen des ‚hadith', islamisches Recht) durch die jeweilige Lehrpersönlichkeit. ... Es gab ... kein festgelegtes Curriculum und auch keine systematisch abgestuften Prüfungen und Berechtigungen."[56]

Allerdings formierte sich im Bereich der lateinischen Kirche seit dem 14. Jahrhundert auch eine „intellektuelle Bewegung", die „andere Motive als die der vernunftmäßigen Absicherung der christlichen Lehre" hatte.[57] Diese auf das diesseitige Leben gerichtete Strömung hatte nicht zuletzt durch die Katastrophe der Pest in der Mitte des 14. Jahrhunderts Auftrieb erhalten. Die Epidemie hatte die Nutzlosigkeit überkommener Rituale gezeigt und einen gewissen „Glaubensverfall"[58] gefördert. Der Mensch erschien jetzt als selbstverantwortlich. Dieses *humanistische Programm* bediente sich der antiken Schriften als Medium. Sie wurden kritisch auf ihre Historizität hin untersucht.

> „Zu Berühmtheit sind dabei die Forschungen von Lorenzo Valla (1409–1457) gelangt, der durch historisch-kritische Sprach- und Textanalysen nachweisen konnte, dass die so genannte ‚Konstantinische Schenkung' ... ebenso eine Fälschung (1440) war wie der angebliche Briefwechsel von Paulus und Seneca. ... Valla konnte auch zeigen, dass das Apostolische Glaubensbekenntnis nicht von den Aposteln stammte."[59]

Dadurch wurden wichtige Grundlagen, hier des Papstamtes, dort der Glaubenslehre, historisch relativiert bzw. destruiert. Hinzu traten – allerdings auf einen nur kleinen Kreis Gelehrter beschränkte – Forschungen, die zu lebensverändernden technischen Erfindungen führten, wie um 1250 des Schießeisens oder um 1450 des Buchdrucks.

Die Übersiedelung von Gelehrten im Anschluss an die Eroberung von Konstantinopel (1453) nach Italien importierte bisher im Osten gepflegte Fertigkeiten, nicht zuletzt die griechische Sprache, und gab damit wichtige neue Impulse. Vor allem in Norditalien bildeten durch Handel reich gewordene Familienclans die

---

56 A.a.O. 90f.
57 A.a.O. 96.
58 Marianne Gronemeyer, Das Leben als letzte Gelegenheit. Sicherheitsbedürfnisse und Zeitknappheit, Darmstadt 1993, 11.
59 Fend, Geschichte 98.

ökonomische Basis für die Einrichtung neuer Schulen, der Vorläufer der Gymnasien.[60]

So wird man konstatieren können, dass sich beim Lehren und Lernen der Bezug zur antiken Tradition grundlegend zu verändern begann: Sie wurde nicht mehr nur – wie in der Scholastik – als „auslegungsbedürftig", sondern als „entwicklungsfähig" gesehen.[61]

5 Spirituelle Auf- und Abbrüche inner- und außerhalb verfasster Kirche

Bereits im letzten Abschnitt kamen recht verschiedenartige Entwicklungen in den Blick, die insgesamt den von staatlichen und kirchlichen Machthabern angestrebten Vereinheitlichungen entgegenstanden. Tatsächlich öffnete sich bei den Verhaltensweisen der Menschen ein weites Spektrum. Dabei bildete das verbreitete Gefühl der Nähe zum Jenseits den weltanschaulichen Hintergrund. Es äußerte sich in der *ars-moriendi-Frömmigkeit* (s. Kapitel 6 5.).

> „Die spätmittelalterliche Sterbefrömmigkeit verharrte keineswegs nur in ohnmächtiger Klage gegen das Unvermeidliche. Der Schwarze Tod hatte ein Sterben in nie zuvor gekannter Grausamkeit vor Augen geführt. Dennoch wollte man jetzt ‚den Tod betrachten', nicht vor ihm fliehen, sondern ihm entgegensehen, ihn sogar ‚täglich sich vor Augen halten', wie schon Benedikt empfohlen hatte. Da der Tod selbst weder die Stunde seiner Ankunft noch die Art seiner Heimsuchung kundgab, galt es, ihn vorzubereiten, ja das Sterben zu ‚erlernen'. Das war fürwahr ein neues ‚mitten im Leben sind wir vom Tod umfangen', das Sterben nun als ‚ars', als Kunstfertigkeit': nicht in lähmendem Entsetzen und bei verschlossenen Augen sich ihm ergeben, sondern im Gegenteil ihn bewußt angehen und das Leben bis in den Tod hinein ‚führen', möglichst bis zuletzt bewußt und in allem vorbereitet, um nicht der ewigen Strafe zu verfallen."[62]

Die verbreitete Vorstellung des Fegefeuers, anschaulich in Dantes „Divina Comedia" geschildert, bot eine Basis dafür, das Konzept des *Ablasses* weiterzuentwickeln und zu stärken. Die Bulle „Salvator noster" von Papst Sixtus IV. (1471–1484) verhieß sogar einen Strafnachlass nicht nur für die Käufer, sondern auch für bereits Verstorbene, die sich im Fegefeuer befanden.[63] Sie konnte sich dabei auf

---

60 S. a. a. O. 108.
61 S. a. a. O. 109.
62 Arnold Angenendt, Geschichte der Religiosität im Mittelalter, Darmstadt 1997, 663.
63 S. Leppin, Geschichte 408.

die Mt 6,19 f. rezipierende Lehre vom Seelgerät beziehen, also „eines im Himmel angelegten ‚Schatzes' an guten Werken für die Seele".⁶⁴ Ebenfalls in die Richtung einer berechnenden Frömmigkeit wies die Transformation der Heiligenverehrung, weg vom Vorbild hin zu ihrer „interzessorischen Funktion"⁶⁵. Kontextuell entsprach sie dem ökonomischen Kalkül, das zumindest in den Städten mit ihrem Handel an Bedeutung gewann.

Zugleich wirkte dort die Vita-apostolica-Bewegung in Form einer bewussten *Hinwendung zur Armut* weiter. Sie führte zu Gemeinschaften, die schließlich einen Weg innerhalb der Papstkirche fanden, und zu anderen, die sich nicht in die hierarchische Struktur einfügen ließen bzw. aus ihr ausbrachen und dann gewaltsam verfolgt wurden. Besonders eindrücklich waren hier die Humiliaten, also Frauen und Männer, die sich vor Gott „demütigten".

> „Einfache Leute waren sie, nicht aus den oberen Schichten. Ehrbar wollten sie mit eigenen Händen ihren Lebensunterhalt erwerben. Aber nicht das war es eigentlich; vielmehr bildeten sie religiöse und zugleich ökonomische Genossenschaften, und zwar als Verheiratete mitsamt ihren Familien. Als solche lebten sie gemeinschaftlich, wirtschafteten zusammen und führten gemeinsam auch ein religiöses Leben. Meist als Weber tätig, stellten sie einfache, für Arme erschwingliche Tuche her und gaben die Überschüsse als Almosen ab. ... Priester schlossen sich ihnen an, aber auch Laien konnten bei ihnen predigen."⁶⁶

Bereits Innozenz III. (1198–1216) hatte die Kirche für die Armutsbewegung geöffnet, indem er die Humiliaten und rückkehrwillige Anhänger von Petrus Waldes integrierte. Er bestätigte auch 1210 den „Orden der minderen Brüder" (Ordo minorum fratrum), also die *Franziskaner*.

> „Für Franz (1181/82–1226) standen die eigene Buße und, mit ihr verbunden, die Reform der Kirche im Vordergrund. Diese beiden Anliegen verdichteten sich erst durch mehrere Bekehrungen hindurch zur Armutsforderung."⁶⁷

In einer harten Konfrontation mit seinem Vater, einem reichen Tuchhändler, um Geld trat Franziskus in einer Zeichenhandlung nackt vor den rechtsprechenden Bischof („nudus nudum sequi"; als Nackter folge ich einem Nackten) und verkündete (angeblich):

---

64 Ulrich Volp, Der menschliche Tod in den christlichen Gemeinden. Kirchengeschichtliche Perspektiven, in: Ders. (Hg.), Tod (Themen der Theologie 12), Tübingen 2018, 117–161, 139.
65 Leppin, Geschichte 409.
66 Angenendt, Geschichte 59.
67 Leppin, Geschichte 316.

> „Hört alle her und begreift! Bis jetzt habe ich Pietro di Bernardone meinen Vater genannt. Doch weil ich mir vorgenommen habe, Gott zu dienen, gebe ich ihm das Geld zurück, dessentwegen er sich aufgeregt hat, und alle Kleider, die ich aus seinem Besitz habe, und ich will von jetzt an sagen: Vater unser, der du bist im Himmel, nicht: Vater Pietro di Bernardone."[68]

Dabei stand der Rekurs auf Jesu Distanz zu seiner Herkunftsfamilie im Hintergrund (s. Kapitel 2 2.).

Schnell strahlte dieser radikale Aufbruch aus. Andere Menschen aus begüterten Verhältnissen schlossen sich Franziskus an, so z.B. Bernhard von Quintavalle: „Er stammte ebenfalls aus reichem Haus. Nun verkaufte er nach dem Vorbild des reichen Jünglings in Mt 19,16–26 all seine Habe und schenkte sie den Armen."[69] Frauen folgten ebenfalls diesem Vorbild, so dass neben Klöstern für Mönche auch solche für Nonnen entstanden. Dazu trat ein Dritter Orden, also Menschen, die keinem Kloster beitraten, sich aber dem franziskanischen Anliegen verpflichtet fühlten.

> „Konkret drückte sich diese (sc. Lebensweise, C.G.) in einer zurückhaltenden Lebensführung aus, deren markantestes Merkmal der Verzicht auf auffällige, vornehme Kleidung wurde. Die tunica grisea, das graue Tuch, wurde zum Kennzeichen jener Menschen, die sich für ein Leben als Büßer in der Welt entschieden und ihre Überzeugung auf diese Weise in einer Welt ausdrückten, in der Kleidung ein soziales Unterscheidungsmerkmal war. Zur christlichen Regulierung des Alltags gehörte auch das Einhalten häufiger Fastenzeiten, was nicht nur für das Essen galt, sondern auch für Sexualität. ... Zu den selbstverständlichen Pflichten der Tertiaren gehörte auch die Teilnahme am liturgischen Geschehen. So hielten sie die sieben Stundengebete ein und gingen mindestens dreimal im Jahr zur Kommunion".[70]

Hier durchdrang also die monastische Lebensweise das Leben im Alltag; „die einfache Gegenüberstellung von Klerus und Welt verlor an Plausibilität".[71]

Eine solche Neuorientierung war nicht zuletzt für viele *Frauen* attraktiv. Die Bewegung der Beginen ist ein eindrückliches Beispiel hierfür.

> „Tatsächlich lösten sie sich aus ihren weltlichen Lebenszusammenhängen und führten in spiritueller Hinsicht ein ähnliches Leben wie die Angehörigen von Orden. Der Unterschied zu diesen war vorwiegend rechtlicher Art. Er lag darin, dass die Beginen nicht durch ein ewiges Gelübde an ihre Lebensform gebunden waren. Die gänzlich religiöse Ausrichtung ihres Lebens, in dem Handarbeit nur insofern einen Platz hatte, als sie dem Lebensunterhalt der Gemeinschaft diente, blieb davon unberührt. ... So entstand mit den Beginengemeinschaften das für das Mittelalter eigenartige, ja gelegentlich irritierende Phänomen einer in vieler

---

68 Zitiert a.a.O. 317.
69 A.a.O. 318.
70 A.a.O. 333.
71 A.a.O. 333.

Hinsicht autarken, rein weiblichen Lebensgemeinschaft. Hier schuf religiöses Verhalten Frauen einen Raum, in dem sie möglichen Zwängen ihrer bürgerlichen oder zum Teil auch adeligen Herkunft entkamen".[72]

Auch machten Frauen mit mystischen Erfahrungen auf sich aufmerksam. So berichtete Mechthild von Magdeburg († 1282) eindringlich in ihrem Hauptwerk „Das fließende Licht der Gottheit":

> „Dann geht die Allerliebste zum Allerschönsten in das verborgene Gemach der unschuldigen Gottheit. Da findet sie das Lager der Liebe und die Stätte der Liebe von Gott nicht nach Menschenart bereitet. Da sagt unser Herr: ‚Bleibt stehen, edle Seele!' ‚Was gebietest du, Herr?' ‚Ihr sollt euch ausziehen!' ‚Herr, was wird dann mit mir geschehen?' ‚Edle Seele, Ihr seid meiner Natur so innig verbunden, dass gar nichts zwischen Euch und mir sein darf. (...) Darum sollt Ihr Furcht und Scham ablegen und jede äußere Tugend. Vielmehr sollt Ihr allein die (Tugend), die Ihr von Natur aus in Eurem Innern habt, auf ewig fühlen. Das ist Euer edles Verlangen und Euer unendliches Begehren. Diese will ich in Ewigkeit mit meiner unendlichen Gnade stillen.' ‚Herr, nun bin ich eine nackte Seele und du in dir selbst ein Gott in großer Herrlichkeit. Unser beider Gemeinschaft ist das ewige Leben ohne Tod.' Darauf tritt da eine selige Stille ein, wie es beide wollen. Er schenkt sich ihr, und sie schenkt sich ihm. Was ihr jetzt geschieht, das weiß sie – und das ist mein Trost. Nun kann dies nicht lange währen, wo zwei Liebende heimlich zusammenkommen, müssen sie immer wieder auseinandergehen, ohne sich doch zu trennen."[73]

Neben und auf Grund solcher mitunter erotisch aufgeladener Frömmigkeit äußerte sich das Engagement der Frauen vor allem – Jesus nachfolgend – in der Zuwendung zu Armen und Kranken.

Zu den Franziskanern traten noch weitere sog. Bettelorden, von denen – neben den Augustiner-Eremiten – vor allem die von Dominicus († 1221) gegründete Gemeinschaft besondere Bedeutung erlangte. Bei ihr war das Leben in Armut vor allem eine „antihäretische Waffe",[74] die sich gegen die Katharer, aber auch die Waldenser richtete. Von daher stand die Predigt – und dann die theologische Arbeit – im Zentrum der 1215 kirchenamtlich bestätigten Ordensgemeinschaft der Dominikaner.

Etwa gleichzeitig zu solchen, am monastischen Ideal orientierten Bewegungen kam es zu einer theologischen *Aufwertung der Ehe*. Bereits das 2. Laterankonzil (1139) zählte sie zu den Sakramenten und stellte sie so zumindest strukturell mit der ebenfalls als Sakrament firmierenden Priesterweihe gleich. Nachdem bis dahin der

---

[72] A.a.O. 336; s. auch Norbert Ohler (Hg.), Frauen im Leben der Kirche. Quellen und Zeugnisse aus 2000 Jahren Kirchengeschichte, Münster 2015, 137f.
[73] Zitiert bei Leppin, Geschichte 337f. (a.a.O. 338 Anm. 30 Originalzitat).
[74] A.a.O. 324.

Eheschluss eine familiäre Angelegenheit war, zu dem ein priesterlicher Segen hinzutreten konnte, wurde er nun zu einem vom Priester geleiteten, öffentlichen Ritual.

Neben solchen kirchlich approbierten Lebensweisen bildeten sich im Zuge der Armutsbewegung auch Gruppierungen, die nicht – oder nur teilweise – in die Kirche integriert wurden, vor allem die – bereits genannten – *Katharer*. Schon die Herleitung des deutschen Nomens „Ketzer" weist auf die Bedeutung dieser Bewegung hin. Selbst bezeichneten sie sich als „katharoi" (Reine). Sie verfochten eine strenge Askese und kritisierten die kirchliche Hierarchie auf Grund von deren Reichtum.[75] Demgegenüber etablierten sie schon bald eigene Strukturen, bis hin zu eigenen Diözesen, und den Ritus des „Consolamentum", eine Art Geisttaufe. Zwar konnte der Albigenser-Kreuzzug die neue Organisationsform mit Waffengewalt zerschlagen, doch lebte die Bewegung im Untergrund weiter. Die in päpstlichem Auftrag von den Dominikanern getragene Inquisition führte diesen Kampf weiter. Eine auf dogmatische Korrektheit reduzierte Form des Christseins, organisiert in der hierarchischen Kirche, ging also gewaltsam gegen andersdenkende, sich ebenfalls als Christen bezeichnende Menschen vor – ein eklatanter Widerspruch gegen das Auftreten und Wirken Jesu.

Ähnliches widerfuhr den Anhängern des – 1184 vom Papst exkommunizierten – Simon Waldes und dem sich an John Wycliff anschließenden Johann Hus, der schließlich 1415 auf dem Scheiterhaufen des Konzils zu Konstanz endete. Allerdings konnte dadurch die Bewegung der Hussiten nicht beendet werden (s. 6.).

Vielleicht noch wichtiger als solche Aufbrüche und Auseinandersetzungen war aber die große *Pestepidemie* in der Mitte des 14. Jahrhunderts (s. 1.). In dieser Katastrophe zerbrachen nämlich bisher selbstverständliche Verhaltensweisen, was direkt die christliche Lebensform betraf.

> „Auch die bescheidensten Bestattungsrituale, die für das Seelenheil des mittelalterlichen Menschen eine große Bedeutung hatten, fallen der Pest zum Opfer. Um sich der gefährlichen Leichen, deren Ausdünstungen man fürchtet, und des unerträglichen Verwesungsgestanks so schnell wie möglich zu entledigen, verscharrt man die herbeigekarrten Leichen notdürftig in Massengräbern außerhalb der Siedlungen; eine Art der Bestattung, die sonst den Verdammten vorbehalten war und die demzufolge entsetzliche Angst einflößte. Die Chroniken berichten über Menschen, die versuchten, sich bei lebendigem Leibe selbst zu begraben, indem sie sich in eine Grube legten und sich, so gut es ging, mit Erde bedeckten".[76]

---

75 S. genauer – auch unter Hinweis auf die schwierige Quellenlage – a. a. O. 295 – 298.
76 Gronemeyer, Leben 10.

Die theologische Deutung vieler Predigten, die Seuche sei ein Gericht Gottes, konnte die meisten Menschen weder überzeugen noch gar trösten. Auch die Praxis der „unctio in extremis" (Letzte Ölung) – erstmals im 12. Jahrhundert von Petrus Lombardus so genannt – wirkte in dieser Situation ambivalent. Zweifellos konnte diese Zuwendung am Ende des Lebens tröstlich sein. Zugleich aber verstärkte sie die Ängste vor einem jähen Tod, der eine solche sakramentale Begleitung unmöglich machte.[77] Vielmehr setzten sich Zweifel an den überkommenen Deutungen des Todes durch:

> „der Tod ist nicht länger ein heilsgeschichtliches Ereignis, ein Übergang zum wirklichen Leben. Es kommt vielmehr die düstere Ahnung auf, daß er endgültiges Ende ist, eine Ahnung, deren Unerträglichkeit man noch lange durch eine immer zaghafter und kleinlauter werdende Jenseitshoffnung zu mildern trachtete. Dieser im Pestinferno entstandene Tod ist es, der das Lebensgefühl der Moderne entscheidend prägt. Die ungeheure Anstrengung der Weltverbesserung, die die Moderne auf sich nimmt, ist eine Kampfansage an diesen Tod."[78]

Dadurch, dass die Epidemie bis 1720 immer wieder die Menschen in Europa heimsuchte, wurden diese Anfragen an den kirchlich tradierten Glauben wachgehalten. Die ars-moriendi-Kultur dokumentiert eindrücklich dieses Ringen.[79] Zugleich zeigte sich bereits 1348 in einem Gutachten der medizinischen Fakultät der Universität Paris ein neuer, rein immanenter Zugang zu Welt und Leben:

> „Als Ursache (sc. der Seuche, C.G.) werden einerseits kosmische Konstellationen angenommen und andererseits giftige Erdausdünstungen. Entsprechend sind die empfohlenen Schutzmaßnahmen rein weltlicher Natur: Flucht aus der verdorbenen Luft, saure Speisen, Duftmittel gegen den vergiftenden Gestank, Ausnützung der geheimnisvollen Wirkung von Edelsteinen. Und schließlich die Meidung der Frauen".[80]

Das einfache Volk griff dagegen auf magische Praktiken zurück und wandte sich gegen angebliche Verursacher des Verderbens, allen voran die Juden (s. 1.).
So begegnen also zwischen dem 13. und 15. Jahrhundert nebeneinander spirituelle Aufbrüche, die sich an Jesu und seiner Apostel Auftreten und Wirken orientierten, Regulierungen kirchlicher Hierarchie, auch mit Gewalt durchgesetzt, und der Zerfall überkommener Ausdrucksformen christlichen Lebens im Zuge der Pest-Epidemie. Dabei büßten – trotz gewaltsamen Auftretens – die kirchliche Hierarchie und der geweihte Klerus ein Stück weit an selbstverständlicher Akzeptanz durch die Bevölkerung ein.

---

77 S. Volp, Tod 137.
78 Gronemeyer, Leben 10.
79 S. Volp, Tod 136 f.
80 Gronemeyer, Leben 12.

6 Reformen des Christseins im Schatten kirchlicher Hierarchie

Klar trat das Bemühen des Papsttums hervor, die alleinige Herrschaft, auch über die weltliche Obrigkeit, zu übernehmen. Bonifaz VIII. formulierte diesen Anspruch in seiner Bulle „Unam Sanctam" unmissverständlich (s. 1.). In den ersten Kreuzzügen spielte ebenfalls der Papst eine zentrale Rolle, indem er zur Teilnahme aufrief und diese mit der Zusicherung des allgemeinen Ablasses für die Kreuzritter attraktiv machte. Allerdings kam es im 14. Jahrhundert, nicht zuletzt auf Grund innerkirchlicher Auseinandersetzungen, zu erheblichen Schwächungen des Papstamtes. Zwei, ja sogar drei gleichzeitig residierende Päpste untergruben geistliche Autorität und unabhängige Machtbasis des Petrus-Amtes. Die sich zunehmend national formierenden politischen Kräfte konnten sich davon unabhängig positionieren. Im 15. Jahrhundert entwickelte sich im sog. Renaissance-Papsttum das kirchliche Leitungsamt in eine Richtung, die nicht als vorbildlich für die christliche Lebensform gelten kann. Vielmehr wurde der im wohlhabenden Adel übliche, ausschweifende Lebensstil praktiziert.

> „Die notorische, manifeste Sittenlosigkeit der Päpste, der Kardinäle und des Kurienpersonals trug in einer zunehmend von der humanistischen Betonung des menschlichen Individuums geprägten Zeit dazu bei, daß das Urteil über die Institution sich nach deren einzelnen Trägern richtete. Und diese waren fast ein Jahrhundert lang ununterbrochen unwürdig, wenn man die geistlichen Normen des Amtes zum Maßstab machte. ... Der traditionelle Nepotismus ... nahm nunmehr ... Formen an, die das Papsttum fast als Familiendynastie wie bei weltlichen Potentaten erscheinen ließ."[81]

Dagegen ließen der eben an wenigen Beispielen (s. 5.) gezeigte spirituelle Aufbruch sowie die allgemeinen Verunsicherungen durch die Pest die Kirche nicht unberührt:

Auf der einen Seite normierte die kirchliche Hierarchie zunehmend die christliche Lebensform. Vielleicht am weitreichendsten war die endgültige Formulierung der Sakramentenlehre auf dem Konzil von Florenz (1439), das deren Siebenzahl festlegte. Da diese für das Heil entscheidenden Handlungen jeweils nur von Klerikern gespendet werden durften (Ausnahme: Nottaufe), zementierte diese Entscheidung die klerikale Herrschaft in der Kirche. Die Gemeinschaft der Christen spielte dabei keine Rolle.

Auf der anderen Seite waren aber zahlreiche spirituelle Aufbrüche zu beobachten (s. 5.), die nicht zuletzt einem Misstrauen gegen den Klerus und dessen Lebensweise

---

[81] Wolf-Dieter Hauschild, Lehrbuch der Kirchen- und Dogmengeschichte Bd. 2. Reformation und Neuzeit, Gütersloh ²2001, 12.

entsprangen. Dieses kam – nicht von ungefähr im Kontext der Pest-Epidemie – beispielhaft in Giovanni Bocchaccios „Decamerone" (s. 1.) zum Ausdruck, das u. a. die sexuellen Verfehlungen der angeblichen Zölibatäre anprangerte.

Tatsächlich kamen wichtige Anregungen zur Aktualisierung der christlichen Lebensform vom Rand der Kirche. Aus der Rückbesinnung auf die „Vita apostolica", vor allem den Verzicht auf Besitz, folgte die Kritik von Laien und Klerikern an der reichen Kirche. Auch alleinstehende Frauen nahmen diese Impulse auf und etablierten mit ihren Beginen-Häusern von der kirchlichen Hierarchie unabhängige Zentren christlichen Lebens. Sie nahmen dabei die Aufforderung des Evangeliums ernst, in Not Geratenen, seien sie arm, krank oder flüchtig, beizustehen. Durch die priesterlichen Reservate der Beichte und Eucharistie waren sie allerdings auf den Kontakt zu Klerikern angewiesen.[82]

Fundamental setzten Kirchenkritiker wie *John Wyclif* (1330–1384) in England und Jan Hus († 1415) in Böhmen an. Wyclif, selbst Geistlicher und seit 1372 Doktor der Theologie, war – im Kontext sozialer Spannungen in England – für die Besteuerung des Klerus eingetreten und hatte sich kritisch gegenüber dem päpstlichen Anspruch geäußert.

> „Er meinte, aus der Bibel als lex Christi (Gesetz Christi) ableiten zu können, was in der Kirche gelten dürfe. ... Das Neue Testament als lex Christi führte zu einem radikal kritischen Verhältnis zur gegenwärtigen Kirche, die nach Wyclifs Lehre ohnehin nicht mit der wahren Kirche identisch war. Dies war vielmehr die den Augen der Menschen verborgene Versammlung der Prädestinierten, die congregatio omnium praedestinatorum, deren Haupt Christus allein ist, nicht der Papst. ... Ausdrücklich lehnte er die 1215 dogmatisierte Transsubstantiationslehre als nicht schriftgemäß ab und setzte ihr eine Theorie entgegen, nach der die Elemente tatsächlich blieben, was sie sind, mit ihnen zugleich aber Christus sakramental gegenwärtig werde."[83]

Ab etwa 1382–84 breiteten sich Anhänger Wyclifs, die Lollarden, aus, wobei sie dessen Bibelzentrierung als grundlegend für die christliche Lebensform beibehielten.

Auch in Böhmen kam es gegenüber der päpstlichen Kirche zu einer deutlichen Opposition, die nicht mehr in diese integrierbar war. Wyclifs Schriften gaben dazu wichtige Impulse. Zentraler Führer dieser Bewegung war *Jan Hus*. Nach seiner Exkommunikation verfasste er 1412/13 den Traktat „De ecclesia".

> „Grundlegend für seine darin entfaltete Ekklesiologie war die von Wyclif übernommene Identifikation der Kirche mit den Prädestinierten. So war Kirche nicht an einer erkennbaren

---

82 S. Angenendt, Geschichte 64.
83 Leppin, Geschichte 385 f.

Hierarchie erkennbar, wohl aber an den Früchten im Tun der Glaubenden nach Mt 7,16. ... Alle menschlichen Zwischeninstanzen zwischen Christus und den Glaubenden wurden übersprungen."[84]

Besonderes Aufsehen erregte die Forderung von Hus, den Laien (wieder) den Kelch beim Abendmahl zugänglich zu machen. Die Eucharistie sei „sub utraque", unter beiderlei Gestalt, zu feiern – daher auch die Bezeichnung „Utraquisten" für die Anhänger von Hus. Trotz seiner Hinrichtung 1415 konnte die von ihm ausgelöste Bewegung nicht mehr unter Kontrolle gebracht werden. Nach gewissen Turbulenzen, vor allem um die Frage der Armut, kam es 1420 zur Verabschiedung der vier sog. Prager Artikel. Sie enthielten die Forderung der freien Wortverkündigung, der Spendung des Abendmahls unter beiderlei Gestalt, der freien Vergabe des Priesteramtes ohne weltlichen Einfluss sowie der moralischen Integrität der priesterlichen Amtsführung.[85] Schließlich kam es in Böhmen dazu, dass „erstmals in einem europäischen Land zwei Kirchen nebeneinander die Anerkennung durch den Landesherrn" erlangten.[86] Nach weiteren Kämpfen bestätigte 1485 der Frieden von Kuttenberg die Existenz des Hussitismus als vom Papst unabhängige Kirche.

Weniger spektakulär, aber in eine ähnliche Richtung, nämlich die „Territorialisierung der Universalkirche" wiesen die zahlreichen Konkordate, die im 15. Jahrhundert weltliche Herrscher und die Kurie miteinander schlossen.

„Seit Mitte des 15. Jahrhunderts folgte ein Konkordat auf das andere – 1448 das Wiener Konkordat mit dem Kaiser, das in den Concordata Nationis Germanicae auf die deutschen Fürsten und ihre Territorien ausgedehnt wurde, 1472 und erweitert 1516 die Konkordate mit Frankreich, 1482 mit Kastilien und Aragon, schließlich im 16. Jahrhundert mit Polen und Ungarn sowie den skandinavischen Reichen."[87]

7 Zusammenfassung

Erhebliche Auseinandersetzungen erschütterten das Verhältnis von geistlicher und weltlicher Macht sowie auch diese beiden Herrschaftsbereiche in ihrer Binnenstruktur. Vor allem das Papstamt schwankte zwischen höchsten Ansprüchen und tiefer Abhängigkeit von weltlichen Herrschern wie dem König von Frankreich hin und her. Allerdings schritt die Klerikalisierung des kirchlichen Lebens weiter

---

84 A.a.O. 388.
85 S. a.a.O. 389.
86 A.a.O. 390.
87 Heinz Schilling, Martin Luther. Rebell in einer Zeit des Umbruchs. Eine Biographie, München 2012, 33.

voran. Unterstützt durch die Fixierung kultischer Vollzüge auf die dingliche Ebene kam es zu einer Hochstilisierung der Eucharistie, die dogmatisch in der Transsubstantiationslehre und heortologisch-volkstümlich im Fronleichnam-Fest ihren Ausdruck fand. Dabei ging aber die Gemeinschaft der Feiernden weiter verloren. Die mittlerweile obrigkeitlich erzwungene Taufe trat im kirchlichen Regelwerk hinter die dem Bischof vorbehaltene Firmung zurück. Für die Menschen war die Taufe jedoch zentral, weil die Kirche an sie den Zugang zur ewigen Seligkeit band und dies z. B. in ihrem Bestattungswesen eindrücklich zelebrierte. Die damals dominante, vornehmlich am eigenen Seelenheil interessierte Frömmigkeit des „do, ut des" wurde durch das kirchliche Ablasswesen und die mit ihm verbundene Beicht- und Bußpraxis noch verstärkt.

So vollzogen sich im hierarchisch geordneten kirchlichen Bereich Entwicklungen, die zwar historisch und kontextualitätstheoretisch erklärbar sind, aber in keinem Bezug mehr zum Auftreten und Wirken Jesu standen. Dagegen kam es am Rand und außerhalb der Kirche zu ihnen entgegengesetzten Aufbrüchen. In der die spirituelle Kraft der Armut ins Blickfeld rückenden Vita-apostolica-Bewegung orientierte nämlich der Bezug auf Jesus und die Apostel den Alltag. Die Bettelorden wie die Franziskaner und Dominikaner griffen dies ebenso wie die Bewegungen der Humiliaten sowie die Anhänger von Waldes, Wyclif und Hus, aber auch die Katharer auf. Diese Aufbrüche fanden unterschiedliche Formen, nicht zuletzt im Verhältnis zur hierarchischen Kirche. Auch „mulieres religiosae"[88] beteiligten sich hieran, besonders beeindruckend in der Beginen-Bewegung.

Von daher ist der Zeitraum zwischen 1200 und 1500 durch eine zunehmende Pluralisierung von Bemühungen gekennzeichnet, jenseits im Volk verbreiteter magischer Praktiken und des päpstlichen Machtanspruchs die christliche Lebensform zu realisieren. Teilweise öffnete sich die hierarchisch strukturierte, exklusiv durch (männliche) Priester agierende Kirche hierfür; teilweise verfolgte sie aber auch spirituelle Aufbrüche als Ketzerei und versuchte ihre Anhänger mit Gewalt zum Schweigen zu bringen. Durch die Hussiten etablierte sich im Bereich der lateinischen Tradition erstmals eine dissidente Form von Kirche neben der römischen Organisation.

Schließlich bahnte sich bei nicht wenigen eine Verunsicherung gegenüber dem Wahrheitsgehalt kirchlicher Lehre und Verkündigung an. Die Katastrophe der Pest erschütterte in ihren auch kirchliches Handeln bei Sterben und Bestattung destruierenden Konsequenzen viele Menschen. Theologische Interpretationsmuster wie das des Gerichts Gottes halfen den meisten nicht weiter.

---

88 Leppin, Geschichte 335.

Kapitel 8
Pluralisierung des Verständnisses und der Organisation von Christsein (1500–1800)

1 Politischer, gesellschaftlicher und kultureller Kontext

Im 16. und 17. Jahrhundert herrschte weiter die Agrarwirtschaft vor. Viele der im letzten Kapitel genannten Trends setzten sich im jetzt zu betrachtenden Zeitraum – teilweise sogar verschärft – fort. Wirtschaftlich vollzogen sich mitunter extreme Auf- und Abschwünge. Dabei nahm in der ersten Hälfte des 16. Jahrhunderts die Bevölkerung zu und auch die – allerdings meist recht kleinen – Städte wuchsen.

> „Die Bevölkerung in Deutschland betrug schätzungsweise ca. 12 Mill. um 1500, ca. 14 Mill. um 1550 …; sie lebte zu ca. 80 Prozent auf dem Lande. Die ca. 4.000 Städte waren z. gr. T. Kleinstädte und Orte mit weniger als 1.000 Einwohnern, davon ca. 1.000 mit ca. 1–2.000 Einwohnern (zumeist Ackerbürgern), ca. 200 mit mehr als 2.000 und nur 25–40 mit mehr als 10.000 Einwohnern, darunter als größte Köln und Augsburg mit ca. 40–60.000."[1]

Vor allem die sog. *„Kleine Eiszeit"*, eine spürbare Klimaverschlechterung, die in den siebziger Jahren des 16. Jahrhunderts einsetzte – und über einhundert Jahre anhielt –, beendete diese positive Entwicklung. Das Absinken der Durchschnittstemperaturen – spürbar in sehr kalten und nassen Sommern sowie langen und kalten Wintern – führte zu unzureichenden Ernten.[2] Erst der Dreißigjährige Krieg ließ dieses Problem in den Hintergrund treten.

Eine Begleiterscheinung des Klimawandels waren die *Hexenverfolgungen*, insofern man diesen – meist – Frauen die Schuld an den gehäuften Missernten zuschob.

> „Vor allem ist auffällig, daß die Hexen nach der im ausgehenden 16. Jahrhundert weithin akzeptierten Vorstellung mit ihrem Schadenszauber genau in dem Raum operierten, der auch von der Klimaverschlechterung zuerst und vor allem betroffen war. Hexen schädigten

---

[1] Wolf-Dieter Hauschild, Lehrbuch der Kirchen- und Dogmengeschichte Bd. 2. Reformation und Neuzeit, Gütersloh ²2001, 17.
[2] S. Hartmut Lehmann, Frömmigkeitsgeschichtliche Auswirkungen der ‚Kleinen Eiszeit', in: Wolfgang Schieder (Hg.), Volksreligiosität in der modernen Sozialgeschichte (Geschichte und Gesellschaft. Zeitschrift für Historische Sozialwissenschaft Sonderheft 11), Göttingen 1986, 31–50, 33.

durch ihren Zauber, so glaubte man, primär das Wachstum und Reifwerden der Ernte sowie die Gesundheit von Mensch und Vieh."[3]

Hier zeigte sich in großer Schärfe die Problematik einer pagane Vorstellungen direkt adaptierenden Form des Christseins. Dabei begegneten Hexenverfolgungen sowohl bei katholischen als auch evangelischen Christen. Theologische Einsprüche, die die genannten Unbillen als Gottes Strafe interpretierten, setzten sich lediglich in bestimmten bürgerlichen Kreisen, nicht jedoch in der formal ungebildeten Mehrheit durch.[4]

Politisch traten im 16. Jahrhundert verschiedene Entwicklungen nebeneinander, die sich teilweise gegenseitig verstärkten bzw. beeinflussten, auf jeden Fall weit reichende Konsequenzen hatten. Zuerst ist hier die *Entdeckung der sog. Neuen Welt* zu nennen, für die häufig das Erreichen einer Insel der Bahamas 1492 durch Christoph Columbus steht. Die in Amerika stattfindende Ausbeutung von Bodenschätzen, aber auch die Versklavung der indigenen und dann afrikanischen Bevölkerung[5] gaben der wirtschaftlichen Entwicklung in Europa kräftige Impulse.

> „Columbus, a veteran of that trade, reported to Ferdinand and Isabella in 1492 that it would be the work of a moment to enslave the people of Haiti, since ‚with 50 men all of them could be held in subjection and can be made to do whatever one might wish.' In sugar mines and gold mines, the Spanish worked their native slaves to death while many more died of disease. Soon, they turned to another source of forced labor, Africans traded by the Portuguese."[6]

Vor allem Spanien und Portugal, bald auch die Niederlande und England erfuhren durch diese Expansion politisch wichtige Erweiterungen. Kirchlich begann eine neue Etappe von Mission, die meist mit einer imperialen Form der europäischen Inkulturation verbunden war.

In Europa stabilisierte sich zum einen die habsburgische Herrschaft als Kaiser des Römischen Reichs deutscher Nation. „Auch wenn das Wahlkönigtum grundsätzlich beibehalten wurde, regierten als Könige/Kaiser seit 1438 Habsburger (mit einer kurzen Unterbrechung bis zum Ende des Reiches 1806)."[7] Zum anderen verstärkten sich die Bestrebungen zu einem national konnotierten Ausbau der einzelnen Territorien – begünstigt durch die bereits seit Längerem bestehende „verfassungsrechtliche Spannung zwischen zentraler Reichsgewalt und

---

3 A.a.O. 43.
4 S. a.a.O. 42.
5 S. hierzu den knappen Überblick bei Rainer Tetzlaff, Afrika. Eine Einführung in Geschichte, Politik und Gesellschaft, Wiesbaden 2018, 61–72.
6 Jill Lepore, These Truths. History of the United States, New York 2018, 18.
7 Hauschild, Lehrbuch 10.

partikularen Territorialherrschaften"[8]. Das hatte nicht nur erhebliche Auswirkungen für den Fortgang der Reformation (s. 6.), sondern belastete auch die weitere politische Entwicklung. So klagte bereits Erasmus von Rotterdam:

> „Ein Stamm wird zum Kampf mit einem anderen Stamm getrieben, Stadt gegen Stadt, Parteiung gegen Parteiung, Herrscher gegen Herrscher. ... Der Engländer ist der Feind des Franzosen, aus keinem anderen Grund, als weil er Franzose ist. Der Schotte ist den Briten feind, aus keinem anderen Grund, als weil er Brite ist. Der Deutsche ist dem Franzosen feind, der Spanier beiden".[9]

Die Zugehörigkeit zu einem „Stamm" bzw. einer Nation ließ das gemeinsame Christsein in den Hintergrund treten.

Gesamtpolitisch war vor allem in der ersten Hälfte des 16. Jahrhunderts der – 1453 mit der Eroberung Konstantinopels bereits erfolgreiche – Ansturm des Osmanischen Reichs ein wichtiger Faktor. Er kulminierte 1529 in der Belagerung von Wien, was geradezu eine „Angstpsychose"[10] auslöste und die verbreitete Endzeitstimmung verstärkte.

Bevor jetzt die weitere politische Entwicklung, vor allem die große Katastrophe des Dreißigjährigen Kriegs in den Blick kommt, muss die *Reformation* als – auch – hierfür grundlegendes Ereignis genannt werden. Mittlerweile ist deutlich, dass die von Martin Luther ausgelöste Bewegung nur im damaligen politischen, kirchlichen, ökonomischen und kulturellen Kontext verständlich ist.[11] Kurz nannte ich bereits die in Konkordate überführten Spannungen zwischen dem Papstamt und weltlichen Machthabern, zwischen dem Renaissance-Papsttum und sich um eine spirituell und/bzw. biblisch begründete Lebensform Bemühenden sowie die Abspaltung der Hussiten-Kirche in Böhmen (s. Kapitel 7 6.). Dazu kamen neue Netzwerke, vor allem der Humanisten, die eine jenseits der überkommenen Hierarchie liegende Kommunikation pflegten. Auch die Auseinandersetzungen an den Theologischen Fakultäten der Universitäten zwischen der scholastischen „via antiqua" und der „via moderna" mit ihrer Berücksichtigung der Erfahrung bereitete den Umschwung vor. Eine wichtige – ökonomisch prosperierende – Stütze war bei allem der Buchdruck, mit dessen Hilfe schnell und in großer Zahl Schriften und damit Gedanken verbreitet werden konnten. Atmosphärisch bildete die allgemeine „Sehnsucht nach einer besseren Kirche und

---

[8] A.a.O. 13.
[9] Zitiert nach Heinz Schilling, Martin Luther. Rebell in einer Zeit des Umbruchs. Eine Biographie, München 2012, 35.
[10] A.a.O. 30.
[11] S. knapp zur bisherigen Forschung Volker Leppin, Lutherforschung am Beginn des 21. Jahrhunderts, in: Albrecht Beutel (Hg.), Luther Handbuch, Tübingen 2005, 19–34.

nach einem sicheren, von ‚guten' Klerikern geebneten Weg zum ewigen Seelenheil"[12] die Grundlage für die Verbreitung von Luthers Aufbegehren. Inhaltlich richtete sich sein Protest 1517 zentral gegen die im Ablass am eindrücklichsten greifbare Werkgerechtigkeit der „do, ut des"-Frömmigkeit mit ihren problematischen finanziellen Implikationen.[13] Dem setzte der Wittenberger Professor die Rechtfertigungsbotschaft des Paulus entgegen, woraus sich wiederum weitreichende Konsequenzen für die Auffassung von Kirche und deren Leitung sowie die theologische Bestimmung der christlichen Lebensform ergaben. Auf jeden Fall löste Luthers Protest schnell eine reichsweite Bewegung aus, die zu einer – bis heute reichenden – kirchlichen Teilung der lateinischen Christenheit führte.

Für die christliche Lebensform war dabei wichtig, dass – entsprechend der germanischen Sozialform – jetzt wieder die staatliche Obrigkeit über die einzelnen Menschen und deren Lebensform entschied. Im Augsburger Interim (1555) wurde den Landesherren – abgesehen von den geistlichen Fürsten – das „jus reformandi" zugestanden; ihren Untertanen blieb lediglich – bei Dissens gegenüber der Konfession des Landesherrn – das „jus emigrandi".

> „Der Augsburger Religionsfrieden markierte einen wichtigen Einschnitt der politisch-rechtlichen Entwicklung des römisch-deutschen Reichs. Die lutherischen Reichsstände erreichten 1555 die dauerhafte reichsrechtliche Anerkennung der von ihnen errichteten Kirchenwesen durch das habsburgische Reichsoberhaupt und die katholischen Reichsstände, die sich davon im Gegenzug eine Absicherung ihres konfessionellen Besitzstandes gegenüber der dynamisch ausgreifenden reformatorischen Bewegung erhofften."[14]

Mit der Etablierung eigenständiger Konfessionen stellten sich dem bis dahin grundsätzlich herrschenden Einheitskonzept widersprechende Herausforderungen. Sie traten – verknüpft mit nationalen bzw. territorialen Auseinandersetzungen – in brutaler Schärfe im sog. Dreißigjährigen Krieg zu Tage. Er war Resultat des Scheiterns von Versuchen, „im Rahmen der bestehenden politisch-rechtlichen Ordnung im Reich einen friedlichen Ausgleich der Gegensätze zwischen den Konfessionsparteien zu finden."[15] Ereignisse wie die Bartholomäusnacht (23./24. August 1572) in Paris, in der Tausende von Hugenotten ermordet wurden, hatten schon früh das Gewaltpotenzial aufblitzen lassen, das in den Konfessionsstreitigkeiten lag. Konkret war dann die politisch-konfessionelle Krise in

---

[12] Schilling, Luther 55.
[13] Zum konkreten Hintergrund und Kontext der 95 Thesen aus historischer Perspektive s. a. a. O. 157–167.
[14] Christoph Kampmann, Europa und das Reich im Dreißigjährigen Krieg. Geschichte eines europäischen Konflikts, Stuttgart ²2013, 22.
[15] A. a. O. 17.

Böhmen Auslöser für „die größte Katastrophe der jüngeren deutschen Geschichte", die zugleich ein „europäischer Konflikt" war.[16] Christlich-konfessionelles Bekenntnis und rücksichtslose Gewaltanwendung gingen hier ineinander über. Das von den verschiedenen Kriegsparteien verfolgte Ziel einer „honesta pax" verzögerte – trotz vielfältiger entsprechender Bemühungen – den Friedensschluss bis 1648; damit war aber der Krieg zwischen Spanien und Frankreich noch nicht beendet.[17] Im Westfälischen Frieden kam es zu einer Weiterführung des in Augsburg 1555 geschlossenen Vertrags, wobei nun der 1. Januar 1624 als Stichtag für die Festlegung der konfessionellen Zugehörigkeit eines Territoriums bestimmt wurde. Auch jetzt war das Bekenntnis eine kollektiv, staatlich festgelegte Angelegenheit, keine Entscheidung der Einzelnen. Die so entstehenden konfessionellen Lebensformen – nun einschließlich des reformierten Bekenntnisses – waren obrigkeitlich bestimmt. Dabei ordneten sich die katholischen Territorien in geistlichen Dingen dem päpstlichen Primat unter, in den evangelischen nahm diese Funktion der Landesherr als „summus episcopus" ein. Menschen, die sich nicht in die drei offiziell zugelassenen Konfessionen in ihrem jeweiligen Territorium einfügen ließen, hatten nur die Wahl zwischen Untertauchen oder Auswandern.

Die Neue Welt, also *Amerika,* bot sich für Letzteres an. Sie wurde zu einem Sammelbecken für in der Interpretation und Praxis der christlichen Lebensform Abweichende und zunehmend auch säkular Gesinnte.

> „The United States was founded during the most secular era in American history; either before or since. In the late eighteenth century, church membership was low, and anticlerical feeling was high. It is no accident that the Constitution does not mention God."[18]

Dem trug dann auch die amerikanische Verfassung am 15.12.1791 im First Amendment Rechnung:

> „Congress shall make no law respecting an establishment of religion, or prohibiting the free exercise thereof; or abridging the freedom of speech, or of the press; or the right of the people peacebly to assemble, and to petition the Government for a redress of grievances."[19]

Dies führte zu einer Vielfalt von Religionsgemeinschaften. Einheit stiftete „a belief in the American creed",[20] also das, was Robert Bellah später „Civil Religion"

---

16 A.a.O. 1.
17 S. hierzu im Einzelnen a.a.O. 171–187.
18 Lepore, Truths 199f.
19 Zitiert und interpretiert nach a.a.O. 137.
20 A.a.O. 201.

nannte.²¹ Sie gab den gesellschaftlich verbindlichen Rahmen für die partikularen religiösen Formen ab.²²

Ebenfalls von großer Wirkung war 1789 die Französische Revolution, die „die bis dahin konstitutive Verbindung von Staat und Kirche, Gesellschaft und Christentum auflöste und einen Markstein in der Entwicklung neuzeitlicher Säkularisierung setzte."²³

Auf dem Boden des Alten Reiches herrschte jedenfalls bis zum Ende des 18. Jahrhunderts eine „scharf ausgeprägte kulturelle Vielfalt":

> „die Spannung etwa zwischen der kolonialen Spröde des preußischen Ostens und den Städten römischer Herkunft am Rhein, zwischen Weilern im Bayrischen Wald und süddeutschen Handelsemporen wie Augsburg, sie wurde durch die unterschiedlichen Entwicklungschancen in den konfessionell vereinheitlichten Staaten noch einmal gebrochen, womöglich noch vermehrt: Die kursächsische Lesekultur verriet eine andere Entfaltungsmöglichkeit als der kurbayerische Barockkirchenbau. ... Eine Welt trennte den katholischen Magnaten in Schlesien von einem hanseatischen Großkaufmann lutherischen Bekenntnisses, erst recht vom zwinglianischen Pfahlbürger einer südwestdeutschen Kleinstadt, schied den zunftgebundenen Handwerksmeister vom landlosen Verlagsarbeiter, den Universitätsgelehrten vom Landsknecht."²⁴

Eine wichtige Grundlage für diese *Pluralisierung* stellten Ansätze dar, die dann im 19. Jahrhundert als „Aufklärung" bezeichnet wurden.²⁵ In Weiterführung von Öffnungen in Renaissance und Humanismus rückte die vernunftbezogene Reflexion ins Zentrum. Tradiertes wurde entsprechend geprüft und hatte sich dabei in seiner Sinnhaftigkeit auszuweisen.

Schließlich vollzogen sich Pluralisierungsprozesse vielfältiger Art auf den Missionsgebieten in Asien, Amerika und Afrika. Dabei kam es zu erstaunlichen Öffnungen, wie in der römischen „Instructio Vicariorum ad Regna Sinarum, Tochni et Cocinae profiscentium" (1659):

> „Verwendet keine Mühe darauf und ratet keinesfalls jenen Leuten, ihre gewohnten Riten und Sitten zu ändern, es sei denn, sie widersprächen offensichtlich der Religion und den guten

---

21 S. Robert Bellah, Civil Religion in America, in: Daedalus 96 (1967), 1–21.
22 S. Rolf Schieder, Civil Religion. Die religiöse Dimension der politischen Kultur, Gütersloh 1987, 55–69.
23 Hauschild, Lehrbuch 637.
24 Hans-Ulrich Wehler, Deutsche Gesellschaftsgeschichte Bd. 1. Vom Feudalismus des Alten Reiches bis zur Defensiven Modernisierung der Reformära 1700–1815, München ³1996, 50.
25 S. Albrecht Beutel, Aufklärung in Deutschland (KIG 4 02), Göttingen 2006, 151–169.

Sitten. Was wäre absurder, als Frankreich, Spanien, Italien oder einen anderen Teil Europas nach China einzuführen? Nicht diese, sondern den Glauben sollt Ihr einführen, der keines Volkes Riten und Gewohnheiten – sofern sie nicht verkehrt sind – zurückweist oder verletzt, sondern sie vielmehr hegen und schützen möchte."[26]

Allerdings setzten sich solche kulturell öffnenden Orientierungen nicht auf Dauer durch. Im Kolonialprotestantismus kam es zu schwierigen Verknüpfungen von heimatlichen Handelsinteressen und Missionsbemühungen. Bei ihnen diente die Lehre der Religion zugleich der Unterdrückung der ausgebeuteten Einheimischen.[27]

2 Rückbesinnung auf das Nachtmahl des Herrn

Differenzen im Verständnis und in der Praxis der Eucharistie begründeten wesentlich und verschärften die theologischen Auseinandersetzungen im 16. Jahrhundert, die zu eigenständigen, einander entgegengesetzten Kirchenorganisationen führten. Gemeinsam kritisierten die *Reformatoren* die römische Lehre von der Eucharistie in zweifacher Weise, wobei die Bibel ihr normativer Bezugspunkt war:
– Sie wiesen das auf Gegenseitigkeit beruhende Opferverständnis zurück, womit sie eine wesentliche Stütze der römischen Kirchenorganisation destruierten.

„Das Verständnis der Eucharistie als eines Opfers auf Gegenseitigkeit, bei dem das priesterliche Handeln unabdingbar war, bildete nicht zuletzt eine wesentliche Grundlage für die Finanzierung der Kirche. Doch dieses Opferverständnis lehnten die Reformatoren rechtfertigungstheologisch scharf ab."[28]

Martin Luther stellte demgegenüber – unter Bezug auf die Verba Testamenti im Mt – die Sündenvergebung in den Mittelpunkt seines Verständnisses des Abendmahls,[29] bei den Reformierten lag der Akzent auf Buße und Kirchenzucht.

---

[26] Zitiert nach Klaus Koschorke/Frieder Ludwig/Mariano Delgado (Hg.), Außereuropäische Christentumsgeschichte. Asien, Afrika, Lateinamerika 1450–1990 (Kirchen- und Theologiegeschichte in Quellen Bd. VI), Neukirchen-Vluyn ⁴2012, 29.
[27] S. z. B. die a. a. O. 31–34 zitierten Beispiele.
[28] Christian Grethlein, Abendmahl feiern in Geschichte, Gegenwart und Zukunft, Leipzig 2015, 74.
[29] S. Frieder Schulz, Einführung, in: Irmgard Pahl (Hg.), Coena Domini I. Die Abendmahlsliturgie der Reformationskirchen im 16./17. Jahrhundert, Freiburg (CH) 1983, 1–6, 4.

Diese theologischen Interpretationen zogen lange Zeit bei der Feier eine eher gedrückte Atmosphäre nach sich.

> „Das Motiv der Busse oder der Schatten der Kirchenzucht vergällt den Reformierten die Festfreude. Wer Brot und Wein nehme, müsse zuerst Frieden mit Nachbarn, Freunden und Familie schliessen, sagt und denkt man. Ein reines Gewissen sei die Bedingung für den rechten Empfang."[30]

Unterstützt wurde dies durch die im lutherischen Gottesdienst vorausgehende Beichte, auch wenn diese zunehmend kollektiv erfolgte.
– Dazu wiesen die Reformatoren die Transsubstantiationslehre zurück, die dann noch einmal 1551 auf dem Tridentinischen Konzil bekräftigt wurde:

> „Weil aber Christus, unser Erlöser, sagte, das, was er unter der Gestalt des Brotes darbrachte ..., sei wahrhaft sein Leib, deshalb hat in der Kirche Gottes stets die Überzeugung geherrscht, und dieses Konzil erklärt es jetzt von neuem: durch die Konsekration des Brotes und Weines geschieht eine Verwandlung der ganzen Substanz des Brotes in die Substanz des Leibes Christi, unseres Herrn, und der ganzen Substanz des Weines in die Substanz seines Blutes. Diese Wandlung wurde von der heiligen katholischen Kirche treffend und im eigentlichen Sinne Wesensverwandlung genannt." (DH 1642)

Allerdings bestand unter den Reformatoren in der positiven Entgegensetzung keine Einigkeit mehr.[31] Die von Luther vertretene Realpräsenz Christi, bei der dem „est" der Einsetzungsworte entscheidende Bedeutung zukam,[32] kritisierte Huldrych Zwingli, der ein Aszendenzmodell vertrat. Hier wurde der Bezug der Mahlfeier zu Christus nicht real, sondern signifikativ verstanden.[33]

---

30 Ralph Kunz, Eucharistie neu entdeckt – Zur Wirkungsgeschichte der reformierten Abendmahlstheologie, in: Ders., Der neue Gottesdienst. Ein Plädoyer für den liturgischen Wildwuchs, Zürich 2006, 57–74, 60.
31 S. zu den verschiedenen Typen der Abendmahlsfeiern in den reformatorischen Kirchen den Überblick bei Benedikt Kranemann, Liturgien unter dem Einfluss der Reformation, in: Jürgen Bärsch/Benedikt Kranemann in Verbindung mit Winfried Haunerland/Martin Klöckener (Hg.), Geschichte der Liturgie in den Kirchen des Westens. Rituelle Entwicklungen, theologische Konzepte und kulturelle Kontexte Bd. 1. Von der Antike bis zur Neuzeit, Münster 2018, 425–479, 438–448.
32 S. hierzu Reinhard Schwarz, Selbstvergegenwärtigung Christi. Der Hintergrund in Luthers Abendmahlsverständnis, in: Dietrich Korsch (Hg.), Die Gegenwart Christi im Abendmahl, Leipzig 2005, 19–49.
33 S. Ralph Kunz, Gottesdienst evangelisch reformiert. Liturgik und Liturgie in der Kirche Zwinglis (THEOPHIL 10), Zürich 2001, 150–194.

> „Ontologisch stieß der humanistisch geprägte Gegensatz von Geist und Materie, der für Zwingli eine Aufnahme des geistlich-geistigen Göttlichen in das materielle Brot unmöglich machte, bei Luther auf ein Seinsverständnis, das Geistliches als etwas vorstellte, das Materielles ganz und gar durchdringen kann."[34]

Johannes Calvin nahm in dieser Auseinandersetzung, die auch beim Marburger Religionsgespräch 1529 nicht gelöst werden konnte, eine Mittelposition ein. Mit Zwingli unterschied er strikt zwischen Geistigem und Materiellem, hielt aber zugleich mit Luther an der Präsenz Christi im Mahl fest.

Dazu traten weitere, hiervon wiederum abweichende spiritualisierende Gruppierungen wie die Schwenckfeldianer, die ein Verständnis des Abendmahls als Gnadenmittel ablehnten.

Für die christliche Lebensform hatten diese Auseinandersetzungen eine fatale Konsequenz, insofern die unterschiedlichen Verständnisse des Herrenmahls zu gegenseitigem Ausschluss anders Denkender von der Feier führten. Das durch seine Inklusivität schon zu seinen Lebzeiten faszinierende – und zugleich Anstoß erregende – Mahlfeiern Jesu (s. Kapitel 2 3.) wurde so in ein exkludierendes Ritual verkehrt. Dies ermöglichte die – die Erinnerungen in den Evangelien verkürzende – exklusive Konzentration auf das Abschiedsmahl Jesu von seinen Jüngern. Allerdings hatte das offenkundige Verfehlen des vom Wirken Jesu ausgehenden Impulses für die meisten Menschen lange Zeit lebensweltlich keine erfahrbaren Konsequenzen. Denn die im Augsburger Interim und dann fast hundert Jahre später im Westfälischen Frieden beschlossene Konfessionsaufteilung führte dazu, dass nur Menschen gleicher – von ihrer Obrigkeit bestimmter – Konfession zusammenlebten, also auch Gottesdienst feierten. Erst als sich im 19. Jahrhundert die konfessionelle Einheitlichkeit der Territorien auflöste, trat der genannte Schaden für die Abendmahls-Praxis lebensweltlich zu Tage.

In der altprotestantischen Orthodoxie wurden die eben genannten innerprotestantischen Differenzen lehrmäßig verfestigt. Allerdings bestand auch hier teilweise eine beträchtliche Differenz zwischen Dogmatik und tatsächlicher Praxis vor Ort. Schon Luther und Calvin konnten sich jeweils mit ihrem Anliegen, das Abendmahl jeden Sonntag zu feiern, nicht durchsetzen. Berichte über Abendmahlsfeiern zeigen zudem, dass im Ritual häufig trotz neuer konfessioneller Orientierung früher Gewohntes weiter praktiziert wurde.[35]

---

34 Volker Leppin, Das Ringen um die Gegenwart Christi in der Geschichte, in: Hermut Löhr (Hg.), Abendmahl (Themen der Theologie 3), Tübingen 2012, 95–136, 123.
35 S. z.B. den Bericht vom ersten lutherischen Abendmahl in Regensburg 1542 bei Leonhard Theobald, Die Reformationsgeschichte der Reichsstadt Regensburg Bd. 1 (EKGB 19), o.O. ²1980, 266 f.

Neue Ansätze begegnen in pietistisch geprägten Gemeinschaften. So feierte z. B. die Herrnhuter Brüdergemeinde eine Agape-Feier, deren Form an damals gewohnte barocke Lustbarkeiten anschloss.³⁶

> „Diese gemeinsamen Mahlzeiten, für die mit der Zeit die Art von Speise und Trank einheitlich geregelt wurde, fanden zunächst im Hause des Grafen, dann auch in den Chorhäusern, in den Anstalten und im Gemeindesaal statt. Zeit und Ort der Abhaltung dieser Feiern waren ebensowenig festgelegt wie die Art ihres Verlaufs. In ungezwungener Weise wechselten Reden, Gesang, Vorlesen von Gemeindenachrichten und erbauliche Gespräche."³⁷

Im Zuge der Aufklärung entwickelten sich die liturgischen Bestrebungen in eine neue Richtung. Jetzt war das Ziel, die Liturgie, und damit auch das Abendmahl, zeitgemäß und erzieherisch wertvoll zu gestalten, wie es z. B. Johann Spalding 1785 eindrücklich formulierte:

> „Eben so dienet das von unserm Erlöser ausdrücklich zu seinem Gedächtnisse gestiftete Mahl auf eine sehr angemessene Art dazu, das Andenken an diesen göttlichen Freund und Wohlthäter der Menschen, der dasselbe hiedurch noch so kurz vor seinem Tode auch auf die Folge in dem Herzen der Seinigen erhalten wollte, mit der innigsten Rührung von Dank und Liebe zu erneuern, seine unschätzbaren Verdienste um die Welt vermittelst seiner Belehrung, seines Tugendwandels, seiner Aufopferung im Tode, uns kräftiger in unsere Vorstellung zu bringen, den Gedanken von unserer heiligen Verpflichtung gegen seine weisen und glücklich machenden Vorschriften thätiger bey uns aufzuwecken, und dann auch das edle Band des Wohlwollens und der aufrichtigen Liebe zwischen uns und allen denen, die gemeinschaftlich mit uns an seinen Wohlthaten und seinen Verheißungen Theil haben, so viel genauer und fester zu knüpfen."³⁸

Auch sind aus dieser Zeit zahlreiche Privatagenden überliefert, ohne dass allerdings Genaueres über deren Verbreitung und damit Bedeutung für die konkrete Feierpraxis bekannt ist.

Insgesamt gelang es also – trotz der programmatischen Orientierung der Reformatoren an der Bibel – nicht, die im Auftreten und Wirken Jesu begegnende, inklusive Mahlgemeinschaft wiederzugewinnen. Auch in den reformatorischen Kirchen blieb das Abendmahl – ebenso wie in der römischen Messe – ohne erkennbaren Bezug zum sonstigen gemeinsamen Essen und Trinken. Bemühungen

---

36 S. Guido Fuchs, Ma(h)l anders. Essen und Trinken in Gottesdienst und Kirchenraum, Regensburg 2014, 74.
37 Hans Christoph Hahn/Helmut Reichel (Hg.), Zinzendorf und die Herrnhuter Brüder. Quellen zur Geschichte der Brüder-Unität von 1722–1760, Hamburg 1977, 236.
38 Johann Spalding, Von dem Werth äußerlicher Religionsgebräuche (1785), in: Ders., Kleinere Schriften 1 (SpKA I/6–1), hg.v. Olga Söntgerath, Tübingen 2006, 352–363, 356f.

in dieser Richtung wurden durch die – biblisch unbegründete – Etikettierung als Agape-Mahl abqualifiziert.

3 Neue Akzentuierungen und Auseinandersetzungen um die Taufe

Die Taufe erfuhr in der Theologie Luthers neue Aufmerksamkeit. In – jedenfalls damals – ungewöhnlicher Weise hob er sie als für christliches Leben zentral hervor: „Drumb ist kein grösser trost auff erden, dan die tauf, durch wilch wir yn der gnaden und barmhertzigkeit urteyll treten, die die sund nit richtet, sondern mit vielen ubungen auß treybt." (WA 2,731) Angesichts der Frage nach dem gnädigen Gott versprach allein sie Gewissheit. Voraussetzung hierfür war die Überwindung eines punktuellen Verständnisses des Sakraments:

> „Das sacrament odder zeychen der tauff ist bald geschehen, wie wir vor augen sehen, aber die bedeutung die geystliche tauff, die erseuffung der sund, weret die weyl wir leben, und wirt aller erst, ym tod voln bracht, da wirt der mensch recht yn die tauff gesenckt, unnd geschicht, was die tauff bedeut. Drumb ist diß ganz leben nit anders, dan eyn geystlich tauffen an unterlaß, biß yn denn todt." (WA 2,728)

Diesen Ansatz formulierte Luther in seinem Kleinem Katechismus geradezu sprichwörtlich, als er drastisch anschaulich vom täglichen Ersäuft-Werden des alten Adams schrieb (BSLK 516,32f.) und damit die tägliche Tauferinnerung anregte. Allerdings schwächte der Reformator durch die Betonung des Wortes Gottes die dingliche Profilierung der Taufe ab. So beantwortete er im Kleinen Katechismus die Frage: „Wie kann Wasser solche große Dinge tun?" wie folgt:

> „Wasser tut's freilich nicht, sondern das Wort Gottes, so mit und bei dem Wasser ist, und der Glaube, so solchem Wort Gottes im Wasser trauet; denn ohn Gottes Wort ist das Wasser schlecht Wasser und keine Taufe, aber mit dem Wort Gottes ist's eine Taufe, das ist ein gnadenreich Wasser des Lebens und ein ‚Bad der neuen Geburt im heiligen Geist', wie S. Paulus saget …" (BSLK 516,13–21)

Tatsächlich reduzierte sich dann in der Folgezeit der Wassergebrauch beim Taufen, bis schließlich nur noch der Kopf des Säuglings dreimal besprengt bzw. benetzt wurde. Hintergrund für diese Position war auch die Kritik an dem vielfältigen volksfrommen Gebrauch von Weihwasser (s. Kapitel 6 3. und 7.; Kapitel 7 3.).

Die biblisch begründete Zentralstellung der Taufe führte auch zu einer schroffen Ablehnung der als nichtbiblisch erkannten Firmung. Luther qualifizierte sie als „affen spiel" und „eygen menschen fundle" (WA 10II, 282) ab. Sie drohte – wie gezeigt (s. Kapitel 4 3.) – in der Tat, die Taufe an den Rand zu drängen.

Dagegen blieb Luther wie in anderen liturgischen Fragen beim Taufvollzug eher konservativ und löste sich nur langsam von überkommenen Formen.

> „Die Abtrennung der Kommunion, erst etwa dreihundert Jahre alt und lediglich im Westen praktiziert, war für ihn offenkundig selbstverständlich. In der ersten Fassung seines Taufbüchleins von 1523 übernahm er – entsprechend seiner liturgischen Maxime, die ‚schwachen Gewissen' nicht zu verunsichern – fast den ganzen Zierrat von Zeichen, der sich im Lauf der Jahrhunderte an das Taufen angelagert hatte: dreimaliges Anblasen des Kindes; Signifikation von Stirn und Brust mit dem Kreuzeszeichen; Salzgabe; Öffnung der Ohren; Absage an den Teufel; präbaptismale Salbung auf der Brust und zwischen den Schultern; postbaptismale Salbung; Westerhemd und Taufkerze. Erst Kritik führte zu einer deutlichen Reduzierung in der 1526 herausgebrachten Neufassung: ‚Weggelassen wurden die Darreichung des Salzes, das Auftun der Ohren, die beiden Salbungen sowie die Überreichung der Taufkerze.'"[39]

Dies galt auch für den Brauch der *Säuglingstaufe*. Dabei stellte sich aber ein schwieriges Problem, auf das bald andere Theologen aufmerksam machten, nämlich der biblisch bezeugte Zusammenhang von Taufe und Glauben. Hierfür entwarf Luther im Laufe seines Lebens drei unterschiedliche Argumentationen:[40]
- Die Kinder werden auf den Glauben und auf das Bekenntnis der Paten getauft;
- die Annahme eines Kinderglaubens (fides infantium), den Gott auf Grund der Fürbitte des Paten und des von ihm bezeugten Glaubens schenkt;
- die Möglichkeit, dass die Kinder nicht glauben, und allein Gottes Handeln die Taufe recht werden lässt.

Die Gegner der Kindertaufe konnte der Wittenberger Reformator damit allerdings nicht überzeugen. In der reformierten Tradition entging man dieser Problematik, indem die Taufe bundestheologisch begründet wurde. So setzte Zwingli sie in Analogie zur Beschneidung:

---

39 Christian Grethlein, Taufpraxis in Geschichte, Gegenwart und Zukunft, Leipzig 2014, 61 unter Bezug auf: Bruno Jordahn, Der Taufgottesdienst im Mittelalter bis zur Gegenwart, in: Leiturgia Bd. 5, Kassel 1970, 349–640, 355–358 und Karl Pinggéra, Martin Luther und das evangelische Taufverständnis vom 16. bis 18. Jahrhundert, in: Christian Lange/Clemens Leonhard/Ralph Olbrich (Hg.), Die Taufe. Einführung in Geschichte und Praxis, Darmstadt 2008, 85–112, 89.
40 S. zum Einzelnen mit den entsprechenden Belegstellen Christian Grethlein, Taufpraxis heute. Praktisch-theologische Überlegungen zu einer theologisch verantworteten Gestaltung der Taufpraxis im Raum der EKD, Gütersloh 1988, 206 f.

> „Die Kindertaufe ist also, wie früher die Beschneidung, ein Sakrament, durch das wir einstweilen als Kinder verpflichtet werden, das Gesetz des Herrn zu lernen und unser Leben zu veredeln, durch das man aber zugleich auch die Eltern verpflichtet, uns eine solche Bildung zu geben, dass daran deutlich zutage tritt: Du stammst von Christeneltern und wirst diesem Stand gemäß ein reines Lebens führen, gerade wie man es an der Beschneidung derer zu erkennen vermochte, die von Abraham stammten".[41]

Calvin nahm diesen Ansatz auf und zog für die Praxis daraus die Konsequenz, die Taufe in den Gemeindegottesdienst zu integrieren – liturgiegeschichtlich eine Novität. Der reformierte Theologe Johannes a Lasco setzte dies beispielsweise in die (Londoner) Kirchenordnung um:

> „Die Taufe wird in unserer Kirche in der öffentlichen Versammlung nach der Predigt vollzogen. [...] Weil die Taufe der ganzen Gemeinde zugehört, muss sie in der Versammlung der ganzen Gemeinde vollzogen werden. [...] Dabei wird bezeugt, dass diese Taufe nicht nur die Kinder betrifft, die zu ihr hingebracht werden. Sondern sie betrifft die ganze Gemeinde, und zwar so, dass sie ihr bezeugt, es sei die ganze Gemeinde mit allen ihren Gliedern vor Gott um Christi willen in Gnaden angenommen, und es sei darum unsere Pflicht, die wir die Taufe anschauen, dass wir bei uns selbst recht bedenken, wie die Taufe uns selbst nicht weniger angeht als die Kinder, die getauft werden, als ob wir alle mit diesen Kindern zusammen getauft würden."[42]

Die ursprünglich mit der Taufe verbundene freie Entscheidung Einzelner wurde hier in ein Kollektiv eingegliedert, das der Kirchenzucht unterstand.

Einen anderen Weg schlugen die – polemisch – Wiedertäufer genannten Christen ein. Sie lehnten die Taufe von Kindern ab und forderten die sog. *Glaubenstaufe*. So stellte das oberdeutsche Schleitheimer Bekenntnis 1527 fest:

> „Die Taufe soll all denen gegeben werden, die über die Buße und Änderung des Lebens belehrt worden sind und wahrhaftig glauben, dass ihre Sünden durch Christus hinweggenommen sind, und all denen, die wandeln wollen in der Auferstehung Jesu Christi und mit ihm in den Tod begraben sein wollen, auf dass sie mit ihm auferstehen mögen, und allen denen, die es in solcher Meinung von uns begehren und von sich selbst aus fordern. Damit wird jede Kindertaufe ausgeschlossen, des Papstes höchster und erster Greuel".[43]

---

41 Aus Huldrych Zwingli, An Franz Lambert, zitiert nach: Hellmut Zschoch, Die Taufe als theologisches Thema der Reformationszeit, in: Günter Ruddat (Hg.), Taufe – Zeichen des Lebens. Theologische Profile und interdisziplinäre Perspektiven, Neukirchen-Vluyn 2013, 76–85, 80.
42 Zitiert nach Matthias Freudenberger, Taufe als Wahrzeichen und Siegel, in: Ruddat, Taufe 86–96, 93.
43 Zitiert nach Pinggéra, Martin Luther 102.

3 Neue Akzentuierungen und Auseinandersetzungen um die Taufe — 173

Im Einzelnen entwickelten Theologen wie der auch als Professor und Domprediger tätige Balthasar Hubmaier durchaus anspruchsvolle Argumentationen. So replizierte er 1526 auf Zwingli, der ebenfalls die Heilsnotwendigkeit der Taufe ablehnte, aber die Taufe von Kindern konzedierte:

> „1. Kein Element oder äußerliches Ding in dieser Welt kann die Seele reinigen, sondern der Glaube reinigt die Herzen der Menschen.
> 2. Daraus folgt, dass die Taufe keine Sünden abwaschen kann.
> 3. Wenn sie aber nicht abwaschen kann und dennoch von Gott kommt, so muss sie ja ein öffentliches Zeugnis des inwendigen Glaubens sein und ein äußerliches Pflichtzeichen eines neuen Lebens, das fortan nach dem Wort Christi geführt werden soll.
> 4. Ob die Kinder der Christen und auch die Kinder des Alten Testaments Kinder Gottes sind, wollen wir allein dem, der alle Ding weiß, anheimstellen und uns darüber kein Urteil bilden. ...
> 6. Die Taufe, mit der die Gläubigen mit Wasser getauft werden, hat ihre Lehre und ihr Vorbild in dem klaren Wort Gottes und kann bei uns niemals zu Recht als Wiedertaufe bezeichnet werden. Aber die Kindertaufe hat gar keinen Grund; sie kommt nicht von Gott."[44]

Auf jeden Fall wurden die im Einzelnen unterschiedlich argumentierenden Gegner der Kindertaufe gnadenlos verfolgt. 1529 erließ der Reichstag zu Speyer ein Reichsgesetz, nach dem die Täufer mit dem Tod zu bestrafen waren. Ihm stimmten letztlich auch die Reformatoren zu.[45] Die den Machthabern notwendig erscheinende Einheitlichkeit in der Glaubenslehre setzte sich durch. Allerdings gelang es einigen Täufern zu entkommen. Ihre Ansichten fanden im Umfeld des englischen – und dann amerikanischen – Puritanismus neue Aufmerksamkeit und führten schließlich zur Gründung baptistischer Gemeinden.

Tatsächlich herrschte aber bei den meisten Menschen, egal ob in katholischen, lutherischen oder reformierten Territorien lebend, nach wie vor großes Interesse an möglichst umgehender Taufe der Neugeborenen. Der hier für das Kind erhoffte Schutz wurde oft mit der Vorstellung von Engeln verknüpft (sog. Schutzengel).

> „Vielleicht minderte die schon früh mit der Taufe Jesu verbundene Vorstellung von begleitenden Engeln die Furcht vor Tod und Teufel. Sie findet ab dem Ende des 17. Jahrhunderts

---

44 Zitiert nach Zschoch, Taufe 81.
45 S. zu den mehrfachen Wendungen Luthers in dieser Frage, die mit unterschiedlichen Begründungen verbunden waren, Jörg Trellenberg, Luther und die Bestrafung der Täufer, in: ZThK 110 (2013), 22–49; besonders nachdenklich macht dabei die direkte Anknüpfung an Augustin (s. a.a.O. 35, 45).

und vor allem im 18. Jahrhundert in vielen Kirchen ihren Niederschlag in den sog. Taufengeln, also ‚menschenähnliche(n) Gestalten mit Flügeln, die das Taufbecken tragen'."⁴⁶

Dazu kam eine Kontextualisierung in Bezug auf die sich allgemein durchsetzende ständische Gliederung.⁴⁷ Während sog. einfache Leute zur Taufe ihrer Kinder in das Kirchengebäude gehen mussten, herrschte in adeligen Kreisen der Brauch der Haustaufe vor. Auf Grund des damit verbundenen Prestiges bemühten sich seit dem 17. Jahrhundert vermehrt auch bürgerliche Familien um eine Haustaufe. Ähnliches galt für die Zahl der Paten. So registrieren Kirchenbücher bei vornehmen Familien bis zu 25 Taufpaten. Kurz: „Der Diskurs Standesordnung hatte ... den egalitären Grundzug der urchristlichen Taufe verdrängt. Die auch sonst gesellschaftlich üblichen Exklusionen fanden einen direkten Niederschlag in der Taufpraxis."⁴⁸ Hierzu gehörte auch, dass sog. „Hurenkinder", also nicht ehelich Geborene, diskriminiert wurden. Bei ihrer Taufe verlangte der Pfarrer mitunter mehr Geld von der – in der Regel – armen Mutter. Denn er musste – neben der üblichen Zeremonie – noch eine eigene Vermahnung wegen „Unkeuschheit" halten.⁴⁹

Schließlich verlor die Taufe in Pietismus und Aufklärung an Gewicht. Das Interesse der so orientierten Theologen richtete sich auf die innere Befindlichkeit der Menschen und entwickelte darauf bezogene pädagogische Maßnahmen. Säuglinge, die zur Taufe gebracht wurden, kamen nicht bzw. kaum in den Blick. Dagegen gewann die *Konfirmation* an Bedeutung, bei deren Vorbereitung katechetisch gewirkt werden konnte. Die von Luther so schroff vorgebrachten Einwände gegen die „Firmung" gerieten in Vergessenheit. *Regional unterschiedlich rasch entwickelte sich die Konfirmation von der teils mit einem Glaubensverhör verbundenen Zulassung zum Abendmahl zu einem Ritual, bei dem die jetzt Religionsmündigen im Zentrum standen und von ihren Familie gefeiert wurden.* Die Taufe wurde „eine Vorstufe zur kirchlich und individuell bedeutsamen Konfirmation".⁵⁰

---

46 Grethlein, Taufpraxis (2014) 67, unter Bezug auf: Peter Poscharsky, Taufengel, in: Bettina Seyderhelm (Hg.), Tausend Jahre Taufen in Mitteldeutschland, Regensburg 2006, 180–189, 180 (der Artikel enthält anschauliche Abbildungen).
47 S. auch zum Folgenden Kathrin Ellwardt, Taufe zwischen Familienfest und Policey-Ordnung, in: Seyderhelm, Tausend Jahre 94–105.
48 Grethlein, Taufpraxis (2014) 67.
49 S. a.a.O. 68.
50 A.a.O. 69.

4 Allgemeines Priestertum als Impuls

Trotz der Impulse aus Renaissance und Humanismus war auch zu Beginn des 16. Jahrhunderts der Schulbesuch das Privileg einer kleinen Minderheit. Die meisten Menschen waren Analphabeten. Hier setzte Luther deutlich andere Akzente.[51] Bereits die Tatsache, dass er im wichtigsten Jahrzehnt der Reformation, also zwischen 1520 und 1530, drei dem Schulwesen gewidmete Schriften publizierte, zeigt, wie wichtig ihm die Thematik war:

- „An den christlichen Adel deutscher Nation von des christlichen Standes Besserung" (1520; WA 1, 362 – 425);
- „An die Ratsherren aller Städte deutsches Lands, daß sie christliche Schulen aufrichten und halten sollen" (1524; WA 2, 442 – 464);
- „Eine Predigt, daß man Kinder zur Schule halten solle" (1530; WA 4, 144 – 178).

Theologisch stand dabei die hierarchiekritische Einsicht in das allgemeine Priestertum aller Getauften (1Petr 2,9) im Hintergrund.[52] Diese erforderte, jeden Menschen, Mann oder Frau, zu befähigen, eigenverantwortlich seinen Glauben und sein Verhältnis zu Gott zu gestalten. Zugleich stellte die Kritik an den Mönchsgelübden[53] und damit an der Institution der Klöster als Nebenfolge die wichtigste gehobene Schulform der damaligen Zeit, nämlich die der Klosterschulen, grundsätzlich in Frage.

Doch nicht nur Luther drang darauf, – allgemeine und hohe – Schulen zu errichten. Vielmehr implizierten die konfessionellen Auseinandersetzungen und die daraus folgenden territorialen Separationen, dass die Menschen über die hier strittigen Fragen Bescheid wissen sollten. Schulen wurden so zu Orten der Vermittlung des „rechten" Glaubens: *„Unter den Vorzeichen von Reformation und katholischer Reform wurde die religiös-kirchliche Sozialisation und Erziehung wie nie zuvor institutionalisiert, in gezielten Einrichtungen gefördert."*[54]

Allerdings bestanden wie bisher im Alltag – durch das Kirchenjahr und von den Familien begangene kirchliche Rituale an Übergängen im Lebenslauf –

---

51 S. zum Folgenden Christian Grethlein, Fachdidaktik Religion. Evangelischer Religionsunterricht in Studium und Praxis, Göttingen 2005, 31–36.
52 S. Bernd Schröder, Religionspädagogik, Tübingen 2012, 70; s. weiterführend Georg Bucher, Befähigung und Bevollmächtigung. Interpretative Vermittlungen zwischen allgemeinem Priestertum und empowerment-Konzepten in religionspädagogischer Perspektive (APrTh 81), Leipzig 2021, 139–205.
53 Martin Luther, De votis monasticis iudicium, 1521 (WA 2, 188–298).
54 Eugen Paul, Geschichte der christlichen Erziehung Bd. 2. Barock und Aufklärung, Freiburg 1995, 14.

vielfältige Formen der alltäglichen Sozialisation in ein christliches Leben. Zu ihnen traten – je nach Ort, in dem ein Kind aufwuchs – noch konfessionsspezifische Besonderheiten:

> „Während in katholischen Territorien Marien- und Heiligenverehrung, Beichte und Ablass, Wallfahrten und Prozessionen, Fasten- und Gedenktage, Bräuche wie Karneval das öffentliche Erscheinungsbild bestimmten, stärkten reformierte Gebiete eine Lebensführung in demonstrativer Demut, in Askese (zum Beispiel Tanz-, Spiel- und Alkoholverbot) und Arbeit; in lutherischen Territorien wiederum gewann das Pfarrhaus und seine Art der Lebensgestaltung (mit Bildung, Musik, familiärer Kommunikation) Vorbild-Charakter."[55]

Besonders wandte sich Luther mit seinem Kleinen Katechismus auf Grund schlechter Erfahrungen bei Visitationen den Hausvätern zu:

> „Hilf, lieber Gott, wie manchen Jammer habe ich gesehen, daß der gemeine Mann doch so garnichts weiß von der christlichen Lehre, sonderlich auf den Dörfern, und leider viel Pfarrherr fast ungeschickt und untüchtig sind zu lehren, und sollen doch alle Christen heißen, ... leben dahin wie das liebe Viehe und unvernünftige Säue und, nu das Evangelion kommen ist, dennoch fein gelernt haben, aller Freiheit meisterlich zu missbrauchen." (BSLK 501 f.)

Konkret ging es dem Reformator – wie er in einem Vorläufer zu seinen beiden Katechismen schrieb[56] – um eine für die Menschen praktikable und hilfreiche Unterweisung:

> „Dan drey dingk seyn nott eynem menschen zu wissen, das er selig werden muge: Das erst, das er wisse, was er thun und lassen soll. Zum andern wen er nu sicht, das er es nit thun noch lassen kan auß seynen krefften, das er wisse, wo erß nehmen und suchen und finden soll, damit er dasselb thun und lassen muge. Zum dritten, das er wisse, wie er es suchen und holen soll." (WA 7, 204)

Bei der christlichen Lebensform sind nach Luthers Verständnis demnach Wissen und Handeln untrennbar miteinander verbunden. Materialiter diente dem die didaktisch brillante Zusammenstellung der fünf Hauptstücke im *Kleinen Katechismus*:
– Zehn Gebote zur ethischen Orientierung;
– Glaubensbekenntnis zum Verhältnis zu Gott;
– Vaterunser als grundlegende Kommunikationsform zu Gott;

---

55 Schröder, Religionspädagogik 89.
56 Martin Luther, Eine kurze Form der zehn Gebote, eine kurze Form des Glaubens, eine kurze Form des Vaterunsers (1520) (WA 7, 204–229).

– Taufe und Abendmahl als die beiden von Gott eingesetzten Formen, um die Verbundenheit mit Jesus Christus explizit zu agieren.

Schnell fand diese Form grundlegender Belehrung Nachfolger. Der Heidelberger Katechismus für die reformierten Christen und der Katechismus des Canisius für die Katholiken sind die bekanntesten Beispiele. Sie erreichten aber nicht die elementare Reduktion von Luthers Kleinem Katechismus. Daneben traten muttersprachliche *Lieder,* um auch die emotionale Seite des Christseins zu fördern. Konkret für die fünf Hauptstücke waren dies bei Luther – bis heute im Evangelischen Gesangbuch greifbar:

> „Dies sind die heilgen zehn Gebot" (EG 231);[57] „Wir glauben all an einen Gott" (EG 183);[58] „Vater unser im Himmelreich" (EG 344);[59] „Christ unser Herr zum Jordan kam" (EG 202);[60] „Gott sei gelobet und gebenedeit" (EG 214, Strophe 2 und 3 von Luther).[61]

Doch wurde Luther rasch klar, dass die Hausväter bzw. Familien die in sie gesetzten Erwartungen nicht erfüllten bzw. nicht erfüllen konnten. Deshalb verfolgte er umso nachdrücklicher – wie erwähnt – die Einrichtung von Schulen.[62] Diesen Impuls nahmen für die niederen Schulen in Norddeutschland Johannes Bugenhagen sowie in Württemberg Johannes Brenz auf; die höheren Schulen wurden vor allem durch Philipp Melanchthon und Johannes Sturm gefördert.

Auf katholischer Seite verfolgten – im Zuge der dortigen Reformbewegungen – hauptsächlich Ordensgemeinschaften dieses Anliegen. So genossen die Gründungen vor allem höherer Schulen durch die Jesuiten schnell großes Ansehen. Sie ermöglichten oft als Internate eine ganzheitliche, die Lebensform prägende Bildungsorganisation. Dazu kamen weitere, sich auch der Erziehung von Mädchen widmende Orden, u. a. die Ursulinen[63] und die Englischen Fräulein,[64] die ebenfalls als Schulträger hervortraten.

Neue Impulse kamen von pietistischer Seite. Exemplarisch zeigen hier die in Halle-Glaucha von August Hermann Francke (1663–1727) gegründeten Anstal-

---

57 S. Jürgen Heidrich/Johannes Schilling (Hg.), Martin Luther Die Lieder, Stuttgart 2017, 11–14.
58 S. a.a.O. 94–97.
59 S. a.a.O. 118–123.
60 S. a.a.O. 124–129.
61 S. a.a.O. 24–26.
62 S. zum Folgenden Schröder, Religionspädagogik 67 f.
63 S. Paul, Geschichte 51–55.
64 S. a.a.O. 55–58.

ten,⁶⁵ wie sich diakonische, erzieherische und missionarische Dimension gegenseitig bedingten und ergänzten.

> „In dem von Spener vermittelten Pastorat in Glaucha (bei Halle) eröffnete sich seit 1692 ein ... entscheidendes Betätigungsfeld. Er (sc. Francke, C.G.) bemühte sich um Kirchenzucht, Katechismusunterricht und collegia pietatis in der verarmten, weithin entkirchlichten Gemeinde. Mit einem großen Geldbetrag, den er in der Armenbüchse fand und als Zeichen Gottes wertete, errichtete er 1695 eine Elementarschule für arme Kinder, bald darauf angesichts der allgemeinen Nachfrage auch eine Bürgerschule und mit Spenden reicher Gönner ein Waisenhaus/Internat. ... Schon 1695 entstand das Paedagogium, ein Internat für auswärtige Schüler, v. a. Adelige. Da der Unterricht wegen seiner Qualität auch Bürgerkinder aus Halle anzog, gründete Francke 1697 eine Gelehrtenschule ... Ein eigenes Lehrerseminar seit 1699 ... institutionalisierte die bis dahin in Deutschland kaum vorhandene pädagogische Ausbildung der Lehrer."⁶⁶

Die Ausstrahlung dieser Gründung, zu der im wirtschaftlichen Bereich eine Druckerei und Apotheke gehörten, war enorm. Sie reichte bis nach Südosteuropa, Dänemark, England, Nordamerika und Ostindien.⁶⁷ Erzieherische Intention und diakonisches Handeln durchdrangen sich hier in vielfältiger Weise. Schulgeschichtlich fand Franckes Schulprojekt – unter Aufnahme noch weiterer Impulse – eine Fortsetzung in der „Realschule".⁶⁸

Auch im innerkirchlichen Bereich gaben Pietismus und Aufklärung einen kräftigen katechetischen Impuls. So setzten sie – wie in 3. erwähnt – die *Konfirmation* und den ihr vorhergehenden Unterricht allgemein in den evangelischen Gemeinden durch. Entstanden war sie im besonderen Kontext des liberalen Straßburg, in dem sich auch zahlreiche Taufgesinnte versammelten. Ihrer Bestreitung der Kindertaufe gegenüber führte der Straßburger Reformator Martin Bucer einen neuen Ritus ein, der „Katechismusunterricht; Prüfung mit Bekenntnis bzw. Gelübde; Fürbittengebet (um Mehrung des Heiligen Geistes bei den Kindern); Handauflegung; Teilnahme am Abendmahl"⁶⁹ umfasste. Damit wurde der bei der Kindertaufe fehlende Zusammenhang von Sakrament und Glaube

---

65 S. auch zum Folgenden Helmut Obst, A.H. Francke und die Franckeschen Stiftungen in Halle, Göttingen 2002.
66 Hauschild, Lehrbuch 696 f.
67 S. Erich Beyreuther, Geschichte der Diakonie und Inneren Mission in der Neuzeit (Lehrbücher für die diakonische Arbeit 1), Berlin 1962, 38.
68 S. Stefanie Pfister, Religion an Realschulen. Eine historisch-religionspädagogische Studie zum mittleren Schulwesen (APrTh 58), Leipzig 2015, 107–229.
69 Christian Grethlein, Grundinformation Kasualien. Kommunikation des Evangeliums an Übergängen im Leben, Göttingen 2007, 165 in Zusammenfassung der Ziegenhainer Zuchtordnung (1538).

wiederhergestellt. Doch erst die Hinwendung zur Erfahrung des Einzelnen in Pietismus und Aufklärung verhalf der Konfirmation zum allgemeinen Durchbruch. Dazu kam, dass sie an einem wichtigen Übergang im Leben (der meisten Menschen) platziert war, nämlich von der Kindheit zum Eintritt ins Erwerbsleben. Dies machte die Konfirmation für die Familien zu einem bedeutenden Ereignis, das bald auch in der häuslichen Gestaltung der Feier die Taufe eines Säuglings deutlich übertraf.

5 Spirituelle Aufbrüche in und außerhalb verfasster Kirche

Die bereits im letzten Zeitabschnitt genannten spirituellen Aufbrüche setzten sich weiter fort, allerdings teilweise mit anderen Akzentuierungen und in neuen Formaten. So wird von einer weiteren Zunahme der *Fest- und Feiertage* berichtet, die den Alltag der Menschen unterbrachen und begleiteten. Lokal unterschiedlich kamen vielerorts neue Gedenktage an Heilige hinzu, so dass teilweise sogar das Geschäftsleben behindert wurde. Bei zunehmend von der Aufklärung bestimmter Obrigkeit kam es zu entsprechenden Restriktionen.

> Die „energische Reduzierung der Feiertage" „stand in so direktem Zusammenhang mit dem wachsenden Elend, daß die Kirche zuerst in dem von Hungersnöten geschüttelten Italien staatlichen Anträgen entgegengekommen ist: nach einer päpstlichen Entschließung begann 1749 Neapel, 1754 Mailand mit der Reduzierung. Auch in Deutschland gingen die Fürstbischöfe voran und schafften, nach einer neuerlichen päpstlichen Bulle, 1770 18 Feiertage ab. Die weltlichen Staaten folgten nach: 1771 Österreich, 1772/73 Bayern, 1773 Preußen, 1799 schließlich Württemberg."[70]

Wallfahrten, die sich wachsender Beliebtheit bei der Bevölkerung erfreuten und bei denen sich Andacht und geselliges Beisammensein vermischten, zogen nicht selten zehntausende, manchmal sogar über hunderttausend Pilgerinnen und Pilger an.[71] Dabei kam es in konfessionell gemischten Territorien mitunter zu dramatischen Zwischenfällen, etwa bei Prozessionen, an denen Schützenbruderschaften mit ihren Waffen teilnahmen und auf Menschen anderer Konfession trafen.[72] Wie bei den Festen schritt hier – geleitet von aufgeklärt rationalem Denken – zunehmend die Obrigkeit ein.

---

[70] Christof Dipper, Volksreligiosität und Obrigkeit im 18. Jahrhundert, in: Wolfgang Schieder (Hg.), Volksreligiosität in der modernen Sozialgeschichte (Geschichte und Gesellschaft. Zeitschrift für Historische Sozialwissenschaft Sonderheft 11), Göttingen 1986, 73–96, 88.
[71] S. a. a. O. 85f.
[72] S. a. a. O. 85.

Organisatorisch bot die Form der Orden in der römisch-katholischen Kirche einen Rahmen, in dem spirituell bewegte Menschen ihnen angemessen erscheinende Formen der Lebensgestaltung suchen und etablieren konnten. Dabei ergaben sich mitunter erhebliche Spannungen zur hierarchisch päpstlich geleiteten Kirche, wie z. B. die kurzzeitige Aufhebung des Jesuitenordens 1773 durch Papst Clemens XIV. zeigte.[73]

In den reformatorischen Kirchen stellte sich die Frage der Gestaltung christlichen Lebens als eine besondere Herausforderung. Denn die Reformatoren destruierten zum einen die bestehende kirchliche Hierarchie und hinterfragten zum anderen das bisherige Heiligungs-Konzept kritisch.[74] Die Zentralstellung der Rechtfertigungslehre ließ zumindest bei lutherischen Christen die Bedeutung des Ethos zurücktreten. Auch in reformierten Gemeinden löste die von der „Mutter Kirche" auszuübende Kirchenzucht[75] dieses Problem nur teilweise, insofern dadurch bestimmte moralische Vorstellungen theologisch aufgeladen wurden. *Die „Frage, wie christliches Leben authentisch zu gestalten sei",[76] wurde zu einer für protestantische Kirchen bleibenden Herausforderung.* Dabei trat die Predigt in den Mittelpunkt. Sie bestimmte auch die rituellen Vollzüge am Grab.

> „Schon in Humanistenkreisen beliebt, wurde sie bereits in der ersten Reformatorengeneration fleißig geübt. ... Die Leichenpredigten des 17. und frühen 18. Jahrhunderts, die oft publiziert wurden, schließen sich zum Teil auch an antike Vorbilder an und stehen an der Spitze der literarischen Produktion dieser Zeit."[77] Inhaltlich erzählen sie „vor allem christliche Musterbiografien mit einem ‚seligen Sterben'."[78]

Vielleicht noch wirkungsvoller war für viele Menschen das evangelische *Liedgut*. Es drückte allgemeine Not aus und bot zugleich Trost an. Beispielhaft sind hierfür die vielen (587) Liedtexte der Ämilie Juliane Reichsgräfin von Schwarzburg-Rudolstadt (1637–1706),[79] z. B.:

---

73 S. genauer zu den Hintergründen und regional unterschiedlichen Entwicklungen der Jesuiten Jos Vercruysse, Jesuiten in: TRE Bd. 16 (1987), 660–670, 665 f.
74 S. Hauschild, Lehrbuch 649.
75 S. hierzu ausführlich Johannes Calvin, Institutio Religionis Christianae IV12.
76 Hauschild, Lehrbuch 649.
77 Ulrich Volp, Der menschliche Tod in den christlichen Gemeinden. Kirchengeschichtliche Perspektiven, in: Ders. (Hg.), Tod (Themen der Theologie 12), Tübingen 2018, 117–161, 147 f.
78 Lutz Friedrichs, Die kirchliche Bestattung: Tradition im Wandel, in: Thomas Klie/Martina Kumlehn/Ralph Kunz/Thomas Schlag (Hg.), Praktische Theologie der Bestattung (PTHW 17), Berlin 2015, 63–85, 66.
79 S. Elisabeth Schneider-Böklen, Schwarzburg-Rudolstadt, Ämilie Juliane Reuchsgräfin von, geb. Gräfin zu Barby, in: Wolfgang Herbst (Hg.), Komponisten und Liederdichter des Evangelischen Gesangbuchs (HEKG2), Göttingen 1999, 192 f.

> „Wer weiß, wie nahe mir mein Ende! Hin geht die Zeit, her kommt der Tod. Mein Gott, mein Gott, ich bitt durch Christi Blut: Mach's nur mit meinem Ende gut [...] Herr, lehr mich stets mein End gedenken und, wenn ich einstens sterben muss, die Seel in Jesu Wunden senken und ja nicht sparen meine Buß' (vgl. Johann Sebastian Bach, BWV 27, BWV 84 und BWV 166)."[80]

Die Gräfin hatte u. a. selbst als kleines Kind ihren Vater († 1641) und ihre Mutter († 1642) verloren. Eines ihrer beiden Kinder war bereits drei Tage nach der Geburt verstorben. Doch galt ihr das „Sterben als Anfang der Hochzeit mit Jesus, dem heißersehnten Bräutigam, dessen Blut als der schönste Schmuck empfunden wird" – so in ihrem Lied „Es geht zur Hochzeit ...".[81]

Eine überkonfessionelle Einigkeit herrschte im *Hexenglauben*, der – wie in 1. gezeigt – im letzten Drittel des 16. Jahrhunderts zu vielen Verfolgungen, Folterungen und Hinrichtungen führte.

> „Aufgrund der Ketzerverfolgungen des 13./14. Jh.s und der damit verbundenen Vorstellung, daß die Christenheit sich gegen die vom Teufel verursachten, existenzbedrohenden Angriffe ihrer Feinde wehren müßte, entwickelten Theologen im 15. Jh. die systematische Konzeption einer Hexenlehre."[82] „Der Hexenglaube war im 17. Jh. konfessionsübergreifend verbreitet und einte die Christenheit im Kampf gegen teuflische Gottlosigkeit."[83]

Tatsächlich agierte hier der vom Papst schon mit der Inquisition beauftragte Dominikanerorden in problematischer Weise, aber auch evangelische Potentaten ließen sich mitreißen. Ihr Verhalten trat – aus heutiger Sicht – in schroffen Gegensatz zu den Impulsen, die vom Auftreten, Wirken und Geschick Jesu ausgingen und jeweils kontextbezogen im Neuen Testament erinnert werden.

Zugleich gab es aber Aufbrüche, die wesentlich dem Ungenügen bzw. der Kritik an den bestehenden kirchlichen Verhältnissen Ausdruck verliehen. Positiv waren sie von dem *Streben nach einem „gläubigen Leben"* geleitet, demgegenüber die theologische Lehre zurücktrat.[84]

Wichtige Impulse gingen hier von England aus, wo sich mit der Anglikanischen Kirche ein eigener Konfessionstyp „mit protestantischer Mentalität und katholischer Form"[85] herausgebildet hatte. Doch widerstrebten etliche Evangelische, nicht zuletzt Exilanten, einer Integration in diese Staatskirche. Vor allem die

---

80 Volp, Tod 150.
81 Schneider-Böcklen, Schwarzburg-Rudolstadt 293.
82 Hauschild, Lehrbuch 592.
83 A. a. O. 593.
84 S. a. a. O. 682.
85 A. a. O. 220.

traditionellen Frömmigkeitsformen sowie die episkopale Verfassung erschienen ihnen unbiblisch. Diese sog. *Nonkonformisten* erstrebten positiv „eine intensivere Prägung der Gesellschaft durch biblisch-evangelische Frömmigkeit, die sich in verinnerlichter Moral und in präziser Heiligung des Lebensstils äußern sollte"[86] sowie eine presbyteriale Verfassung von Kirche. Der sich so bildende *puritanische Lebensstil* strahlte bald über England hinaus, prägte Entwicklungen in Nordamerika, setzte sich aber auch in der – wiederum in sich differenzierten – Frömmigkeitsform des *Pietismus* fort.

> „Herkömmlich unterscheidet man sechs Typen, die sich durch ihr historisches Profil voneinander abheben ...: 1. den reformierten, 2. den von Spener begründeten lutherischen, 3. den von Francke in Halle geprägten, 4. den radikalen Pietismus, 5. Zinzendorfs Brüdergemeine, 6. den württembergischen Pietismus."[87]

Gemeinsam war diesen Bewegungen eine verinnerlichte und individualisierte Frömmigkeit. Insofern können sie als Adaptionen an die sich auch philosophisch vollziehende Hinwendung zu Subjekt und Individuum interpretiert werden. Als Sozialform bewährten sich kleinere Versammlungen etwa in Form von Haus- und Bibelkreisen; auch bildeten sich vor Ort Kommunitäten. „Die Erbauung des inneren Menschen war oberstes Ziel, oft fundiert durch eine Theologie der Wiedergeburt oder Neuwerdung."[88] Von daher verlor die an unmündigen Säuglingen vollzogene landeskirchliche Taufe an Bedeutung. Dagegen erfuhr die Konfirmation höchste Aufmerksamkeit als Akt der Entscheidung der Einzelnen für ein gläubiges Leben. Dies fand u. a. in der Heiligung des Sonntags, regelmäßiger Bibel-Lektüre, Andachten und einer grundsätzlichen Bußgesinnung seine Gestalt.[89]

Die pietistische Bewegung blieb keineswegs auf den deutschen Sprachraum beschränkt, wie der Methodismus zeigt.

> „In Großbritannien und dessen nordamerikanischen Kolonien verband sich der Pietismus im 18. Jh. mit dortigen Erweckungsbewegungen. Deren profiliertester Teil war ein religiöser Aufbruch in England 1739 – 46, der Methodismus. Er war zunächst eine Evangelisationsbewegung innerhalb der anglikanischen Staatskirche, wuchs allmählich aus dieser heraus und organisierte sich nach 1795 als Freikirche (in Nordamerika infolge der staatlichen Unabhängigkeit bereits seit 1784)."[90]

---

86 A.a.O. 227.
87 S. a.a.O. 680.
88 A.a.O. 682.
89 S. a.a.O. 689.
90 A.a.O. 715.

6 Konfessionelle Verhärtungen und innerkirchliche Pluralisierung

Die von Wittenberg ausgehende und dann rasch in weiteren Städten vorangetriebene Reformation hat bis heute tiefgreifende Auswirkungen auf die Organisation und Gestaltung christlicher Gemeinschaft, also von Kirche. Zwar bestanden bereits bisher weltweit etliche Kirchen nebeneinander. Doch lagen diese – etwa in der arabischen Welt, in Indien oder China ansässig – weit auseinander und spielten für die in Europa lebenden Christen keine Rolle – wie ebenfalls umgekehrt. Auch die Einrichtung einer eigenen hussitischen Kirche (s. Kapitel 7 6.) war auf einen bestimmten Raum, Böhmen, begrenzt. Jetzt ging aber der Riss quer durch die ihrerseits sich zunehmend deutlicher formierenden europäischen Nationen. Dazu kamen die schroffen theologischen Abgrenzungen, die nicht nur bei der Abendmahlsfeier, sondern auch bei der Buße oder bei der Letzten Ölung sowie bei Feiertagen wie Fronleichnam Menschen lebensweltlich betrafen. Der Dreißigjährige Krieg verlieh in seiner Verknüpfung von konfessionellem Streit und bereits bestehenden politischen Auseinandersetzungen sowie divergierenden territorialen Interessen diesem Dissens auf schreckliche Weise Ausdruck.

Neben dem Auseinanderfallen der – europäischen – Christenheit sind aber umgekehrt Institutionalisierungsprozesse und damit verbundene Verfestigungen zu beobachten. Die bei Luther durch persönliche Wahrheitssuche – „Wie bekomme ich einen gnädigen Gott?"[91] – ausgelöste Bewegung wurde nämlich rasch kollektiv kanalisiert. Es bildeten sich *Landeskirchen*, in denen die Landesherren die „cura religionis", also „die Fürsorge ... für den rechten Glauben und ein geordnetes Kirchenwesen",[92] übernahmen. Dementsprechend wurden diese Kirchen in die staatliche Organisation eingegliedert. Bereits 1539/42 ging in Kursachsen die seit 1527 amtierende Visitationskommission in eine neue Behörde, das Konsistorium, über.[93] Zuerst war dieses als Kirchengericht für die Kirchenzucht, etwa Ehefragen oder Probleme allgemeiner Sittlichkeit, sowie Fragen des geistlichen Amtes zuständig.[94] Bald weitete sich das Aufgabengebiet auf die allgemeine Kirchenverwaltung aus. Theologen und Juristen teilten sich dabei die Arbeit, jeweils mit dem Titel „Oberkonsistorialrat" o. ä. bezeichnet und vom Landesherrn alimentiert. Von daher erschien es im Kontext eines „konfessionellen Absolutis-

---

[91] Zur grundlegenden systematischen Umstellung des Verständnisses vom Menschen durch die Rechtfertigungslehre bei Luther s. Dietrich Korsch, Glaube und Rechtfertigung, in: Albrecht Beutel (Hg.), Luther Handbuch, Tübingen 2005, 372–381.
[92] Hauschild, Lehrbuch 568.
[93] S. Werner Heun, Konsistorium, in: TRE Bd. 19 (1990), 483–488, 484.
[94] S. Hauschild, Lehrbuch 568.

mus"⁹⁵ konsequent, dass etwa in Preußen die Kirche für staatliche Aufgaben und Zwecke beansprucht wurde. So mussten die Pfarrer nicht nur obrigkeitliche Ver- und Anordnungen sonntags von der Kanzel abkündigen.⁹⁶ Sie waren auch standesamtlich tätig und fungierten sogar nach der Übernahme des Schulwesens durch den Staat im Preußischen Allgemeinen Landrecht (1794) weiter als Aufsicht in den öffentlichen Schulen (sog. geistliche Schulaufsicht).⁹⁷ In der Lebensform vermischten sich so Christsein und Staatsbürger-Sein miteinander.

Dazu hatten sich in der Zwischenzeit bereits weitere konfessionelle Differenzierungen ergeben, die ebenfalls nach organisatorischer Gestaltung strebten: in der Schweiz die auf Calvin und Zwingli zurückgehende Form des reformierten Christentums, u. a. durch das Verständnis des Abendmahls vom Luthertum unterschieden, sowie kleinere Gruppen, von denen vor allem die Aufsehen erregten, die die Kindertaufe ablehnten. In den amerikanischen Kolonien und dann in den Vereinigten Staaten fanden solche Gemeinschaften ein günstiges Umfeld vor. Baptisten, Methodisten oder auch die sog. Quäker⁹⁸ konnten hier ihre Auffassung des Christentums ohne Angst vor Verfolgung praktizieren. Da diese Kirchen nicht in Verbund mit der staatlichen Organisation und dem jeweiligen absolutistischen Herrscher standen, wurden sie als Freikirchen bezeichnet.⁹⁹

Aber auch in den Landeskirchen zeichnete sich eine pluralistische Binnenstruktur ab. So gründeten die in der Landeskirche verbleibenden Pietisten eigene Gemeinschaften, in denen sie ihre besondere Frömmigkeit in eigenen Versammlungen praktizierten. Während an sie auch wenig gebildete Menschen Anschluss fanden, orientierten sich formal höher Gebildete eher an der Aufklärung mit ihrem rationalen Weltzugang. Dabei kam es mitunter zu deutlichen Distanzierungen von überkommenen Glaubensvorstellungen.

Zugleich formierte sich im *Konzil von Trient* – in einem mühevollen Prozess, wie bereits der sich über fast zwanzig Jahre erstreckende Tagungsprozess (1545 – 1563) ahnen lässt – die römische Kirche ebenfalls neu.¹⁰⁰

---

95 A.a.O. 562.
96 S. a.a.O. 626.
97 S. Rainer Lachmann, Vom Westfälischen Frieden bis zur Napoleonischen Ära, in: Ders./Bernd Schröder (Hg.), Geschichte des evangelischen Religionsunterrichts in Deutschland. Ein Studienbuch, Neukirchen-Vluyn 2007, 78 – 127, 85 f.
98 S. zu der besonderen Mischung von Mystik und sozialethischem Engagement bei dieser auf George Fox zurückgehenden Gemeinschaft Hauschild, Geschichte 663 f.
99 S. genauer zu Begriffsgeschichte und systematischem Gehalt Markus Iff, Unbrauchbar und unverzichtbar? Zur bleibenden Bedeutung des Begriffs „Freikirche" im deutschsprachigen Raum, in: MdKI 72 (2021), 18 – 26.
100 Zu den hier getroffenen Entscheidungen s. den knappen, aber instruktiven Überblick bei Josef Wohlmuth, Tridentinum I. Geschichte, Prozeß, Ergebnisse, in: RGG⁴ Bd. 8 (2005), 588 – 592.

> „Die Dogmen von Trient steckten durch ihr primäres Interesse, den reformatorischen Lehren durch begründete Verurteilungen zu begegnen, gleichsam einen Rahmen ab für die Bestimmung des Nicht-Katholischen, während sie das katholische Proprium v. a. allgemeingrundsätzlich formulierten. Da der Papst sich ihre authentische Interpretation vorbehielt und ihre Kommentierung durch nichtautorisierte Theologen verbot, war in der Praxis von Lehre und Verkündigung ihre direkte normative Wirkung begrenzt."[101]

In den nach dem Westfälischen Frieden katholischen Gebieten vollzogen sich ähnliche Binnendifferenzierungen wie in den protestantischen. Dabei bildeten immer wieder die einzelnen Orden mit ihren besonderen Profilen ein Gegengewicht gegen den römischen Zentralismus. Neue Perspektiven eröffneten katholische Gemeinden in Übersee, bei denen die Adaption traditioneller Vorstellungen eine dauernde Herausforderung darstellte (s. 1.).

Die christliche Lebensform differenzierte sich also jetzt in einer mehrfachen – und im Laufe der Zeit noch zunehmenden – Pluralisierung der Glaubensansichten sowie der Organisationsformen aus. Dabei lassen exemplarische Untersuchungen autobiografischer Texte vermuten, dass die in politischen und theologischen Dokumenten trennscharf vorgenommenen Unterscheidungen der Konfessionen sich nur teilweise im rituellen Vollzug vor Ort abbildeten und damit das Leben der Menschen prägten.[102] Auch sonst gab es – wie auf furchtbare Weise die in den verschiedenen Konfessionen verbreiteten Hexenverfolgungen und die ihnen zugrundeliegende Weltsicht exemplarisch zeigen – durchaus Gemeinsamkeiten. Dies gilt ebenfalls für die im 18. Jahrhundert unter den Gebildeten zunehmende Distanz gegenüber den überkommenen Glaubenslehren. Sie konnte zum einen in Verbindung mit dem damals üblichen absolutistischen Verständnis von Herrschaft zu einer Funktionalisierung der rechtlich approbierten Kirchen führen. Hierfür boten die Kirchenpolitik des preußischen Königs Friedrich II. (1740 – 1786)[103] sowie in Österreich der sog. Josephinismus[104] gute Beispiele. Zum anderen verbreiteten sich unter ihnen philosophische Modelle, die etwa im Kreis der Pariser Materialisten bis zu einer atheistischen Religionskritik reichen konnten.[105]

Insgesamt vergrößerte sich die Kluft zwischen der offiziellen kirchlichen Lehre – und zwar in den verschiedenen Konfessionen – und der Einstellung sowie tatsächlichen Lebensführung der meisten Menschen weiter. Dazu traten Gruppen, in

---

101 Hauschild, Lehrbuch 498.
102 S. hierzu exemplarisch bei Friedrich Lurz, Erlebte Liturgie. Autobiografische Schriften als liturgiewissenschaftliche Quellen (Ästhetik – Theologie – Liturgik 28), Münster 2003, 165 f. den Bericht von priesterlosen Gemeindegottesdiensten in einer römisch-katholischen Gemeinde.
103 S. knapp zusammengefasst bei Hauschild, Lehrbuch 623 – 627.
104 S. a. a. O. 628 – 632.
105 S. Beutel, Aufklärung 223.

denen mystische Erfahrungen und/oder die strenge Orientierung an der Bibel dominierten. Schließlich standen traditionskritische Tendenzen, besonders bei Gebildeten verbreitet, starren, sich Adaptionen an frühere Kontexte verdankenden Vorstellungen zur christlichen Lebensform entgegen.

7 Zusammenfassung

Die von Wittenberg ausgehende Reformation stellte einen tiefen Einschnitt in den Bemühungen um die Gestaltung der christlichen Lebensform dar. Durch die Zurückweisung der päpstlichen Lehrhoheit sowie die grundsätzliche Kritik an dogmatischen und praktischen Ausgestaltungen, die in Widerspruch zu biblischen Aussagen standen, wurde die Frage nach dem Christlichen neu eröffnet. Ihr stellte sich die römische Kirche im Tridentinum, ohne aber zu Antworten zu kommen, die die von der Reformation erfassten Menschen befriedigten.

Allerdings kam es auch in den reformatorischen Kirchen im Kontext der politischen Entwicklung zu Nationalstaat und absolutistischem Fürstentum nicht zu einem rundum überzeugenden Neuaufbruch. Dem stand nicht zuletzt die rasche Eingliederung der neuen Landeskirchen in die absolutistischen Staatsapparate entgegen. Entsprechend entwickelten sich in den evangelischen Kirchen ebenfalls hierarchische Strukturen, die in Spannung, wenn nicht sogar Widerspruch zur Behauptung des allgemeinen Priestertums der Getauften standen. Dies galt besonders in der Verbindung mit der absolutistischen Form von Obrigkeit, die unter dem Vorzeichen der „cura religionis" die Kirchen in eigenem Interesse funktionalisierte. Die Pfarrer der neuen Gemeinden hoben sich zwar mit ihren Pfarrfamilien deutlich von den zölibatär lebenden römischen Priestern ab und begründeten mit dem Pfarrhaus eine neue Kulturform.[106] Doch bildeten sie damit schnell – im Kontext damaliger Standesgesellschaft – einen eigenen, den anderen Gemeindegliedern gegenüberstehenden Stand („status ecclesiasticus").

> „Die Anknüpfung an die spätmittelalterliche Dreiständelehre erlaubte es der altprotestantischen Theologie ..., eine Gesellschaftstheorie zu entwickeln, in der alle Stände, denen das Gemeinwesen seine Erhaltung verdankt, auf die göttliche Ordnung zurückgeführt werden konnten. Der status ecclesiasticus erhielt so gleichen Rang neben dem status oeconomicus und dem status politicus. Auf der Basis dieser Ständelehre war es dem geistlichen Amt

---

[106] S. Martin Greiffenhagen (Hg.), Das evangelische Pfarrhaus. Eine Kultur- und Sozialgeschichte, Stuttgart ²1991.

möglich, ein geistliches Standesbewußtsein, ein ihm spezifisches Amtsverständnis auszubilden."[107]

Dazu kamen inhaltliche Probleme. In lutherischen Gemeinden trübte die Engführung des Abendmahlsverständnisses auf die – nur im Mt genannte – Sündenvergebung die festliche Atmosphäre der Mahlgemeinschaft; in reformierten Gemeinden führte die Kirchenzucht zu problematischen Verkürzungen und Exklusionen. Auch gelang es nicht, die Stellung der Frauen in der Kirche grundsätzlich zu verbessern. Im Gegenteil drängte sie die bereits aus der Antike überkommene, jetzt schöpfungstheologisch begründete Zuweisung zu Haushalt und Kindern aus der Öffentlichkeit.

Insgesamt traten zunehmend neben und teilweise gegen die durch staatliche Ein- und Zugriffe verfestigten kirchlichen Organisationsformen kritische Aufbrüche von Christen. In der römisch-katholischen Kirche vollzogen sich diese großenteils in bestehenden Orden bzw. in deren Neugründungen, auf protestantischer Seite durch neue Gemeinschaften. Diese ließen sich nur teilweise in die Landeskirchen bei Wahrung einer gewissen Eigenständigkeit integrieren. Etliche suchten eigene Organisationsformen und bildeten sog. Freikirchen bzw. freie Gemeinden.

Die Pluralisierung der Organisationsformen sowie der jeweiligen Lebensgestaltungen von Getauften eröffnete von neuem jenseits von konsistorialen Festlegungen oder päpstlichen Dekreten die Frage nach einer angemessenen Form des Christseins. Nicht zuletzt in Nordamerika mit seiner nichtfeudalen und -absolutistischen Verfassung sowie der programmatischen Distanz des Staats zur Religionspraxis seiner Bürger kam es zu vielfältigen Bemühungen in dieser Richtung. Zugleich begannen Intellektuelle grundsätzliche kritische Anfragen an das Christentum zu artikulieren, bis hin zu atheistischer Religionskritik.

---

107 Wilhelm Gräb, Lebensgeschichten – Lebensentwürfe – Sinndeutungen. Eine praktische Theologie gelebter Religion, Gütersloh 1998, 304 f.

Kapitel 9:
Christsein zwischen Tradition und neuen Herausforderungen (1800 bis heute)

1 Politischer, gesellschaftlicher und kultureller Kontext

Ein Politik und Kultur grundlegend prägender Wandel in den zwei letzten Jahrhunderten ist der von der „leeren" zur „vollen „Welt"[1] (s. Kapitel 1 1.). Zwischen 1800 und 2020 verachtfachte sich die Weltbevölkerung.[2]

Wachstum der Weltbevölkerung zwischen 1800 und 2020 (in Millionen)

	1800	1850	1900	1950	2000	2020
Welt	978	1262	1650	2532	6123	7796
Afrika	107	111	133	230	811	1341
Asien	635	809	947	1403	3719	4641
Lateinamerika	24	38	74	167	521	654
Nordamerika	7	26	82	172	313	369
Europa	203	276	408	547	727	748
Ozeanien	2	2	6	13	31	43

Aus diesen Zahlen gehen auch bedeutsame Verschiebungen zwischen den Kontinenten hervor. Asien war bereits 1800 mit Abstand der bevölkerungsreichste Erdteil. 64 % der Weltbevölkerung waren hier zu Hause, 2020 fast ebenso viele (60 %). Der Anteil Europas halbierte sich dagegen in diesem Zeitraum – von 20 auf 10 % –, der Afrikas stieg von 10 auf 17 %, mit starkem Zuwachs in den letzten Jahrzehnten. Von daher sind auch die folgenden Ausführungen zu relativieren. Bei ihnen liegt – bedingt durch den deutschen Standort des Autors, aber auch die Literaturlage in den ihm zugänglichen Sprachen – der Schwerpunkt auf Europa und da wiederum Deutschland.

Eine wesentliche Folge dieser explosionsartigen Entwicklung, vor allem in den letzten sechzig Jahren, sind die Zunahme und das Wachstum von Städten.

---

1 S. Ernst Ulrich v. Weizsäcker/Anders Wijkman u. a., Club of Rome: Der große Bericht. Wir sind dran. Was wir ändern müssen, wenn wir bleiben wollen, Gütersloh ⁴2018, 18, 34 f., 37, 129, 177.
2 Die Zahlen (in Millionen) der nachfolgenden Tabelle sind entnommen: https://www.bpb.de/izpb/55882/entwicklung-der-weltbevoelkerung (Abruf: 27.11.2020) sowie https://statista.com/statistik/daten/studie/184686/umfrage/weltbevoelkerung-nach-kontinenten/ (Abruf: 07.01.2021).

Seit 2008 lebt erstmals weltweit die Mehrheit der Menschen in dieser Siedlungsform. Während in Europa der Prozess der *Urbanisierung* bereits im 19. Jahrhundert einen Aufschwung nahm,[3] gewann er in den sog. Schwellenländern erst seit den 60er Jahren des 20. Jahrhunderts an Dynamik. Mit der Verstädterung ergaben sich zum einen neue kulturelle Möglichkeiten, zum anderen aber auch weitreichende ökologische Herausforderungen und Probleme. Spätestens die Anfang 2020 beginnende, sich schnell weltweit ausbreitende Corona-Epidemie rückte das Problem sich unter diesen Verhältnissen viral ausbreitender Krankheiten ins Bewusstsein. Dagegen steht die mit über 50 Millionen Toten zumindest zahlenmäßig größte Epidemie, die sog. Spanische Grippe (1918/19), „uns nicht als historische Katastrophe vor Augen, sondern bildet sich in Millionen einzelner privater Tragödien ab."[4]

Nachhaltig prägte der stürmische technische Fortschritt die letzten zweihundert Jahre, und zwar weltweit, wenngleich in regional unterschiedlichem Tempo. Zuerst ist hier die in England in der zweiten Hälfte des 18. Jahrhunderts beginnende, und sich dann bald auch in anderen Ländern ausbreitende, *Industrielle Revolution* zu nennen. Sie vollzog sich in mehreren Etappen wie Maschinisierung von Fertigungen, Erfindung der Eisenbahn, Auf- und Ausbau von eisen- und stahlverarbeitenden Werken sowie gegen Ende des 19. Jahrhunderts Entwicklungen in Chemie und Elektrotechnik. Diese technischen Innovationen veränderten auch die sozialen Verhältnisse grundlegend. Die herkömmliche „feudal-agrarisch geprägte Standesgesellschaft" wurde – durch das starke Anwachsen der Industriearbeiterschaft, die Bildung von Großkapital sowie Probleme des Pauperismus – in eine „Klassengesellschaft" transformiert.[5]

Wissenssoziologisch kam es zu einem tiefen *Umbruch im Weltbild*. Naturwissenschaftliche Theorien wie die Evolutionsbiologie, die Relativitätstheorie sowie die Quantenphysik eröffneten einen neuen Zugang zur Wirklichkeit. Daraus ergaben sich nicht zuletzt auch Anfragen an überkommene theologische Ansichten und kirchliche Glaubenssätze.[6]

---

[3] S. ausführlich sowohl in Hinblick auf Europa als auch Asien Jürgen Osterhammel, Die Verwandlung der Welt. Eine Geschichte des 19. Jahrhunderts, München 2009, 355–464.
[4] Laura Spinney, 1918 Die Welt im Fieber. Wie die Spanische Grippe die Gesellschaft veränderte, München (Bonn) 2018, 13.
[5] Wolf-Dieter Hauschild, Lehrbuch der Kirchen- und Dogmengeschichte Bd. 2. Reformation und Neuzeit, Gütersloh ²2001, 802.
[6] S. hierzu aus systematisch-theologischer Perspektive ausführlich Matthias Haudel, Theologie und Naturwissenschaft. Zur Überwindung von Vorurteilen und zu ganzheitlicher Wahrheitserkenntnis, Göttingen 2021.

Dazu kamen weitere, das Zusammenleben der Menschen und damit Gesellschaft und Kultur betreffende technische *Erfindungen neuer Medien:* die Fotografie, Phono- und Telegrafie, Film, Radio und Fernsehen.[7] Das Automobil und die Flugzeuge ermöglichten eine ganz neue Form der *Mobilität.* Die Atomkraft zog mit den beiden Bomben-Explosionen 1945 in Hiroshima und Nagasaki weltweite Aufmerksamkeit auf sich. Ab Mitte der 50er Jahre des 20. Jahrhunderts entstanden weltweit zahlreiche Atomkraftwerke, die den steigenden Stromverbrauch befriedigen sollten. Sie ziehen aber bis heute letztlich ungelöste Nebenfolgen in Form des radioaktiven Abfalls nach sich. Schließlich eröffnete die elektronische Datenübertragung, besonders die Etablierung des *Internet,* ganz neue Möglichkeiten der Kommunikation.

> „Die elektronischen Massenmedien erfüllen ... drei Wunschträume der Menschen:
> – Die Überwindung der Grenzen von Zeit und Raum,
> – die Verbesserung der Wahrnehmung
> – und der materiellen Versorgung."[8]

Von daher erklärt sich die Geschwindigkeit, in der sich z.B. die Smartphones verbreiten. 2019 waren weltweit etwa 3.500.000.000 solcher Geräte im Gebrauch, 1.350.000.000 wurden neu gekauft.[9]

Bedeutende Erfolge erzielte auch die *medizinische Forschung.* Mit der Entdeckung des Penicillin 1928 konnten z.B. bis dahin teils verheerend wirkende Infektionen bekämpft werden. Auch anderweitige medizinische Fortschritte führten in der ersten Hälfte des 20. Jahrhunderts dazu, dass in ökonomisch reichen Ländern wie Deutschland zunehmend fast nur noch alte Menschen starben, also die bis dahin grundsätzlich gleiche Nähe der Menschen aller Altersstufen zum Tod zurückging. Nur viral verbreitete Krankheitsformen wie die Spanische Grippe, bei der auch jüngere Menschen eine hohe Sterblichkeit aufwiesen, stellten diese Entwicklung in Frage. Für die Lebensführung von großer Bedeutung war die Erfindung von Hormon-Präparaten in den sechziger Jahren des 20. Jahrhunderts, deren Einnahme eine Schwangerschaft verhindert (sog. Anti-Baby-Pille). Sie eröffneten der Emanzipation von Frauen neue Möglichkeiten und reduzierten – in den ökonomisch reichen Ländern – die Zahl der Kinder in den Familien deutlich. Dazu lockerten sich im sexuellen Bereich die rechtlichen Vorschriften. 1994 wurde

---

[7] S. jeweils aus medientheoretischer Perspektive Jochen Hörisch, Der Sinn und die Sinne. Eine Geschichte der Medien, Frankfurt 2001, 222–359.
[8] Christian Grethlein, Kommunikation des Evangeliums in der Mediengesellschaft (ThLZ.F 10), Leipzig 2003, 43.
[9] Die Zahlen entstammen https://de.statista.com/581/smartphones (abgerufen am 01.12.2020).

in Deutschland der bisher homosexuelle Handlungen unter Strafe stellende § 175 des Strafgesetzbuchs aufgehoben; seit 2017 ist Homosexuellen hier eine Eheschließung möglich. Allerdings bestehen – vor allem in islamisch dominierten, aber auch in katholisch geprägten Staaten – nach wie vor Diskriminierungen einer gleichgeschlechtlichen Orientierung und Lebensweise.

Parallel zu solchen nur exemplarisch skizzierten Aufbrüchen vollzog sich eine stete Erweiterung des *öffentlichen Bildungswesens*. Regional in unterschiedlicher Geschwindigkeit setzte sich im 19. Jahrhundert in Europa die allgemeine Schulpflicht durch.[10] In Deutschland war dieser Prozess erst 1919 mit der Weimarer Reichsverfassung abgeschlossen. Zugleich wurde endgültig die Phase der geistlichen Schulaufsicht beendet (s. Kapitel 8 6.). Auch das höhere Schulwesen sowie die Universitäten – und andere Hochschulen – wurden ausgebaut. Überwog um 1800 – vor allem in katholisch geprägten Gegenden – noch die Zahl der Analphabeten, so erwirbt heute in Deutschland die Hälfte eines Jahrgangs nach mindestens 12-jährigem Schulbesuch die Zugangsberechtigung zu einer Hochschule. Soziologen diagnostizieren hierzu die „Formierung der gewichtigen, etwa ein Drittel der Bevölkerung umfassenden neuen, akademischen Mittelklasse".[11] Sie pflegt einen besonderen Lebensstil:

> „Authentizität, Selbstverwirklichung, kulturelle Offenheit und Diversität, Lebensqualität und Kreativität sind die Parameter dieses Lebensstils, der auch über die Grenzen ihrer primären Trägergruppe hinaus Strahlkraft erlangt und zu einer Hegemonie geworden ist."[12]

Auch in materieller Hinsicht profitieren die Hochschulabsolventinnen und -absolventen, während andere ohne solchen Bildungsabschluss im Verdienst meist deutlich hinter ihnen zurückbleiben. Für die kirchliche Arbeit relativiert sich durch diese Entwicklung die lange Zeit bildungsmäßig hervorgehobene Rolle der Pfarrer und Priester. Hochschulstudium ist heute nicht nur – wie noch vor wenigen Jahrzehnten – einigen Privilegierten vorbehalten. Zugleich zeigt aber ein genauerer Blick auf die Studierendenzahlen, in welchem Maß die Theologie einem Marginalisierungsprozess unterlag. Während 1830 noch 27% der an deut-

---

10 S. zu dem regional recht unterschiedlichen Auf und Ab hierbei Helmut Fend, Geschichte des Bildungswesens. Der Sonderweg im europäischen Kulturraum, Wiesbaden 2006, 150–170.
11 Andreas Reckwitz, Die Gesellschaft der Singularitäten. Zum Strukturwandel der Moderne, Berlin ⁴2017 (2017), 279.
12 A.a.O. 275.

schen Universitäten Eingeschriebenen Evangelische und 11% Katholische Theologie studierten,[13] sank deren Anteil bis heute auf unter 1%.[14]

Politisch sind die letzten zweihundert Jahre durch vielfältige Umstürze bzw. Revolutionen oder Versuche dazu sowie Kriege gekennzeichnet. In Deutschland scheiterte ein Revolutionsversuch zwar 1848. Doch waren auch hier die Demokratisierungs- und Modernisierungsbestrebungen auf Dauer nicht aufzuhalten:

> „In der Nationalversammlung liegt die Wiege der Parteien, die sich in den kommenden Jahren in einer großen Vielfalt entwickelten. Die Gewerkschafts- und Arbeiterbewegung bekam am 3. September 1848 mit der Allgemeinen Deutschen Arbeiterverbrüderung eine erste parteiähnliche Organisationsform. Ein Jahr später im Mai 1849 gründete Louise Otto-Peters die erste ‚Frauenzeitung' und legte damit den Grundstein für die Frauenbewegung. Während der deutschen Revolution war die Pressezensur abgeschafft worden. Eine blühende Presselandschaft war die Folge".[15]

Weltweit wirkte die von Karl Marx und Friedrich Engels initiierte *kommunistische Bewegung*. In der Russischen Revolution gelang dem von ihnen ausgehenden Gedankengut nicht nur die Herrschaft des Zaren zu stürzen, sondern ein Gegenmodell zu bisherigen Herrschaftsformen zu entwerfen, das etliche Länder übernahmen. Die dabei propagierte materialistische Weltanschauung war mit einem strikten Atheismus verbunden. Das wurde u. a. im deutschen Sprachraum in den vierzig Jahren der Deutschen Demokratischen Republik (DDR) deutlich. In ihr sank die Kirchenmitgliedschaft durch staatliche Repressionen[16] rapide ab, bisher übliche Formen kirchlicher Sozialisation wie der schulische Religionsunterricht wurden abgeschafft.[17]

> „Nachdem sich das Scheitern der auf eine Wiedervereinigung ohne Westbindung ausgerichteten Deutschlandpolitik der Sowjetunion abzeichnete, proklamierte man mit der

---

13 S. Thomas Nipperdey, Deutsche Geschichte 1800–1866. Bürgerwelt und starker Staat, München ⁵1991, 476.
14 S. Christian Grethlein, Pfarrer – ein theologischer Beruf, Frankfurt 2009, 33.
15 Matthias v. Hellfeld, Das lange 19. Jahrhundert. Zwischen Revolution und Krieg 1776 bis 1914, Bonn 2015, 153.
16 S. die knappe Zusammenstellung der entsprechenden Maßnahmen und Auseinandersetzungen bei Thomas Großbölting, Der verlorene Himmel. Glaube in Deutschland seit 1945, Göttingen 2013, 230–241.
17 S. hierzu und zur kirchlichen Alternative Pirkko Lehtiö, Religionsunterricht ohne Schule. Die Entwicklung der Lage und des Inhaltes der Evangelischen Christenlehre in der DDR von 1945–1959, Münster 1983.

2. Parteikonferenz der SED (9.–12.7.1952) die ‚Schaffung der Grundlagen des Sozialismus'. Die Verschärfung der Grenzabsperrungen, Auflösung der Länder und Schaffung von Bezirken, Unterstützung der Bildung von Landwirtschaftlichen Produktionsgenossenschaften (LPG), Aufstellung einer Kasernierten Volkspolizei usw. bildeten den Hintergrund für die massiven Maßnahmen gegen die Kirchen 1952/53. Beschlagnahme kirchlicher Wohlfahrtseinrichtungen, Schließung von Bahnhofsmissionen, restriktive Auslegung der Veranstaltungsordnungen und vor allem die beabsichtigte Zerschlagung der kirchlichen Jugendarbeit (Spionagevorwurf gegen die Jungen Gemeinden) waren Teil des systematischen Versuches, die Kirchen in ihrem öffentlichen Aktionsradius extrem einzuengen und besonders missliebige Einrichtungen und Tätigkeitsfelder administrativ zu beseitigen."[18]

Besonders gravierend war 1954 die Einführung der Jugendweihe[19], die rasch für die große Mehrheit der Bevölkerung an Stelle von Konfirmation bzw. Firmung trat.

Allerdings wurde nicht zuletzt aus ökonomischen Gründen die sozialistische bzw. kommunistische Gesellschaftsordnung vielerorts obsolet. Dies führte Anfang der neunziger Jahre des 20. Jahrhunderts politisch zum Ende der DDR sowie zu einem Auseinanderbrechen des sog. Ostblocks.

Mit einem strikten Atheismus wiederum war die von Mao Zedong (1893–1976) 1966 initiierte sog. Kulturrevolution in *China* verbunden. Sie führte zu vielfältigen Verwüstungen und wurde nach seinem Tod wenigstens teilweise revidiert. Doch blieb die atheistische bzw. religionsfeindliche Grundeinstellung der Machthaber, verbunden mit einer zentral verfolgten Sinisierung bestehender Religionsformen, in diesem bevölkerungsreichsten Land der Erde weitgehend erhalten.[20]

Auch in der *islamischen Welt* dominierten im 20. Jahrhundert in den ersten Jahrzehnten Säkularisierungstendenzen. So trat nach einigen Auseinandersetzungen[21] die türkische Republik an die Stelle des Osmanischen Reiches. Die Abschaffung des Kalifats 1924 zog weitere Veränderungen von Rechtsbestimmungen nach sich, die deutlich eine Öffnung zum säkularen Europa hin erkennen lassen:

---

18 Albrecht Döhnert, Jugendweihe zwischen Familie, Politik und Religion. Studien zum Fortbestand der Jugendweihe nach 1989 und die Konfirmationspraxis der Kirchen (APrTh 19), Leipzig 2000, 122.
19 S. zu deren Vorläufern sowie zum DDR-Konzept detailliert a. a. O. 13–153.
20 S. Isabel Friemann, Sinisierung zu Zeiten von Corona. Religionspolitik in der Volksrepublik China, in: Jeannine Kunert (Hg.), Corona und Religionen. Religiöse Praxis in Zeiten der Pandemie (EZW-Texte 268), Berlin 2020, 51–69.
21 S. Reinhard Schulze, Geschichte der islamischen Welt. Von 1900 bis zur Gegenwart, München 2016, 84–91.

„– 4. März 1924: Zwangspensionierung der meisten 'ulamā';
– 30. November 1925: Schließung aller Niederlassungen sufischer Orden, Verbot des islamischen Ordenswesens;
– 26. Dezember 1925: Sonnenkalender als einzige offizielle Zeitrechnung;
– 22. März 1926: Staatsmonopol auf Alkohol;
– 1. September 1926: Zivilehe auf dem Standesamt;
– 5. Mai 1927: Verbot religiöser Inschriften auf öffentlichen Gebäuden;
– 1. November 1928: Einführung des lateinischen Alphabets."[22]

Allerdings erfolgte zwei Generationen später mit der AKP (Adalet ve Kalkınma Partisi; Partei für Gerechtigkeit und Entwicklung) unter Führung von Recep Tayyip Erdoğan eine Abwendung von diesem Programm des Laizismus. Symbol des Wandels, jetzt wieder zu einem islamischen Staat hin, war 2020 die Umwandlung der – einstigen oströmischen Reichskirche – Hagia Sophia (s. Kapitel 7 1.) in eine Moschee. Sie war unter Mustafa Kemal Atatürk ein Museum geworden. Auch sonst ist in der arabischen Welt bzw. bei den hier Herrschenden eine Rückbesinnung auf den Islam zu beobachten, die den Säkularisierungstendenzen in Europa entgegensteht. Politisch nachhaltig und aufsehenerregend vollzog sich dies beispielsweise im Iran durch den von Āyatollāh Ḥomainī geführten Aufstand gegen das Schah-Regime.[23] Darüber hinausreichende Spannungen zwischen einem radikalen Islamismus und der westlichen Welt[24] kulminierten am 11. September 2001 in dem Angriff von vier durch Aktivisten des al-Qāʿida-Netzwerks entführten Flugzeugen u. a. auf das World Trade Center in New York.

Schließlich erschütterten zahlreiche Kriege die Völker und Staaten. Besonders der *Erste und der Zweite Weltkrieg* sind hier zu nennen. Beide sind mit vielfältigen Zäsuren verbunden, die allerdings in den einzelnen Ländern unterschiedlich ausfielen. Für Deutschland brachte die Niederlage 1918 das Ende der Monarchie mit sich und zugleich den Anfang der – ersten – Demokratie und Republik. Die nationalsozialistische Machtergreifung setzte diesem Versuch jedoch 1933 ein Ende und wurde erst nach sechsjährigem, über 50 Millionen Menschenleben forderndem Krieg 1945 beendet. Es liegt auf der Hand, dass diese beiden Katastrophen auch die christliche Lebensform betrafen. Bei beiden Kriegen erwiesen sich Teile der deutschen evangelischen Pfarrerschaft und Amtskirche als zumindest anfangs kriegsfreundlich, ja teilweise -begeistert. So hatte der berühmte, in Berlin lehrende Kirchenhistoriker Adolf v. Harnack am Abend des 4. August 1914 den Aufruf des deutschen Kaisers an das deutsche Volk zum

---

22 A.a.O. 108f.
23 S. genauer a.a.O. 345–348, 417–419.
24 S. aus der kritischen Perspektive eines in den USA geborenen und lebenden Muslims Agad Akhtar, Homeland Elegies, London 2020.

Kriegsbeginn entworfen.[25] Und auch in der deutschen katholischen Kirche fanden sich Unterstützer des deutschen Militärs.[26]

Insgesamt präsentieren sich also die beiden zurückliegenden Jahrhunderte als in hohem Maß zerrissen, stetig im Wandel und vielfältig neu ausgerichtet. Kultur- bzw. wissenssoziologische Konzepte wie das von „Risikogesellschaft",[27] „Erlebnisgesellschaft"[28] und „Gesellschaft der Singularitäten"[29] beschreiben die dabei sich bis heute vollziehenden Veränderungen in den Einstellungen vieler Menschen. In diesem Kontext musste und muss die christliche Lebensform immer wieder neu bedacht und gestaltet werden. Die mittlerweile dominante Perspektive bildet dabei seit dem Beginn der siebziger Jahre des 20. Jahrhunderts die *ökologische Herausforderung*. Öffentlichkeitswirksam wurde sie durch die vom Club of Rome in Auftrag gegebene, vom Massachusetts Institute of Technology (MIT) durchgeführte Studie „Die Grenzen des Wachstums".[30] Das hier benannte grundlegende Problem ständigen exponentiellen Wachstums auf einer begrenzten Erde nimmt stetig an Dringlichkeit zu. Abgesehen von den technisch-naturwissenschaftlichen Analysen und den politischen Bemühungen um nur international mögliche Lösungen tritt dabei auch eine spirituelle Dimension hervor. So formulierte der Bericht des Club of Rome anlässlich seines fünfzigjährigen Bestehens:

> „Im Angesicht der grausigen Gefahren ist es einfach nicht akzeptabel, dass Selbstsucht und Gier weiterhin positive soziale Wertschätzung als angebliche Triebkräfte des Fortschritts genießen. Fortschritt kann sehr wohl auch in einer Zivilisation gedeihen, die Solidarität, Demut und Respekt für Mutter Erde und künftige Generationen verlangt."[31]

Dieser Herausforderung hat sich heute auch die christliche Lebensform zu stellen.

---

25 S. Agnes v. Zahn, Adolf von Harnack, Berlin 1951, 345.
26 S. Hans-Ulrich Wehler, Deutsche Gesellschaftsgeschichte Bd. 4. Vom Beginn des Ersten Weltkriegs bis zur Gründung der beiden deutschen Staaten 1914–1949, München 2003, 25 f.
27 Ulrich Beck, Risikogesellschaft, Auf dem Weg in eine andere Moderne, Frankfurt 1986; ders., Weltrisikogesellschaft. Auf der Suche nach der verlorenen Sicherheit, Frankfurt 2007; ders., Die Metamorphose der Welt, Berlin 2017.
28 Gerhard Schulze, Die Erlebnisgesellschaft. Kultursoziologie der Gegenwart, Frankfurt 1993 (1992); ders., Die Beste aller Welten. Wohin bewegt sich die Gesellschaft im 21. Jahrhundert?, München 2003.
29 Andreas Reckwitz, Die Gesellschaft der Singularitäten. Zum Strukturwandel der Moderne, Berlin 2017; ders., Das Ende der Illusionen. Politik, Ökonomie und Kultur in der Spätmoderne, Berlin 2019.
30 Dennis Meadows/Donella Meadows/Erich Zahn/Peter Milling, Die Grenzen des Wachstums. Bericht des Club of Rome zur Lage der Menschheit, Reinbek bei Hamburg 1973 (am. 1972).
31 S. v. Weizsäcker/Wijkman u. a., Club of Rome 132.

2 Mahlfeiern zwischen liturgischer Tradition und neuen Aufbrüchen

Die kirchentrennenden Differenzen im Verständnis von Abendmahl bzw. Eucharistie verdankten sich – wie in den vorhergehenden Kapiteln jeweils im 2. Abschnitt ausgeführt – bestimmten Kontexten. Sie überdauerten aber deren Wandel und wurden bis heute nicht völlig beseitigt. Lediglich in der *Leuenberger Konkordie,* vorbereitet durch die Arnoldshainer Thesen von 1957,[32] gelang 1973 die Vereinbarung von Mahlgemeinschaft zwischen den lutherischen, reformierten und unierten sowie einigen vorreformatorischen Kirchen. Dabei – und dies führte hermeneutisch weiter – wurde der gemeinsamen Mahlpraxis die Priorität vor dogmatischen Lehrdifferenzen eingeräumt.[33] Zwischen der römisch-katholischen Kirche und den reformatorischen Kirchen steht eine solche Übereinkunft bzw. die Bereitschaft dazu noch aus,[34] zumindest was die katholische Seite betrifft. Aber – wie auch bisher – spielen die kirchlichen Lehren für die Praxis der Menschen nur eine geringe bzw. für die meisten keine Rolle mehr. Der Unterschied zu früheren Zeiten ist dabei aber, dass heute der Staat die aus den kirchlichen Bestimmungen erwachsenden Regelungen nicht mehr – wie vormals die Obrigkeit – durchsetzt bzw. durchzusetzen hilft.

Tatsächlich stehen die Kirchen in vielen Ländern vor demselben Problem: der geringen Teilnahme am Abendmahl. Bezeichnenderweise erklärten bei einer repräsentativen Befragung evangelischer Kirchenmitglieder (2012) in Deutschland weniger als die Hälfte (39,2%), dass die Teilnahme am Abendmahl zum Evangelisch-Sein gehöre.[35] Auf katholischer Seite wirkt wohl die im Laufe vieler Jahrhunderte aufgebaute Distanz vor dem als heilig zelebrierten Geschehen nach. So rief bereits 1903 Papst Pius X. in mehreren Schreiben zum häufigeren Messbesuch auf, doch ohne durchschlagenden Erfolg. Auch die Mysterientheologie des Benediktinermönchs Odo Casel mit dem Zentralbegriff des „Paschamysteriums"[36] befruchtete eher das liturgiewissenschaftliche bzw. theologische Nach-

---

[32] S. hierzu Ulrich Kühn, Abendmahl IV. Das Abendmahlsgespräch in der ökumenischen Theologie der Gegenwart, in: TRE Bd. 1 (1977), 145–212, 153–157.
[33] S. Leuenberger Konkordie, in: KJ 100 (1973), 19–23, 19–21.
[34] S. aber das 2019 verfasste Votum des Ökumenischen Arbeitskreises evangelischer und katholischer Theologen: Gemeinsam am Tisch des Herrn (Dialog der Kirchen 17), Freiburg 2020.
[35] Heinrich Bedford-Strohm/Volker Jung (Hg.), Vernetzte Vielfalt, Kirche angesichts von Individualisierung und Säkularisierung. Die fünfte EKD-Erhebung über Kirchenmitgliedschaft, Gütersloh 2015, 466.
[36] Grundlegend Odo Casel, Das christliche Kultmysterium, Regensburg 1932; s. hierzu Arno Schilson, Theologie als Sakramentstheologie. Die Mysterientheologie Odo Casels (TThS 18), Mainz ²1987.

denken als die kirchliche Praxis vor Ort. Dies gilt ebenso für die „eucharistische Ekklesiologie"[37] des Zweiten Vatikanischen Konzils. Auf evangelischer Seite entwickelte sich entsprechend der Integration evangelischer Kirche in die Standesgesellschaft des 19. Jahrhunderts eine problematische Hierarchisierung in der Feiergestalt. So schilderte der preußische Generalsuperintendent Carl Büchsel († 1889) den Abendmahlsgang in einer Landgemeinde:

> „Zuerst der Patron und seine Familie, dann die verheirateten Männer, zuerst der Schulze, die Gerichtsmänner, die Bauern usw., dann die unverheirateten jungen Männer, darauf die Frauen und Witwen, dann die Mädchen und zuletzt die Gefallenen."[38]

Manche mit den obrigkeitlichen Normen nicht konform Lebende versuchten sich einem solchen Ritual sozialer Abstufung zu entziehen. Auf sie machen gelegentliche Notizen in Dokumenten aufmerksam, die Volkskundlerinnen und Volkskundler auswerten. Konkret handelt es sich um die „in fast allen Akten und Ortschroniken anzutreffenden Fälle, wo jemand über lange Zeit, oft über Jahre hinweg, ‚dem Beichtstuhl und dem Abendmahl fernblieb, ohne eine wichtige Ausrede beibringen zu können'."[39]

> „Darunter fiel etwa jener Schäfer, der durch seinen Beruf bereits geächtet war, ein Ausgestoßener, der gleichsam das Schlußlicht der dörflichen Sozialskala bildete, oder jene Frau, die sich und ihre vier unehelichen Kinder ‚nicht anders als durch Zulauf' durchzubringen wußte und sich vor dem dörflichen Sittengericht, dem sogenannten Kirchenkonvent, wegen Hurerei zu verantworten hatte. Solche Leute waren die ‚outcasts' der dörflichen Gemeinschaft; ihre Abendmahlsverweigerung ... hatte Protestcharakter."[40]

Dazu dominierte lange die düstere Stimmung eines einseitigen Verständnisses des Abendmahls als Sündenvergebung, was durch die feierliche Zulassung zum Abendmahl bei der Konfirmation noch verstärkt wurde. So erinnert sich eine ältere evangelische Frau an ihre Jugend:

---

37 Klemens Richter, Liturgiereform als Mitte einer Erneuerung der Kirche, in: Ders. (Hg.), Das Konzil war erst der Anfang. Die Bedeutung des II. Vatikanums für Theologie und Kirche, Mainz 1991, 53–74, 54.
38 Carl Büchsel, Erinnerungen aus dem Leben eines Landgeistlichen, Berlin ⁹1907 (1. Auflage 1861), 327.
39 Christel Köhle-Hezinger, Abendmahl als Gesetz, in: Manfred Josuttis/Gerhard Marcel Martin (Hg.), Das heilige Essen. Kulturwissenschaftliche Beiträge zum Verständnis des Abendmahls, Stuttgart 1980, 69–81, 77.
40 A.a.O. 77.

> „Ich bin in den fünfziger Jahren (sc. des 20. Jahrhunderts, C.G.) im Württembergischen konfirmiert worden. An das Gefühl bei meinem ersten Abendmahl konnte ich mich noch gut erinnern. Es war vergleichbar mit dem Gang zu einer Beerdigung, eine Mischung aus Beklemmung und Angst, der Angst, im Augenblick der Austeilung etwas Falsches zu denken oder zu empfinden, denn das Verdikt ‚Wehe dem, der dies Mahl unwürdig empfängt' hatte sich mir im Konfirmandenunterricht gut eingeprägt. ... Auch die Einsetzungsworte mit ihrer Blutmetaphorik und der starken Betonung von Schuld und Sünde empfand ich als furchterregend und ich bin daher noch viele Jahre nur sehr ungern zum Abendmahl gegangen."[41]

Auch erteilen mittlerweile sonst durchaus kirchlich Verbundene herkömmlichen theologischen Abendmahlsdeutungen eine klare Absage. So äußerte z. B. eine 56jährige evangelische Frau – konkret anlässlich einer schriftlichen Befragung im Umfeld des Ökumenischen Kirchentags in Berlin 2003:

> „Die Einsetzungsworte Jesu zu Brot (Leib) und Wein (Blut) haben für mich keine Bedeutung mehr. Früher habe ich mir das immer konkret vorgestellt und mir wurde richtig schlecht dabei. An einen Gott glauben zu sollen, der seinen Sohn opferte für meine Sünden, fand ich nur erdrückend. Inzwischen ist das Abendmahl für mich nur eine Möglichkeit, mich an die Gegenwart Jesu zu erinnern, von der ich persönlich aber nur selten Gebrauch mache ..."[42]

Neue Impulse bekam das Abendmahl-Feiern als Ausdruck des Christseins in besonderen Kontexten. So nahm im sog. Kirchenkampf die Zahl der Abendmahlsfeiern in deutschen evangelischen Kirchengemeinden zu.[43] Gegenüber Nazis und Deutschen Christen schlossen sich Gemeinden enger zusammen, verliehen dem im gemeinsamen Mahlfeiern Ausdruck und empfingen hier Stärkung.[44] In der Kriegsgefangenschaft traten die konfessionellen Differenzen hinter die Sehnsucht nach Gemeinschaft zurück. So berichtet ein 82jähriger evangelisch-lutherischer Christ:

> „Etwas Besonderes waren die Abendmahlsfeiern in der Kriegsgefangenschaft unter einfachen Bedingungen. Damals hat niemand nach der Konfession gefragt. Das war Ökumene, wie man sie sich heute wohl wünschen würde. Statt Wein hatten wir Saft von eingeweichten Rosinen."[45]

---

41 Zitiert in: Dorothea Sattler/Friederike Nüssel, Menschenstimmen zu Abendmahl und Eucharistie. Erinnerungen – Anfragen – Erwartungen, Frankfurt 2004, 56.
42 Zitiert a. a. O. 181.
43 S. Edmund Schlink, Der Ertrag des Kirchenkampfes, Gütersloh ²1947, 17.
44 S. genauer Peter Cornehl, Evangelische Abendmahlspraxis im Spannungsfeld von Lehre, Erfahrung und Gestaltung. Ein Beitrag zum Gespräch zwischen den Generationen, in: Ders., „Die Welt ist voll von Liturgie". Studien zu einer integrativen Gottesdienstpraxis (PTHe 71), Stuttgart 2005, 165–191, 167–181.
45 Zitiert in Sattler/Nüssel, Menschenstimmen 24.

Nach dem Ende des Zweiten Weltkriegs nahm der international-ökumenische Austausch zu. Für das damit verbundene (Wieder-)Entdecken grundlegender biblischer Impulse können Äußerungen Ernst Langes (1927–1974) stehen, der eine Zeitlang Mitarbeiter im Ökumenischen Rat der Kirchen war:

> „Die Vorwegnahme des messianischen Mahles, die Sündermahlzeiten Jesu gehen weiter. ... Tischgemeinschaft ist uneingeschränkte Gemeinschaft. Sehr früh schon umspannt die Gemeinde Menschen aus ganz divergenten Gruppen: Arme und Reiche, Palästinajuden und Diasporajuden, später auch Heiden, Freie und Sklaven, Menschen unterschiedlichster frömmigkeitlicher und kultureller Herkunft."[46]

Dabei wurde dem Ökumeniker das Mahlfeiern zu einem „christlichen Hoffnungszeichen" und zugleich „Widerstandszeichen". Denn es nannte „die Widerstände beim Namen", „an denen der homo faber resigniert". Kurz: eine „Feier des Kommenden".[47]

Der Deutsche Evangelische Kirchentag nahm 1979 in Nürnberg diesen Impuls programmatisch in Form des „Feierabendmahls" auf.

> „Der Begriff des Feierabends verdankt sich der Situation des Kirchentags am Freitagabend: Eine Zäsur ist erreicht. Es ist an der Zeit, Atem zu holen, ‚Feierabend' zu machen. Das Spiel mit einem gedachten Bindestrich war gewollt: Feierabend-mahl oder ein Feierabendmahl. Das Bedeutungsgefälle geht jedoch eindeutig zur letzteren Version, auch wenn die erstere immer mitschwingt."[48]

Dabei ging es darum, die Feier inhaltlich im Sinne Jesu neu zu bestimmen. Neben den in Form von alkoholfreiem Wein und Brotfladen herumgereichten Elementen sowie Musik unterschiedlicher Herkunft war man bis in die Formulierung der Abendmahlsworte um Anschluss an gegenwärtige Kommunikation bemüht:

> „Warum essen wir heute das Brot
> warum trinken wir Wein?
> Warum feiern wir?
> Ist nicht immer noch das Klagen lauter als der Jubel
> das Weinen näher als das Leben
> die Nacht stärker als das Licht

---

[46] Ernst Lange, Bemerkungen zum Abendmahl heute. Mit einer Einführung von Rüdiger Schloz, in: PTh 91 (2002), 346–360, 349 (der Aufsatz ist die posthume Veröffentlichung eines Vortragsmanuskripts Langes von 1969).
[47] A.a.O. 357.
[48] Herbert Lindner, Feierabendmahl, in: Hans-Christoph Schmidt-Lauber/Michael Meyer-Blanck/Karl-Heinrich Bieritz (Hg.), Handbuch der Liturgik. Liturgiewissenschaft in Theologie und Praxis der Kirche, Göttingen ³2003, 900–909, 902.

> Unser Blick geht zum Kreuz in unserer Mitte.
> Wir sind die Gäste des Gekreuzigten
> auch wenn wir hier im Lichte feiern
> aber es war kein festlicher Tag
> als er uns zu seinem Tisch einlud.
> Ich erinnere euch, wie es dazu kam.
> Wir geben dazu einander die Hände.
>
> Es war in der Nacht, in der einer seiner Freunde ihn verriet.
> In der Nacht, als sie ihn gefangennahmen.
> In der Nacht, bevor sie ihm den Prozeß machten.
> In der Nacht, bevor sie ihn folterten.
> In der Nacht, bevor sie ihn kreuzigten.
> In dieser Nacht kam er mit seinen Freunden zusammen.
> Das Mahl war bereitet.
> Da nahm Jesus das Brot und sprach das Dankgebet
> so wie wir vorhin dankten für das Brot.
> Dann brach er es.
> Er sah seine Jünger an und sprach:
> Nehmet und esset, das ist mein Leib. (†)
> Er wird für euch gegeben.
> Dann haben sie gegessen.
> Nach der Mahlzeit nahm er den Kelch
> sprach das Dankgebet und sagte:
> trinkt alle daraus,
> das ist mein Blut †
> das für euch vergossen wird
> zur Vergebung eurer Sünde.
> Erinnert euch daran
> wenn ihr aus diesem Becher trinkt.
> Er ist das Zeichen des neuen Bundes
> der durch mein Sterben mit euch geschlossen wird."[49]

Eine Vorbereitung fanden diese Worte durch die „Klage und Anklage", die der damalige Amnesty-International-Generalsekretär Helmut Frenz – in Vertretung des verhinderten Ernesto Cardenal – hielt. Der frühere evangelisch-lutherische Bischof Chiles informierte über Opfer von Folterungen. Offenkundig wurden in dieser Feier auch Anregungen aus lateinamerikanischen (katholischen) Basisgemeinden aufgenommen.[50]

---

49 Georg Kugler (Hg.), Forum Abendmahl, Gütersloh 1979, 100 f.
50 S. Alfons Vietmeier, „...Mehr in den Händen der Leute". Kirchenentwicklung in Lateinamerika, in: Valentin Dessoy/Gundo Lames/Martin Lätzel/Christian Hennecke (Hg.), Kirchenentwicklung. Ansätze – Konzepte – Praxis – Perspektiven (Gesellschaft und Kirche – Wandel gestalten 4), Trier 2015, 49–63.

Allerdings hatte das Feierabendmahl nicht die erhoffte Breitenwirkung. Es wird zwar regelmäßig am Freitag des im Zwei-Jahres-Rhythmus stattfindenden Kirchentages gefeiert, aber kaum in Ortsgemeinden.

Zögerlich vollzog sich die Einführung der *Abendmahlsfeier mit Kindern*. Nicht nur theologische, in Bezug auf die Orthodoxie ökumenische, sondern auch religionspädagogische Überlegungen legten eine Abkehr des erst im 13. Jahrhunderts erfolgten Ausschlusses von Kindern (s. Kapitel 7 2.) nahe.[51] So machten seit 1976 – zuerst die Evangelisch-lutherische Kirche im hamburgischen Staate – die evangelischen Landeskirchen in Deutschland die Teilnahme von (getauften) Kindern am – dann mit Traubensaft gefeierten – Abendmahl rechtlich möglich.[52] Doch wird dies bisher keineswegs in allen Gemeinden praktiziert. Die, in denen auch Kinder mitfeiern, berichten jedoch von interessanten Veränderungen, z. B.:

> „Der bis dahin bilderlose Kirchenraum wurde umgestaltet, konkret: ‚Die kahle Ziegelwand unserer ‚Gnadenkirche' schmückt inzwischen eine 4 Meter hohe Holzstele zu Lukas 15, die den gütigen Vater zeigt, wie er den verlorenen Sohn in die Arme nimmt – deutlich stehen die Krüge zum Fest schon bereit.'
>
> In anderen Gemeinden wurde mit der Zulassung von Kindern zum Abendmahl der weiße Talar eingeführt. Kinder reagieren sensibel auf Farben; der ‚schwarze Mann' führt bei Manchen zum Erschrecken.
>
> Die Auswahl des Liedguts beim Abendmahl wird sich verändern. Wenn Kinder daran teilnehmen, müssen sie auch Gelegenheit zum Mitsingen haben."[53]

Dabei setzte die Rückkehr zur früher allgemeinen Praxis (s. Kapitel 7 2.) heute ein deutliches Zeichen in einer Gesellschaft, in der Kinder aus vielen Bereichen ausgegrenzt und in separaten Institutionen „betreut" werden.[54] Sozialpädagogen sprechen sogar von „struktureller Kinderfeindlichkeit".[55] Die kontrakulturelle Dimension der Kommunikation des Evangeliums kommt also hier anschaulich und entsprechend dem in Mk 10,13–16 erinnerten Impuls Jesu zum Ausdruck.

Verlässt man den binnenkirchlichen Raum, begegnen neue Zugänge zum Abendmahl – jenseits der im Laufe der Jahrhunderte aufgerichteten dogmatischen

---

[51] S. grundlegend Eberhard Kenntner, Abendmahl mit Kindern. Versuch einer Grundlegung unter Berücksichtigung der geschichtlichen Wurzeln der gegenwärtigen Diskussion in Deutschland, Gütersloh ²1981.
[52] S. zum Überblick Comenius-Institut (Hg.), Abendmahl mit Kindern. Entwicklung in den evangelischen Kirchen in der Bundesrepublik Deutschland und in der Deutschen Demokratischen Republik. Dokumentation 1977–1982 (Comenius-Institut Dokumentation 4), Münster 1983.
[53] Christian Grethlein, Abendmahl mit Kindern?! Praktisch-theologische Überlegungen, in: ZThK 106 (2009), 345–370, 368.
[54] S. Christian Grethlein, Lebensalter. Eine theologische Theorie, Leipzig 2019, 105–118.
[55] Lothar Böhnisch, Sozialpädagogik der Lebensalter. Eine Einführung, Weinheim ⁸2018, 80.

Schranken wie Vorsitz der Mahlfeier durch Priester bzw. Ordinierte oder der Beschränkung auf Wein und Brot. So berichtet eine 50-jährige römisch-katholische Frau:

> „Mein vor knapp zwei Jahren an Krebs verstorbener Mann wurde während seiner letzten vier Lebensmonate intravenös ernährt. Bei der Umstellung ermutigte ihn die Ärztin jedoch, deshalb nicht auf jegliches Essen und Trinken zu verzichten, sondern sich zu gönnen, was ihm noch Freude mache und den Körper nicht belaste. Gegen ein Glas Wein am Abend sei z. B. nichts einzuwenden.
>
> Wir machten es uns von da an zur täglichen Gewohnheit, abends noch gemeinsam ein Gläschen Wein zu trinken, manchmal auch noch eine Praline o.Ä zu genießen. Bei diesen Gelegenheiten konnten wir uns ganz offen zeigen und mit-teilen, über unsere Ängste, Sorgen, Wünsche sprechen, aber auch unsere Beziehung (inkl. aller Schwierigkeiten und Verletzungen in über 25 Jahren Ehe) in einem guten Licht betrachten, und unsere Liebe als ‚endgültig' erkennen. (‚Das kann uns in Ewigkeit keiner mehr kaputtmachen.')
>
> Im Rückblick erscheint mir dieses ‚Abendritual' als unsere persönliche ‚Abendmahlsgeschichte', die sowohl meinem Mann als auch mir Kraft gegeben hat bzw. gibt für den je eigenen weiteren Weg".[56]

Unstritig wird hier keines der kanonisch festgelegten Bestandteile einer Eucharistiefeier oder der agendarischen Anforderungen einer evangelischen Abendmahlsfeier erfüllt: Es fehlt der konsekrierende Priester bzw. die ordinierte Pfarrperson, keine verba testamenti werden gesprochen usw. Doch erfasste die Frau mit ihrer Äußerung die eine besondere Gemeinschaft stiftende Kraft, die offenkundig von den Mahlgemeinschaften Jesu ausging und die sie beim abendlichen Zusammensein mit ihrem Mann am Ende seines Lebens ebenfalls empfand. Dabei kommt der *Gemeinschaft* heute besondere Bedeutung zu. Der evangelische Liturgiker Peter Cornehl vermutet:

> „Wenn das Abendmahl heute primär als Gemeinschaftsmahl erlebt wird, dann ist es damit eine Antwort auf eines der elementaren Grundprobleme unserer Generation: auf Einsamkeit und Isolation. Im Abendmahl geschieht symbolisch und zugleich höchst real ein Stück Überwindung der Grundangst, allein zu sein, abgelehnt zu werden, bedroht zu sein, ausgeschlossen zu werden."[57]

Jenseits kirchlicher Richtlinien ist der zitierte Bericht der katholischen Witwe ein Beispiel für kontextbezogene, produktive Kommunikation des Evangeliums. Sie lässt die sich seit dem 3. Jahrhundert einschleichende Trennung von Eucharistie und Agape (s. Kapitel 3 2.) hinter sich. Die Praxis des Ehepaars weist so zurück zu

---

56 Sattler/Nüssel, Menschenstimmen 125.
57 Cornehl, Abendmahlspraxis 185.

dem Grundimpuls für die Lebensform Christsein und ist zugleich dem konkreten Kontext heutiger Herausforderungen verbunden.

3 Taufen zwischen Familientradition und Fest des Lebens

Im 19. Jahrhundert löste sich in Deutschland die – lediglich Juden ausnehmende – jahrhundertealte Zwangsverpflichtung zur Taufe von Kindern kurz nach der Geburt im Kontext von Individualisierung und Auseinandertreten von Staat und Kirche auf. Das preußische Religionspatent von 1847 hob – vor dem Hintergrund innerkirchlicher Auseinandersetzungen, nämlich um die deutsch-katholische Bewegung sowie die Union (zwischen Lutheranern und Reformierten) – den bisherigen Zusammenhang von Kirchenmitgliedschaft und Staatsangehörigkeit auf.[58] Dem folgte 1873 im Kontext des Kulturkampfs das preußische Gesetz zum *Kirchenaustritt*, und zwar zum Kirchenaustritt im negativen Modus, also ohne nachfolgendem Eintritt in eine andere Religionsgemeinschaft. § 1 bestimmte: „Der Austritt aus einer Kirche mit bürgerlicher Wirkung erfolgt durch Erklärung des Austretenden in Person vor dem Richter seines Wohnortes."[59] Weitere solche Gesetze, auch in anderen Staaten, folgten.[60] Eine erste Realisierung dieses Rechts fand in größerem Umfang nach dem Ersten Weltkrieg statt und hielt sich – mit gewissen Rückgängen – bis in den Zweiten Weltkrieg hinein:[61]

Kirchenaustritte in Deutschland zwischen 1919 und 1945

Jahr	Austritte aus Evang. Kirche	Pro 1000 Kirchenmitglieder	Austritte aus Kath. Kirche	Pro 1000 Kirchenmitglieder
1919	237.687	6,0	33.842	1,59
1920	313.995	8,0	44.702	2,10
1921	256.936	6,6	40.452	1,96
1922	157.605	4,0	24.496	–
1923	120.504	3,2	18.075	0,86
1924	84.169	2,2	22.430	1,07
1925	146.341	3,7	34.752	1,66

---

[58] Dokumentiert in: Barbara Schmal, Das staatliche Kirchenaustrittsrecht in seiner historischen Entwicklung (IusEccl 102), Tübingen 2013, 299–301.
[59] Zitiert bei Dirk Dütemeyer, Dem Kirchenaustritt begegnen. Ein kirchenorientiertes Marketingkonzept, Frankfurt 2000, 68.
[60] S. a. a. O. 72–85.
[61] Die Zahlen sind entnommen: Armin Kuphal, Abschied von der Kirche. Traditionsabbruch in der Volkskirche, Gelnhausen 1979, 28 f.

Kirchenaustritte in Deutschland zwischen 1919 und 1945 *(Fortsetzung)*

Jahr	Austritte aus Evang. Kirche	Pro 1000 Kirchenmitglieder	Austritte aus Kath. Kirche	Pro 1000 Kirchenmitglieder
1926	201.500	5,1	43.316	2,06
1927	176.593	4,5	41.865	1,96
1928	171.543	4,3	40.545	1,86
1929	168.739	4,3	42.855	1,97
1930	226.262	5,7	52.594	2,41
1931	243.514	6,3	57.781	2,65
1932	217.488	5,4	54.480	2,50
1933	57.459	1,4	31.987	1,43
1934	29.331	0,7	26.376	1,18
1935	51.805	1,3	34.347	1,54
1936	94.031	2,3	46.687	2,05
1937	319.708	7,9	108.054	4,75
1938	326.513	8,1	88.715	3,90
1939	377.721	9,0	–	–
1940	152.591	3,6	52.076	2,23
1941	182.310	4,3	52.560	2,26
1942	97.148	2,3	38.368	1,65
1943	46.125	1,1	–	–
1944	22.459	0,5	–	–
1945	9.439	0,2	–	–

Deutlich zeichnet sich hier ein Auseinandertreten von Getauft-Sein und Kirchenmitgliedschaft ab. Dazu lässt sich ein Zusammenhang dieser Entwicklung mit gesellschaftlichen und/bzw. politischen Ereignissen wie der Wirtschaftskrise Ende der zwanziger Jahre oder der wechselhaften nationalsozialistischen Kirchenpolitik vermuten – also jenseits christlicher Einstellungen liegender Faktoren. Seit dem Ende der sechziger Jahre des 20. Jahrhunderts stiegen im Kontext allgemein werdender Autoritäts- und Traditionskritik die Austrittszahlen wieder steil an.[62] Heute leben in Deutschland etwa acht bis neun Millionen Menschen, die getauft sind, aber keiner Kirche mehr angehören (s. die Tabelle in Kapitel 12.). Angesichts von Kirchenaustritten fragten evangelische Theologen streng nach der Ernsthaftigkeit von Taufbegehren. So forderte z. B. 1950 Günter Dehn:

---

[62] S. die diesbezüglichen Tabellen in Christian Grethlein, Kirchentheorie. Kommunikation des Evangeliums im Kontext, Berlin 2018, 131 f.

> „Man mache auch Ernst mit Taufgesprächen, die man, besonders in zweifelhaften Fällen, vor der begehrten Taufe mit Eltern und Paten abhalten sollte. Es müssen Zäune aufgerichtet werden, die verhindern, daß Krethi und Plethi ihre Kinder zur Taufe bringen."[63]

Doch zeigten solche autoritären, sich einseitig einer lebensfernen dogmatischen Logik verdankenden Appelle keinen Erfolg. Viele Menschen begehrten – wie seit langem – für ihre Kinder die Taufe primär als Familienfeier. Dabei mischten sich die Motive der Traditionsleitung, des Begehrens eines Rituals am Übergang im Lebenslauf anlässlich einer Geburt und der Generationenvorsorge.[64] Doch verlieren diese Motive in den letzten Jahrzehnten an Bedeutung. Allgemein gehen Traditionsleitungen zurück: Weitgehend übernahm die Medizin die Generationenvorsorge mit umfassenden Vor- und Nachsorgeuntersuchungen im Umfeld einer Geburt;[65] vereinzelt finden sog. Willkommensfeiern statt, gestaltet von freien Ritualbegleitern und Ritualbegleiterinnen.[66] Dementsprechend geht die Selbstverständlichkeit des Zusammenhangs von Geburt und Taufe zurück. 2018 betrug die Zahl der Taufen in Bezug auf die Gesamtzahl der Geburten in Deutschland 43 % (evangelisch: 22 %; katholisch 21 %).[67] Dabei sind in diesen Zahlen auch die Taufen Älterer enthalten.[68] Angesichts solcher Veränderungen ist das Taufen in der Gegenwart inhaltlich neu zu bestimmen.

Tatsächlich liegen – auch abgesehen vom baptistischen Konzept der Glaubens- bzw. Mündigentaufe – seit Längerem unterschiedliche Deutungen und *Vorschläge für eine erneuerte Taufpraxis* vor. Bereits Friedrich Schleiermacher äußerte Zweifel am Sinn der herkömmlichen Kindertaufe:

> „Und wenn nur diejenigen, welche glauben, getauft werden sollen, und der Glaube eine Bewegung in dem Willen ist, wodurch dieser in der Vereinigung mit Christo ruht, in den Kindern aber der Wille noch völlig unentwickelt ist, so ist die Kindertaufe auch insofern

---

63 Günther Dehn, Die Amtshandlungen der Kirche, Stuttgart 1950, 38.
64 S. in Aufnahme entsprechender empirischer Daten und Einsichten Christian Grethlein, Taufpraxis heute. Praktisch-theologische Überlegungen zu einer theologisch verantworteten Gestaltung der Taufpraxis im Raum der EKD, Gütersloh 1988, 103–135.
65 S. Grethlein, Lebensalter 101–105.
66 S. Christian Grethlein, Kasualien auf dem freien Markt. Konturen einer historischen Entwicklung, in: PrTh 109 (2020), 197–201, 200 f.
67 S. die diesbezügliche Tabelle in Christian Grethlein, Taufen (PTk 1), Göttingen 2020, 15.
68 S. differenziert die verschiedenen empirischen Befunde darstellend und diskutierend Matthias Kreplin, Veränderungen bei der Kasualie Taufe und angezeigte kirchliche Reaktionen, in: Franziska Beetschen/Christian Grethlein/Fritz Lienhard (Hg.), Taufpraxis. Ein interdisziplinäres Projekt, Leipzig 2017, 17–37.

unvollkommen, als die vorgeschriebenen Bedingungen bei derselben nicht vorhanden sind."[69]

Umgekehrt wollte der Berliner Theologe aber die Sitte der Kindertaufe, die sich im Lauf der Zeit herausgebildet hatte, nicht aufgeben. In dieser Spannung war für ihn die Konfirmation als „der lezte Moment der Taufe"[70] die Lösung, die die genannten Zweifel sowie den üblichen Brauch zusammenbrachte. Tatsächlich wird bis heute in den Familien die Konfirmation in der Regel aufwändiger begangen als eine Taufe.

Noch schärfer attackierte gut 140 Jahre später Karl Barth die Kindertaufe als „eine tief unordentliche Taufpraxis".[71] Ausgehend von der – theologisch fragwürdigen – Trennung zwischen Geist- und Wassertaufe profilierte der Schweizer Dogmatiker den Wasserritus als eine ethische Entscheidung, die nur Erwachsenen möglich sei. Dabei ging es ihm bei seinem Nachdenken über die Taufe vor allem um die anstehende Kirchenreform.

> „Wie soll sie (sc. die Kirche, C.G.) der übrigen Welt glaubwürdig sein, solange sie die Sorge um den Nachwuchs ihres Personalbestandes beharrlich auf diese, vor Gott und ihrer eigenen Botschaft und so auch vor denen, die äußerlich oder innerlich extra muros existieren, nicht zu verantwortenden Weise befriedigen zu können meint?"[72]

Zwar zogen die evangelischen Kirchen aus dieser Kritik keine Konsequenzen. Doch war damit noch einmal nachdrücklich auf den Zusammenhang zwischen Taufpraxis und Kirchenverständnis hingewiesen. Überwog bei Letzterem die Anerkennung kognitiver Glaubensinhalte, so erschien die Praxis der Kindertaufe unangemessen. Mit demselben Argument wie bei Schleiermacher und Barth konnte allerdings auch in der Missions-Situation die Taufe geistig behinderter Menschen verweigert werden. So begründete der Direktor der Hermannsburger Mission eine entsprechende Ablehnung folgendermaßen:

> „Es fehlt die Aufnahmefähigkeit für die Sakramentsgabe der Gnade, und es könnte durch eine solche Taufe die falsche Vorstellung einer magischen Wirkung der hl. Taufe erweckt

---

69 Friedrich Schleiermacher, Der christliche Glaube nach den Grundsäzen der evangelischen Kirche im Zusammenhange dargestellt (1821/22) Bd. 2, hg.v. Hermann Peiter (KGA 7,2), Berlin 1980, 260.
70 A.a.O. 262.
71 Karl Barth, Kirchliche Dogmatik Bd. IV,4, Zürich 1967, 213.
72 A.a.O. XII.

werden, was einer zum Aberglauben besonders geneigten heidnischen Bevölkerung gegenüber doppelt gefährlich wäre."[73]

Hier führte also eine Kontextanalyse – „zum Aberglauben besonders geneigte heidnische Bevölkerung" – zu einer Entscheidung, die in direktem Widerspruch zum inklusiven Charakter des Wirkens Jesu stand.

Insgesamt hatten aber diese theologischen Entwürfe und Kritiken nur wenig Einfluss auf das Verhalten und die Einstellung der meisten Menschen. Für sie wurde die Taufe zunehmend – entgegen dem jahrhundertelangen Taufzwang und dem anschließenden sozialen Druck – zu einer Option. Dabei erfuhr immer wieder die in den großen deutschen Kirchen vorgesehene, direkte Verknüpfung von Taufe und Kirchenmitgliedschaft und damit Kirchensteuerpflicht Kritik. In der methodistischen Kirche ist dagegen bei Kindertaufen beides voneinander getrennt und so einer direkten Verbindung von geistlichem Vollzug und finanzieller Verpflichtung gewehrt. Die Taufe nimmt in den Leib Christi auf („Kirchenangehörige") und eröffnet den Menschen die Möglichkeit, später – als Herangewachsene – sich für einen Eintritt in die Kirche zu entscheiden („Kirchenmitglieder").[74] Auf jeden Fall begegnen seit den siebziger Jahren des 20. Jahrhunderts in den verschiedenen Kirchen und theologischen Traditionen zunehmend *pastoraltheologische bzw. praktisch-theologische Vorschläge*, die den Wandel im kulturellen und sozialen Kontext ernstnehmen und unter diesen neuen Umständen zur Taufe einladen wollen.

Auf der Grundlage einer entsprechenden Forderung der Liturgie-Konstitution Sacrosanctum Concilium des Zweiten Vatikanischen Konzils wurde 1972 das Formular „*Ordo Initiationis Christianae Adultorum*" erstellt. Vor allem die Bischöfe in den USA griffen dieses auf und entwickelten einen liturgisch gestuften Erwachsenenkatechumenat, der in eine Taufe in der Osternacht mündet. In den deutschen katholischen Diözesen fand dies nach dem Fall der Mauer Interesse, um so die vielen Ungetauften auf dem Gebiet der früheren DDR zur Taufe einzuladen. Dabei orientieren sich die Liturgiker am altkirchlichen Katechumenat, wie es z. B. in der Traditio Apostolica überliefert ist (s. Kapitel 3 3.):

---

[73] Zitiert nach Ernst Strasser, Die Taufe in der Geschichte der deutschen evangelisch-lutherischen Mission (MWF[L] 4), Leipzig 1925, 94 Anm. 6.
[74] S. Manfred Marquard, Taufpraxis, religiöse Sozialisation und Kirchengliedschaft in der Evangelisch-methodistischen Kirche, in: Walter Klaiber/Wolfgang Thönissen (Hg.), Glaube und Taufe in freikirchlicher und römisch-katholischer Sicht, Paderborn 2005, 135–153, 143.

> „ – Erste Stufe: Die Taufbewerber*innen werden an der Kirchentür abgeholt; ihre sinnlichen Wahrnehmungsorgane werden mit dem Kreuz bezeichnet; ihnen werden eine Bibel und ein Kreuz überreicht.
> – Zweite Stufe: Zulassung der Katechumen*innen zur Taufe. Im Vorabendgottesdienst zum Ersten Fastensonntag findet in der Kirchengemeinde der Ritus der Einschreibung statt. Es werden die Namen der Taufbewerber*innen in ein Sendschreiben eingetragen, das am nächsten Tag, dem Ersten Fastensonntag, im Dom dem Bischof übergeben wird. Jetzt werden die Katechumen*innen – mit ihren Pat*innen – vom Bischof begrüßt und offiziell zur Initiation zugelassen. Bei der Frage des Bischofs nach der Entschiedenheit des Taufwunsches legen die Pat*innen den Befragten unterstützend die Hand auf die Schulter. Am 3., 4. und 5. Fastensonntag findet die Feier der Skrutinien statt. Die Gemeinde betet hier für die Katechumen*innen; diese bekommen die Hand vom Priester aufgelegt, auch eine Salbung mit Katechumenen-Öl ist möglich. In diesen Gottesdiensten werden Glaubensbekenntnis und Vaterunser feierlich übergeben. Am Karsamstag werden die Riten unmittelbar zur Taufvorbereitung vollzogen: Wiedergabe des Credo und Effata-Ritus.
> – Dritte Stufe: In der Osternacht wird im Dom mit dem Bischof die Taufe gefeiert. Sie umfasst Firmung und Eucharistie."[75]

Eine Besonderheit dieses Modells ist, dass es – jetzt im Kontext der Erlebnisgesellschaft[76] – die in der Alten Kirche übliche Datierung der Taufe in der Osternacht wieder aufnimmt. Der Zusammenhang zwischen Taufe und Kirche erfolgt also nicht durch die problematische Einfügung der Taufe in den sog. Gemeindegottesdienst, sondern durch den kirchlichen Festkalender. Dazu begegnet hier Kirche auf unterschiedlichen Ebenen, der der Ortsgemeinde und der der Diözese. Schließlich werden Bildungsprozesse initiiert, die den Menschen mit all seinen Sinnen umfassen.

Auch auf evangelischer Seite kam es etwa zeitgleich zu einer Neubesinnung auf das Verständnis der Taufe. Peter Cornehl gab hier mit einem Vortrag auf dem *Deutschen Evangelischen Kirchentag* in Berlin (1989) einen wichtigen Impuls. Er entfaltete dort den Inhalt der Taufe in fünf griffigen Thesen:[77]

> „1. Die Taufe ist das Sakrament der Befreiung aus dem Bann des Bösen."
> „2. Die Taufe ist das Sakrament der neuen Schöpfung."
> „3. Die Taufe ist das Sakrament der Annahme."
> „4. Die Taufe ist das Sakrament der Gemeinschaft."
> „5. Die Taufe ist das Sakrament der christlichen Einheit."

---

[75] Grethlein, Taufen 52.
[76] S. Schulze, Erlebnisgesellschaft.
[77] Sie folgen dem in Berlin verteilten Manuskript, das später veröffentlicht wurde: Peter Cornehl u. a., Auf dem Weg zur Erneuerung der Taufpraxis. Thesen zum 23. Deutschen Evangelischen Kirchentag, in: ZGP 1990/1, 20–22.

Damit gelang Cornehl u. a. ein direkter Anschluss an aktuelle Probleme wie die ökologische Herausforderung.

Stärker die Verbindung zur sonstigen kirchlichen Arbeit und methodisch zur damals in der Religionspädagogik entwickelten Symboldidaktik suchte das im Rahmen des Gemeindekollegs der Vereinigten Evangelisch-Lutherischen Kirche (VELKD) entwickelte *Programm eines „tauforientierten Gemeindeaufbaus"*.[78] Zum einen wurden hier praktische Anregungen präsentiert, wie in Mini-Clubs oder Mutter-Kind-Gruppen, Kindergärten, im Kindergottesdienst, in Kinder- und Jugendgruppen, im schulischen Religionsunterricht und in der Konfirmandenarbeit eine inhaltliche Fokussierung auf die Taufe bzw. die Einladung zu ihr gewinnbringend sein kann. Zum anderen rückten die fünf Grundsymbole der Taufe – Kreuz, Namen, Wasser, Licht (Kerze) und Hand(auflegung) – ins Zentrum. Mit diesen auch im Alltag präsenten Symbolen sollte die für die christliche Lebensform charakteristische Verbindung zwischen der Beziehung zu Gott und dem Alltag ermöglicht und dargestellt werden.

In gewissem Sinn eine Zusammenfassung dieser und anderer Bemühungen um eine Reform der Taufpraxis stellte das im Rahmen der Vorbereitung des Reformationsjubiläums 2017 proklamierte Jahr der Taufe (2011) dar. Hier wurden parochieübergreifende *Tauffeste* gefeiert.[79] Kommunikativ knüpften die Initiatoren an die Event-Kultur an und erhielten so Zugang zu Familien, die kirchliche Angebote sonst nicht erreichen.

„Tatsächlich ergeben Befragungen von als Eltern an Tauffesten Teilnehmenden, dass diese in kritischer Distanz zum üblichen Gottesdienst am Sonntagmorgen stehen. Das meist im Freien gefeierte, etwa mit einem Gemeindefest verbundene Tauffest gibt ihnen mehr Möglichkeiten zur aktiven Partizipation als die agendarisch regulierten Feiern im Kirchengebäude. Darüber hinaus bietet es einen besonderen Vorzug für ärmere Tauffamilien, etwa alleinerziehende Mütter mit ihren Kindern. Denn diese sind bei einem solchen Fest von sonst üblichen Gastgeberpflichten und den damit verbundenen Kosten befreit."[80]

Neben dem gemeinsamen Feiern kam hier also auch die diakonische Dimension in den Blick. Die größte Herausforderung dürfte jetzt darin bestehen, die Einmaligkeit präferierende Event-Kultur mit dem konstitutiv zum Christsein gehörenden, das ganze Leben umfassenden Grundcharakter der Taufe zu verbinden.

---

78 Reiner Blank/Christian Grethlein (Hg.), Einladung zur Taufe – Einladung zum Leben. Konzept für einen tauforientierten Gemeindeaufbau. Entwickelt im Gemeindekolleg der VELKD Bd. 1 und 2, Stuttgart 1993 und 1995.
79 S. hierzu ausführlich und detailliert Franziska Beetschen, Alternative Taufe. Möglichkeiten und Grenzen aktueller Taufpraxis, Heidelberg 2019.
80 Grethlein, Taufen 54.

Kommunikationstheoretisch gesehen geht es um die Feier eines nachhaltigen Events, also eines regelmäßig erinnerbaren Ereignisse.

4 Lehren und Lernen im Kontext vielfältigen Wandels

Ebenfalls vielgestaltig verliefen in den letzten zweihundert Jahren die Bemühungen um das Lehren und Lernen als Modus der Kommunikation des Evangeliums. Organisatorisch zeichnete sich eine Tendenz zur *Verstaatlichung der öffentlichen Bildung* ab, wobei oft – in den verschiedenen Ländern unterschiedlich intensiv – ein gewisser kirchlicher Einfluss bestehen blieb. Für Deutschland wird von einer „hinkenden Trennung" von Kirche und Staat gesprochen.[81] Auf jeden Fall beanspruchte der Alphabetisierungsprozess der Bevölkerung das ganze 19. Jahrhundert.

> „Die Lesefähigkeit der Deutschen wird für das Jahr 1800 auf etwa 25 %, für das Jahr 1830 auf etwa 40 % und für das Jahr 1870 auf etwa 75 % veranschlagt, … so gewann die verschriftete Frömmigkeit im 19. Jahrhundert …. einen enormen Stellenwert."[82]

Gesellschaftlich-kulturell war grundlegend, dass sich in Fortsetzung der Aufklärung die Pädagogik als eine eigenständige, grundsätzlich von einem positiven Menschenbild – und nicht der Erbsündenlehre – bestimmte Disziplin etablierte. Damit reagierte die Wissenschaft auf den Rückgang der Plausibilität kirchlich-theologischer Lehren sowie die Relativierung bis dahin gültiger Sitten und Normen.[83] Zugleich trug sie positiv der eindrucksvoll von Jean-Jacques Rousseau in seinem Bildungsroman „Émile ou De l'éducation" (Emile oder über die Erziehung) (1762) geschilderten Eigenständigkeit von Kindheit und Jugend Rechnung. Dass Rousseau hiermit eine schroffe Ablehnung religiöser Kindererziehung verband, stellte zumindest latent nicht nur die katechetische Theorie, sondern auch entsprechende Praxis in Frage.[84]

---

[81] S. Thomas Großbölting, Der verlorene Himmel. Glaube in Deutschland seit 1945, Göttingen 2013, 50–55.
[82] Kurt Nowak, Geschichte des Christentums in Deutschland. Religion, Politik und Gesellschaft vom Ende der Aufklärung bis zur Mitte des 20. Jahrhunderts, München 1995, 104.
[83] S. Karl-Ernst Nipkow, Pädagogik I. Zum Begriff, in: RGG⁴ Bd. 6 (2003), 775f., 776.
[84] S. hierzu Friedrich Schweitzer, Die Religion des Kindes. Zur Problemgeschichte einer religionspädagogischen Grundfrage, Gütersloh 1992, 116–133.

Wie bisher wurden die Kinder – in der Regel – im 19. Jahrhundert in ihren Familien religiös-kirchlich geprägt. Doch waren dabei beträchtliche Unterschiede je nach sozialem Status zu beobachten:

„In bürgerlichen Kreisen erlebte die christlich-familiale Ausgestaltung der biografischen Feste – Taufe, Eheschließung, vor allem Konfirmation – und der Jahresfeste – namentlich Weihnachten und Ostern – ihre Blüte ... In der – zahlenmäßig noch dominanten – Landbevölkerung werden am ehesten traditionelle Formen christlichen Lebens konserviert, ergänzt etwa durch die Arbeitsweisen der Erweckungsbewegung (Posaunenchöre, Leseheftchen). Vor allem in der rapide wachsenden Arbeiterschaft, aber auch in anderen richtungsweisenden Berufsgruppen, etwa unter Lehrern (!), Offizieren, Juristen, Ärzten ..., schwindet die Teilhabe und das Verbundenheitsgefühl mit der Kirche, wohl auch die Ausdrucksfähigkeit. Den Protestantismus betraf dies stärker als den römischen Katholizismus".[85]

Die in 3. (und in Kapitel 1 2.) genannten Austrittszahlen aus den beiden großen Kirchen in Deutschland seit 1919 zeigen, dass die Selbstverständlichkeit religiös-kirchlicher Prägung in etlichen Familien im 20. Jahrhundert nicht mehr bestand. Als theologische Antwort hierauf begann sich in den ersten beiden Jahrzehnten des 20. Jahrhunderts mit der „Religionspädagogik"[86] eine neue theologische Disziplin zu etablieren. Mit ihr reagierten – anfangs evangelische – Theologen (und bald Theologinnen) auf diesen Abbruch. Entsprechend den neuen Gegebenheiten, bei denen die Schule gegenüber den Familien auch bei Ärmeren an Bedeutung gewann, wurde dabei der Religionsunterricht vornehmlicher Forschungsgegenstand.

Tatsächlich ging die allgemeine religiös-kirchliche Imprägnierung *schulischen Unterrichts* zurück bzw. war in den Gymnasien durch deren fachwissenschaftliche Ausrichtung schon seit längerem überwunden. Die sich im Lauf der Zeit vollziehende Reduzierung des entsprechenden Stundenumfangs auf schließlich meist zwei wöchentliche Schulstunden „Religion" sowie der Rückzug der Geistlichen aus der Schulaufsicht verringerten den Umfang des auf das Christentum bezogenen Lernens. Demgegenüber erhielten – abgesehen von den bis in die fünfziger Jahre des 20. Jahrhunderts bildungsbürgerlich dominanten Humanistischen Gymnasien – Mathematik und die Naturwissenschaften breiteren Raum in den Stundentafeln und damit grundsätzlich säkulare Weltzugänge. Dazu stellt die zunehmende religiöse Pluralität in der Schülerschaft, wozu auch

---

[85] Bernd Schröder, Religionspädagogik, Tübingen 2012, 104f.
[86] Das erste Mal begegnet dieser Begriff, allerdings zunächst wenig beachtet, bei Max Reischle, Die Frage nach dem Wesen der Religion. Grundlegung zu einer Methodologie der Religionsphilosophie, Freiburg 1889, 91.

die stetig wachsende Gruppe der Konfessionslosen gehört, die traditionell an überkommenen konfessionellen Organisationsformen orientierte Struktur des sog. konfessionellen Religionsunterrichts grundsätzlich in Frage.[87]

Allerdings wurde der Religionsunterricht auch begleitet von Feierformen, vor allem von Schulgottesdiensten anlässlich hoher Feiertage oder zu Anfang und Ende eines Schuljahrs. Doch zeigte sich hier während der Nazi-Herrschaft ein Problem der engen Verbindung zum Staat. In den „völkischen Schulfeiern" trat die deutsch-nationale Lebensform an die Stelle der christlichen, wobei die Verbindung zur Familie im damaligen Mütter-Kult erfolgte.[88]

Im neuen Jahrtausend stellten sich bei den jetzt meist ökumenisch organisierten Schulgottesdiensten neue Herausforderungen dadurch, dass an vielen Orten zunehmend Heranwachsende aus muslimischen und/oder sog. konfessionslosen Familien mitfeiern. Die Inklusivität der Kommunikation des Evangeliums, die andere aber nicht überwältigt, war und ist dabei zu bewähren. Die Liturgische Konferenz erstellte hierzu eine differenzierend argumentierende Orientierungshilfe, die auch weitere liturgische Feiern, an denen Nichtchristen teilnehmen, im Blick hatte.

Typologie „Mit Anderen feiern"[89]

Typus der religiösen Feier	Verantwortung für die Gestaltung	Typische Situationen	Theologische und praktische Probleme
Liturgische Gastfreundschaft	Eine bestimmte Gemeinde mit einer Kirche, Moschee o.Ä.	Christlich-islamische Begegnungen über einen längeren Zeitraum, Schulgottesdienste	Bei gegenseitiger Wertschätzung und Rücksichtnahme das am wenigstens problematische Modell
Mulireligiöse Feier	Eine gemischte Vorbereitungsgruppe	Ein bestimmter Anlass wie Stadtteilfeste oder	Gemeinsamkeiten und Differenzen werden deutlich.

---

[87] S. hierzu exemplarisch die Diskussion um einen sog. Religionsunterricht für alle (sog. Hamburger Modell), dokumentiert etwa in Konstanze Kemnitzer/Matthias Roser (Hg.), „All together now!?" Ein Schreibgespräch zum Religionsunterricht in Hamburg (RUfa 2.0) (EZW-Texte 271), Berlin 2021.
[88] S. Marcell Saß, Schulanfang und Gottesdienst. Religionspädagogische Studien zur Feierpraxis im Kontext der Einschulung (APrTh 45), Leipzig 2010, 368–388.
[89] Liturgische Konferenz (Hg.), Mit Anderen Feiern – gemeinsam Gottes Nähe Suchen. Eine Orientierungshilfe der Liturgischen Konferenz für christliche Gemeinden zur Gestaltung von religiösen Feiern mit Menschen, die keiner christlichen Kirche angehören, Gütersloh 2006, 29 (gekürzt).

Typologie „Mit Anderen feiern" *(Fortsetzung)*

Typus der religiösen Feier	Verantwortung für die Gestaltung	Typische Situationen	Theologische und praktische Probleme
		politische Gedenktage, Katastrophen	
Interreligiöse Feier	Teams, die sich für einen bestimmten Anlass zusammenfinden oder länger miteinander arbeitende interreligiöse Initiativgruppen	Eine Situation, in der das Bemühen um etwas Gemeinsames besonders stark ist	Ein gemeinsames Gebet kann den Eindruck erwecken, dass die Gottesvorstellungen dieselben sind.
Religiöse Feiern für alle	Vorbereitungsteam, Initiativgruppe in einem bestimmten sozialen Kontext (Schule, Stadtteil)	Öffentlicher Anlass ohne spezifisch religiösen Hintergrund (z.B. schulische Anlässe, Einweihungen, Jubiläum)	Eine gemeinsame Religion aller gibt es nicht; darum muss man sich auf gemeinsame Fragen nach dem Ganzen des Lebens beziehen.

In anderen Ländern fehlen überhaupt ein schulischer Religionsunterricht und entsprechende liturgische Feiern. In Frankreich wurde er entsprechend dem Prinzip der laïcité 1905 mit dem „Gesetz zur Trennung von Kirche und Staat" (Loi relative à la séperation des Eglises et de l'Etat) abgeschafft. In den USA gab es – entsprechend dem 1. Amendment zur Verfassung (s. Kapitel 8 1.) – von vornherein keinen Religionsunterricht an den öffentlichen Schulen. Dazu fehlte ein solcher Unterricht in den kommunistisch bzw. sozialistisch regierten Ländern. Hier traten gemeindepädagogische Angebote wie die Christenlehre in der DDR an dessen Stelle.[90] Allerdings erreichten sie nur einen kleinen Teil der Heranwachsenden.

Neben dem Religionsunterricht waren *kirchliche Schulen* ein weiteres Bildungsangebot, das nicht nur in Deutschland,[91] sondern auch in Frankreich oder den USA bestand und besteht. Vor allem die römisch-katholische Kirche engagiert sich hier, nicht zuletzt mit den in diesem Aufgabengebiet erfahrenen Schulor-

---

[90] S. Dieter Reiher (Hg.), Kirchlicher Unterricht in der DDR 1949–1990. Dokumentation eines Weges, Göttingen 1992; Heiner Aldebert, Christenlehre in der DDR. Evangelische Arbeit mit Kindern in einer säkularen Gesellschaft. Eine Standortbestimmung nach zwanzig Jahren „Kirche im Sozialismus" und vierzig Jahren DDR (Pädagogische Beiträge zur Kulturbegegnung 8), Rissen 1990.
[91] S. Martin Schreiner, Im Spielraum der Freiheit (Arbeiten zur Religionspädagogik 13), Göttingen 1996.

den.⁹² Doch Evangelische Schulen können ebenfalls ein Ort sein, um Heranwachsende in die christliche Lebensform einzuführen.

> „Dabei ergibt ‚Evangelium' ein besonderes Vorzeichen. Es verhindert ein positivistisches Funktionalisieren von Lernen, wie es die Gefahr einer exklusiven Orientierung am sogenannten Outcome ist. Denn Lernen wird in der Perspektive des Evangeliums auf den Ursprung und das Ziel des Lebens ausgerichtet. Exemplarisch kam dies z. B. im Rückgriff evangelischer Schulen auf die genetische Methode von Martin Wagenschein – und didaktische Einsichten von Comenius – zum Ausdruck. Ein so orientiertes Lernen macht auf den Konstruktionscharakter scheinbar stabiler ‚Fakten' aufmerksam und eröffnet den Schüler/innen auch in naturwissenschaftlichen Unterrichtsfächern den Blick auf die Relativität menschlichen Wissens ...
>
> Zum Christsein gehören von Anfang an gemeinschaftliche Feiern, die auch gemeinsames Essen und Trinken umfassen. Beides findet in unseren Schulen statt, aber häufig ohne die ihm vom Evangelium her zukommende Beachtung. Für evangelische Schulen sind gemeinschaftliche Feiern keine Nebensache neben dem Unterricht. In Schulgottesdiensten und -andachten kommt vielmehr eine grundlegende und unverzichtbare Dimension des Zusammenlebens von Menschen in der Schule zum Ausdruck, die u. a. die sonst dort übliche Hierarchie und manche Funktionalitäten relativiert. ...
>
> Es sei nur angedeutet, dass die Bedeutung des gemeinsamen Essens und Trinkens für die Kommunikation des Evangeliums auch Konsequenzen für die Gestaltung von Pausen und das Essen in der Mensa nach sich zieht. ...
>
> Insgesamt gewinnt die Dimension des Helfens zunehmend Bedeutung an unseren Schulen ... Darüber hinaus begegnet in evangelischen Schulen unter dem Signum ‚diakonisches Lernen' ein interessanter didaktischer Aufbruch. Hier sammeln Schüler/innen in engem Verbund von unterrichtlicher Vorbereitung und Auswertung praktische Erfahrungen mit dem Kommunikationsmodus des Helfens, wobei die Organisationsform vom Projekt bis zum regulären Unterrichtsfach in einigen Klassen reicht."⁹³

Daneben etablierten sich weitere Einrichtungen, um Kindern einen Zugang zur christlichen Lebensform zu eröffnen, vor allem *Kindergärten und Kindertagesstätten*. 1802 gründete die früh verwitwete Pauline von Lippe-Detmold die erste „Aufbewahrungsanstalt" für Säuglinge und bis vierjährige Kleinkinder. Einen wesentlichen Impuls gab dann der Pestalozzi-Schüler Friedrich Fröbel durch sein Programm eines „Kinder-Gartens" (1844). Im Gegensatz zu Schulen war und ist der Besuch solcher mittlerweile elementarpädagogisch profilierten Einrichtungen zwar freiwillig. Doch werden sie – entsprechend den Veränderungen im Sozial-

---

92 S. Theodor Schneider, Freie Schulen in katholischer Trägerschaft. Die modellhafte Stellung Freier Schulen im kirchlichen Erziehungshandeln, untersucht aus bildungs- und kirchenpolitischer Sicht, Bonn 1981.
93 Christian Grethlein, Evangelische Schulen und ihr Beitrag zur schulischen Qualitätsentwicklung, in: Michael Reitemeyer/Winfried Verburg (Hg.), Bildung – Zukunft – Hoffnung. Warum Kirche Schule macht, Freiburg 2017, 195–201, 197 f.

system Familie (Stichworte: Zunahme Alleinerziehender; Erwerbstätigkeit beider Eltern) – in wachsendem Umfang in Anspruch genommen.[94] Dabei gingen von Anfang an (religions)pädagogisches und diakonisches Anliegen ineinander über. Heute geben kindertheologische Einsichten neue Impulse für die Gestaltung der Gemeinschaft in Kindertagesstätten. Sie erfordern allerdings Erzieherinnen und Erzieher, die in den die Kinder interessierenden Themen für die Kommunikation des Evangeliums relevante Inhalte erkennen und „in Form von Projektarbeit, Bildungsinseln und Lernwerkstätten" Räume zu deren Bearbeitung anbieten.[95] Dazu tragen Formen der Raumgestaltung (Symbole) ebenso wie die Darstellung von Beziehungen (Rituale) bei. Der kirchliche Festkalender eröffnet hier Möglichkeiten, die dann Familien der Kinder aufgreifen können. Besondere Herausforderungen ergeben sich daraus, dass in den – großenteils durch die öffentliche Hand finanzierten – Einrichtungen nicht von einer konfessionellen oder kirchlichen Homogenität der Kinder ausgegangen werden kann. Zunehmend sind – vor allem im Osten Deutschlands – auch Erzieherinnen und Erzieher tätig, die selbst keine Kirchenmitglieder sind und in ihren Herkunftsfamilien keinen Zugang zur christlichen Lebensform erhielten. Von daher ist auf die im Konzept der Kommunikation des Evangeliums gegebene Ergebnisoffenheit der konkreten Kommunikationen zu achten. Alle Kommunizierenden sind daran beteiligt, dass Evangelium entsteht, also die Wirklichkeit auf ihren Grund hin, Gott, durchsichtig wird, dies gemeinschaftlich gefeiert wird und zumindest Offenheit für gegenseitiges Helfen zum Leben entsteht. Kinder, denen Jesus – im Widerspruch zu seinen Jüngern – eine besondere Nähe zur Gottesherrschaft zusprach (Mk 10,13–16), können dabei den Erwachsenen die Augen öffnen – und umgekehrt.

Ebenfalls eine wichtige Innovation für das Lehren und Lernen als Modus der Kommunikation des Evangeliums waren die *Sonntagsschulen bzw. Kindergottesdienste*. Die Sonntagsschule entstand im Kontext der Industrialisierung und der mit ihr verbundenen Pauperisierung vieler Menschen in England am Ende des 18. bzw. zu Beginn des 19. Jahrhunderts.

„Der Druckereibesitzer R. Raikes (1736–1811), der dem Methodismus nahe stand und sich bisher bei der Betreuung Strafgefangener engagiert hatte, wurde durch Begegnungen mit Armen angerührt und suchte nach Abhilfe. Er stellte Frauen an, die jeden Sonntag den Kindern anhand von Bibel und Katechismus Leseunterricht erteilen sollten. Damit wollte er den verbreiteten Analphabetismus bekämpfen und zugleich die religiöse Bildung der Un-

---

[94] S. zu den entsprechenden statistischen Befunden Grethlein, Lebensalter 105–115.
[95] S. auch zum Folgenden Angela Kunze-Beiküfner, Kindertheologisch-sensitive Responsivität pädagogischer Fachkräfte in Kindertagesstätten. Eine Untersuchung zur Praxis des Theologisierens in Kindertagesstätten (APrTh 66), Leipzig 2017, 57.

terschicht heben. ... Ab 1800 traten an die Stelle der bezahlten Sonntagsschullehrer/Sonntagsschullehrerinnen freiwillige Kräfte. Dies förderte trotz teilweiser kirchlicher Opposition, die sich gegen den Methodismus und die angebliche Geringschätzung des Amtes wandte, die Ausbreitung der Bewegung erheblich."[96]

Hier verbanden sich also ebenfalls die Sorge um Arme und das pädagogische Anliegen, Kindern einen im umfassenden Sinn besseren Zugang zur Welt zu ermöglichen. Die Initiative der Sonntagsschule breitete sich schnell aus, wobei sie sich je nach Kontext in ihrer konkreten Gestaltung veränderte. So bestand in den USA auf Grund der strikten Trennung von Staat und Kirche bei den Kindern ein erhebliches Defizit an Kenntnissen hinsichtlich des Christentums. In diesem Kontext kam es zu der – durch Mark Twains „Tom Sawyer und Huckleberry Finn" (1876) bekannt gewordenen – biblisch-religiösen Unterweisung der Kinder.[97] Diese katechetische Form kam in den sechziger Jahren des 19. Jahrhunderts nach Deutschland. Dort gab es jedoch ausgiebig Religionsunterricht in der Schule, so dass kein unterrichtlicher Bedarf wie in den USA bestand. Dementsprechend wurde diese Veranstaltung in eine liturgische transformiert – und klerikalisiert.

> „Das Amt des Vorstehers fiel jetzt dem Pfarrer zu und erhielt größere Bedeutung. Aus den bisherigen Sonntagsschullehrerinnen/Sonntagsschullehrern wurden Kindergottesdiensthelferinnen/Kindergottesdiensthelfer."[98]

Die Sonntagsschule bzw. der Kindergottesdienst mussten innerhalb der etablierten deutschen Kirchen durchaus Widerstände überwinden. Denn diese Laieninitiative unterlief – nicht zuletzt durch den Einsatz von Frauen als Sonntagsschullehrerinnen – die in den Landeskirchen bestehende (männlich-)klerikale Hierarchie. Organisatorisch war der Kindergottesdienst zuerst an die Innere Mission angebunden.[99] Erst die nationalsozialistische Gleichschaltungspolitik erzwang 1934 seine Integration in die Landeskirchen.[100]

In Missionssituationen war die Sonntagsschule bzw. der Kindergottesdienst in mancherlei Form eine wichtige Einrichtung der Kirchen. So stand z.B. in Korea

---

[96] Christian Grethlein, Gemeindepädagogik, Berlin 1994, 111 f. (unter Bezug auf Carsten Berg, Gottesdienst mit Kindern. Von der Sonntagsschule zum Kindergottesdienst, Gütersloh 1987).
[97] S. hierzu Manfred Kwiran, Religionsunterricht in den USA – ein Vergleich. Edukative und methodische Perspektiven amerikanischer Religionspädagogik – ein pragmatischer Ansatz, Frankfurt 1981, 147.
[98] Grethlein, Gemeindepädagogik 115.
[99] S. Berg, Gottesdienst 89.
[100] S. a.a.O. 99

die Sonntagsschule für Erwachsene am Anfang, bevor sie auch hier zu einem Versammlungsort für Kinder wurde.[101]

Mittlerweile befindet sich der Kindergottesdienst in Deutschland in einem tiefgreifenden Veränderungsprozess. Sein Kontext, vor allem die familiäre Freizeitgestaltung am Wochenende, wandelt sich – dem ist terminlich zu entsprechen. Treffen etwa am Samstagvormittag im Monats-Rhythmus treten an die Stelle der wöchentlichen Zusammenkunft am Sonntagvormittag. Dabei ergeben sich längere Zeiträume des Zusammenseins – im Vergleich etwa zur früher häufig zum sonntäglichen (Erwachsenen)Gottesdienst parallelen einstündigen Veranstaltung. Das ermöglicht z. B. gemeinsames Essen und Trinken – eine unverhoffte Annäherung an urchristliche Gemeinschaftsformen als Nebenfolge.

„Solcher Kindergottesdienst wird als Gottesdienst mit Kindern – kommunikationstheoretisch gesehen – zu einem Teil der multilokalen Mehrgenerationenfamilie. Wie die Tagesmutter oder Erzieherinnen übernimmt er eine Aufgabe im Kontext von Familie und wird vor Ort entsprechend der Vielfalt familiärer Bedürfnisse unterschiedlich gestaltet. ... Auch tritt durch den Konnex mit den Familien und ihren Bedürfnissen die diakonische Dimension ins Blickfeld. Kinder aus armen Familien oder Kinder aus Familien, deren Eltern sich trennen, bedürfen der besonderen Unterstützung. Verlässliche Mitarbeiter/innen im Kindergottesdienst, selbst vielleicht Mütter, können trösten und manchmal helfen."[102]

Auch in der *Konfirmandenarbeit* vollzieht sich mancherorts ein Wandel.[103] Angesichts der zunehmend längeren Schultage – durch mehr Schulstunden, aber auch die nachmittägliche Betreuung vieler Schüler in Schulräumen – wird es wichtiger, sich von Schule und ihrem Unterricht abzusetzen. Die Sozialform der Freizeit hat sich hier bewährt. Wenn sich Gemeinden zusammenschließen und sog. KonfiCamps initiieren, knüpfen sie an die für Jugendliche attraktive Kommunikationsformen von Tourismus und Event an.

„Erstmals 1993 in Württemberg durchgeführt werden damit überregionale Treffen von Konfirmandinnen und Konfirmanden in einem mehrtägigen Zeltlager bezeichnet. Gerade der Schritt über den parochialen Rahmen hinaus hin zu regionaler Kooperation ist dabei besonders bemerkenswert. Schon in Württemberg ... setzte man auf die Intensivierung christlicher Glaubensvollzüge während der Camps. Neben Erlebnisorientierung und der Intention, einen erinnerungswürdigen Höhepunkt der Konfirmandenzeit anzubahnen, ist also positiv zu verzeichnen, dass die Verantwortlichen um eine lebensgeschichtlich relevante Begegnung mit christlicher Praxis bemüht sind. Der gezielte Ansatz bei der Lebenswelt der Jugendlichen ermöglicht über die Erfordernisse der Zeiteinteilung hinaus eine direkte

---

101 S. Eun-Ju Kim, Kindergottesdienst in der Krise, Norderstedt 2011, 101 f.
102 Christian Grethlein, Praktische Theologie, Berlin ²2016, 360 f.
103 S. die Übersicht bei Hans-Martin Lübking, Konfirmieren (PTk 3), Göttingen 2021, 42–61.

Verbindung zu liturgischen Formen. Hinzu kommt eine bewusste Wahrnehmung der touristischen Deutungsperspektive."[104]

Schließlich fordern Veränderungen in der Lebenswelt Erwachsener heraus. Hier ist vor allem die *Zunahme alter Menschen* zu nennen. Während 1875 in Deutschland die durchschnittliche Lebenserwartung eines Jungen 35,6 und die eines Mädchens 38,5 Jahre betrug, stieg sie bis 2019 auf das mehr als Doppelte an: 78,6 bzw. 83,4 Jahre.[105] Eine weitere Steigerung ist zu erwarten. So wird voraussichtlich 2030 fast jeder dritte Deutsche 65 Jahre oder älter sein.[106] In Spannung hierzu steht der beschleunigte technische Wandel, der das soziale Miteinander unmittelbar betrifft und nicht selten alte Menschen überfordert. Auch von daher verwundert die Tendenz nicht, alte Menschen, wenn sie ihre Leistungsfähigkeit einbüßen, in besonderen Orten, Senioren- und Pflegeheimen, zu separieren. Ähnlich wie kleine Kinder behindern sie die sonst vorherrschende Lebensform des aktiven Homo faber. Dass mit dem Nachlassen der Kräfte zugleich eine wichtige Anfrage an die letztlich suizidale Kultur des „Immer mehr" gestellt wird, bleibt so ausgeblendet. Auch zeigt die Corona-Epidemie die mit dieser segregierten Wohnform verbundene Verletzlichkeit der hier Untergebrachten bei einem infektiösen Geschehen. Von daher verdienen Initiativen wie Mehr-Generationen-Häuser[107] Interesse. Sie ermöglichen das Miteinander von Menschen in unterschiedlichem Lebensalter und eröffnen dabei Chancen zu gegenseitigem Lehren und Lernen sowie Helfen zum Leben.

Insgesamt stellen also Veränderungen des politischen, gesellschaftlichen und kulturellen Kontexts im Bereich des Lehrens und Lernens Herausforderungen für die Gestaltung der christlichen Lebensform dar, die bisher erst teilweise berücksichtigt werden. Mitunter entstehen hier weiterführende Initiativen – wie die Sonntagsschule/der Kindergottesdienst – neben der verfassten Kirche, manchmal sogar gegen sie. Bei ihrer Integration in das kirchliche Leben kommt es wiederum zu Veränderungen.

---

104 Marcell Saß, Frei-Zeiten mit Konfirmandinnen und Konfirmanden. Praktisch-theologische Perspektiven (APrTh 27), Leipzig 2005, 134.
105 https://www.statis.de/DE/Themen/Gesellschaft-Umwelt/Bevoelkerung/Sterbefaelle-Lebenserwartung/_inhalt.html (abgerufen am 03.03.2021); s. auch die Tabelle in Grethlein, Kirchentheorie 206.
106 S. Statistisches Bundesamt (Hg.), Ältere Menschen in Deutschland und der EU, Wiesbaden 2011, 11 f.
107 S. zum Konzept und bestehenden Häusern https://www.mehrgenerationenhaeuser.de/ (abgerufen am 09.12.2020).

5 Gott erfahren auf verschiedene Weise

Die zunehmende Pluralität der Daseins- und Wertorientierung sowie die damit verbundene Pluriformität des Verhaltens prägen die ethische und spirituelle Situation vieler Menschen. Im 19. Jahrhundert kam es auf der einen Seite zu vielfältigen Aufbrüchen und Erweckungen, teils in, teils am Rand, teils jenseits der Kirchen. Zugleich wurde in diesem Jahrhundert ein philosophischer Atheismus formuliert, der grundsätzlich den Sinn eines Gottesglaubens bestritt.

Die *Erweckungsbewegungen* im ersten Drittel des 19. Jahrhunderts wirken – in beiden großen Konfessionen – weiter bis heute, z. B. in etlichen Einrichtungen wie diakonischen Anstalten oder Orden.

> „Die Erweckung war ein intereuropäisches und transkontinentales Phänomen, das in England, in Frankreich, in der Schweiz, in den Niederlanden und in Nordamerika nicht weniger kräftig wirkte als in Deutschland. ... Sie war unterschieden nicht zuletzt auch durch die höchst originellen Gestalten, die ihr das Gepräge gaben."[108]

Emotional ergriffen – gegenüber der Betonung von Intellektualität in der Aufklärung und einer zurückgezogenen Bürgerlichkeit – sowie getrieben von Endzeiterwartungen stürzten sich Menschen „in den Glauben, das Gebet, die Mission und die karitative Arbeit".[109] Dabei gab die – im Kontext von Maschinisierung und Industrialisierung – sich ausbreitende Armut einen wichtigen Anstoß. Exemplarisch kann hierfür das Engagement des jungen Kandidaten der Theologie Johann Hinrich Wichern (1808–1881) stehen. Ausgehend von der Not verwahrloster Heranwachsender gründete er in Hamburg das „Rauhe Haus". „In ihm lebten die Zöglinge nach dem ‚Familienprinzip' in Zwölfergruppen zusammen".[110] Dabei ergänzten sich missionarisches, also dem Kommunikationsmodus des Lehrens zuzuordnendes und diakonisches Handeln gegenseitig. Die Bezeichnung „*Innere Mission*" wies aber auf die Priorität hin und markierte zugleich als Problem ein verbreitetes „Heidentum im Christentum".[111]

> „Wichern hatte sein Konzept seit 1843/44 aufgrund der Auswertung zahlreicher diakonischer Aktionen in Konfrontation mit dem Pauperismusproblem erarbeitet; es lag 1848 (sc. beim Wittenberger Kirchentag, C.G.) fertig vor und erschien den durch die Revolution verunsi-

---

108 Nowak, Geschichte 97.
109 A.a.O. 98.
110 A.a.O. 127.
111 Hauschild, Lehrbuch 793.

cherten Konservativen als geeignete Möglichkeit einer kirchlichen Reaktion auf die gesellschaftlichen Mißstände."[112]

„Innere Mission meinte die Hinordnung aller Lebensäußerungen des Volkes, des Staates, der Familie, der Gesellschaft, der Wissenschaft und Kunst und eben auch des Sozial- und Wirtschaftslebens auf das Reich Gottes."[113]

In der weiteren Ausgestaltung der Inneren Mission kam es zu einer – für den deutschen Protestantismus typischen – Kooperation mit dem Staat. Sie zeigte sich in der Person Wicherns, der 1857 – neben seiner Leitungstätigkeit im „Rauhen Haus" und seiner Mitgliedschaft im „Central-Ausschuss für Innere Mission" – Vortragender Rat im preußischen Innenministerium und Oberkonsistorialrat im Evangelischen Oberkirchenrat wurde.[114] Auf katholischer Seite gab es bereits seit dem Mittelalter vor allem Orden, die sich um die Fürsorge für Arme kümmerten. Eine mit der Inneren Mission, später Diakonisches Werk, vergleichbare Organisation entstand 1897 mit dem „Charitasverband für das katholische Deutschland" (ab 1909 „Caritas"), der auch in andere Länder ausstrahlte.[115] Er konzentrierte sich auf die soziale Arbeit; Volksmission und Verkündigung erfolgten durch andere Vereinigungen. Im Laufe des 20. Jahrhunderts traten dazu weitere Organisationen, die sich aktuellen Herausforderungen stellten und das Helfen zum Leben als grundlegenden Modus der Kommunikation des Evangeliums öffentlichkeitswirksam durch große Spendenaktionen praktizierten: „Misereor" und „Brot für die Welt", 1958 bzw. 1959 gegründet angesichts großer Hungersnöte in der sog. Dritten Welt.

Ansonsten setzten sich *in der katholischen Kirche überkommene Frömmigkeitsformen* fort, wie sich anschaulich an der Wallfahrt zum „ungenähten heiligen Rock" Jesu in Trier (1844) beobachten lässt.

> „Die religiös exaltierte Großnichte des Kölner Erzbischofs, die an einem Kniegeschwür litt, hatte beim Anblick des Kleidungsstücks mit ihrem Ruf ‚Ich kann wieder stehen' eine Wallfahrtsbewegung von einer Million Pilgern, von Kranken, Gebrechlichen und Gesunden in Gang gebracht."[116]
>
> „Die Sozialgeschichte beschreibt ... die Trierer Wallfahrt als eine Massenbewegung der unteren Gesellschaftsschichten, die vom katholischen Klerus und Adel inszeniert und begleitet worden sei. Dem standen Indifferenz und Ablehnung auf Seiten des Bürgertums ge-

---

112 A.a.O. 793f.
113 Nowak, Geschichte 127f.
114 S. a.a.O. 128.
115 S. Jochen-Christoph Kaiser, Caritas, in: RGG[4] Bd. 2 (1999), 66–69, 67f.; Hans Christoph von Hase, Diakonie IV., in: TRE Bd. 8 (1981), 660–679, 664f.
116 Nowak, Geschichte 103.

genüber. Es handelte sich um eine Wallfahrt neuen Typs. Gegenüber den von Bruderschaften initiierten, meist spontanen Wallfahrten ging es jetzt um eine straffe Organisation. Die Pilger gingen nicht einzeln, sondern geordnet und in von Pfarrern geleiteten Prozessionen. ... Nicht das einzelne religiöse Subjekt, sondern immer mehr ein gläubiges Kollektiv übte eine weitgehend ritualisierte Devotion aus".[117]

Solche nicht zuletzt von der Sehnsucht nach Heilung getragenen Veranstaltungen können als „kompensatorische Effekte gegen die Geheimnislosigkeit der bürgerlichen Kultur" gedeutet werden.[118] Auch die wieder aufblühende Herz-Jesu-Frömmigkeit ist hier zu nennen. 1856 widmete ihr Papst Pius IX. mit dem 3. Freitag nach Pfingsten das Hochfest Heiligstes Herz Jesu.

Aktuell erfährt das Pilgerwesen einen beachtlichen Aufschwung, wie exemplarisch am Jakobsweg nach Santiago de Compostela zu studieren ist.[119] Überkommene konfessionelle Grenzen spielen dabei offenkundig keine Rolle mehr.[120]

Auf *evangelischer Seite* bot das in der zweiten Hälfte des 19. Jahrhunderts aufkommende *Vereinswesen* eine Sozialform, um gerade in den unübersichtlichen Gemeinden der rasch wachsenden Städte Menschen Gemeinschaft zu ermöglichen. Gegenüber der bisherigen Fokussierung in der reformatorischen Tradition auf den einzelnen Menschen und sein Verhältnis zu Gott rückte bei der sog. Gemeindereform, wie sie vor allem Pfarrer Emil Sulze (1832–1914) initiierte, die Ortsgemeinde ins Zentrum.[121] Er wollte die Gemeindeglieder aktivieren und zum Mittun in der Kirchengemeinde motivieren, also ein „Gemeindeleben" organisieren. Diese Bewegung zeigte in einer sich bald ausdifferenzierenden Vielzahl von Kreisen ihre Wirkung innerhalb der evangelischen Kirchengemeinden. Dabei wurden traditionelle Unterscheidungen aufgenommen und unterschiedliche Gemeinschaftsformen etabliert: Kinder-, Jugend-, Frauen-, Männer- und Alten- bzw. Seniorenarbeit. Christsein vollzog sich hier also vornehmlich im Austausch innerhalb homogener Gruppen.

---

117 Hubert Wolf, Katholische Kirchengeschichte im „langen" 19. Jahrhundert von 1789 bis 1918, in: Ders. (Hg.), Ökumenische Kirchengeschichte Bd. 3. Von der Französischen Revolution bis 1989, Darmstadt 2007, 91–177, 126.
118 S. Nowak, Geschichte 103.
119 S. vielbeachtet – und auch verfilmt – Hape Kerkeling, Ich bin dann mal weg. Meine Reise auf dem Jakobsweg, München [7]2006.
120 S. den Bericht des evangelischen Praktischen Theologen Traugott Roser, Hola! bei Kilometer 410. Mit allen Sinnen auf dem Jakobsweg, Göttingen 2021.
121 S. zum gesamten Konzept Wolfgang Lorenz, Kirchenreform als Gemeindereform dargestellt am Beispiel Emil Sulzes, Diss. theol. Berlin 1981.

In den USA kam es Ende des 19. Jahrhunderts gegenüber den sich auch dort abzeichnenden Prozessen der Institutionalisierung christlicher Gemeinschaften zu einem neuen Aufbruch, der in der Geisttaufe seinen Ausgangs- und Kulminationspunkt hatte: *der Pfingstbewegung*.[122]

> „Die Pfingstbewegung ist, geistesgeschichtlich gesehen, genau wie der Spiritismus ... eine Reaktions- und Protestbewegung. In einer Welt, die durch die triumphalen Erfolge der naturwissenschaftlichen Forschung und Technik rationalisiert, entgöttert und geheimnislos geworden war, fror das Gemüt und fühlte der Glaube sich unbehaust. ... Die Pfingstbewegung bildet insofern das besondere Gegenstück zum Spiritismus, als sie genau wie er den Menschen nicht nur auf das ‚Glauben' verweist, sondern ihm die Realität der göttlichen Mächte demonstriert. Sie macht ihn zum Zeugen von übernatürlichen Erscheinungen, Zungenreden und Glaubensheilungen."[123]

Dabei wurde das – etwa von John Wesley vertretene – Heiligungskonzept konkretisiert. Die Glossolalie (Zungenrede) galt als Ausdruck der Geistbegabung. Biblisch orientierte die Pfingsterzählung (Apg 2). Beachtlich ist, dass durch diesen nicht zuletzt Heilungen umfassenden Aufbruch vor allem Menschen „aus benachteiligten und rechtlosen Gesellschaftsschichten"[124] angesprochen wurden. Die Pfingstbewegung dürfte im 20. Jahrhundert die Form christlicher Frömmigkeit gewesen sein, die international die größte Ausstrahlung besaß und viele Menschen erreichte.[125] Von Anfang an gelang es hier auch – im Gegensatz zu den meisten Gemeinden der Mainline-Churches –, rassenübergreifend zu agieren. Neben vielbeachteten und erhofften Heilungswundern motivierte die Geistererfahrung auch zu diakonischem Handeln.

Auf mancherlei, teils verschlungenen Pfaden erreichte dieser Aufbruch in Form der *Charismatischen Bewegung* ebenfalls bürgerliche Kreise. In ihren besonderen Gottesdiensten bot sich – im Gegenüber zu den herkömmlichen, agendarisch regulierten Ritualen – die Möglichkeit zur „freie(n), spontane(n) und emotionale(n) Anbetung".[126] So fanden also – kirchlich domestizierte – Impulse aus der pfingstlerischen Bewegung einen Weg in die Großkirchen, ohne deren institutionelles Gefüge allerdings zu verändern. Die Charismatische Bewegung erreichte weithin nur besonders engagierte und interessierte Christinnen und Christen.

---

122 S. Mark Noll, Das Christentum in Nordamerika (Kirchengeschichte in Einzeldarstellungen IV/5), Leipzig 2000, 153–155.
123 Kurt Hutten, Seher – Grübler – Enthusiasten. Das Buch der Sekten, Stuttgart ¹¹1968, 548f.
124 Steven O'Malley, Pfingstkirchen/Charismatische Bewegung, in: TRE Bd. 26 (1996), 398–410, 399.
125 S. a.a.O. 398.
126 A.a.O. 403.

Dagegen kam und kommt die Großzahl der Menschen nach wie vor explizit – neben dem eventuellen Religionsunterricht in der Schule – bei rituellen Handlungen an Übergängen im Leben sowie an besonderen Festtagen, vor allem Weihnachten in Berührung mit kirchlichem Handeln. Dabei adaptieren die Familien kirchliche Impulse auf zunehmend eigenständige Weise. Matthias Morgenroth beschrieb diese Gestalt des Christseins anschaulich als „*Weihnachts-Christentum*".

„Das Weihnachtsfest ist das christliche Fest der Moderne. ... Diese Strukturen und Bilder moderner Religiosität, diese Symbole und Gedankenwelten sind zwar nicht auf die Weihnachtszeit beschränkt, sondern grundieren unsere moderne Lebenswelt insgesamt. Doch zur Weihnachtszeit kristallisieren sie sich aus. ... Die nach dem Verlust traditionaler Gesellschaftsmuster typisch moderne Frage nach der ‚Menschwerdung', der ‚Individuation', der ‚Ich-Findung', dem ‚Selbst', die im Privatraum der Familie und der Freunde gestellt und beantwortet wird, findet hier Anknüpfungspunkte christlicher Tradition und eine grundlegende Parallele: Menschwerdung – Inkarnation."[127]

Dies ist „eine Festreligion, keine Glaubensreligion".[128] Sie wird von Kirchenmitgliedern und Nichtkirchenmitgliedern praktiziert. Das gemeinschaftliche Feiern, das so wichtig für Jesus und seine Jünger war, begegnet hier von neuem, allerdings in der Regel exklusiv eingeschränkt auf die Familie, wozu meist auch Groß- und eventuell Urgroßeltern zählen.[129] Im Vorfeld ist es zum einen durch Anreize zum Konsum geprägt. Zum anderen machen große Werbeaktionen karitativer Hilfswerke wie „Brot für die Welt", „Adveniat" und „Misereor" auf die diakonische Dimension des Festes aufmerksam.

In ethischer Hinsicht waren und sind Christen – entsprechend dem Kontextbezug ihrer Lebensform – mit den zentralen Herausforderungen konfrontiert, die sich in den letzten beiden Jahrhunderten stellten: dem Problem der Armut bzw. sozialen Gerechtigkeit; der Frage der Geschlechtergerechtigkeit und des angemessenen sexuellen Verhaltens; der Frage von Krieg und Frieden; schließlich der Aufgabe eines bewahrenden Umgangs mit der Schöpfung. Bei keinem dieser Themen ist auch nur annähernd ein Konsens zwischen Christen festzustellen: religiösen Sozialisten stehen Anhänger der Marktwirtschaft gegenüber; die Unterordnung der Frauen etwa durch Ausschluss vom Priesteramt und die Ächtung

---

[127] Matthias Morgenroth, Weihnachts-Christentum. Moderner Religiosität auf der Spur, Gütersloh 2002, 127 f.
[128] A.a.O. 128.
[129] S. Roland Hauri, Wer ist wann dabei? Familienkonfigurationen an Weihnachtsfeiern von Familien, in: Maurice Baumann/Roland Hauri (Hg.), Weihnachten – Familienritual zwischen Tradition und Kreativität (PTHe 95), Stuttgart 2008, 65–93.

von Homosexualität finden sich bei Christen ebenso wie Frauen in hohen kirchlichen Leitungsämtern und die Segnung homosexueller Partnerschaften; Soldaten oder als Mitarbeiter in der Militärseelsorge Tätige unterscheiden sich grundlegend von strikten Pazifisten; Christen schöpfen die gegenwärtigen technischen Möglichkeiten etwa der Mobilität oder des sonstigen Konsums voll aus, andere verzichten bewusst auf Flugreisen, Autos oder Fleischkonsum. Kann da noch von Christsein als einer Lebensform gesprochen werden?

Zugleich erfahren *direkte Rückgriffe auf jesuanische Impulse* in der Öffentlichkeit oft ungeahnte Aufmerksamkeit. So berichtete Ende 2015 das renommierte US-amerikanische Wochenblatt „Time Magazine" auf 39 (!) Seiten über die Reaktion von Hinterbliebenen des Massakers von Charleston (South Carolina), bei dem ein 21-jähriger Weißer neun Besucher der Bibelstunde in der Emanuel African Methodist Episcopal Church erschoss. Als Christen hatten sie dem Mörder vergeben. Die bewundernd-erstaunte Time-Magazin-Überschrift war: „How Do You Forgive a Murder?"[130] So erklärte ein Mann, der seine Frau bei dem Attentat verloren hatte:

> „I would just like him to know that – to say the same thing that was just said – I forgive him, and my familiy forgives him. But we would like him to take this opportunity to repent. ... Confess. Give your life to the one who matters most, Christ, so that he can change him. And change your ways, so no matter what happens to you, you'll be O.K."

Vor Ort öffentlichkeitswirksam ist z. B. – wie ein Blick in die lokale Tagespresse zeigt – die Arbeit der *„Vesperkirchen"*, also von Kirchen, die sich in der Winterzeit für Obdachlose öffnen. Dort erhalten diese Gelegenheit zum Essen und Trinken, aber auch zu Gesprächen und anderen Hilfeleistungen von ärztlicher Betreuung bis hin zum Friseur.[131] Über dadurch ausgelöste Veränderungen der sonntäglichen Gottesdienstgemeinde berichtet eine Pfarrerin:

> „Die Gemeinde, die sonntags zusammenkommt, hat sich über die Jahre hinweg durch die Erlebnisse in der Vesperkirche verändert. Auch dies gilt in beide Richtungen. Bedürftige sagen: ‚Die Vesperkirche ist unsere Kirche', immer trägt sie für sie diesen Namen, nicht nur im Januar. Obdachlose, psychisch Erkrankte und andere besuchen den Gottesdienst ohne Scheu – und es gibt eine große Kompetenz, mit Menschen in schwierigen Situationen umzugehen. Niemand ruft gleich die Polizei, wenn ein Bettler während der Predigt auf den Altar zuläuft. Wir staunen darüber, wie Worte und Geschehen zusammenkommen – ‚Lahme werden tanzen!'; keiner regt sich auf, wenn während des Abendmahls jemand schwätzt, laut

---

130 S. mit Belegangabe auch des folgenden Zitats Christian Grethlein, Christsein als Lebensform. Eine Studie zur Grundlegung der Praktischen Theologie (ThLZ.F 35), Leipzig 2018, 159f.
131 S. a. a. O. 162–164.

‚danke' statt ‚Amen' sagt, in Verzückung die Arme zum Himmel hebt oder sich auf den Boden vor den Altar wirft. Eine große Weite ist gewachsen und eine Aufmerksamkeit, die auch weiß, wenn jemand besondere Hilfe braucht … Es hat sich eine neue Gemeinde konstituiert, die diesen Raum als den eines versöhnten Miteinanders erfährt, das in der Vesperkirche seinen Ursprung hat, die in den Worten Christi und der Propheten, im Anspruch Gottes an unsere Gerechtigkeit gründet."[132]

Neue Perspektiven eröffnen die Vesperkirchen für das Mahlfeiern. Fließend gehen in ihnen „liturgisches Essen" und „geselliges Essen" ineinander über,[133] was den Erinnerungen an Jesu Mahlzeiten nahekommt.

Schließlich ist auf vielfältiges Helfen zum Leben im *Internet* hinzuweisen, etwa bei der Begleitung von Eltern früh verstorbener Kinder auf der Web-Site „Trauernetz".[134] Hier berichtet eine Mutter auf der Gedenkseite ihres verstorbenen Sohns:

> „Vielleicht fragen sich einige, warum macht sie diese Gedenkseite … Ich wurde kurz nachdem uns Mike verlassen musste, durch meine liebe Freundin Betty, die sich selbst Trost suchte im Internet auf Gedenkseiten aufmerksam gemacht. Ich fing an die tragischen Schicksale der anderen Eltern, Freunde und Geschwister zu lesen. Das gab mir Trost, ich fühlte mich nicht alleine. Habe beim Lesen um die anderen Kinder geweint und konnte den Schmerz, die Trauer und die Sehnsucht so gut nachvollziehen. So vielen Menschen ging es wie uns. Ich habe über ein Jahr nur gelesen, bis ich die Kraft und den Mut hatte selbst so eine Homepage für Mike, für seine Freunde und vielleicht für andere Betroffene zu gestalten. Mike lebt in uns weiter … In unseren Träumen, Erinnerungen, Gedanken, Gesprächen … und in unserem Herzen. Trennung ist unser Los … Wiedersehen ist unsere Hoffnung …"[135]

---

[132] Schriftliche Mitteilung von Ilka Sobottke, abgedruckt in: Christoph Sigrist, Kirchenraum, in: Ralph Kunz/Ulf Liedke (Hg.), Handbuch Inklusion in der Kirchengemeinde, Göttingen 2013, 209–236, 234.
[133] S. Martin Dorner, Abendmahl in Vesperkirchen – eine Wiederentdeckung der offenen Mahlzeiten Jesu, in: Jochen Arnold/Drea Fröchtling/Ralph Kunz/Dirk Schliephake (Hg.), Alle sind eingeladen. Abendmahl inklusiv denken und feiern (gemeinsam gottesdienst gestalten 32), Leipzig 2021, 105–114, 113.
[134] S. Grethlein, Christsein 164–167.
[135] Zitiert nach Carmen Berger-Zell, Trauerleibsorge in Social Media, in: Ilona Nord/Swantje Luthe (Hg.), Social Media, christliche Religiosität und Kirche. Studien zur Praktischen Theologie mit religionspädagogischem Schwerpunkt (POPKULT 14), Jena 2014, 363–374, 370.

6 Kirche zwischen staatsanaloger Institution und offenem Netzwerk

Das 19. Jahrhundert ist durch starke Tendenzen zur Verkirchlichung des Christseins geprägt, zugleich beginnt aber die Bedeutung der Kirchen in der Öffentlichkeit zurückzugehen. Das schlägt sich zunehmend deutlicher ab dem letzten Drittel des 20. Jahrhundert auch in den Einstellungen und Verhaltensweisen der Menschen nieder. Teilweise an die überkommenen kirchlichen Institutionen angelehnt und von ihnen unterstützt, manchmal aber auch durch sie kritisiert entstehen neue Formen, das Leben als Christ zu gestalten.

In der römisch-katholischen Kirche kam es im 19. Jahrhundert zu einer nicht mehr zu überbietenden Stärkung der innerkirchlichen *Macht des Papsttums*. Der Wegfall eines auf weltliche Macht gestützten, selbstbewussten Episkopats eröffnete einen Freiraum, den die Päpste entschieden nutzten. Höhepunkt dieser Entwicklung war im Juli 1870 auf dem Ersten Vatikanischen Konzil die Verabschiedung der Primatskonstitution, die die Unfehlbarkeit des Papstes bei Kathedralentscheidungen dogmatisierte.[136] Zwar kam es zu Protesten – und mit den Altkatholiken auch zu Abspaltungen –, doch insgesamt setzte sich der Papst durch. Vielleicht wirkungsgeschichtlich noch bedeutsamer war, dass der Infallibilität des Papstes der Jurisdiktionsprimat hinzugefügt wurde. Bereits 1832 hatte Gregor XVI. mit der ersten Enzyklika ein wichtiges Instrument für die zentrale Leitung eingeführt.[137] Die Dogmatisierung der unbefleckten Empfängnis Marias 1854, dass Maria also bei ihrer Empfängnis frei von der Erbsünde war, ließ die päpstliche Vollmacht universalkirchlich hervortreten.[138] Im Hintergrund stand der Anschluss an die verbreitete volksfromme Marienverehrung, die in zahlreichen Wallfahrten einen viel beachteten Ausdruck fand. 1950 vollendete die Dogmatisierung der leiblichen Aufnahme Marias in den Himmel diesen mariologischen Glauben konsequent.[139] Damit bestanden mit Papatologie und Mariologie – über die in der Reformation erörterten Lehrunterschiede hinaus – zwei gewichtige Gegensätze zu den Bekenntnissen der evangelischen Kirchen und vertieften die Differenz zwischen den Konfessionen.[140] Auch hinsichtlich des Verhältnisses zur kulturellen und gesellschaftlichen Entwicklung verbreitete sich die Kluft. Dies wurde in der Enzyklika Pius IX. von 1864 deutlich, die „Religions- und Gewissensfreiheit, Versammlungs- und Pressefreiheit, Demokratie und Volkssouverä-

---

136 S. Hauschild, Lehrbuch 557.
137 S. a.a.O. 554.
138 S. a.a.O. 552.
139 S. a.a.O. 552.
140 S. a.a.O. 548.

nität"¹⁴¹ verurteilte. Klar, wenngleich letztlich erfolglos stellte sich hier die katholische Kirche gegen die allgemeine „moderne" Entwicklung. Allerdings begründete sich diese Form des Kontrastes aus der eigenen Tradition zurückliegender Jahrhunderte, nicht von den Impulsen her, die von Jesu Auftreten, Wirken und Geschick ausgingen.

Die so ultramontan bestimmte katholische Kirche geriet umgehend in einen Konflikt mit dem neu gegründeten Deutschen Reich, den „Kulturkampf", wie 1873 erstmals der nationalliberale Parlamentarier und Medizin-Professor Rudolf Virchow diagnostizierte.¹⁴² Insgesamt setzte sich dabei die katholische Kirche gegen Bismarck und die Liberalen durch. Doch kam es im Zuge der Auseinandersetzungen zu bleibenden, auch die evangelischen Kirchen betreffenden Veränderungen: Der sog. Kanzelparagraph untersagte den Geistlichen, in Ausübung ihres Amtes Stellungnahmen zu politischen Angelegenheiten abzugeben; die geistliche Schulaufsicht hörte auf (s. 4.); der Kirchenaustritt – ohne anschließenden Eintritt in eine andere Kirche – wurde erlaubt (s. 3.); staatliche Kräfte übernahmen die Standesregister; die Zivilehe wurde als verpflichtend eingeführt.¹⁴³ Zugleich gewann die katholische Kirche in dieser Auseinandersetzung eine Eigenständigkeit gegenüber dem Staat, die sich später bei der nationalsozialistischen Machtübernahme als – potenziell – günstig erwies.

Die klare Differenz zur allgemeinen kulturellen und gesellschaftlichen Entwicklung wurde aber bald weltweit zu einem Problem. Dies sollte das *Zweite Vatikanische Konzil* (1962–1965) bearbeiten, indem die Konzilsväter dem Leitbegriff des „aggiornamento" (wörtlich: Verheutigung) folgten.¹⁴⁴ Doch bestätigte die dogmatische Konstitution über die Kirche des Zweiten Vaticanums „Lumen gentium" (18; 22) die Beschlüsse des Ersten Vatikanischen Konzils – auch – hinsichtlich des päpstlichen Lehr- und Jurisdiktionsprimats.¹⁴⁵ Die traditionelle Unterscheidung zwischen Klerikern und Laien bleibt ebenfalls – trotz des ekklesiologischen Konzepts des „Volk Gottes" – bestehen:

> „Das gemeinsame Priestertum der Gläubigen aber und das Priestertum des Dienstes, das heißt das hierarchische Priestertum, unterscheiden sich zwar dem Wesen und nicht bloß dem Grade nach. Dennoch sind sie einander zugeordnet: das eine wie das andere nämlich nimmt je auf besondere Weise am Priestertum Christi teil. Der Amtspriester nämlich bildet

---

141 A.a.O. 555.
142 S. zum Einzelnen a.a.O. 810–818.
143 S. a.a.O. 818.
144 S. zum Anliegen des Konzils das Vorwort von Karl Rahner/Herbert Vorgrimler, Kleines Konzilskompendium. Alle Konstitutionen, Dekrete und Erklärungen des Zweiten Vaticanums in der bischöflich beauftragten Übersetzung, Freiburg 1966, 11–33.
145 Rechtlich greifbar in can 331 CIC (1983).

> kraft seiner heiligen Gewalt, die er innehat, das priesterliche Volk heran und leitet es; er vollzieht in der Person Christi das eucharistische Opfer und bringt es im Namen des ganzen Volkes Gottes dar; die Gläubigen hingegen wirken kraft ihres königlichen Priestertums an der eucharistischen Darbringung mit und üben ihr Priestertum aus im Empfang der Sakramente, im Gebet, in der Danksagung, im Zeugnis eines heiligen Lebens, durch Selbstverleugnung und tätige Liebe." (Lumen Gentium 10)

Wie tief nach wie vor die Kluft zwischen Lehramt und Lebenspraxis der Menschen war, zeigte einige Jahre später die Enzyklika Humanae Vitae von Papst Paul VI. (1968), die empfängnisverhütende Mittel verbot. Die Nachfrage nach Anti-Konzeptiva legt nahe, dass ein erheblicher Teil der katholischen Frauen und Paare in Deutschland dieses lehramtliche Votum negierte. Auf diesem Hintergrund wirkte die seit 2010 sich weltweit vollziehende Aufdeckung vielfachen sexuellen Missbrauchs durch katholische Kleriker umso verheerender. Auch das zögerliche Verhalten bei Bestrafung der Täter und Unterstützung der Opfer erschütterte in vielen Ländern das Vertrauen in die Institution der römisch-katholischen Kirche tief. Der Zwangszölibat, der Ausschluss von Frauen vom Priesterdienst sowie die unkontrollierte hierarchische Macht der Bischöfe[146] erweisen sich als besonders problematisch. Selbst der Erzbischof von München-Freising, Kardinal Reinhard Marx, formulierte diesbezüglich:

> „Die Closed-shop-Mentalität von Männern, dieses klerikale, auch vielfach intransparente Kastensystem, ist nicht gut: Dass die einen leiten und die anderen folgen müssen, das ist keine Perspektive für die Zukunft."[147]

So überrascht es nicht, dass viele Menschen die Konsequenz ziehen und diese Kirche verlassen. Zwischen 2010 und 2019 traten in Deutschland 1.822.908 Katholiken aus ihr aus.

Zugleich verbreiteten sich aber in der Weltkirche besonders in ärmeren Ländern neue Organisationsformen, die mittlerweile nach Europa und in die USA auszustrahlen beginnen. Die sog. Kleinen Christlichen Gemeinschaften (KCGs) nehmen im jeweiligen Kulturkreis geläufige Sozialformen auf und eröffnen in der Nachbarschaft jenseits klerikaler Bevormundung die Möglichkeit, gemeinsam das

---

146 Zur Diskussion im Vorfeld von CIC 1983, ob nicht doch eine Verwaltungsgerichtsbarkeit auf teilkirchlicher oder diözesaner Ebene eingerichtet wird, s. Wilhelm Handschuh, Diözesane Schieds- und Schlichtungsstellen in der katholischen Kirche. Eine rechtssystematische Untersuchung für den Bereich der Deutschen Bischofskonferenz, Berlin 2006, 36–40.
147 Im Interview „Wieso hat der so viel Geld?" mit Detlef Esslingen/Annette Zoch in: Süddeutsche Zeitung vom 15. Dezember 2020, 5.

Christsein zu realisieren.¹⁴⁸ Mit ihnen wird auch pragmatisch eine Konsequenz aus dem eklatanten Priestermangel gezogen.

Dazu erhoben sich in Lateinamerika Stimmen, die die Parteinahme für die Armen reklamierten und so die politische Dimension des Christseins hervorhoben. So schrieb z. B. der Erzbischof von Salvador, Oscar Romero (1917–1980), einer der führenden Vertreter der Befreiungstheologie:

> „Je nachdem, ob es den Armen nützt, wird die Kirche dieses oder jenes politische Vorhaben unterstützen. Wir glauben, daß die Kirche nur so ihre Identität und Transzendenz behalten kann, indem sie sich am sozio-politischen Prozeß in unserem Land beteiligt und ihn von den Armen aus beurteilt, indem sie allen Befreiungsbewegungen, die Gerechtigkeit und Frieden für die Massen bringen, Impulse gibt. .... Die ersten Christen sagten: Gloria Dei, vivens homo. Wir könnten konkreter sagen: Gloria Dei, vivens pauper ... Die politische Dimension des Glaubens entdeckt man (nur) im praktischen und konkreten Dienst an den Armen."¹⁴⁹

Der Weg der *evangelischen Kirchen* hat etliche Berührungen mit dem der katholischen Kirche – etwa hinsichtlich des Ergebnisses des Kulturkampfes –, doch bestehen auch erhebliche Unterschiede. Vor allem die internationale Dimension wurde hier erst im Laufe des 20. Jahrhunderts bedeutungsvoller. In dieser Perspektive stellt die Entwicklung in Deutschland mit der engen Verbindung zum Staat bzw. der Obrigkeit eine Besonderheit dar. Seit der Mitte des 19. Jahrhunderts traten – initiiert durch entsprechende Regelungen in der Rheinisch-Westfälischen Kirchenordnung von 1835 – neben das (staatlich-)konsistoriale Aufsichtssystem zunehmend Synoden, die für die kirchliche Gesetzgebung zuständig waren.¹⁵⁰ Allerdings änderte dies nichts daran, dass in den protestantischen Gebieten der Entkirchlichungsprozess erheblich schneller verlief als in den katholischen. Dies zeigt spätestens Anfang des 20. Jahrhunderts ein Vergleich der Kirchenaustrittszahlen (s. die Übersicht in 3. und in Kapitel 12.). Viele die Herrscher und gelehrten Theologen beschäftigende Probleme wie in Preußen z. B. das einer Union zwischen Lutheranern und Reformierten, und zwar auch in der Liturgie, waren den meisten Menschen unverständlich bzw. gleichgültig.¹⁵¹ 1919 wurden in der Weimarer Reichsverfassung zwar die Kirchen von der staatlichen Aufsicht befreit,

---

148 S. hierzu die Beispiele aus verschiedenen Ländern in: Valentin Dessoy/Gundo Lames/Martin Lätzel/Christian Hennecke (Hg.), Kirchenentwicklung. Ansätze – Konzepte – Praxis – Perspektiven (Gesellschaft und Kirche – Wandel gestalten 4), Trier 2015, 8 f., 40, 263,291–302.
149 Zitiert nach Klaus Koschorke/Frieder Ludwig/Mariano Delgado (Hg.), Außereuropäische Christentumsgeschichte. Asien, Afrika, Lateinamerika 1450–1990 (Kirchen- und Theologiegeschichte in Quellen Bd. VI), Neukirchen-Vluyn ⁴2012, 309.
150 S. Hauschild, Lehrbuch 762 f.
151 S. a. a. O. 757.

doch behielten sie ihren öffentlich-rechtlichen Status bei. Er umfasst das Recht, Kirchensteuer zu erheben und beamtenähnliche Dienstverhältnisse zu begründen. Dadurch bewahrten die Landeskirchen zwar einen institutionell stabilen Rahmen. Doch wurden die Schattenseiten der großen Staatsnähe spätestens bei der nationalsozialistischen Gleichschaltung zur Reichskirche unter Reichsbischof Ludwig Müller unübersehbar.[152] Nur teilweise formierte sich gegen die damit verbundenen staatlichen Übergriffe und den Führungsanspruch der Deutschen Christen (DC)[153] die Bewegung der Bekennenden Kirche.

> „Drei Aspekte der DC-Herrschaft stießen auf besondere Kritik: die rücksichtslose Verwirklichung des Führerprinzips, die theologischen Verstöße gegen Bekenntnisinhalte (durch völkisch-nationale Parolen) und die Übernahme des sog. Arierparagraphen."[154]

Nach dem Zusammenbruch der Nazi-Herrschaft griff die neue Verfassung, das Grundgesetz, 1949 hinsichtlich der Stellung der Kirchen auf die Weimarer Entscheidungen zurück. So wurde auch die staatlich eingezogene *Kirchensteuer* beibehalten. Sie garantierte über Jahrzehnte im Kontext allgemeiner ökonomischer Prosperität den Kirchen in Deutschland eine komfortable finanzielle Ausstattung. Doch wird dieses (Haupt-)Finanzierungsmodell bereits mittelfristig zu erheblichen, auch ökonomischen Problemen führen.[155] Denn in den nächsten zehn Jahren treffen die seit dem Ende der sechziger Jahre des 20. Jahrhunderts andauernde Austrittswelle mit der Verrentung der Baby-Boomer-Generation und dem dadurch gegebenen Rückgang an Steueraufkommen zusammen. Die Einbußen durch die Corona-Epidemie dürfte diese Entwicklung noch zusätzlich beschleunigen. Dazu kommt, dass bereits seit fast fünfzig Jahren die Mehrheit der evangelischen Kirchenmitglieder mit dem Finanzierungsmittel der Kirchensteuer nicht einverstanden ist.

> „Bei der 1. EKD-Mitgliedschaftsumfrage im Jahre 1972, nachdem die Kirchenaustrittszahlen in die Höhe geschnellt waren, befürwortete nur eine Minderheit von 47 % der evangelischen Kirchenmitglieder ‚Kirchensteuer wie bisher', 52 % dagegen ‚Freiwillige Zahlungen'."[156]

---

152 S. a. a. O. 866–869.
153 S. die kurze Vorstellung der zehn Punkte umfassenden „Richtlinien" von 1932 bei Jochen-Christoph Kaiser, Der Protestantismus von 1918–1989, in: Hubert Wolf (Hg.), Ökumenische Kirchengeschichte Bd. 3. Von der Französischen Revolution bis 1989, Darmstadt 2007, 179–270, 208–210.
154 Hauschild, Lehrbuch 872.
155 S. auch zum Folgenden genauer Christian Grethlein, Kirchensteuer im Transformationsprozess heutiger evangelischer Landeskirchen in Deutschland, in: KuR 22 (2016), 376–390.
156 Christian Grethlein, Kirchentheorie. Kommunikation des Evangeliums im Kontext, Berlin 2018, 232 mit entsprechenden Belegen.

Es wird kaum möglich sein, ein solches, katholischen und evangelischen Kirchen in Deutschland gemeinsames Finanzierungsmodell auf Dauer in einer Gesellschaft aufrechtzuerhalten, in der Kirchenmitgliedschaft und damit Kirchensteuerpflicht optional sind. Dazu ist die staatlich eingezogene Kirchensteuer weltweit einmalig und nur aus besonderen historischen Konstellationen Ende des 19., Anfang des 20. Jahrhunderts im Deutschen Reich zu verstehen.[157] Regional unterschiedlich versuchen manche Kirchenkreise und -gemeinden mit Fundraising ein ergänzendes Finanzmodell aufzubauen.[158]

Eine andere Entwicklung ist im Bereich von organisierter *Diakonie* zu beobachten.

> Dabei ist – ähnlich wie bei Kirche – nur ein Teil der entsprechenden Kommunikationen des Evangeliums, hier mit dem Schwerpunkt auf dem Helfen zum Leben, im Blick. „Die vielfältige Anteilnahme und gegenseitige Hilfe im Alltag, in den Familien, Nachbarschaften, Arbeitsgruppen, Schulen, Communities o.Ä., bleiben unbehandelt. Doch bilden sie einen wichtigen Hintergrund für die Kommunikation des Evangeliums im Rahmen diakonischer Träger. Zum einen entlastet ihre wenigstens grundsätzliche Berücksichtigung von Allmachtsphantasien, als ob die Kommunikation des Evangeliums von organisierten Praxisformen abhinge. Zum anderen macht sie auf mögliche Innovationen aufmerksam, die sich in der zwischenmenschlichen Kommunikation ohne besonderen organisatorischen Rahmen ergeben. Dazu halten die Ehrenamtlichen in diakonischen Einrichtungen den Zusammenhang von organisierter und alltäglicher Diakonie präsent."[159]

Die „Diakonie" gilt zwar nach der 1948 verabschiedeten Grundordnung der EKD als „Wesens- und Lebensäußerung" der Kirche (Art. 15 Abs. 1). Doch ist die hier europarechtlich vorgegebene Konkurrenzsituation zu anderen sozialen Dienstleistern nicht durch Rückgriff auf staatsanaloge Institutionalisierung oder Traditionen zu bewältigen. Sie nötigt zu Organisations- und Handlungsformen, die auf die gegenwärtige konkrete Situation gerichtet sind. Theologisch stellt sich die Aufgabe, im Kontext der Marginalisierung kirchlicher Institutionen ein diakonisches Profil zu erhalten bzw. zu gewinnen.[160]

---

157 S. a.a.O. 231–234.
158 S. Frank Weyen, Kirche in der finanziellen Transformation. Fundraising für evangelische Kirchengemeinden (APrTh 50), Leipzig 2012.
159 Grethlein, Theologie 430.
160 S. anregend hierzu Werner Bauer/Dieter Hödl/Ellen Eidt/Annette Noller/Claudia Schulz/ Heinz Schmidt (Hg.), Diakonat für die Kirche der Zukunft (Diakonat – Theoriekonzepte und Praxisentwicklung 1), Stuttgart 2016; Michael Domsgen/Tobias Foß (Hg.), Diakonie im Miteinander. Zur Gestaltung eines diakonischen Profils in einer mehrheitlich konfessionslosen Gesellschaft, Leipzig 2021.

Vor ganz speziellen Herausforderungen stand – wie bereits in 1. angedeutet – die *Evangelische Kirche in der DDR*. In Folge der staatlichen sozialistischen Einheits-Politik bekam die Frage nach der christlichen Lebensform im Kontrast hierzu neue Aktualität. Während nach etlichen Konflikten wie dem zur Jugendweihe die Kirchenleitungen etwa im Slogan „Kirche im Sozialismus"[161] eine Integrationsmöglichkeit suchten, setzten Bewegungen wie der „Berliner Appell – Frieden schaffen ohne Waffen" von 1982 eher auf Abgrenzung.[162] Diese Spannung reflektierten z. B. theologische Beiträge zu dem von der SED propagierten Begriff des „Humanismus".[163] Im Alltag wurde Christsein jedenfalls zu einer vom staatlich Vorgegebenen abweichenden Lebensform, die für Jüngere mit dem – staatlich erzwungenen – Verzicht auf bestimmte Bildungsgänge wie das Abitur und Berufe verbunden war. Zugleich zog dies den Aufbau eigener innerkirchlicher Einrichtungen nach sich wie des Katechetischen Oberseminars in Naumburg, des Theologischen Seminars in Leipzig oder des Sprachenkonvikts in Berlin-Ost. In ihnen wurden jenseits der Theologischen Fakultäten an den Staats-Universitäten Theologen ausgebildet. Inzwischen sind aber – nach der politischen Vereinigung 1990 – die ostdeutschen Landeskirchen in noch höherem Maß von staatlichen finanziellen Leistungen abhängig als die westdeutschen.[164]

Für die christliche Lebensform weltweit waren zwei Entwicklungen wichtig:
- die in der zweiten Hälfte des 19. Jahrhunderts zu beobachtenden Internationalisierungstendenzen bei den einzelnen Konfessionen, zuerst bei der Lambeth-Konferenz der anglikanischen Bischöfe 1867;
- die spätestens ab der Stockholmer Weltkonferenz (1925) aktive Ökumenische Bewegung, bei der die katholische Kirche allerdings kein Mitglied ist.

Bei solchen Kontakten und Kooperationen traten die tradierten dogmatischen Differenzen zurück und die Frage nach dem Gemeinsamen angesichts aktueller

---

161 S. zu den verschiedenen Interpretationen dieser erstmals 1971 von der Eisenacher Bundessynode gebrauchten Formel Stefan Wolle, Die heile Welt der Diktatur. Alltag und Herrschaft in der DDR 1971–1989, Berlin ²1998, 250–252.
162 S. genauer Großbölting, Himmel 237 f.
163 S. z. B. Richard Schröder, Der christliche Humanismus – aus protestantischer Sicht, in: ZdZ 40 (1986), 95–98, s. zu dieser Diskussion auch zusammenfassend Michael Domsgen, Religionsunterricht in Ostdeutschland. Die Einführung des evangelischen Religionsunterrichts in Sachsen-Anhalt als religionspädagogisches Problem (APrTh 13), Leipzig 1998, 87–91.
164 S. Michael Haspel, Post-volkskirchliche offene Minderheitskirche. Herausforderungen und Chancen für evangelische Kirche und Protestantismus in Ostdeutschland, in: Sonja Beckmayer/Christian Mulia (Hg.), Volkskirche in postsäkularer Zeit. Erkundungsgänge und theologische Perspektiven (PTHe 180), Stuttgart 2021, 345–364, 355–358.

Herausforderungen in den Vordergrund.¹⁶⁵ Besonders der 1948 gegründete *Ökumenische Rat der Kirchen* (World Council of Churches), der mittlerweile zehn Vollversammlungen abhielt, setzt sich mit den durch den jeweiligen politischen und gesellschaftlichen Kontext aufgeworfenen Problemen auseinander und sucht theologische Antworten hierauf zu formulieren.

Angesichts der sich abzeichnenden Schwächen der bisherigen staatsanalog aufgebauten Kirchenorganisation und der daraus resultierenden Notwendigkeit, nach Alternativen für die Zukunft zu suchen, erhielten die deutschen evangelischen Kirchen in den letzten Jahren wichtige Anregungen durch Aufbrüche von Kirchen in anderen Ländern.¹⁶⁶ Bereits mancherorts erprobt wird das Konzept der „Fresh expressions" aus der anglikanischen Church of England.

> „A fresh expression is a form of church for our changing culture, established primarily for the benefit of people who are not yet members of any church. It will come into being through principles of listening, service, incarnational mission and making disciples. It will have the potential to become a mature expression of church shaped by the gospel and the enduring marks of the Church and for its cultural context."¹⁶⁷

Zentral ist hier das Beachten des konkreten Kontextes, innerhalb dessen kirchliches Handeln stattfindet. Dabei sind „Menschen, die nicht zur Kirche gehören und zu ihr auch früher noch keinen Kontakt hatten",¹⁶⁸ die Adressaten. Konzeptionell zeichnen folgende vier Attribute diese „new contextual churches" aus:

> „– missional – in the sense that, through the Spirit, they are birthed by Christians mainly among people who do not normally attend church;
> – contextual – they seek to fit culture of the people they serve;
> – formational – they aim to form disciples;
> – ecclesial – they intend to become church for the people they reach in their context."¹⁶⁹

Es geht in „fresh expressions"-Gemeinden also nicht um die Ablösung bisheriger parochialer Arbeit, sondern um eine auf Grund von Veränderungen im gesellschaftlichen Kontext wichtige Ergänzung. Kontextualität ist dabei ein wichtiges

---

165 S. Hauschild, Lehrbuch 843.
166 S. den knappen Überblick bei Philipp Elhaus/Gunther Schendel, Mit beiden Händen geht es besser. Innovation in der Kirche am Beispiel von Erprobungsräumen und Ambidextrie (SI Kompakt Nr. 1*2021).
167 Zitiert nach Sabrina Müller, Fresh expressions of Church, in: Ralph Kunz/Thomas Schlag (Hg.), Handbuch für Kirchen- und Gemeindeentwicklung, Neukirchen-Vluyn 2014, 450–458, 450.
168 Grethlein, Kirchentheorie 242.
169 Michael Moynagh, Church for Every Context. An Introduction to Theology and Practice, London 2012, XIV.

Kriterium. Dementsprechend sollen die neu gegründeten Gemeinden nicht in das bestehende Parochialsystem eingegliedert werden, sondern behalten ihre Eigenständigkeit. Kirche wird – nach Erzbischof von Canterbury Rowan Williams in seiner Presidential Address bei der Generalsynode im Juli 2003[170] – zur „mixed economy".

In den USA mit der traditionell strikten Trennung von Staat und Kirche entstand eine Vielzahl von Kirchen und kirchlichen Gemeinschaften:[171] „the absence of a state-run religious monopoly combined with a wide sphere of religious liberty has produced an ideal environment for a thriving religious ecosystem."[172] Grundsätzlich gilt nach wie vor, „that Americans are a highly religious people",[173] obgleich vor allem unter Jüngeren die Zahl der „nones" wächst, also von Personen ohne kirchliche Zugehörigkeit.[174] Insgesamt bildet sich aber eine – gleichsam neue konfessionelle – Spaltung heraus. Auf der einen Seite stehen die mainline churches mit einer eher sozialethischen Ausrichtung, auf der anderen Seite evangelikale Gruppierungen, die oft mit konservativer Politik, etwa hinsichtlich Homosexualität oder Abtreibung, verbunden sind. Dazu kommen die „Pentecostals" (s. 5.), die sich häufig um charismatische Prediger scharen. Dagegen treten herkömmliche, dogmatisch begründete Konfessionsdifferenzen zurück. Dem entspricht, dass ein Drittel der Amerikaner im Laufe ihres Lebens – mindestens einmal – die Kirchen- bzw. Religionszugehörigkeit wechselt. Dabei sind meist soziale Gründe wie Wohnortwechsel oder Heirat ausschlaggebend.[175]

Eine neue Form der Zugehörigkeit zu einer christlichen Gemeinschaft etabliert sich in der Bewegung der *„Emergents"*. Ausgangspunkt ist hier die provokante Feststellung: „In the twenty-first century, it's not God who's dead. It's the church."[176] Grundlegend erscheint die Kritik an deren überkommener institutioneller Organisationsform:

---

[170] S. Markus Weimer, Gekommen um zu bleiben. „Fresh Expressions of Church" – Methodologische Aspekte einer missionalen Initiative innerhalb der Church of England, in: Valentin Dessoy/Gundo Lames/Martin Lätzel/Christian Hennecke (Hg.), Kirchenentwicklung. Ansätze – Konzepte – Praxis – Perspektiven (Gesellschaft und Kirche – Wandel gestalten 4), Trier 2015, 427–436, 427.
[171] S. Robert Putnam/David Campbell, American Grace. How Religion Divides and Unites Us, New York 2010, 30f.
[172] A.a.O. 4.
[173] A.a.O. 7.
[174] S. a.a.O. 120–127.
[175] S. a.a.O. 148.
[176] Tony Jones, The New Christians. Dispatches from the Emergent Frontier, San Francisco 2008, 4.

> „The well-meaning members of denominations built these institutions to advance the gospel in a world of large, monolithic organizations. But we've now come to realize three problems: first, the gospel isn't monolithic; second, it's inevitably destabilizing of institutions; and third, for all their benefits (like organizing society and preserving communal wisdom), bureaucracies also do two other things well: grow more bureaucratic tentacles and attract bureaucrats."[177]

Dementsprechend kennen die Emergents keine formale Mitgliedschaft. Christsein heißt „woven into the fabric of global Christianity".[178] Dem entspricht das Leitbild einer „Wikichurch"[179]. Deren Organisation folgt der Logik eines „open-source network". Der Pastor/die Pastorin hat hier die Aufgabe eines „broker of conversation".[180] Offenheit und Inklusion sind wesentliche Kennzeichen dieses Aufbruchs.[181] Konkret spielt bei der Ausgestaltung die Internet-Kommunikation eine herausragende Rolle:

> „This kind of denominationless connection among Christian leaders simply would not have been possible prior to the advent of the Internet. As it is, the global connections between emergents are bound only to increase."[182]

Schon die wenigen ausgewählten Beispiele zeigen eine *große Pluriformität bei der sozialen Gestaltung der christlichen Lebensform. Sie reicht von staatsanalog aufgebauten Institutionen bis hin zu Netzwerken im Internet. Gemeinsam ist ihnen die Spannung zwischen den Impulsen, die vom Auftreten, Wirken und Geschick Jesu ausgehen, und dem konkreten Kontext mit seinen Herausforderungen – zu Adaption oder Kontrast.*

7 Zusammenfassung

Seit zweihundert Jahren dominieren weltweit Naturwissenschaften und Technik die gesellschaftliche Entwicklung. Vor dem Hintergrund von Erfindungen, die lang gehegte Menschheitsträume zu erfüllen scheinen, kam es in den letzten sechzig Jahren zur Transformation von der „leeren" zur „vollen" Welt. Nicht nur die Zahl der Menschen verdreifachte sich, noch stärker wuchsen die großen

---

177 A.a.O. 9.
178 A.a.O. 57.
179 A.a.O. 180.
180 A.a.O. 184.
181 S. a.a.O. 71 („desire for inclusion").
182 A.a.O. 55.

Städte, die Zahl der Autos und zuletzt der Geräte zur Internet-Kommunikation. Die damit gegebenen ökologischen Probleme, seit Anfang der siebziger Jahre des 20. Jahrhunderts unübersehbar, werden bedrängender. Nicht zuletzt ganz junge Menschen sehen durch sie ihre Zukunft gefährdet („Fridays for Future"-Bewegung).

In diesem Kontext wird die christliche Lebensform – wieder einmal – strittig. Die theologisch korrekte Lehre, von den großen kirchlichen Institutionen verwaltet und nicht selten im 19. Jahrhundert noch staatlich unterstützt, geht an den konkreten Problemen der Menschen vorbei. In der Erweckungsbewegung, dem diakonisch-karitativen Aufbruch, aber auch in Wallfahrten und Pilgerreisen, Marien- und Herz-Jesu-Frömmigkeit, dann in der Pfingstbewegung, den Kleinen Christlichen Gemeinschaften, den fresh-expressions-Gemeinden und schließlich den Emergents versuchten und versuchen Menschen, ihr Christsein lebendig zu verwirklichen.

Weithin folgen die Menschen in ihrer Wert- und Daseinsorientierung einer alltagsbezogenen Logik, die häufig in kaum einem bzw. keinem Zusammenhang mit den großen Kirchenorganisationen steht. Beim Abendmahl zeigen Interviews, dass Menschen ganz eigene Zugänge suchen und finden, bei denen jenseits traditioneller theologischer Deutungen wie Sündenvergebung und Buße die konkrete Gemeinschaft im Zentrum steht. Die Taufe ist oft primär durch die konkrete familiäre Situation konnotiert und verliert an Bedeutung, wenn sie nur binnenkirchlich verstanden wird. Die von den – meisten – Kirchen daran gebundene Kirchenmitgliedschaft ist bei vielen die Taufe für ihr Kind Begehrenden kaum im Blick bzw. wird sogar kritisch als Vereinnahmung empfunden. Auch die vor allem in den reformatorischen Kirchen lange vorherrschende Konzentration auf Unterricht verliert an Plausibilität, wenn ansonsten im Alltag der Heranwachsenden das Christsein keine Rolle spielt. Andere Formen wie Kindergottesdienst am Samstagvormittag, KonfiCamps oder Vesperkirchen schlagen dagegen Brücken zwischen Alltag und christlichen Impulsen, insofern sie auf die Bedürfnisse und Wünsche der Menschen eingehen und abgestimmt sind. Dies geschieht keineswegs nur affirmativ, sondern kann auch kontrakulturell den Blick weiten. Solche Impulse müssen nur von den Menschen auf ihr Leben beziehbar sein. In ethischer Hinsicht scheint – nach wie vor – der Bedarf an konkreter, nachvollziehbarer Handlungsorientierung groß zu sein. *Nicht autoritäre Strukturen wie Priester- oder Pastorenamt mit Weihe bzw. Ordination sind hier gefragt, sondern authentisch kommunizierende Personen, die bereit zu ergebnisoffenem Austausch sind.* Lebensferne Regulierungen wie bei der Enzyklika „Humanae vitae" oder auch die lange ebenfalls in den evangelischen Kirchen geäußerte Kritik an vorehelicher Sexualität werden schlicht von den meisten Menschen nicht beachtet. Sie verdanken sich früheren Kontexten und darauf bezogenen restriktiven Traditionen.

Heute helfen sie nicht, den etwa durch neue Verhütungsmittel eröffneten Optionen der Lebensgestaltung verantwortlich zu begegnen.

Insgesamt ist in Deutschland seit mittlerweile fünf Jahrzehnten ein deutlicher Akzeptanzverlust der staatsanalogen Organisationsform der großen Kirchen zu beobachten. Die bleibend hohen Kirchenaustrittszahlen dokumentieren dies ebenso wie die Ergebnisse entsprechender Einstellungsuntersuchungen. Die traditionellen konfessionellen Distinktionen verlieren – auch in anderen Ländern – rapide an Bedeutung. Vor allem in den neuen Medien, angefangen bei Radio und Fernsehen bis zu Social Communities, spielen sie keine Rolle mehr. So sehen sowohl Katholiken als auch Protestanten den sonntäglichen Gottesdienst im Fernsehen, egal ob er in einer katholischen oder evangelischen Kirche gefeiert wird.[183] Langsam beginnen sich – angeregt durch Erfahrungen in anderen Ländern – alternative Formen zu entwickeln. Im Internet sind neue Formen des gemeinschaftlichen Feierns bis hin zur online-communion[184] zu beobachten, dazu auch neue Initiativen gegenseitigen Helfens zum Leben.

Die durch die Corona-Pandemie notwendig gewordenen sozialen Distanznahmen zeigen, wie fragil die seit dem 19. Jahrhundert bestehende Konzentration und damit Beschränkung der christlichen Lebensform auf die kirchlichen Organisationen, konkret die örtlichen Parochien, ist. Früher für diese Lebensform grundlegende Gemeinschaften wie das Haus, heute in die multilokale Mehrgenerationenfamilie und teilweise Social Communities transformiert, verdienen neue Beachtung.

---

183 S. Grethlein, Theologie 452–454.
184 S. a.a.O. 454f.

Kapitel 10:
Zusammenfassung und Ausblick

„Christen" (Christianoi) war – wie Apg 11,26 als erste Nennung nahe legt (s. Kapitel 1) – zuerst eine Fremdbezeichnung. Im multikulturellen Kontext der Großstadt Antiochien wurden so Menschen genannt, „die das Evangelium von Jesus als Herrn kommunizierten" (Apg 11,20: euangelizomenoi ton kyrion Jesun) und sich diesem Herrn „zuwendeten" (Apg 11,21: epistrepsen). Erst einige Jahrzehnte später, zu Beginn des 2. Jahrhunderts, scheinen die so Genannten diesen Namen als Eigenbezeichnung übernommen zu haben (s. Ign Eph 11,2 u. a.).[1]

In dieser Spannung zwischen Fremd- und Selbstbezeichnung steht „Christsein" bis heute. Der katholische Dogmatiker Karl Rahner entwarf sogar eine Theorie des „anonymen Christen";[2] häufiger wurde umgekehrt Menschen, die sich selbst als Christen bekannten, dieses von Anderen bestritten. Sie wurden dann als „Ketzer" diffamiert.

In meinem Durchgang durch die Geschichte fasse ich den Begriff „Christsein" weit. Selbst herkömmliche Erkennungszeichen wie das Getauft-Sein oder die Teilnahme am Abendmahl erlauben keine trennscharfen Bestimmungen und damit Exklusionen. Begriffe wie „Bluttaufe" bei Katechumenen, die vor ihrer Wassertaufe das Martyrium erlitten (s. Kapitel 3 3.), legen dies ebenso nahe wie die Tatsache, dass die große Mehrheit der evangelischen Kirchenmitglieder in Deutschland seit vielen Jahren nicht am Abendmahl teilnimmt. Es kommt mir auch nicht darauf an – in der Tradition von Wächtern über die „rechte" Lehre – zu entscheiden, ob jemand Christ ist oder nicht. Vielmehr geht es mir in einem ersten Überblick darum, noch einmal auf die Vielgestaltigkeit dieser Lebensform hinzuweisen (1.).

In einem zweiten Schritt beleuchte ich den wesentlichen Grund für diese Pluriformität des Christseins als Lebensform, nämlich dessen notwendige Kontextualisierung (2.). Entsprechend dem medialen (nicht aktiven) grammatikalischen Profil von „Evangelium" – das Verb heißt „euangelizesthai" (Verbform im Medium) – ist dieses und damit das Christsein nur als wechselseitige, ergebnisoffene Kommunikation zu fassen. Kommunikationen sind stets vom Kontext geprägt, in dem sie stattfinden. Dabei kann dies durch *Adaption* an den Kontext, aber auch durch *Kontrast* zu ihm geschehen. *Der Bezugspunkt hierfür sind die*

---

[1] S. Jürgen Roloff, Die Apostelgeschichte (NTD 5), Göttingen 1981, 181.
[2] S. Karl Rahner, Die anonymen Christen, in: Ders., Schriften zur Theologie Bd. 6, Einsiedeln 1965, 545–554.

Impulse, die vom Auftreten, Wirken und Geschick Jesu ausgehen. Sie sind gegründet im Vertrauen auf Gott als Schöpfer, betonen inklusiv und hierarchiekritisch die Gleichheit aller Menschen, abgesehen von Geschlecht, ethnischer Zugehörigkeit oder sozialem Status, und stehen kritisch einer Fixierung auf materiellen Besitz entgegen. Daraus folgt eine Lebensform, „in der Menschen resonant zu Gottes Schöpfung leben, sich am Gebot der Gottes- und Nächstenliebe orientieren sowie Gemeinschaft miteinander pflegen".[3] Dies gilt es im jeweiligen politischen, gesellschaftlichen und kulturellen Kontext zu realisieren, wobei es je nach Alter und Persönlichkeit zu unterschiedlichen Gestaltungen kommen wird.

Da wir uns gegenwärtig – wie soziologische Analysen nahe legen – in einem zeitlich besonders beschleunigten und damit verdichteten Umbruch befinden,[4] erscheint es wichtig, dessen Konsequenzen für das Christsein zu bedenken. Deshalb skizziere ich in einem weiteren Abschnitt einige bereits praktizierte Beispiele für die der heutigen Situation angemessene Kommunikation des Evangeliums, also Äußerungen der christlichen Lebensform (3.). Demnach strebe ich in keiner Weise Vollständigkeit an – dies widerspräche dem kommunikativen und damit situationsbezogenen Charakter des Evangeliums –, sondern will lediglich den Blick öffnen für weitere diesbezügliche Entdeckungen, Erprobungen und Erfahrungen.

Abschließend mache ich noch einmal auf Herausforderungen für die Bestimmung und Gestaltung des Christseins aufmerksam, die zukünftig an Bedeutung gewinnen dürften (4.).

1 Vielgestaltigkeit der christlichen Lebensform in Beispielen

Einige bereits in den vorhergehenden Kapiteln genannten Gestaltungen des Christseins stelle ich im Folgenden additiv zusammen, um die Fülle sowie Ambivalenz des hierzu Gelebten, Erprobten und auch Gescheiterten anschaulich zu zeigen. Ich personalisiere dazu – in der Spannung von Adaption und Kontrast – das Erlebte und Praktizierte in fiktiven Personen:

Ein Teilnehmer an einer Mahlzeit in einem christlichen Haus im 2. Jahrhundert: Hier war es schön geräumig wie sonst auch bei den Symposien. Doch eines fiel auf: Da mischten sich Menschen aus unterschiedlichen sozialen Schichten, Sklaven lagen neben Patronen, Männer neben Frauen. Gemeinsam hörten sie auf Worte, die zum Glauben an Gott einluden. Nach der Weinspende kam es zu of-

---

3 Christian Grethlein, Taufen (PTk 1), Göttingen 2020, 90.
4 S. exemplarisch Ulrich Beck, Die Metamorphose der Welt, Berlin 2017.

fenen Gesprächen. Dabei erzählten sie sich gegenseitig, wie ihr Leben gewonnen hat, seit Jesus ihr Lehrer ist. Zugleich wurden auch Erfahrungen der Diskriminierung vorgetragen, wenn sie als Christen beispielsweise nicht mehr – wie bisher – mit Freunden die Zirkusspiele besuchten o.Ä. Dafür gab es aber jetzt die neue Gemeinschaft der „Christianoi".

Eine Getaufte im 2./3. Jahrhundert: Ihre Taufe war ein einschneidendes Erlebnis. Nach jahrelanger Vorbereitung, vor allem durch die sonntäglichen Predigten, waren alle Taufbewerber in einer kleinen Gruppe unter Leitung des Bischofs zusammengekommen, um die letzten Tage vor dem großen Ereignis gemeinsam mit Gebet, Schriftlesungen, Handauflegungen und Exorzismen zu verbringen. Nach Fasten und Wachen war die Waschung in der Taufe eine Erlösung und das anschließende gemeinsame Mahl mit den bereits Getauften eine große Erfrischung. Ein Vorgeschmack auf das große Festmahl am Ende der Zeiten! Allerdings war jetzt viel Sorgfalt geboten, damit nicht frühere, sündige Verhaltensweisen wieder Raum griffen. Konnten solche Fehltritte überhaupt vergeben werden?

Ein Bischof im 4./5. Jahrhundert: Er war verantwortlich für die ihm anvertraute Gemeinde, seine Herde. Angesichts der vielen Auslegungen des Evangeliums, die aktuell im Umlauf waren, hatte er darauf zu achten, dass seine Gemeindeglieder nicht verwirrt wurden. Sie mussten geschützt werden, indem er – gemeinsam mit seinen Brüdern im Amt – die wichtigsten Glaubenssätze klar formulierte. In einer Gemeinde traten sogar Frauen öffentlich auf, die Weissagungen vortrugen. Das musste schnellstens unterbunden werden. Zur Strafe wurden die Frauen vom gemeinsamen Mahl ausgeschlossen. Bestimmt konnte auch die rechtgläubige Obrigkeit veranlasst werden, sie zu bestrafen.

Eine junge ostgotische Frau im 7. Jahrhundert: Gern ließ sie sich von ihrer Taufe berichten. Kurz nach der Geburt war sie von dem heiligen Priester mit Wasser übergossen und gesegnet worden. Ihr Vater erzählte das mit Stolz, ihre Mutter war gar nicht dabei. Die Geburt war schwer gewesen und sie musste sich noch erholen. Durch die Taufe war die Frau mit allen Anderen hier im Ort verbunden. Und der Segen, den sie durch das Kreuzzeichen auf Stirn und Brust empfangen hatte, schützte sie gewiss vor bösen Geistern, die nach wie vor ihr Unwesen trieben. Das würde sie dringend benötigen, wenn sie jetzt selbst Kinder bekam – das erste kündigte sich bereits an.

Ein alter Priester in der Mitte des 9. Jahrhunderts: Gewiss hatte Karl der Große Recht gehabt mit seiner Entscheidung, die Unterlegenen vor die Wahl zu stellen: Taufe oder Tod. Das klang zwar hart – und auch der Hoftheologe Alkuin hatte dagegen Bedenken geäußert. Doch wie sollte man sonst der Gnade Gottes gewiss sein, wenn nicht alle Untertanen Karls getauft wurden, also Christen waren? Die Gunst Gottes galt doch dem ganzen Volk – und durfte nicht durch die Extravaganzen Einzelner verspielt werden. Der König hatte über den rechten Glauben zu entscheiden und diesen dann auch durchzusetzen. Da durfte er nicht zimperlich sein.

Ein etwa sechsjähriger Knabe im 10. Jahrhundert: Heute war er früh aufgestanden und gleich ging es los. Mit seinen Eltern fuhr er in der Kutsche zum Kloster – gegen Mittag kamen sie an. So konnte er sich noch etwas umsehen: Hohe Mauern, Mönche, die gesetzten Schritts durch die Gänge schritten, aber auch einige Kinder in seinem Alter. Dann ging es in die Kirche zur Messe. Der Höhepunkt war, als er dem Abt seine Hand reichen musste und dieser sie in das geweihte Altartuch rollte. Jetzt gehörte er nicht mehr zu seiner Familie, jetzt war er Gott und dem Kloster dargebracht. So hatte es ihm jedenfalls seine Mutter erklärt. Und hatte hinzugefügt: Dann wirst du ein heiliger Mann, mein Liebling.

Eine ältere Frau im 11. Jahrhundert: Nur mit Kopfschütteln konnte sie sich daran erinnern, wie unbefangen sie früher nach vorn gegangen war, um Brot und Wein zu empfangen. Da war ihr noch nicht klar, wie heilig dieses Geschehen am Altar wirklich war. Die reinen Hände des Priesters verwandelten ja tatsächlich Brot und Wein in den Leib und das Blut Jesu Christi. Wenn da etwas verschüttet oder verkrümelt wurde? Da war es gewiss besser, nur zusehen, wie der Priester die Hostie für alle sichtbar erhob und allein sie sowie den Wein zu sich nahm. Allerdings konnte man auch sonst von dem Heiligen profitieren. Ihre Freundin hatte erzählt, dass sie eine Hostie in den Bienenstock gelegt hatte – so viel Honig, wie in diesem Jahre, hatte sie noch nie bekommen. Das wollte sie auch probieren, wo ihr Mann doch so gerne Honig aß.

Eine Nonne im 12. Jahrhundert: So, jetzt war endlich Ruhe. Sie saß allein in ihrer Zelle und hatte Gelegenheit, noch einmal über das Zurückliegende nachzudenken. Ihr Entschluss war gewiss richtig gewesen, ins Kloster zu gehen. So konnte sie sich voll auf Gott, Jesus Christus und Maria konzentrieren – und ihre Gebete würden sie bestimmt ins Paradies befördern. Außerdem war sie nicht mehr der Willkür des Bischofs ausgeliefert, der doch nur Interesse daran hatte, dass sein Hof prächtig ausgestattet war. Hier im Kloster lebte sie mit ihren Mitschwestern in einem geschützten Raum.

Ein Leinweber mit Familie im 12. Jahrhundert: Jetzt hatte er entdeckt, wie er und seine Familie leben mussten. Nicht Armut, sondern Reichtum widersprach dem Willen Gottes. Er wollte sich dagegen bescheiden und mit dem zufrieden sein, was er täglich an Kleidung herstellen konnte und dies dann günstig den Armen geben. Sie brauchten auch etwas zum Anziehen. Schön war, dass seine Nachbarn wie er dachten und handelten. So konnten sie gemeinsam leben und beten. Ins Kloster wollte er nicht; dazu waren ihm seine Frau und Kinder zu wichtig. Aber leben wie die Apostel, das konnte er jetzt. Und wenn er einmal mehr für seine Produkte bekam, wollte er es den Armen spenden.

Ein junger Mann im 13. Jahrhundert: Er hatte es gar nicht glauben können, aber viele hatten es bestätigt. Der Papst selbst hatte es gesagt: Alle, die am Kreuzzug nach Jerusalem teilnahmen, bekamen einen vollständigen Ablass. Na, den konnte er gut gebrauchen. In den letzten Jahren war so einiges passiert, was nicht dem kirchlichen Reglement entsprach. Und Krieg führen konnte er. Das machte sogar manchmal Freude, besonders wenn man auf der Seite des Siegers stand. Also, er würde sich melden. So konnte man das Gute mit dem Spannenden verbinden. Kreuzritter – das war doch etwas!

Eine Bäuerin im 14. Jahrhundert: Heute schien zum Glück die Sonne. Sie hatte die goldene Monstranz zum Funkeln gebracht, die bei der Prozession durch die Felder getragen wurde. Hoffentlich wuchs jetzt das Getreide besser als im letzten Jahr, damit die Ernte gut würde. Aber angesichts der Prozession mit den heiligen Priestern in den prächtigen Gewändern schwanden die Zweifel. Wer konnte denn dem heiligsten Altarsakrament widerstehen? Es würde ein fruchtbares Jahr werden. Und wenn nicht – wer war dann daran schuld?

Ein Priester im 15. Jahrhundert: Endlich ging der Tag zu Ende. Heute hatte er wieder den ganzen Tag nur Messen gelesen – er wusste am Ende kaum mehr, für wen alles: für den Kaufmann vor Ort, dessen liederlicher Lebenswandel bekannt war; für dessen letztes Jahr verstorbene Mutter, die so geizig war, dass sie selbst ihren eigenen Kindern die Scheiben Brot vorgezählt hatte, usw. Und dann war das Alles auf Latein zu lesen, ganz schön anstrengend. Doch die Kasse stimmte – alle, für die er die Messe las, hatten brav bezahlt. Ihre Sündenstrafen waren so getilgt. Der Messpriester war zufrieden.

Eine Frau im 15. Jahrhundert: Vor einiger Zeit war sie in das Beginen-Haus eingezogen. Hier hatte sie gute Gemeinschaft mit anderen Frauen – der strenge Bischof war weit weg. Vor allem konnten sie nicht nur gemeinsam beten, sondern sich auch um die Armen kümmern. Viele von diesen mussten sogar nachts auf den Straßen schlafen. Da waren Alte darunter, die nicht mehr richtig gehen, geschweige denn arbeiten konnten, aber auch andere, die etwa durch ihren Lebenswandel abgestürzt waren. Jetzt gab es für sie wenigstens eine Übernachtungsmöglichkeit. Ihre Augen leuchteten, wenn die Beginen ihnen morgens ein Frühstück zubereitete.

Ein Kapitän im 16. Jahrhundert: Wunderbar! Das war ein Erlebnis, als endlich nach wochenlanger Seefahrt ein Stück Land am Horizont auftauchte. Tatsächlich lebten da auch Wesen, die wie Menschen aussahen, nur mit rötlicher Hautfarbe. Richtige Wilde, ohne Zivilisation. Denen musste erst beigebracht werden, dass es nur einen Gott gab und Jesus Christus sein Sohn war. Nur gut, dass dazu auch einige Priester an Bord mitgefahren waren. Die sollten die Wilden schnell taufen. Dann mussten sie sowieso in das Bergwerk, aus dem es hoffentlich noch viel an Erzen zu gewinnen gab.

Ein evangelischer Pfarrer in der Mitte des 16. Jahrhunderts: Endlich war Schluss mit dem ganzen Aberglauben. Martin Luther hatte es dem Papst und dem Ablass so richtig gegeben. Das war doch nur Beutelschneiderei, damit sich der Bischof in Rom ein schönes Leben machen konnte. Nein, jetzt ging es darum, wieder zu entdecken, was Christus wollte. Dazu musste man gründlich in der Bibel lesen. Dann konnte man sonntags auch gut predigen. Und tatsächlich, die Menschen waren gespannt, was ihnen der neue Pfarrer in der schwarzen Schaube alles Neue zu berichten hatte. Er hatte sogar ein Jahr Theologie studiert, hieß es. Viele waren froh, dass endlich ein Ende mit der ganzen frommen Heuchelei war. Jetzt durften sie sogar beim Abendmahl gemeinsam aus dem Kelch trinken.

Eine junge Bäuerin im 17. Jahrhundert: Schon seit Jahren wurden die Ernten immer schlechter. Letztes Jahr hatte es kaum mehr zum Sattessen gereicht – vom Anlegen eigentlich notwendiger Vorräte ganz zu schweigen. Da erhob endlich der Nachbar die Stimme und zeigte die alte Witwe beim Pfarrer an. Er hatte immer wieder beobachtet, wie sie mit merkwürdigen Bewegungen vor ihrer Hütte auf- und abgegangen war und vor sich hin gemurmelt hatte. Wahrscheinlich waren dies Zaubersprüche gewesen. Andere bestätigten diese Vermutung. Wie kam es sonst zu solch schlechtem Wetter? So war es endlich zur Anklage gekommen. Es gab einen kurzen Prozess. Unter der Folter gab die Alte alles zu. Der Teufel hatte sie aufgehetzt. Jetzt war sie tot. Hoffentlich wird das Wetter wieder besser – oder gab es noch andere Hexen hier im Dorf? Sie waren Feinde Gottes und mussten möglichst schnell vernichtet werden. Sonst würden hier alle verhungern.

Ein Fürst im 18. Jahrhundert: Er überlegte. Nun musste noch die Kirche richtig geordnet werden. Durch die braven Beamten war schon das Staatswesen klar gegliedert und gut verwaltet. Jeder wusste, was und wo er zu entscheiden hatte. Mit der Einrichtung eines Konsistoriums konnte das auch auf die Kirche übertragen werden. Da stimmte er dem Prediger zu: Er als Fürst hatte auch Sorge dafür zu tragen, dass seine Untertanen die ewige Seligkeit erlangen konnten. Da dies jetzt nicht mehr über den Ablass lief, mussten neue Wege gefunden werden, den Menschen den rechten Weg zu weisen.

Eine Frau im 18. Jahrhundert: Ja gewiss, sie lebte nicht so, wie es sich die hohen Herren in der Kirche vorstellten. Wie sollte sie aber ihre Kinder ernähren, wenn sie nicht ab und zu den ach so wohlanständigen Bürgern ihre Schlafzimmertüre öffnete? Da waren diese gar nicht mehr so anständig. Doch beim Ehrengericht saßen sie streng vorn und plädierten für eine Bestrafung wegen Unsittlichkeit. Mit diesen Typen wollte sie eigentlich nichts mehr zu tun haben – bis auf das Geld, das sie dafür bekam, ihnen gelegentlich zu Willen zu sein. Gemeinsam mit denen zum Abendmahl zu gehen – und dann erst ganz zum Schluss als „Gefallene" dran zu kommen? Nein, da hatte sie auch ihren Stolz.

Ein Theologe im 18. Jahrhundert: Das Elend der Kinder konnte er nicht mehr mit ansehen. Bei manchen war die Mutter früh gestorben, bei anderen vertrank der Vater das ganze Geld. Manche hatten beide Eltern verloren. Auf jeden Fall stromerten viele Kinder auf der Straße herum, ohne dass sich jemand um sie kümmerte. Da musste ein Ort geschaffen werden, an dem sie behütet aufwachsen und zu frommen Christen werden konnten. Wenn sie dann noch lesen und schreiben lernten, konnte eigentlich gar nichts mehr passieren. Zum Glück besaß er einen guten Draht zum Fürsten. Den würde er bei einer günstigen Gelegenheit ansprechen, um eine Anschubfinanzierung zu bekommen.

Ein Pfarrer am Beginn des 19. Jahrhunderts: Er hatte es schon geahnt, als er die Berufung auf die Dorfpfarrstelle bekam. Aber dass die Menschen hier so unwissend waren, hatte ihn doch erschreckt. Da half nur, jeden Sonntag von neuem die wichtigen Grundsätze der Religion zu vermitteln, und zwar möglichst elementar und übersichtlich. Dass die Bauern es behalten konnten. Vielleicht gelang es auch – im Verbund mit zwei Nachbardörfern – eine kleine Schule einzurichten, damit wenigstens die Kinder lesen und schreiben lernten. Das gehörte einfach zum christlichen Leben dazu. Dann würde sich auch der ganze Aberglauben von allein erledigen, der jetzt noch überall hervorlugte.

Ein vier Wochen altes Mädchen einer Bürgerfamilie am Ende des 19. Jahrhunderts: Endlich hatten die Stubenmädchen alles schön hergerichtet. Das Gebäck lag in silbernen Schälchen, schön drapiert. Die Stühle standen gut angeordnet bereit – vorn der breite Sessel für die Mutter mit ihrem Baby, daneben die gepolsterten Stühle für den Vater und die fünf Paten. Jetzt musste nur noch der Herr Pastor kommen. Das Wasser war schon – gut vorgewärmt – in die silberne Taufschale eingelassen. Die Kleine schlief noch. Da klopfte es an der Tür, das waren wohl die ersten Gäste. Ein gemütlicher und unterhaltsamer Nachmittag begann. Gleich würde die heiße Schokolade serviert – da ertönte ein erster Schrei des aufwachenden Mädchens.

Ein Pfarrer am Anfang des 20. Jahrhunderts: Das ging so nicht mehr weiter. Die einen – wenigen – wurden immer reicher, die anderen – vielen – immer ärmer. Jesus war doch für die Armen eingetreten und hatte gegen den Mammon protestiert. Jetzt mussten sich die Christen zusammenschließen, zumindest die, die wirklich glaubten, und entschieden gegen den Kapitalismus protestieren. Alle Menschen sind gleich – schon im Vaterunser dürfen wir Gott gemeinsam mit „Unser Vater" ansprechen. Das galt es jetzt politisch umzusetzen. Religiöser Sozialismus war die Parole!

Ein Deutscher Christ Ende der dreißiger Jahre des 20. Jahrhunderts: Endlich hatte es 'mal einer gesagt. Der Pfarrer verkündete es am Sonntag klar von der Kanzel: Jesus war eigentlich Arier gewesen. Die Juden hatten ihn nur vereinnahmt, dann verraten und schließlich sogar hinrichten lassen. Wenn die Deutschen entdeckten, dass Nation und Religion zusammengehörten, würde es mit der Kirche wieder bergauf gehen. Gewiss, die Kommunisten waren gegen sie. Wenn jetzt aber die Deutschen Christen aufmarschierten, würde sich manches ändern. Ein erster Schritt dahin war, dass es endlich einen Reichsbischof gab. Der würde schon für Ordnung in der deutschen Reichskirche sorgen.

Ein 17-jähriges Mädchen 1989 in Nürnberg: Es war wie im Traum. Als meine Freundinnen und ich aus der Lorenz-Kirche heraustraten, sah die Welt ganz anders, viel schöner aus. Wir hatten gemeinsam das Feierabendmahl gefeiert, hatten vom Brotlaib abgebrochen und uns gegenseitig die Stücke weitergegeben. Hatten dann vom Saft getrunken, Lieder gesungen. Und jetzt tanzten wir zum Ausklang des Abends vor der Kirche – ein herrlicher Abend. Gleich am nächsten Tag meldete ich mich am Stand bei Amnesty International an, um gegen die Folter auf der Welt anzukämpfen.

Eine Frau in den Dreißigern Anfang des 21. Jahrhunderts: Jetzt endlich war Ruhe. Alle Geschenke waren unter den Tannenbaum gelegt, so dass es zwischen den Kindern keinen Streit geben konnte. Das Abendessen war angerichtet. Jetzt mussten die beiden Kinder nur noch festlich angezogen werden und dann ging es in die nahe Kirche. Heiligabend-Gottesdienst. Hoffentlich sang der Chor so schön wie letztes Jahr. Und gewiss funkelten die Kerzen ebenso. Wenn dann die Pfarrerin zum Schluss wieder vom Leuchten des Antlitzes Gottes sprach und ein Kreuzzeichen machte, dann war alles wieder gut. Frohe Weihnacht!

Soweit einige Schlaglichter aus der langen Geschichte des Christseins. Durch ihre Taufe Beeindruckte, als Lebenswende begangen, stehen neben anderen, die als Säuglinge getauft wurden und keine Erinnerung daran haben. Bischöfe und Priester wollten die Laien anleiten, doch einige von ihnen gingen eigene Wege. Sie entdeckten die Armut als ihre Form der Nachfolge. Der Ablass gab manchen Menschen Sicherheit für ihr ewiges Leben, die durch die Reformatoren zerstört wurde. Zugleich wurden damit aber Menschen aus klerikaler Abhängigkeit befreit. Brave Bürger waren ebenso wie Prostituierte Christen, doch standen sie in ganz unterschiedlichem Verhältnis zur Kirche. Für Manche war der Kriegsdienst – bei den Kreuzzügen – die Erfüllung des Christseins, andere fühlten sich durch ihren Glauben an Christus zum Pazifismus verpflichtet. Jugendliche entdeckten Gott auf dem Kirchentag, eine Mutter freute sich auf die besinnliche Heiligabend-Mette.

Die Vielgestaltigkeit der Lebensform Christsein ist erstaunlich und faszinierend zugleich. Sie kann als ein stetes Ringen um die Kontextualisierung der Impulse verstanden werden, die vom Auftreten, Wirken und Geschick Jesu ausgingen. Dies gelang in unterschiedlicher Weise und Intensität, wie die Beispiele zeigen. Doch immer wieder blitzen der Dank an Gott als Schöpfer, die inklusive Offenheit zu allen Menschen jenseits sonst üblicher Hierarchien sowie die Distanz zur Fixierung auf materiellen Besitz durch.

2 Kontextualisierung der christlichen Lebensform

Ohne Kontextualisierungen hätte die Orientierung am Auftreten, Wirken und Geschick Jesu keinen Bestand gehabt. Dies ist gleichsam das Vorzeichen vor den folgenden, eher kritischen Reflexionen auf konkrete Kontextualisierungen des Christseins. Denn sie waren nicht selten auch problematisch bzw. erwiesen sich bei wiederum verändertem Kontext in ihren Nebenfolgen als schwierig.

Drei grundlegende Veränderungen in der Lebensweise des Christseins vollzogen sich schon bald, wobei sie sich teilweise im Laufe der Jahrhunderte steigerten. Alle drei stehen nicht nur wesentlichen Impulsen des von Jesus kommunizierten Evangeliums entgegen, sondern erweisen sich heute als für die Kommunikation des Evangeliums hinderlich.

Aufsehen erregten das Auftreten und Wirken Jesu durch sein Zurückweisen des in der Antike allgemein verbreiteten *Reinheits-Konzepts*. Hinter diesem stand die – evolutionsbiologisch erklärbare[5] – Angst vor Verunreinigung, nämlich durch dem Menschen abträgliche Mächte. Reinigungsrituale sollten vor ihnen schützen. Nicht zuletzt auf Sexualität Bezogenes, wie der Samenerguss oder die Menstruation, galten als verunreinigend und verhinderten nach episkopalem Urteil die Teilnahme am Gottesdienst. Demgegenüber trat Jesus – wie in Kapitel 2 2. ausgeführt – offensichtlich kompromißlos für ethische Reinheit ein. Ihn bestimmte nicht die Furcht vor Verunreinigung, sondern das Streben nach Reinigung des Gottes Willen Entgegenstehenden. Damit öffnete er seine Kommunikation für sonst von frommen Juden gemiedene Menschen wie eine Ehebrecherin (Joh 7,53 – 8,11) oder eine Prostituierte (Lk 7,36 – 50).

Dieses radikale Konzept hielten die Christen nicht lange durch. Schon die Einschränkungen bei der Zulassung zum Abendmahl durch den Verweis auf die Taufe als Voraussetzung im frühen 2. Jahrhundert (Did 9,5; s. Kapitel 3 2.) verdankten sich der Sorge um die Reinheit der Versammelten. Die Furcht, Nicht-Getaufte könnten die Gemeinde verunreinigen, war groß. Auch sonst dominierte im kultischen Bereich zunehmend die Adaption antik-paganer Reinheitsvorstellungen. Nicht nur bei bestimmten Handlungen wie der Eucharistie mussten die Priester immer häufiger Reinigungen – etwa in Form von Händewaschen – vollziehen, sondern auch die Laien waren hiervon betroffen. So bürgerten sich vor den großen Christusfesten – mit Advent und Passionszeit – Vorbereitungszeiten ein, in denen das Fasten, also ein Reinigungsakt, eine wichtige Funktion bekam. Es sollte die Menschen rein machen für den Gottesdienst. In säkularer Form be-

---

[5] S. Carel van Schaik/Kai Michel, Die Wahrheit über Eva. Die Erfindung der Ungleichheit von Frauen und Mädchen, Hamburg Dezember 2020, 500.

gegnet heute dieses selbstbezogene Streben nach Reinheit in Bemühungen um Schlankheit und Wellness.

Eine schwerwiegende Konsequenz dieser Adaption des antik-paganen Reinheits-Konzepts ergibt sich aus seiner Verbindung mit einer zweiten Kontextualisierung. Jesu Auftreten und Wirken waren grundsätzlich egalitär und inklusiv. Kein Mensch wurde von ihm zurückgewiesen. Selbst für römische Zöllner, kleine Kinder und nach jüdischen Vorstellungen unreine Frauen war er offen. Auch kritisierte er Rivalitäten zwischen seinen Jüngern um hervorgehobene Positionen (Mk 9,33–37 parr.). Vielleicht am deutlichsten tritt die grundlegend gleiche Stellung aller mit ihm Verbundener in der Anrede des „Vater unser" zu Tage. Für alle, die sich an ihn wenden, ist Gott gleichermaßen „Abba" und als solche sind sie Geschwister ohne Rangunterschied. Dabei fehlten in Jesu Gebet jedwede, eventuell wieder Unterschiede begründende heilsgeschichtliche Implikationen. Der Zugang zu Gott ist allein schöpfungstheologisch grundiert (s. Kapitel 2 4.). Er lässt keinen Raum für Über- und Unterordnungen.

Im Gegensatz hierzu breitete sich im Kontext antiker Priestervorstellungen sowie sonstiger sozialer Abstufungen rasch eine *Hierarchie* in den Gemeinden aus. Saß am Anfang der jeweilige Hausherr oder die Hausherrin den versammelten Christen bei ihren Mahlzeiten vor, so übernahmen in den neu gebauten Kirchen die Bischöfe diese Funktion. Noch deren griechische Bezeichnung als „episkopos" (Aufseher; lateinisch: „inspector"), also eine aus dem nichtkultischen, weltlichen Bereich stammende Ordnungsfunktion, lässt etwas von der Distanz zum antiken Priesterkonzept ahnen. Doch bald kam es zu entsprechenden Heraushebungen gemeindlicher Funktionsträger in Form von Personalbenediktionen, die schnell zu Weihen transformiert wurden. Für antike Menschen war es selbstverständlich, dass die, die mit besonders Heiligem in Berührung kamen, dafür eigens gerüstet bzw. geschützt werden mussten. Auch die sich bald hiermit verbindenden sexualitätskritischen Impulse, die schließlich zum im Westen durchgesetzten Zwangszölibat der Priester führten, verdanken sich der Übernahme antiker, vor allem stoischer Ansichten. Doch stand dies dem jesuanischen Grundimpuls entgegen, wonach das Anbrechen der Königsherrschaft Gottes alle Menschen gleichermaßen betrifft. Eine fatale Nebenfolge der Aufnahme des Priesterkonzepts war, dass die ursprünglich allen mit Christus Verbundenen zukommende Bezeichnung „heilig" – sogar zu einer „heiligen Priesterschaft" berufen (1Petr 2,5) – jetzt nur noch Einzelnen vorbehalten wurde. Dazu differenzierte sich das Priestersein schnell aus – von antiken und auch mittelalterlichen Hierarchien her gut verständlich. Das Infallibilitätsdogma des Papstes bildete den Schlussstein dieser Entwicklung, die der von Jesus intendierten Gemeinschaft der Brüder und Schwestern entgegenstand.

Mit dieser Kontextualisierung eng verbunden war schließlich, dass zum Christsein nicht nur *kultische Praktiken* hinzukamen, sondern sogar dominant wurden. Noch bei Jesus begegnen klar kultkritische Züge (s. Mk 11,15–19 parr.). Er selbst hatte keine priesterlichen Funktionen inne und strebte sie offenkundig auch nicht an. Die überkommenen Sabbatregeln ordnete er dem Anbrechen der Gottesherrschaft unter (s. Kapitel 2 2.).

Die zunehmend mehr auf den Kult und priesterliches Handeln zugeschnittene Gemeinschaftsform der Christen fand in mächtigen Kirchengebäuden einen Audruck. Sie hatte als Nebenfolge, dass das Helfen zum Leben als für Jesus zentraler Modus der Kommunikation des Evangeliums in den Hintergrund trat. Deutlich wurde dies daran, dass das Amt der Diakone – bis heute – dem der Priester unter- bzw. nachgeordnet wird. Dies steht in deutlichem Widerspruch zu Erinnerungen an Jesu Wirken, wie sie in Mt 20,26; 23,11 vorliegen.

Ich vermute, dass mit den drei genannten Kontextualisierungen, dem Reinheits-Konzept, der klerikalen Hierarchisierung und der Dominanz des Kultischen das baldige Zurückdrängen von Frauen in den Gemeinden zusammenhängt. Nicht nur im Zusammenhang des Geschicks Jesu spielten sie noch eine hervorragende Rolle – das leere Grab entdeckten Frauen, die dadurch zu ersten Zeuginnen der Auferstehung wurden (Mk 16,18; Mt 28,1–8; Lk 24,1–8; Joh 20,11–18) –, sondern auch in den ersten Gemeinden nahmen Frauen wichtige Positionen ein (s. Kapitel 3 1.). In der damaligen patriarchalischen Gesellschaft trat dies rasch zurück. Bis in die zweite Hälfte des 20. Jahrhunderts dauerte die Dominanz von Männern in den christlichen Kirchen ungebrochen an. In der größten christlichen Kirche, der römisch-katholischen, aber auch in den orthodoxen Kirchen besteht sie bis heute in Form der Exklusion von Frauen vom Priesteramt.

Diese drei, die ganze Geschichte der christlichen Lebensform durchziehenden Veränderungen sind heute deshalb von Bedeutung, weil sie sich im Kontext einer pluralistischen und demokratischen Gesellschaft als abständig erweisen. Zwar führte die Reformation hier teilweise zu einer neuen Sicht, aber eben nur teilweise und dann oft eher schleppend: Die Weihe der Priester sowie deren erzwungene Ehelosigkeit wurden als unbiblisch abgelehnt. Doch entstand – im Kontext der damaligen Ständegesellschaft – mit den „Pfarrherren" eine neue Führungsgruppe, die der sonstigen Gemeinde gegenüberstand. In der sich allerdings erst langsam allgemein durchsetzenden Ordination wurde und wird die Eingliederung in den neuen Stand feierlich begangen. Und auch dieser wurde rasch – entsprechend der damaligen hierarchischen Gesellschaftsstruktur – hierarchisch geordnet. Fachkundige können bereits an der liturgischen Kleidung feststellen, auf welcher Hierarchieebene im Pfarrerstand sich der jeweilige Akteur/die jeweilige Akteurin befindet (Stichwort: Pektorale/Brustkreuz). Doch auch hier gilt kontextualitätstheoretisch: Die Ständegesellschaft – Stand mit eigener

Standeskleidung und besonderen Befugnissen – ist vorbei. Die Ordination von Frauen in der zweiten Hälfte des 20. Jahrhunderts in verschiedenen evangelischen Kirchen führte zu einer gewissen Öffnung überkommener Vorstellungen etwa zum Pfarrhaus, ohne aber das grundlegende ständische Prinzip in Frage zu stellen. Weiter setzte sich die Zentralstellung des Kultischen ebenfalls in den reformatorischen Kirchen durch. Vielerorts gilt der (kultische) Gottesdienst selbstverständlich als Zentrum der Gemeinde, auch wenn die tatsächliche Partizipation der meisten Kirchenmitglieder dem seit Langem entgegensteht. Diese problematische Einschätzung zeigt sich auch ganz praktisch. So werden in den evangelischen Kirchen – analog zum staatlichen, an den formalen Abschlüssen orientierten Besoldungsrecht – z.B. Pfarrer in der Regel besser bezahlt als Diakone.

Dazu begegneten beim Durchgang durch die Geschichte des Christseins als Lebensform Kontextualisierungen, die aus heutiger Perspektive direkt gegen das Evangelium Jesu verstießen: die Kreuzzüge, die bis heute das Zeichen des Kreuzes in der islamischen Welt negativ belasten; die menschenverachtende Ausbeutung der indigenen Bevölkerung Amerikas sowie von Afrikanern im Zusammenhang mit ihrer sog. „Mission"; die Hexenverfolgungen, in denen die schon bisher immer wieder begegnenden Exklusionen bestimmter Menschengruppen einen grauenvollen Höhepunkt fanden; die Deutschen Christen, die in der Tradition der furchtbaren früheren Judenverfolgungen standen.

Es gilt also – wieder einmal – die überkommenen Gestaltungen zu reflektieren, die sich um die christliche Lebensform herum gebildet haben. Die Gefahr ist nämlich groß, dass sie für viele heutige Menschen den Blick auf diese Lebensform und deren Attraktivität eher verdunkeln als zu Tage treten lassen.

Grundlegend für eine solche Reflexion sind die drei in Kapitel 2 herausgearbeiteten, vom Auftreten, Wirken und Geschick Jesu ausgehenden Impulse, die aus dem Vertrauen zu Gott Konsequenzen für die Lebensform ziehen. Sie seien stichwortartig noch einmal zusammengestellt:

Konstitutiva christlicher Lebensform

Lebensform	Bewahrung der Schöpfung	Inklusion aller Menschen	Relativierung von materiellem Besitz
Theologische Begründung	Gott als Schöpfer	Gott als „Unser Vater"	Gott als Herr aller Güter
Konträre Konzepte	Homo faber	Hierarchien und Selektionen	Homo oeconomicus

Konkret äußert sich diese Lebensform im – vielgestaltigen – Kommunizieren des Evangeliums, also beim Helfen zum Leben, gemeinschaftlichen Feiern sowie Lehren und Lernen, das die Wirklichkeit auf Gott hin durchsichtig macht.

Diese drei Modi der Kommunikation differenzierten sich in folgende grundlegende Formen von Kommunikation aus, die bereits im Neuen Testament in Berichten vom Auftreten und Wirken Jesu erinnert werden.

Modi und Formen der Kommunikation des Evangeliums[6]

Modi der Kommunikation des Evangeliums	Helfen zum Leben (Kommunikation von Gott her)	Gemeinschaftliches Feiern (Kommunikation mit Gott)	Lehren und Lernen (Kommunikation über Gott)
Elementare Kommunikationsformen	Segnen	Beten	Erzählen
Methodisch entwickelte Kommunikationsformen	Heilen	Singen	Miteinander Sprechen
Kirchliche Kommunikationsformen	Taufen	Abendmahl feiern	Predigen

Auch diese Formen, die in der Praxis jeweils miteinander verbunden sind, fanden je nach Kontext vielfältige Ausdifferenzierungen und Transformationen. Einige aktuelle seien – im Gegenüber zu früheren Adaptionen – im Folgenden skizziert.

3 Kommunikation des Evangeliums heute

Wichtige Kommunikationen der christlichen Lebensform sind – wie gezeigt – in ihren heute verbreiteten Gestaltungen nur als Kontextualisierungen früherer Zeiten zu verstehen. Die antik-paganen Reinheitsvorstellungen fanden ebenso wie die in Antike und Mittelalter selbstverständliche Hierarchisierung und die Konzentration auf den Kult als wichtigstem Ausdruck von „Religion" – ebenfalls ein ursprünglich paganes Konzept – ihren Niederschlag: in der Liturgie, z.B. beim Feiern des Abendmahls bzw. der Eucharistie und beim Taufen; in der Bildung beim Lehren und Lernen; in der Spiritualität, konkretisiert in der ethisch orientierten Praxis sowie in der Gestaltung von Gemeinschaft. Dies sei im Folgenden

---

[6] Vgl. Anna-Katharina Lienau, Schulseelsorge. System struktureller Kopplung (APrTh 71), Leipzig 2017, 431; ausgeführt in Christian Grethlein, Praktische Theologie, Berlin ²2016, 528–586.

vor dem Hintergrund der in den Kapiteln 3–9 vorgestellten Praxis an wenigen Beispielen kurz erinnert. *Dabei besteht ein grundlegender Wandel zwischen früheren Zeiten und heute in der veränderten Kommunikationsform. Dominierte noch bis in die Mitte des 20. Jahrhunderts die Form der Autorität – „der Bischof/der Pfarrer hat gesagt", „es steht geschrieben" u. Ä. –, so setzt sich seitdem die Form der Authentizität durch – „ich habe erlebt".* Diese wissenssoziologische Einsicht verdankt sich u. a. entsprechenden empirischen Untersuchungen:

> „Fast unabhängig davon, ob den Interviewpartnern religiöse Praxis geläufig ist oder nicht, ob Religiöses für sie zentral ist oder nicht, lässt sich feststellen, dass sich die erzählten und berichteten Formen von Religiosität in nur sehr seltenen Fällen jenen eindeutigen konfessionellen bzw. (welt-)religiösen Typen fügen, wie man dies womöglich erwarten oder annehmen sollte. ... Im Klartext: Selbst wer sich explizit katholisch oder evangelisch identifiziert, kann im gleichen Atemzug Glaubensformen für plausibel halten, die der Systematik dieser Konfessionen nicht entsprechen. So kann sich ein katholischer Christ für Okkultes erwärmen, Wiedergeburt für plausibel halten oder esoterischen Ideen anhängen."[7]
>
> „Die Interviews zeichnen also ein Bild von Inkonsistenz, das als solche nur denjenigen erscheint, die tatsächlich eine unmittelbare Übertragung religiöser/konfessioneller Lehrmeinungen in individuelle Glaubensformen erwarten. ... Die religiösen Chiffren sind überwiegend tatsächlich am eigenen Erleben orientiert und nur sehr begrenzt durch bloße Mitgliedschaft bzw. bloße kirchlich-religiöse Praxis bestimmt."[8]

Schon Anfang des 2. Jahrhunderts tauchten – mit der Forderung des Getauftseins als Zugangsvoraussetzung – erste Exklusionen beim *Mahlfeiern* auf. Sie fanden später eine Fortsetzung durch die Ausgrenzung Andersdenkender, der sog. Ketzer, und die Einführung eines Mindestalters. Ebenfalls recht früh wurden die Feiern vom gemeinsamen Essen und Trinken abgetrennt und nur noch symbolisch als Mahl vollzogen. Der abgesonderte, als heilig geltende Altar trat an die Stelle des allgemein zugänglichen Esstischs. Die gerade für Arme wichtige diakonische Dimension kam jetzt nur noch indirekt mit Gaben im Zusammenhang der Kommunion in den Blick. Eine Nebenfolge: Hungrige waren auch nach dem „Mahl" nicht satt. Dazu reduzierte die Umstellung vom Abend zum Morgen – im Zuge der hierarchischen Organisation der Gemeinden nach dem antiken Patronatsmodell (s. Kapitel 3 2.) – den ursprünglichen Charakter dieses Zusammenseins weiter. Am Abend sind Menschen anders gestimmt als am Morgen. Die dogmatische Konzentration auf die Sündenvergebung führte zu einer weitgehenden Auflösung des im Wirken Jesu zentralen Gemeinschaftskonzepts. Die Einzelnen wollten nämlich

---

7 Armin Nassehi, Religiöse Kommunikation. Religionssoziologische Konsequenzen einer qualitativen Untersuchung, in: Bertelsmann Stiftung (Hg.), Woran glaubt die Welt? Analysen und Kommentare zum Religionsmonitor 2008, Gütersloh 2009, 169–202, 179 f.
8 A. a. O. 181.

jetzt bei der Eucharistie – im Mittelalter auch durch bloße Anwesenheit (Augenkommunion) oder finanzierte Beauftragung von Messpriestern – für ihr persönliches Heil profitieren. Zwar versuchten die Reformatoren das Abendmahl wieder aus solchen „do, ut des"-Zusammenhängen zu lösen. Durch die Beibehaltung der biblisch problematischen Reduktion auf das Abschiedsmahl Jesu von seinen Jüngern, die Betonung der Sündenvergebung und das Ausblenden des Aspekts der Sättigung veränderte sich die Feierpraxis für die theologisch Unkundigen jedoch nicht grundlegend. Dazu blieb die Leitung der Feier besonders Hervorgehobenen vorbehalten, den Ordinierten. Sie traten ähnlich den römisch-katholischen Priestern dabei in besonderen Gewändern auf und markierten damit die Differenz zum Alltag und zu den anderen Christen.

Die Konsequenzen einer solchen letztlich aus antik-paganen Kontexten entstandenen und sich über Jahrhunderte prolongierenden Feierform sind heute unübersehbar. Die Mehrzahl der evangelischen Kirchenmitglieder sieht das Abendmahl nicht als für ihr Leben wichtig an; viele gehen deshalb das erste und letzte Mal bei ihrer Konfirmation zum Abendmahl. Auch bei den Katholiken nahm zumindest in Deutschland in den letzten Jahrzehnten die Teilnahme an der Messe – oder wegen der weitgehenden Passivität der Teilnehmenden besser: der Messbesuch – rapide ab (s. Kapitel 1 2.).

Diese offensichtlich geringe Attraktivität der für das Wirken Jesu zentralen Kommunikationsform des Mahlfeierns verwundert in einer Gesellschaft, in der „schön Essen gehen" für viele attraktiv und wichtig ist. Die sog. *Charity Dinners* verbinden dies mit dem Wunsch, anderen zu helfen. Dass es dabei zu Kooperationen mit verschiedenen Organisationen kommen kann, die diesen Modus der Kommunikation des Evangeliums in und außerhalb der institutionalisierten Kirchen praktizieren, zeigt die Feier eines Charity Dinners in Regensburg zum Jahreswechsel 2014/15:

> „Bei einem Charity-Dinner am Silvesterabend kochten Flüchtlinge sechs Gänge aus sechs verschiedenen Kulturen für rund 130 Gäste. Der Erlös kommt Regensburger Flüchtlingsprojekten zu Gute. ... Das Sechs-Gänge-Menü, das den Gästen im festlich gedeckten Melanchthonsaal im Regensburger Alumneum serviert wurde, hatten Köchinnen und Köche aus Äthiopien, Bosnien, Deutschland, Iran, Rumänien, Russland und Syrien vorbereitet. Anschließend feierten sie gemeinsam mit den Besuchern des Charity Dinners einen fröhlichen kulinarischen Abend der Gastfreundschaft ... Neben Slow Food Regensburg-Oberpfalz und der Stadt Regensburg waren auch die Caritas und das evangelische Bildungswerk Partner und Förderer dieser Initiative. Die Caritas beteiligte sich an der Aktion, indem sie die Köche für das Dinner organisierte. Der Gastgeber an diesem Abend – das evangelische Bildungswerk – sorgte für das passende Ambiente und stellte die Räumlichkeiten zur Verfügung. Zahlreiche Sponsoren unterstützten die Aktion zudem ... Pro Gedeck bezahlten die Teilnehmer 120 Euros. Der Erlös der Veranstaltung, der im mittleren vierstelligen Bereich

erwartet wird, kommt Regensburger Flüchtlingsprojekten für Sprache, Begegnung und Kultur zugute."[9]

Ein gutes Beispiel für eine Annäherung des Mahls an den Alltag der Menschen sind die aus Skandinavien stammenden sog. *Spaghetti-Gottesdienste*. Hier mündet der Gottesdienst mit Abendmahlsfeier in ein gemeinsames Spaghetti-Essen.

> „Teilweise sind diese Gottesdienste am Vormittag, teilweise am späten Nachmittag bzw. frühen Abend terminiert, eben immer vor einer Familienmahlzeit. Dabei öffnen sich im gemeinsamen Essen die Familien füreinander. Der Kontext ihres Mahls ist die vorangehende liturgische Feier. Bahnt sich hier im gemeinsamen Teilen des Essens und Trinkens eine neue Form des Mahlfeierns an? Dank für die Schöpfungsgaben, Fürbitte für die, die nicht satt werden, Bitte um den Heiligen Geist und gegenwartsbezogene Erinnerung an Jesu Mahlpraxis würden dieses gemeinsame Essen bereichern. Durch die Spaghetti ist für viele Menschen ein direkter Alltagsbezug hergestellt. Und könnten zu solch einem Essen nicht auch Menschen eingeladen werden, die sonst eher ausgegrenzt in Asylbewerberheimen o. ä. wohnen?"[10]

Eine solche Form macht den möglichen Übergang von der tradierten, sich vergangenen Kontexten verdankenden Liturgie zu einer Feier anschaulich, die an den Alltag der heutigen Menschen anschließt und ihn bereichert.

Die im Zuge des Ökumenischen Kirchentags in Berlin eingegangenen persönlichen Berichte zu eigenen Erfahrungen mit „Abendmahl" (s. Kapitel 9 2.) führen noch weiter. Am wichtigsten: sie entsprechen der heute allgemein plausiblen Kommunikationsform der Authentizität. Dabei spielt – im Gegensatz zu kirchenamtlichen Stellungnahmen – das ordinierte Amt keine Rolle. Wichtige Vertreter der EKD untersagten dagegen angesichts des Corona-bedingten Lockdowns zu Ostern 2020 häusliche Abendmahlsfeiern.[11]

> „Ohne jeden Bezug auf biblische Texte oder Perspektiven ist das inhaltliche Hauptargument, ‚dass im Normalfall nur beauftragte oder ordinierte Personen das Abendmahl einsetzen dürfen'. Dazu wird – neben dem Hinweis auf die ‚Spannung zu ökumenischen Verständigungsbemühungen' – positiv auf das Bemühen rekurriert, ‚Ordination und Beauftragung angemessen zu entfalten'."[12]

---

[9] Christian Grethlein, Abendmahl Feiern in Geschichte, Gegenwart und Zukunft, Leipzig 2015, 201 (unter Bezug auf https://www.slowfood.de/aktuelles/2015/charity_dinner_regensburg/).
[10] A.a.O. 195.
[11] Der im Folgenden ausgewertete und zitierte Text „Hinweise zum Umgang mit dem Abendmahl in der Corona-Krise" wurde abgerufen am 14.07.2020 unter: https://www.ekd.de/hinweise-zum-umgang-mit-dem-abendmahl-in der-corona-krise.54828.htm.
[12] Christian Grethlein, Gottesdienst in Deutschland – im Umbruch! Einige Überlegungen zur Zukunft des evangelischen Gottesdienstes, in: ZThK 118 (2021), 120–138, 129.

Hinter einer solchen evangelisch-theologisch befremdenden Argumentation steht ein über die staatsanaloge, hierarchische Struktur der evangelischen Landeskirchen in Deutschland hinausreichendes Problem protestantischer Kirchen. Eine entsprechende Analyse des lange Zeit am Union Theological Seminary in New York lehrenden Neutestamentlers Hal Taussig stellt fest:

> „Protestant worship is in many places still devastatingly captive of clergy leadership's incessant talking and domination. In many places, the pastor gives long prayers and sermons, almost completely eliminating the voices and expression of the worshippers themselves. In Catholic circles, authoritarian posturing by both clergy and hierarchy has diminished the range of expression and participation substantially in what otherwise can be rich panoply of the mass. I do not think that most Christian worship in America is trustworthy, transformative, or inspiring."[13]

Auch für die *Taufe* waren – jeweils in den Abschnitten 3. der Kapitel 3–9 skizziert – erhebliche Adaptionen an frühere Kontexte zu konstatieren. In den ersten Jahrhunderten wurde ihr Charakter als Lebenswende durch ausgiebige – nach Traditio Apostolica (s. Kapitel 3 3.) in der Regel dreijährige – Katechese bewahrt. Wenn der Bischof die Taufbewerber nach ihrem Glauben fragte, hatten sie sich mit dessen Inhalt nicht nur kognitiv befasst, sondern sich diesen auch als Lebensform angeeignet. So beteten, fasteten und sangen sie gemeinsam, gaben Armen Almosen und bewährten sich im Alltag, etwa in Familie und Beruf. Diese umfassende Dimension der Taufe fiel durch die Umstellung auf die Taufe von Säuglingen möglichst nah an deren Geburt weg. Die häusliche Sozialisation konnte das gemeindliche Taufkatechumenat offenkundig nicht ersetzen. Dazu kam als Zweites, dass das Verlangen nach möglichst rascher Taufe – hervorgerufen durch die Erbsündenlehre – dazu führte, dass Presbyter/Priester, also ein niedrigerer Weihegrad, diese Aufgabe übernahm. Die durch den Bischof repräsentierte Einheit der Kirche sowie die damit verbundene Verleihung des Heiligen Geistes wurden einem späteren Akt vorbehalten, der sich schließlich zur *Firmung* entwickelte. Zwar lehnten die Reformatoren diese – inzwischen zum Sakrament erhobene – Handlung als unbiblisch ab. Doch entstand – aus katechetischem Interesse – mit der Konfirmation ein Ritus, den viele Menschen in Parallelität zur Firmung rezipierten. In den Familien fand und findet er höhere Aufmerksamkeit als die Taufe eines Kleinkindes. Eine weitere Veränderung – und hier wird man sagen müssen: Verfälschung – erfuhr die Taufe im Kontext des germanischen Kollektivismus und Gefolgschafts-Konzepts. Die daraus resultierenden *Zwangs-*

---

13 Hal Taussig, In the Beginning was the Meal. Social Experimentation & Early Christian Identitity, Minneapolis 2009, 194.

taufen widersprachen der auf Freiwilligkeit basierenden Kommunikation des Evangeliums zutiefst. Der Gesichtspunkt der Lebenswende war hierdurch endgültig verabschiedet. Noch in kirchenamtlichen Dokumenten der Gegenwart findet sich mit einem Begriff wie „Taufquote" eine problematische Reminiszenz an solche Praxis.[14] Inzwischen ist – im Kontext entsprechender rechtlicher Regelungen – das Getauft-Werden eine Option, die für Menschen jeden Lebensalters offensteht.

Dabei zeigt sich in besonderen Situationen, wie tief verwurzelt das Wissen bzw. die Ahnung von der für Leben grundlegenden Bedeutung der Taufe ist. Im Bereich der Klinikseelsorge begegnen entsprechende *Anfragen und Bitten im Umfeld schwieriger Geburten,* nicht selten von sog. „stillborn babies" (ein m. E. adäquaterer Ausdruck als das deutsche „Fehlgeburt"). Traugott Roser warnt hier davor, direkt die naturwissenschaftlich-medizinische Definition des Todes zu übernehmen und eröffnet einen Zugang zur Taufe solcher Kinder.

> „Leben und Tod sind damit keine zeitlich aufeinanderfolgenden Bereiche, sondern durchdringen einander, wie es im liturgischen Handeln auch an anderer Stelle möglich ist (etwa in der Abendmahlsliturgie). Im Blick auf die Frage nach der Möglichkeit der Taufe stillgeborener Kinder ist zu fragen, ob dieser gegenseitigen Durchdringung nicht gerade durch eine Taufe Rechnung getragen werden müsste. Die Erfahrung Lebender, vom Tode umfangen und bedroht zu sein, spricht aus den Erfahrungsberichten der Eltern und motiviert sie zum Taufbegehren, um ihr Kind und sich selbst dem Leben schaffenden Gott anzuvertrauen. Diese Möglichkeit ist bislang allerdings nur Lebenden vorbehalten. Bei vorbaptismal verstorbenen Kindern scheint die gegenseitige Durchdringung – und damit Relativierung – zugunsten der zeitlichen Nachordnung von Bereichszugehörigkeit ‚noch lebend', ‚bereits tot' aufgehoben zu sein. [...] Meines Erachtens liegt hier eine Engführung vor, die sich aus einer Akzeptanz des Diktats des Todes ergibt, der medizinisch festgestellt wird und den Tod reduktionistisch als den Tod des Individuums begreift und sämtliche mit dem Tod verbundenen Prozesse und Bezüge außer Acht lässt."[15]

Taufe ermöglicht hier einen weiteren Blick auf Leben als dies in der heutigen technisch-naturwissenschaftlich geprägten Kultur üblich ist.

---

14 So Kirchenamt der Evangelischen Kirche in Deutschland (EKD) (Hg.), Kirche der Freiheit. Perspektiven für die Evangelische Kirche im 21. Jahrhundert. Ein Impulspapier der EKD, Hannover o. J. (2006), 52 (s. zum hier vertretenen Taufverständnis kritisch Christian Grethlein, Taufpraxis in Geschichte, Gegenwart und Zukunft, Leipzig 2014, 117 f.).
15 Traugott Roser, Taufpraxis in poimenischer Perspektive – am Beispiel von Taufen im perinatalen Kontext, in: Franziska Beetschen/Christian Grethlein/Fritz Lienhard (Hg.), Taufpraxis. Ein interdisziplinäres Projekt, Leipzig 2017, 209–241, 239.

Auch bei *Taufbegehren von Menschen aus islamischen Herkunftsländern*, die emigriert sind, zeigt sich das lebensbestimmende Potenzial der Taufe eindrücklich,[16] was mitunter auch zu einer horizonterweiternden Veränderung des Gewohnten führt.[17] So erbat eine aus einem islamischen Herkunftsland stammende Migrantin, die im Zuge der Begleitung durch Mitarbeiterinnen und Mitarbeiter einer Kirchengemeinde Christin geworden war, für ihre Taufe ein Untertauchen des ganzen Körpers. Auf der Flucht mit ihren drei kleinen Kindern – ihr Mann hatte sie bereits zu Beginn verlassen – war sie von einem Lastwagenfahrer mitgenommen worden. Dieser forderte dafür, dass sie ihm jeweils nachts sexuell zu Willen war. Durch die Taufe wollte die Frau die Verunreinigung abwaschen lassen, um ein neues Leben jenseits dieser furchtbaren Erfahrungen beginnen zu können. Eine Kooperation der landeskirchlichen Gemeinde mit ihrer baptistischen Nachbargemeinde und deren Taufbecken machte dies möglich. In manchen der islamischen Herkunftsländer von Migranten ist eine Auslegung der Scharia üblich, nach der Apostasie mit dem Tod bestraft wird, also auch die Taufe eines Muslims oder einer Muslima. Hier begegnet eine politische Bedeutung von Taufe, wie sie in anderer Hinsicht eher früheren Jahrhunderten zuzuordnen ist. Dazu gehört auch, dass bei deutschen Asylbehörden Taufen von Migranten unter dem Verdacht des „selbstgeschaffenen Nachfluchtgrunds" stehen. Gegenüber solchem selektierenden Vorgehen entstand in den genannten Tauffesten (s. Kapitel 9 3.) ein Ort, an dem Menschen unterschiedlicher Herkunft getauft und so die sonst gesellschaftlich und kulturell üblichen Segregationen überwunden werden.

Ein anschauliches Beispiel, wie Taufe unter den heutigen Kommunikationsbedingungen für Heranwachsende eindrücklich sein kann, gibt der kurze Bericht einer Pfarrerin über die Taufe einer Jugendlichen im Rahmen eines *KonfiCamps* (s. Kapitel 9 4.):

> „An ihre Taufe wird sich Franzi ihr Leben lang erinnern – und ich auch. Gemeinsam standen wir im Meer, zwei Freundinnen und eine Patin hatten sie begleitet. Ein weißes Kleid hatte sie sich für diesen Tag ausgesucht, sie hat im Wasser gekniet und wurde dreimal untergetaucht. Hinterher haben sie ihre Freundinnen durch ein Spalier von 300 singenden Konfirmandinnen, Konfirmanden und Mitarbeitenden an den Strand zurückgetragen. Nach dem Taufgottesdienst war der Bereich unserer Gemeinde im KonfiCamp festlich geschmückt, die Taufkerze brannte, die Konfis hatten Lieblingschips und Kuchen besorgt. Franzis Eltern und ihre Patin waren bei uns zu Gast und haben mit uns gefeiert. Als ganz spezielles Geschenk hatten die Freundinnen einen der umschwärmten Jungen aus dem Abendprogramm einge-

---

16 S. auch zum Folgenden Christian Grethlein, Taufe in praktisch-theologischer Perspektive, in: Franziska Beetschen/Christian Grethlein/Fritz Lienhard (Hg.), Taufpraxis. Ein interdisziplinäres Projekt, Leipzig 2017, 97–116, 106 f.
17 Das folgende Beispiel teilte mir Tiurmina Tinambunan mit.

laden, der seinem frisch getauften Fan das Essen servierte. Es war wie ein Geburtstagsfest! Dieses Fest haben die Konfis von sich aus so gestaltet. Sie haben damit ein Gespür für eine ganz wichtigen Aspekt der Taufe bewiesen: neu geboren werden."[18]

Das *Lehren und Lernen* als Modus der Kommunikation des Evangeliums kommt hier ebenfalls in den Blick, wobei im herkömmlichen Wochenstunden-Unterricht übliche kognitive Engführungen durch die Veranstaltungsform des KonfiCamps überwunden sind. Im Gegensatz zu früher, als nur wenige Menschen Zugang zur erzieherisch bzw. pädagogisch angeleiteten Beschäftigung mit der christlichen Lebensform hatten, besteht heute in einer Gesellschaft hoher formaler Bildung das Grundproblem im oft fehlenden Bezug von Gelehrtem zum Alltag der Menschen. Konnte noch Ignatius die Lebensführung als Bildungsziel benennen (s. Kapitel 3 4.), so reduzierte sich die entsprechende Lehre zunehmend auf – dogmatisch formulierte und etwa in Glaubensbekenntnissen tradierte – Glaubensinhalte. Selbst der auf die Lebenswirklichkeit seiner Zeitgenossen bezogene Kleine Katechismus Martin Luthers veränderte sich trotz oder besser: wegen gleichbleibenden Wortlauts. Er wurde nach einiger Zeit zu einem Text, der zwar im Konfirmanden- und/oder Schulunterricht memoriert wurde, dessen Lebensnähe aber im gesellschaftlichen und kulturellen Wandel verloren gegangen war.

Eine weitere Verengung erfolgte im *Religionsunterricht*. Dieser schränkte entsprechend der in den Schulfächern üblichen Segmentierung die alle Lebensvollzüge umfassende christliche Lebensform im Wesentlichen auf kognitive Wissensbestände ein. Religionspädagogische Konzeptionen wie die des sog. problemorientierten Unterrichts[19] machten eher auf dieses Problem aufmerksam, als dass sie zur Lösung beitragen konnten. Denn die unvermeidliche Selektion von schulischen Lernprozessen gegenüber sonstigen Lebensvollzügen erfordert eine Ergänzung an anderen Lernorten.

Die „evidenzbasierte Unterrichtsforschung (zeigt), dass die Vielfalt von Lernformen im Religionsunterricht ... auch den Effekt hat, dass das Bekenntnishafte des Religionsunterrichts zurücktritt und ein eher informativer, sachlich-nüchterner Unterricht über eine Religion und ihre Praxis gefördert wird."[20]

---

18 Zitiert nach Marcell Saß, Frei-Zeiten mit Konfirmandinnen und Konfirmanden. Praktisch-theologische Perspektiven (APrTh 27), Leipzig 2005, 131.
19 S. programmatisch Hans-Bernhard Kaufmann, Streit um den problemorientierten Unterricht, Frankfurt 1973.
20 Unter Bezug auf einschlägige Forschung von Rudolf Englert Clauß Peter Sajak, Response 5. Ein Kommentar zum RUfa 2.0 aus katholischer Perspektive, in: Konstanze Kemnitzer/Matthias Roser (Hg.), „All together now!?" Ein Schreibgespräch zum Religionsunterricht in Hamburg (RUfa 2.) (EZW-Texte 271), Berlin 2021, 112–122, 118.

Hier führen umfassender die Heranwachsenden begleitende Organisationsformen wie Kindergärten bzw. -tagesstätten, Kirchliche Schulen oder Tage religiöser Orientierung weiter. Vor allem an einem umfassenden Bildungsbegriff [21] orientierte Bemühungen öffneten die Perspektive über die Engführung auf kognitive Lernprozesse hinaus.

Eine neue Herausforderung[22] besteht heute darin, dass im Zuge allgemeiner Mobilität und besonders der weltweiten Migrationsbewegungen Menschen unterschiedlicher Daseins- und Wertorientierung sich nicht nur gelegentlich begegnen, sondern z. B. als Schüler dieselbe Klasse besuchen und täglich zusammen sind. Heranwachsende aus evangelischen, katholischen, muslimischen und atheistischen Herkunftsfamilien lernen hier gemeinsam. Der Religionsunterricht muss sich dann ganz grundsätzlich der Frage stellen, „wie Schüler/innen in der Schule unter den Bedingungen des Pluralismus in Fragen der Daseins- und Wertorientierung einen kommunikativen Zugang zu Gott gewinnen können."[23]

> „Dabei ist ... zu betonen, dass es aus theologischen wie pädagogischen Gründen außerhalb der religionsdidaktischen Intention liegen muss, ob die Schüler/innen diesen Zugang dann tatsächlich für sich in Anspruch nehmen, also mit Gott kommunizieren."[24]

Der Rückzug auf die im deutschen Staatskirchenrecht vorgesehenen Begriffe wie „Bekenntnis"/„Konfession" hilft hier nicht weiter.[25] Auch die in manchen Bundesländern mittlerweile erfolgende sog. konfessionelle Kooperation – zwischen Evangelischem und Katholischem Religionsunterricht – greift noch zu kurz. Bei gelungener Praxis ist der Ausgangspunkt die Lebenswelt der Heranwachsenden, von der aus die verschiedenen Daseins- und Wertorientierungen in den Blick kommen und kritisch verglichen werden. Dabei können gegenwärtig vornehmlich

---

21 S. nach wie vor grundlegend Karl Ernst Nipkow, Bildung als Lebensbegleitung und Erneuerung. Kirchliche Bildungsverantwortung in Gemeinde, Schule und Gesellschaft, Gütersloh 1990.
22 S. perspektivenreich Erhard Holze/Stefanie Pfister/Matthias Roser (Hg.), Herausgeforderter Religionsunterricht. Neue fachdidaktische Perspektiven (Studienbücher zur Lehrerbildung 5), Münster 2021.
23 Christian Grethlein, Interreligiöse Themen, in: Martin Rothgangel/Gottfried Adam/Rainer Lachmann (Hg.), Religionspädagogisches Kompendium, Göttingen ⁷2012, 403–415, 411; s. ausführlicher Bernd Schröder, Religionsunterricht im Plural – und doch vor gemeinsamen Herausforderungen, in: ThLZ 146 (2021), 255–270.
24 Grethlein, Themen 411.
25 S. Erhard Holze, Response 4. Jochen Bauers Plädoyer für einen Hamburger „Religionsunterricht für alle 2.0". Ein Ansatz mit Potenzial weit über Hamburg hinaus, in: Konstanze Kemnitzer/Matthias Roser (Hg.), „All together now!?" Ein Schreibgespräch zum Religionsunterricht in Hamburg (RUfa 2.) (EZW-Texte 271), Berlin 2021, 97–111, 99–101.

auf akademischer Ebene erfolgende Dialoge eine hilfreiche Grundlage geben.[26] Fachdidaktisch weist das Konzept eines „Religionsunterrichts für alle" die Richtung.

> „Aus der gleich-berechtigten Verantwortung des Religionsunterrichts für alle ergibt sich, dass Religionen, religiöse Traditionen und Aussagen aus der fachdidaktischen Perspektive heraus als grundsätzlich gleich-berechtigt betrachtet werden, während sie aus der religionsdidaktischen Perspektive der einzelnen Religionen heraus bewertet werden können."[27]

Damit werden nicht zuletzt frühere, von staatlicher Obrigkeit durchgesetzte Hegemonieansprüche bestimmter Daseins- und Wertorientierungen überwunden. Die Begegnung von Heranwachsenden mit der christlichen Lebensform geschieht in einem auch sonst ihr Leben bestimmenden pluralistischen Rahmen. Dabei leitet das Konzept der Inklusion, das theologisch „als eine pädagogische Transformation biblischen Schöpfungsglaubens, aber auch als eine konsequente und umfassende Weiterentwicklung des Konzeptes der diakonischen Bildung"[28] gelten kann.

Die vielleicht gravierendste Veränderung bei der Gestaltung des Christseins in ethischer Hinsicht war der Übergang vom Verständnis jedes Christen/jeder Christin als „heilig" zu der Verehrung einzelner Heiliger, die auf Grund bestimmter Verhaltensweisen besonders bewundert wurden (s. Kapitel 3 7.). Dies weist auf die *Spannung zwischen der christlichen Lebensform und den tatsächlichen Lebensverhältnissen und -vollzügen* hin. Mit dem Buß-Sakrament und dem Ablass standen – zunehmend – der „do, ut des"-Logik folgende, handhabbare Instrumente zur Verfügung, um eventuelle Verfehlungen zu regulieren. Durch deren Wegfall in den reformatorischen Kirchen trat die ethische Herausforderung von neuem in das Bewusstsein der Menschen. Doch bestand auch auf protestantischen Territorien der seit vielen Jahrhunderten andauernde, lediglich die Juden ausnehmende Zwang zu Taufe und Christsein weiter. So trat für viele Menschen die Besonderheit dieser Lebensform hinter die Forderung eines anständigen, also den Regeln der Obrigkeit entsprechenden Verhaltens zurück. In einer demokratischen und pluralistischen Gesellschaft genügt dies aber offenkundig nicht.

---

26 S. z. B. Mouhanad Khorchide/Klaus v. Stosch, Der andere Prophet. Jesus im Koran, Freiburg 2018.
27 Jochen Bauer, Religionsunterricht für alle. Eine multitheologische Fachdidaktik (Religionspädagogik innovativ 39), Stuttgart 2019, 69.
28 Grethlein, Theologie 382.

Mittlerweile macht sich zudem bemerkbar, dass bestimmte Ausdrucksweisen der christlichen Lebensform sich früheren Zeiten verdanken, gegenwärtige Herausforderungen aber nur von Manchen in ihrer Lebenspraxis aufgenommen werden. Wie in Kapitel 1 1. beschrieben liegt in der *ökologischen Krise* – konkretisiert im Klimawandel – die größte Herausforderung für heute lebende Menschen.[29] *1983 rief die VI. Vollversammlung des Ökumenischen Rats der Kirchen in Vancouver mit ihrem „Konziliaren Prozess für Frieden, Gerechtigkeit und Bewahrung der Schöpfung" zu einer schöpfungstheologisch begründeten Umkehr auf.*

> Vorher diente nicht selten „der sog. Herrschaftsauftrag aus der ersten Schöpfungserzählung (Gen 1,28) dazu, die Ausbeutung der Natur zu rechtfertigen. Zu Recht warnte Carl Amery in diesem Zusammenhang vor den ‚gnadenlosen Folgen des Christentums'. Auch standen die Sündenlehre und das mit ihr verbundene Konzept der gefallenen Schöpfung einem Wahrnehmen der theologischen Dignität von Natur entgegen."[30]

Systematisch schloss die ökumenische Initiative die Umweltthematik an die Gotteslehre an und rückte sie so ins Zentrum heutigen christlichen Lebens. Dabei ergeben sich organisatorisch interessante Kooperationen mit ökologisch engagierten Bewegungen und Aufbrüchen, die mittlerweile in Form von NGOs (Non Governmental Organizations) agieren. Aber auch innerkirchlich lassen sich auf den verschiedensten Feldern entsprechende Bemühungen beobachten. Dass dies ganz konkrete, alltägliche Lebensvollzüge betrifft, zeigt folgendes Beispiel von der Landessynode der Evangelischen Kirche in Westfalen. Bei den bisherigen Treffen mussten zur Vorbereitung der mehrtägigen Tagungen die Synodalen, die sich auf der Synodaltagung *vegetarisch* ernähren wollten, dies vorher schriftlich angeben. Das wurde 2019 umgedreht. Diejenigen, die Fleisch essen wollten, mussten dies vorher angeben. Als Normalfall christlicher Lebensform gilt jetzt die vegetarische Ernährungsweise, die in der Tat unter heutigen Bedingungen der „vollen Welt" dem Anliegen der Bewahrung der Schöpfung besser entspricht als Fleischkonsum.

Grundlegend ist in ökologisch-schöpfungstheologischem Zusammenhang die Auseinandersetzung mit den beiden gegenwärtig weit verbreiteten Lebensformen, der des „Homo faber" bzw. der des „Homo oeconomicus" (s. Kapitel 1).

---

[29] S. in die verschiedenen damit verbundenen Perspektiven und Konzeptionen einführend Elisabeth Gräb-Schmidt, Umweltethik, in: Wolfgang Huber/Torsten Meireis/Hans-Richard Reuter (Hg.), Handbuch der Evangelischen Ethik, München 2015, 649–704,
[30] Christian Grethlein, Christsein als Lebensform. Eine Studie zur Grundlegung der Praktischen Theologie (ThLZ.F 35), Leipzig 2018, 115 (unter Bezug auf: Carl Amery, Das Ende der Vorhersehung. Die gnadenlosen Folgen des Christentums, Hamburg 1972).

Beide zeichnen sich durch die Tendenz zum „Immer mehr", konkret zur – ökologisch und auch sozial fatalen – Beschleunigung auf unterschiedlichen Ebenen (technisch, sozial und lebensrhythmisch) aus.[31] Dazu liegt ihnen die „Gewohnheit" zu Grunde, „alles und jedes in Geld umzurechnen und diesem Mittel zum Zweck dann den Thron in unserer Werttabelle einzuräumen".[32] Mancher kirchliche Aktionismus der letzten Jahrzehnte, betriebswirtschaftlich motiviert, lässt sich unschwer hier einzeichnen. Demgegenüber erfreuen sich in den letzten Jahren – gefördert durch Publikationen wie Hape Kerkelings Bericht (s. Kapitel 9 5.) – Angebote zum *Pilgern* großer Beliebtheit, einer vom Ansatz her entschleunigenden und eine einfache Lebensweise implizierenden Praxisform grundsätzlich Gleicher.[33] Sie führt auch zu neuen Gemeinschaftsformen auf Zeit.[34] So berichtet Kerkeling:

> „Wir haben beschlossen, diese letzten Tage gemeinsam zu laufen, um aufeinander aufzupassen und um den Einzug in das Heiligtum miteinander zu erleben. ... In Massen strömen Menschen auf Santiago zu und viele singen so wie wir das berühmte französische Pilgerlied. ... Eine Menschenmasse in großartiger Feierstimmung erwartet uns."[35]

Die Beispiele der vegetarischen Ernährung sowie des Pilgerns und der sich hier bildenden Gemeinschaft zeigen, dass heute Menschen durchaus auf bereits früher erprobte Formen der Lebensgestaltung zurückgreifen. Diese Praxisformen erhalten jedoch im heutigen Kontext neue Bedeutungen. Sie vereinen, wenn sie als Ausdruck der christlichen Lebensform praktiziert werden, die drei Modi der Kommunikation des Evangeliums: das gegenseitige Helfen zum Leben, das gemeinschaftliche Feiern sowie das Lehren und Lernen.

---

31 S. Hartmut Rosa, Weltbeziehungen im Zeitalter der Beschleunigung. Umrisse einer neuen Gesellschaftskritik, Berlin 2012, 190–195.
32 Maja Göpel, Unsere Welt neu denken. Eine Einführung, Berlin ²2020 (2020), 187f.
33 S. für eine erste praktisch-theologische Orientierung Ralph Kunz, Pilgern. Glauben auf dem Weg (ThLZ.F 36), Leipzig 2019; s. anschaulich Traugott Roser, Hola! bei Kilometer 410. Mit allen Sinnen auf dem Jakobsweg, Göttingen 2021.
34 S. mit vielen weiteren Beispielen Peter Bubmann/Kristian Fechtner/Konrad Merzin/Stefan Ark Nitsche/Birgit Weyel (Hg.), Gemeinde auf Zeit. Gelebte Kirchlichkeit wahrnehmen (PTHe 160), Stuttgart 2019.
35 Harpe Kerkeling, Ich bin dann mal weg. Meine Reise auf dem Jakobsweg, München ⁷2006, 155 (4 Millionen Exemplare des Buchs wurden nach Angaben des Verlags verkauft, s. Kunz, Pilgern 14 Anm. 5).

Eine grundlegende Kritik an den Lebensformen des „Homo faber" sowie des „Homo oeconomicus" ergibt sich weiter aus der ebenfalls schöpfungstheologisch begründbaren Einsicht in die jeweilige Bedeutung der einzelnen *Lebensalter:*

> „Nicht die leistungsfähigen und aktiven Erwachsenen ..., sondern die schwachen, pflegebedürftigen Kinder haben nach Jesu Einsicht besondere Bedeutung. Sie stehen in einzigartiger Nähe zur Gottesherrschaft. Nicht der scheinbar so attraktive ‚Homo oeconomicus' bzw. ‚Homo faber' setzt den Maßstab, sondern Menschen, die offenkundig auf Hilfe und Pflege angewiesen sind und sie annehmen. Was bedeutet dies für unsere heutige Gesellschaft mit ihrer wachstumsfixierten Ökonomie, zunehmenden Beschleunigung und ressourcenverbrauchenden Technisierung? Welchen Sinn tragen die verschiedenen Lebensalter in sich? Warum werden wir so hilflos geboren und scheiden ähnlich wieder aus dem Leben?"[36]

Schließlich sind Veränderungen im Bereich von *Kirchen als Organisationen* zur Förderung der christlichen Lebensform unübersehbar. Sie – in Kapitel 1 2. kurz skizziert – sind ein wesentlicher Grund für die Abfassung der hier vorgelegten Geschichte der christlichen Lebensform. Die in der römisch-katholischen Kirche leitende Hierarchie, Klerikalisierung und Herabsetzung von Frauen kommen zumindest in demokratisch regierten, gesellschaftlich pluralistisch gestalteten Ländern an ein Ende. Die seit über zehn Jahren andauernde Auseinandersetzung um sexuellen Missbrauch durch Kleriker rührt – über die konkreten Straftaten hinaus – an zwei wesentliche, früher selbstverständliche Grundlagen dieser Kirche: die Eigenständigkeit ihrer Hierarchie, deren Handeln sich nicht in staatliche Prozeduren einordnen ließ, und die Vorrangstellung der im Zwangszölibat lebenden Priester. Damit ist zugleich eine Einstellung zur Sexualität verbunden, die zwar in Antike und Mittelalter eine gewisse Plausibilität besaß, mittlerweile aber eher als gefährlich, weil Missbrauch begünstigend gilt. Zwar sind Hierarchie und klerikaler Vorrang in den – meisten – evangelischen Kirchen abgeschafft. Doch klafft hier eine große Kluft in deren staatsanalogem Aufbau zwischen Ordinierten sowie in leitender Funktion tätigen Kirchenjuristen und den meisten Kirchenmitgliedern. Die Zahl der die Presbyterien und damit wenigstens indirekt – teilweise – die Synoden wählenden Kirchenmitglieder ist vielerorts unter 20 % gesunken. Nicht selten gelingt es zudem nicht mehr, eine hinreichende Anzahl von Kandidaten und Kandidatinnen für die Presbyterien zu gewinnen. Das zeigt, dass diese – ebenfalls staatsanaloge – Beteiligungsform zunehmend weniger den Lebensverhältnissen der meisten Menschen angemessen ist. Demgegenüber zeigten projektförmige Unterstützungen von Migranten in zahlreichen Kirchengemeinden

---

36 Christian Grethlein, Lebensalter, Eine theologische Theorie, Leipzig 2019, 9; vgl. auch grundlegend Romano Guardini, Die Lebensalter. Ihre ethische und pädagogische Bedeutung, Kevelaer [13]2008 (1. Aufl. Würzburg 1953).

eine erfreuliche Relevanz des Kommunikationsmodus Helfens zum Leben. Nicht selten waren die Unterstützungen mit gemeinsamem Feiern verbunden und führten zu Lernprozessen bei den Helfenden.

Auch der Nachwuchsmangel für den Pfarrdienst macht auf Probleme mit der Kontextualisierung aufmerksam. Zwar ist die Zahl der sich auf den Pfarrberuf Vorbereitenden auf evangelischer Seite in Deutschland erheblich größer als die kleine Schar derer, die dies auf katholischer Seite tun. Doch in den evangelischen Kirchen zeichnet sich ebenfalls ein gravierender Nachwuchsmangel ab, wenn die Angehörigen der Baby-boomer-Generation in den nächsten zehn Jahren in den Ruhestand treten. Zu dieser Entwicklung trägt nicht zuletzt die erstarrte Struktur des Theologiestudiums bei, die nur teilweise mit den Interessen heutiger junger Menschen kompatibel ist.[37]

Ein Blick in andere Länder bestätigt den Eindruck, dass sich die deutschen staatsanalog organisierten kirchlichen Verhältnisse wandeln werden. Hier verdient – wie in Kapitel 9 6. angedeutet – die Entwicklung in der anglikanischen Church of England besonderes Interesse. Nach einem finanziellen Knock-out und rapide nachlassender Partizipation an kirchlichen Veranstaltungen öffneten sich dort im ersten Jahrzehnt des 21. Jahrhunderts die meisten Diözesen für Aufbrüche jenseits der herkömmlichen Parochialstruktur. Tatsächlich zeigen mittlerweile solche – bisweilen von der Amtskirche durch Anschubfinanzierung unterstützte – Initiativen vielfältige Früchte. Dabei fällt als große Differenz zu den bestehenden Kirchenstrukturen auf, dass die sich so bildenden Gemeinschaften durchschnittlich 44 Personen umfassen.[38] Das entspricht der genannten Umstellung in der Form religiöser Kommunikation von Autorität auf Authentizität (s. 3 und Kapitel 1 2.).

Dazu kommen hier und anderswo vielfältige zivilgesellschaftliche Aufbrüche etwa in der Hospizarbeit, bei der Begleitung von Palliativ-Stationen oder der Organisation von Second-hand-Verkauf, Tafeln o.Ä. Sie finden teilweise in kirchlicher Trägerschaft statt, teilweise in anderem organisatorischen Rahmen. Dies gilt ebenso für Kommunikationen in Social Media. Von der Kirche initiierte Sites wie „Trauernetz" stehen neben zahlreichen Auftritten von Selbsthilfegruppen, in denen Menschen aus gemeinsamer Betroffenheit sich gegenseitig helfen.

---

[37] S. jetzt empirisch differenziert Maximilian Baden, Warum studierst Du Theologie? Eine Untersuchung zur Motivation von Erstsemestern (APrTh 83), Leipzig 2020; vgl. auch Christian Grethlein, Theologiestudium als Vorbereitung auf den Pfarrberuf – Beobachtungen, Probleme und Herausforderungen, in: ZThK 116 (2019), 115–131.
[38] S. Sabrina Müller, Fresh expressions of Church, in: Ralph Kunz/Thomas Schlag (Hg.), Handbuch für Kirchen- und Gemeindeentwicklung, Neukirchen-Vluyn 2014, 450–458, 451.

4 Zukünftige Herausforderungen

Christsein gestaltete sich von Anfang an pluriform. Menschen leben in bestimmten, sich im Laufe der Zeit verändernden politischen, gesellschaftlichen und kulturellen Kontexten. Als Christen und Christinnen haben sie sich mit ihnen auseinanderzusetzen – und dies vollzieht sich je nach konkreter Lebenssituation unterschiedlich, teils in Adaption des Bestehenden, teils in Kontrast zu ihm. Die über lange Zeiten hin erfolgten Versuche, Christsein zu uniformieren, hatten insgesamt nur wenig Erfolg. Von Klerikern dogmatisch festgesetzte Lehrsätze erreichten wohl die meisten Menschen nicht, die sich in ihrem Lebenskampf anderweitig orientierten. Die Abwehr von Missernten, die Überwindung von Krankheit, Epidemien, Armut u. Ä. waren ihnen wichtiger als Spekulationen etwa zur Trinität.

Umgekehrt rüttelten immer wieder neue Aufbrüche die Menschen auf, sei es durch Wallfahrten und Pilgern, in neuen Gemeinschaften, bei gemeinsamen Aktionen für Arme o.Ä. Die Frage nach der Lebensform erweist sich dabei jeweils als dringlich. Lange Zeit wurde sie durch klerikale Bevormundung und/oder obrigkeitliche Gewalt domestiziert, doch ohne dauerhaften Erfolg. Zugleich gab es aber von Anfang an Verhaltensweisen von Christen, die anderen auffielen. So setzten – wie pagane Beobachter erstaunt notierten – die Christen keine Kinder aus (s. Kapitel 3 5.). Der Glaube an Gott als Schöpfer des Lebens zeigte sich hier ganz praktisch. Auch heute bildet er die Grundlage für die christliche Lebensform. Angesichts der gegenwärtigen ökologischen Situation kann dann formuliert werden: *Christen achten darauf, dass andere Menschen mit und neben ihnen sowie nach ihnen gut leben können.*[39]

Viele übliche Verhaltensweisen, angefangen von der Mobilität über Ernährungsgewohnheiten bis hin zur Wirtschaftsform, sind von daher kritisch zu überprüfen und zu revidieren. Dabei helfen Einsichten aus den verschiedenen Wissenschaften. Hinsichtlich des Umgangs mit materiellem Besitz macht z. B. die Politökonomin Maja Göpel auf folgenden Zusammenhang aufmerksam:

> „Materielle und soziale bzw. umweltorientierte Werte verhalten sich den materialistischen Werten gegenüber wie auf einer Wippe. Wenn die einen zunehmen, nehmen die anderen ab. Wenn die homo-oeconomicus-Perspektive Kultur und Struktur dominiert, dreht sich alles um Status, Macht und Geld. Gleichzeitig schwinden Mitgefühl, Großzügigkeit und Umweltbewusstsein, und die Frage nach dem Genug und dem Wohlergehen des Ganzen wird aus Theorie und Weltanschauung getilgt. ... Aber die gute Nachricht ist ...: Die Werte-Wippe

---

39 Eine wichtige Anregung zu dieser Formulierung, nämlich der Hinweis zu den „mit und neben ihnen Lebenden", verdanke ich Michael Domsgen.

funktioniert auch in die andere Richtung. Sobald die sozialen und ökologischen Werte höher im Kurs stehen, sinkt die Wichtigkeit der materiellen Werte."[40]

In theologischer Perspektive aktualisiert diese Analyse die Relativierung von Besitz und Reichtum, wie sie Jesus in verschiedenen Zusammenhängen kommunizierte (s. Kapitel 2 5.).

Zu den demnach erforderlichen tiefen Einschnitten und Veränderungen in der Lebensführung vieler Menschen macht das Wissen um den Wandel der Gestaltung christlicher Lebensform im Lauf der letzten zweitausend Jahre Mut. Auf jeden Fall ist die Maxime der Achtsamkeit auf die, die mit und neben uns leben sowie die nach uns kommen, für Christen grundlegend. Denn sie glauben an Gott als guten Schöpfer der Welt und aller Menschen. Damit sind gewisse Umgangsformen mit den Mitmenschen verbunden, die nach christlicher Einsicht einen gemeinsamen Vater haben. Ein wirkmächtiger Text wie Mt 25,31–46 orientiert bis heute auch materialiter: Speisen von Hungrigen und Durstigen, Aufnehmen von Fremden, Kleiden von Armen, Besuchen von Kranken und Gefangenen sind nach wie vor aktuelle Ausdrucksformen der christlichen Lebensform.

In der Anrede des Vaterunsers bekennen sich Christen als Geschwister, also als Menschen, bei denen Über- und Unterordnungen nur funktional begründbar und damit jederzeit revidierbar sind. Theologisch wird dies für die christliche Kirche im biblisch begründeten Konzept des allgemeinen Priestertums formuliert. Der Aufschwung formaler Bildung durch langjährigen Schulbesuch in vielen Ländern gibt für dessen Verwirklichung in der Praxis heute eine fundierte Basis. Aus der Antike ebenso wie aus der mittelalterlichen Ständegesellschaft stammende Hierarchien sind von daher überholt. Die christliche Lebensform erfordert keine durch Weihe oder Ordination hervorgehobenen Bischöfe, Priester und Pfarrpersonen.[41] Sie benötigt *Menschen, die immer wieder die Impulse erinnern, die vom Auftreten, Wirken und Geschick Jesu ausgehen und diese dann mit anderen kritisch auf gegenwärtige Herausforderungen beziehen.* „Evangelium" ist nämlich ein Kommunikationsgeschehen unter Gleichberechtigten, das durch Inklusivität und Ergebnisoffenheit gekennzeichnet ist. Die daraus erwachsende Lebensform hat – jenseits alltagsweltlich nicht mehr plausibler und die Kommunikation des Evangeliums behindernder (Kirchen-)Spaltungen – ihre ökumenische, d. h. den ganz Erdkreis umspannende Zukunft noch vor sich.

---

40 Göpel, Welt 133f.
41 S. zu einer Neubestimmung des evangelischen Pfarrberufs Christian Grethlein, Pfarrer – ein theologischer Beruf, Frankfurt 2009; s. exemplarisch zu weiteren entsprechenden Berufsgruppen Kathinka Hertlein, Dienst und Beruf des Taborbruders. Ein pastoraltheologischer Beitrag (APrTh 82), Leipzig 2020.

In dieser Perspektive sind die Erhaltung der Schöpfung sowie die gerechte Verteilung der Güter auf dieser Erde untrennbar miteinander verbunden. Das allen Menschen geltende Angebot, Gott mit „Vater unser" anzusprechen, steht der etablierten Trennung zwischen reichen und armen Ländern ebenso entgegen wie der Präferierung bestimmter Altersgruppen. Christinnen und Christen können, dürfen und müssen sich damit nicht abfinden.

Sachregister

Das Sachregister dient zur Erschließung von Zusammenhängen und zum Auffinden vertiefter Darstellungen. Es ist an Themen, nicht an Stichworten orientiert und strebt keine Vollständigkeit an.

Abendmahl s. Mahlfeiern
Ablass 118, 130, 134, 150 f., 156, 159, 176
Ablutionswein 90
Absolutismus 184 ff.
Adveniat 223
Afrika 119, 165, 188, 249
Agape 44, 169 f., 202
Akolythen 89
Allerseelen 119
Allgemeines Priestertum 15, 175
Almosen 60 f., 67, 73, 83, 254
Alphabetisierung 145, 175, 210
Alter 6 f., 218, 230, 239, 255, 262
Altkatholiken 226
Amerika (Nordamerika) 161, 164 f., 182, 187, 188, 216, 222, 234 f., 249
Amulette 67, 90
Anglikanische Kirche 181, 263
Anthropozän 6
Aquarier 45
Arbeitswelt 6
Arme/Armut 22, 47, 60, 63, 67, 90 f., 107, 109, 113, 130, 133 f., 138, 151 f., 157, 216, 223, 254, 264 f.
Ars moriendi 129, 150
Asien 72, 165 f., 188
Askese/Asketen 61 f., 81, 85, 87, 90, 176
Atheismus 42, 185, 187, 192 f., 219
Aufklärung 165, 169, 174, 178 f., 184, 210
Augenkommunion 133
Augsburger Interim 164, 168
Augustiner-Eremiten 153
Auszeit 30
Authentizität 14 f., 191, 251, 253, 263

Baptismus 184
Befreiungstheologie 229
Beginen 152 f., 157

Beichte 79, 105, 126, 140, 146 f., 157, 159, 176
Benediktion 60, 81, 90, 247, 250
Bergpredigt 34
Beschleunigung 8 f., 261 f.
Besitz s. Eigentum
Bestattung 58 f., 88, 108 f., 126, 159, 180
Bettelorden 153
Bevölkerungswachstum 5, 116, 188, 235 f.
Bibel 16, 28, 54 f., 60, 70, 98, 119, 126 ff., 157, 166, 169, 182, 186, 208, 215
Bild 30, 70, 72, 75, 104 f., 126, 128
Bischof(samt) 52 f., 64 f., 70, 77 ff., 88 ff., 103, 112 f., 228, 247, 254, 265
Bluttaufe 51, 238
Brot 51, 73, 120, 132, 139, 167 f., 199
Brot für die Welt 220, 223
Buchdruck 149, 162
Buße 53, 62 f., 79, 110, 114, 118, 159, 167, 182 f.

Caritas 220
Charismatische Bewegung 222
Charity Dinner 252 f.
China 72, 166, 183, 193
Christenlehre 213
Christenverfolgung 51, 60, 67
Christsein 1 f., 20, 35 f., 41 f., 52, 54, 57 f., 67, 72, 80, 82, 92, 162, 168, 180, 185 ff., 195, 198, 203, 221, 226, 235, 238 f., 249 f., 259 f., 264
Civil Religion 164 f.
Club of Rome 195

Deutsche Christen 198, 230, 249
Deutscher Orden 130
Diakonat 47, 61, 64 f., 88, 248 f.
Diakonie 231
Diakonissen 84

Diaspora(mentalität) 58
Dienen 28
Digitalisierung 7f., 13
Dogmatik 66, 105, 127f., 146f., 168, 181, 185, 189, 196, 232, 236, 257, 264
Dominikaner 138, 153, 181
Dreißigjähriger Krieg 162ff., 183

Ehe 32, 106ff., 153f.
Eigenkirchenwesen 111ff.
Eigentum 33, 109, 265
Elementarisierung 2
Elevation 121f.
Emergents 234ff.
Endzeiterwartung 96, 113, 162
Engel 62, 67, 173f.
England 139, 157, 161, 178, 181f., 189, 215, 219, 233f.
Epidemie 84, 92, 139, 189ff., 218, 237, 253, 264
Erlösung 118f.
Erbsündenlehre 77ff., 210, 226, 254
Erinnerung 20
Ernährung 59f., 224, 260f., 264
Erweckungsbewegung 182, 211, 219, 236
Eucharistie s. auch Mahlfeiern 46, 73ff., 92, 97f., 119f., 157, 159, 166f., 246, 252
Eucharistiegebet 75, 120f.
Eulogien 90, 99
Evangelium 238f., 265
Event 210, 217
Exklusion 46, 56, 60, 91, 141f., 168, 251
Exorzismus 123

Familie s. auch Haus 25, 32, 35, 59f., 77, 90f., 177, 179, 205, 211, 217, 219, 223, 254
Fasten 59, 85, 99, 107, 113f., 124, 152, 254
Fastenzeit 99
Fegefeuer 130, 150
Feierabendmahl 199ff.
Finanzen 65, 103, 137, 142, 166, 174, 230f.
Firmung 78f., 102f., 124f., 142f., 159, 170f., 193, 254
Franziskaner 138, 151ff.
Französische Revolution 165

Frauen 25, 42, 53, 59, 64, 67, 124, 128, 139, 152f., 159, 187, 192, 228, 248, 262
Frauenordination 249
Freikirchen 184
Fresh expressions 233f., 236, 263
Fronleichnam 140, 142, 159, 183
Fundraising 231

Galiläa 21f.
Gebet 31f., 60, 81, 85, 89, 254
Gefolgschaft 95, 102, 111, 254
Geistig Behinderte 206f.
Geisttaufe 206
Gemeinde 51, 97, 221
Gemeindeleben 221
Gemeinschaft 28, 32, 75, 100, 156, 198, 202, 217, 221, 237, 239, 247, 250, 261, 264
Generationenvorsorge 205
Gewalt 70, 77, 91, 93f., 96, 102f., 124, 133, 155, 173, 200, 223
Glaubensbekenntnis 103, 105, 132, 176, 208
Glaubenstaufe 172f.
Glaubenswissen s. Dogmatik
Gleichnisse 29f.
Glossolalie 222
Gottesdienst 12f., 17, 246, 249
Gottesherrschaft 23ff., 34f., 215, 247

Häresie/Häretiker 63, 66, 69f., 74, 77, 238, 251
Hagia Sophia 136, 194
Handauflegung 52, 78, 89, 178
Haus s. auch Familie 50, 57, 73, 90, 91, 179, 247
Heilige(nkult) 67, 83, 86f., 90ff., 144, 151, 176, 179, 247, 259
Heilsgeschichte 24, 88
Helfen zum Leben 26f., 35, 122, 132f., 225, 248, 250
Herrnhuter Brüdergemeine 169, 187
Herz-Jesu-Frömmigkeit 221, 236
Hexenverfolgungen 160f., 181, 185, 249
Hierarchie(kritik) 35, 64, 66f., 88, 91, 123, 154ff., 175, 186, 197, 228, 239, 247f., 250, 254, 262
Homo faber 1, 199, 260ff.

Homo oeconomicus 1, 260 ff.
Homosexualität 190 f., 223 f.
Hospiz 132 f., 263
Hugenotten 163
Humanismus 165, 175, 232
Humiliaten 151, 159
Hussiten 154, 158 f., 162, 183

Imperium Romanum 39 f., 68, 94
Industrielle Revolution 189
Infantizid 58
Inklusion 26, 36, 44 f., 52, 62 f., 66, 88, 123, 207, 247, 259, 265
Innere Mission 219 f.
Inquisition 154, 181
Institution 14
Internet 190, 225, 235 f., 263
Islam 93 f., 96 f., 126, 135 f., 148 f., 191, 193, 212, 256

Jesuiten 180
Johannestaufe 48 f.
Johanniter 129 f., 132
Judentum 22, 40, 48, 52, 60, 90, 93, 101 f., 126, 203
Judenverfolgung 102, 139, 249
Jugendweihe 193, 232
Jungfrauen 84, 89

Kaiserkult 39 f., 70, 96 f.
Katechismus 176 f., 257
Katharer 138 f., 153 f.
Kathedralschulen 127
Kelchkommunion 122, 140, 158
Kerze 60, 109, 121, 124, 171, 256
Ketzer s. Häresie/Häretiker
Kinder 201, 209 f., 215 f.
Kindergarten 214.
Kinderglaube 171
Kindergottesdienst 215 ff., 236
Kindersterblichkeit 84, 138, 190
Kindertaufe 50, 77, 80, 123, 171 ff., 178 f., 184, 205 f., 254
Kindertheologie 215
Kirche(norganisation) 13 f., 17 f., 78, 113 f., 148, 157 f., 183 ff., 187, 207, 218, 233, 235, 237, 254, 262

Kirchenaustritt 10 f., 203 f., 211, 227 ff., 237
Kirchengebäude 62, 69 f., 73, 76, 83, 96, 112, 174, 248
Kirchenjahr 83, 105, 109, 117, 126, 175, 179, 215
Kirchenkampf 198
Kirchenmitgliedschaft 10 f., 203 f., 207, 231
Kirchensteuer 13, 207, 230 f.
Kirchentag 199 f., 208 f., 253
Kirchentheorie 4
Kirchenzucht 166 f., 172, 180, 187
Kindertagesstätte s. Kindergarten
Klassengesellschaft 189
Kleine Christliche Gemeinschaft 228 f., 236
Kleine Eiszeit 160
Klerus s. Priester(amt)
Klimaveränderungen 1, 6, 95 f., 160, 260
Klinikertaufe 53, 76 f.
Kloster 81 ff., 86, 90 f., 98, 106 f., 112, 118, 128, 175
Klosterschule 81 ff., 125 f., 175
Kommunikation des Evangeliums 18 f., 37, 215, 238 f., 250 ff., 255, 261
Kommunismus 192 f.
Konfessionen 163 f., 168, 175, 179, 183 ff., 196, 226
Konfessionslosigkeit 211 f.
Konfirmandenarbeit 217 f., 236, 256 f.
Konfirmation 174, 178 f., 182, 193, 197 f., 206, 254
Konsekration 73 f., 100, 167
Konsistorium 183 f., 229
Kontextualisierung 3, 16, 35 f., 57, 64, 80, 91, 100, 112, 133, 159, 174, 196, 233 f., 238, 246 ff.
Kontrakulturation 16, 36, 47, 56 f., 62, 80, 236
Kontrast 3, 238
Krankensalbung 110, 155
Kreuzzüge 117 f., 129 f., 133, 143, 156, 249
Kultkritik 41, 100, 248
Kulturkampf 227, 229
Kultur 16

Laien 91, 113, 121, 131, 133, 140, 146, 227
Laizität 213
Landeskirche 183 f.

Latein 94f., 104, 121, 145
Lebensform 2, 4, 17f., 82, 163, 184, 218, 238, 249f.
Lehren (und Lernen) 29f., 35, 54ff., 79, 83, 103, 104ff., 250, 257ff.
Lektoren 88
Letzte Ölung 155, 183
Leuenberger Konkordie 196
Lieder 45, 177, 180f., 250, 254
Liturgiebücher 98

Märtyrer/Martyrium 51f., 61f., 81, 86f.
Magie 60, 87, 91, 122, 126, 140
Mahlfeiern 27ff., 35, 42ff., 51, 63, 72ff., 97ff., 119ff., 133, 139ff., 166ff., 177, 178, 183, 196ff., 225, 236f., 238, 246f., 250ff.
Marienfrömmigkeit 226, 236
Medien 190, 237
Medizin 190, 205
Metamorphose 9, 239
Methodismus 182, 184, 207, 216
Metropolitanverfassung 65f.
Misereor 220, 223
Mission 161, 165f., 219, 249
Mobilität 190, 224, 258, 264
Mönchtum 84f., 106f., 128f., 131, 134, 148, 152, 175
Mystagogien 51
Mysterienkulte 48, 59
Mystik 127f., 139, 145, 153, 186

Nächstenliebe 35, 239
Nationalsozialismus 227, 230
Naturwissenschaften 189, 211ff., 235
Nebenfolgen 2, 16f., 91, 190
Netzwerk 14, 235
Nonkonformisten 182
Nonnen 86, 92, 152

Ökumene 199, 232f., 260, 265
Opfer 46, 65, 72f., 95, 97f., 100, 166
Orden 180, 185, 187
Ordination 60, 236, 248f., 252f., 265
Orthodoxe Kirchen 37f., 141, 201, 248
Ostern 83, 126, 208, 211
Ostiarier 89

Pädagogik 210
Paideia 56, 80f., 83
Papst(amt) 66, 89, 132ff., 136f., 156, 158, 162, 164, 180, 226f., 247
Parochialwesen 103, 113, 234, 263
Pate(namt) 55, 77, 147, 174
Pestepidemie 138, 149, 154f., 159
Pfarrberuf 145f., 174, 184, 186f., 191, 194, 216, 248, 263, 265
Pfarrhaus 176, 186, 249
Pfingstbewegung 222, 236
Philosophie 52, 55, 81, 107, 127, 134, 185, 219, 247
Pietismus 184
Pilgern 161, 221, 236, 261, 264
Pluralismus 165f., 248, 259, 262
Predigt 180, 250
Pietismus 169, 174, 177ff., 182
Priester(amt) 41, 47f., 52f., 63ff., 74f., 78, 88, 90f., 97f., 100, 113f., 131, 133, 140, 146, 155, 191, 202, 227f., 236, 247f., 252, 262, 265
Priestertum aller Getauften 15, 67, 175, 186, 265
Privatagenden 169
Privatmessen 73, 98, 119, 252
Prozession 109, 176, 221
Puritanismus 173, 182

Quäker 184

Reformation 162f., 175, 180, 183, 186, 259
Realschule 178
Reinheit(sdiskurs) 25f., 34, 36, 41, 46, 48, 63, 65, 75, 98ff., 114, 121, 123, 131, 246f., 250, 256
Religion 17f., 41, 80, 96, 250
Religionspädagogik 211
Religionsunterricht 211f., 216, 257ff.
Reliquien(kult) 62, 70, 86f., 144
Requiem-Messe 109
Ritterorden 129ff.
Russische Revolution 192

Sabbat 25, 34, 248
Säuglingskommunion 124, 141
Sakramentenlehre 156

Sachregister

Salbung 52, 78, 110, 124 f., 171
Schisma 132, 137
Schöpfung(sglauben) 24, 34, 187, 208 f., 223, 239, 247, 259 f., 264 f.
Scholastik 119, 134, 141, 148
Schriftauslegung 127
Schule 106, 125, 147, 150, 175, 177 f., 184, 191, 211, 213 f., 258, 265
Schulgottesdienst 191, 212 f.
Schwenckfeldianer 168
Segen s. Benediktion
Seuche s. Epidemien
Sexualität s. auch Reinheit 228, 246 f., 262
Sonntag 69, 168, 182, 217, 237
Sonntagsschule 215 f.
Sozialismus 232
Spaghetti-Gottesdienst 253
Stände 174, 186 f., 189, 197, 248 f., 265
Stolgebühren 103
Subdiakone 88 f.
Sündenvergebung 74, 143, 166, 187, 197, 224, 251 f.
Symbole 209, 215
Symposion 43 f., 47
Synode 89, 91

Talar 9, 201
Taufaufschub 76 ff.
Taufe 46, 48 ff., 63 f., 67, 76 ff., 101 ff., 123 ff., 142 ff., 159, 170 ff., 177, 203 ff., 236, 246, 250, 254
Tauferinnerung 103
Tauffest 209
Taufkatechumenat 51 f., 55 f., 76 f., 79 f., 103, 207 f., 254
Taufzwang 207
Tempel 22
Templer 129
Teufel(sglauben) 72
Theologie 148, 191 f., 232, 263
Tod s. auch ars moriendi 138, 255

Totenkult 61, 88
Traditionsleitung 205
Transsubstantiationslehre 139, 159, 167
Trauung 153 f.
Tridentinum 184 ff.

Umweltbelastungen 6, 195, 209, 236, 260, 264
Universität 116, 147 f., 162
Urbanisierung 6, 71, 111, 116, 136, 160, 188 f.

Vaterunser 30 ff., 103, 105, 176, 208, 247, 265 f.
Vegetarismus 260
Verein(swesen) 62, 221
Vesperkirche 224 f., 236
Viatikum 74, 99
Vita-apostolica-Bewegung 130 f., 138, 151, 157, 159
Völkerwanderung 70 f.

Wachstum 5, 188, 195, 262
Waldenser 153 f., 159
Wallfahrt 176, 179, 220 f., 226, 236, 264
Weihe 60, 77, 89, 99, 112, 131, 236, 247 f., 265
Weihnachten 83, 126, 211, 223
Weihwasser 90, 103, 125, 144, 170
Wein 44, 48, 51, 73, 90, 120, 124, 139
Weltkriege 194
Westfälischer Frieden 164, 168, 185
Wiedertäufer 172 f., 182
Witwen 61, 89
Wunderglauben 72

Zionstheologie 23
Zölibat 65, 75, 91, 98 f., 131, 133, 141, 157, 186, 247 f., 262
Zombie-Kategorien 3
Zwangstaufe 101 ff., 114, 203, 254 f.
Zweites Vaticanum 227 f.

Personenregister

Dieses Register umfasst alle erwähnten Personen und Autor/innen außer Herausgeber/innen, biblischen Personen und Autoren sowie dem Verfasser.

Abu Bakr 94
Akhtar, A. 194
Alarich 71
Aldebert, H. 213
Alexios I. 117
Alkuin 101 ff., 114
Althoff, G. 135
Ambrosius 73
Amery, C. 260
Andresen, C. 58
Angenendt, A. 26, 62, 71, 73 f., 78, 87, 94 f., 97, 100 ff., 107 ff., 113, 116 ff., 124 f., 127 ff., 131, 133, 138, 140, 150 f., 157
Anselm v. Canterbury 129
Anselm v. Laon 127
Aristoteles 139, 148
Atatürk, M.K. 194
Auf der Maur, H. 86
Augustin 71, 74, 76, 79, 87, 118, 131, 141, 173
Avemarie, F. 52

Baden, M. 263
Badewien, J. 52
Bärsch, J. 9, 143
Bar Kochba 23
Barth, K. 206
Basilius 72, 80
Bauer, J. 258 f.
Baumert, J. 18
Baumgartner, J. 90
Beck, U. 3, 9, 195, 239
Becker, J. 22 ff., 30 ff.
Beetschen, F. 209
Bellah, R. 164 f.
v. Bendemann, R. 26
Benedikt v. Aniane 119
Benedikt v. Nursia 82 f., 107, 129, 150
Berengar v. Tours 120
Berg, C. 216

Berger, R. 99
Berger-Zell, C. 225
Bernhard v. Clairvaux 118, 128 f.
Bernhard v. Quintavalle 152
Beutel, A. 165, 185
Beyreuther, E. 178
Bieritz, K.-H. 83
v. Bismarck, O. 227
Boccaccio, G. 138, 157
Böhnisch, L. 201
Böntert, St. 13
Bonifatius 101, 108
Bonifaz VIII. 136 f., 156
Botsman, R. 136
Bremer, Th. 37
Brenz, J. 177
Browe, P. 99, 140 f.
Bucer, M. 178
Bucher, G. 15, 175
Büchsel, C. 197
Bugenhagen, J. 177
Bulst, N. 138
Butterweck, Ch. 61

Caesarius v. Arles 73, 86
Caesarius v. Heisterbach 129, 141
Calvin, J. 168, 172, 180, 184
Campbell, Ch. 45
Campbell, D. 234
Canisius, P. 177
Cardenal, E. 200
Casel, O. 196
Ḥomainī 194
Chlodwig 79 f., 96, 102
Chrodechilde 79
Chrysostomus 72
Clemens V. 137
Clemens v. Alexandrien 55
Cohen, J. 7
Columbus, Ch. 161

Comenius, J.   214
Cornehl, P.   73, 198, 202, 208
Cyprian   47

Daly, H.   5
Dante   150
Decentius v. Gubbio   78
Dehn, G.   204 f.
Dinzelbacher, P.   4
Dipper, Ch.   179
Döhnert, A.   193
Dominicus   153
Domsgen, M.   X, 232, 264
Dorner, M.   225
Draper, J.   46
Drecoll, V.   39 ff., 68 ff., 80, 89, 94, 127, 130
Dütemeyer, D.   203

Ebertz, M.   12 f.
Ebner, M.   21 f., 25
Eckstein, H.-J.   17
Ehrensperger, K.   23
Einhard   108
Ellhaus, Ph.   233
Ellwardt, K.   174
Elm, K.   129
Engels, F.   192
Englert, R.   257
Erasmus v. Rotterdam   162
Erdogan, R.T.   194
Esslingen, D.   228
Eunapius v. Sardes   87
Eusebius   76

Fend, H.   116, 148 ff., 191
Ferdinand v. Spanien   161
Fox, G.   184
Francke, A.H.   177 f., 182
Franz, A.   81, 103, 122, 144
Franziskus   151 f.
Frenz, H.   200
Freudenberger, M.   172
Friedrich II.   135, 185
Friedrichs, L.   30, 34, 59, 180
Friemann, I.   193
Frisch, M.   1
Fröbel, F.   214

Fromm, E.   19
Fuchs, G.   169
Fürst, A.   50, 76 f.

Gahbauer, F.   89
Galerius   68
Garcia, T.   19
Gemeinhardt, P.   112
Göpel, M.   1, 261, 264 f.
Goecke-Seischab, M.   96
Goetz, H.-W.   81, 85, 107
Goldberg, G.   99
Gräb, W.   187
Gräb-Schmidt, E.   260
Gregor I.   93, 97, 101, 104
Gregor XVI.   226
Gregor d. Wundertäter   56
Gregor v. Tours   72, 79, 94
Gronemeyer, M.   149, 154 f.
Großbölting, Th.   192, 210, 232
Guardini, R.   262

Halitgar v. Cambrai   113
Handschuh, W.   228
Hannig-Grethlein, B.   X
Harari, Y.   5
v. Harnack, A.   194
Hartmann, W.   116
v. Hase, H. Ch.   220
Haspel, M.   232
Haudel, M.   189
Hauri, R.   223
Hauschild, W.-D.   39 ff., 68 ff., 80, 89, 94, 127, 130, 156, 160 ff., 165, 178, 180 ff., 189, 219, 226 f., 229 f., 233
Hauschildt, E.   14
Hehl, E.-D.   117 f.
Heid, St.   91
Heinrich III.   117
Heinrich IV.   117
Heller, D.   37
v. Hellfeld, M.   192
Herakleios   96
Hertlein, K.   265
Heun, W.   183
Hieronymus   54
Hildegard v. Bingen   128

Hörisch, J. 190
Holze, E. X, 258
Hrachovec, H. 18
Hubert, H. 50
Hubmaier, B. 173
Hugo d. Gr. 119
Hus, J. 139, 154, 157 ff.
Hutten, K. 222

Iff, M. 184
Ignatius 55, 64, 257
Innozenz I. 78
Innozenz III. 151
Innozenz IV. 135
Irenäus 56
Isabella v. Spanien 161

Jaeggi, R. 18
Johannes XXII. 137
Johannes a Lasco 172
Johannes Casianus 82, 84
Johannes Chrysostomus 87
Jones, T. 234 f.
Jordahn, B. 171
Jordahn, O. 88, 109
Josephus 23
Julian Apostata 59, 69
Juliana v. Mont Cornillon 140
Justin 55
Justinus 85

Kaiser, J. Ch. 220, 230
Kampmann, Ch. 163 f.
Karl d. Gr. 96, 98, 102 f., 105, 108, 113
Karlmann 102
Kaufmann, H.-B. 257
Keller, A. 144
Kenntner, E. 201
Kerkeling, H. 221, 261
Khorchide, M. 93, 259
Kim, E.-J. 217
Kleinheyer, B. 76, 78, 123, 125, 141 f.
Klöckener, M. 83
Köhle-Hezinger, Ch. 197
Kötter, R. 3
Konstan, D. 52
Konstantin 68 f., 76, 80

Konstantius II. 69
Korsch, D. 183
Kranemann, B. 167
Kreplin, M. 205
Kretschmar, Georg 50
Kretschmar, Gerald 26
Kühn, U. 196
Kunz, R. 167, 261
Kunze-Beiküfner, A. 215
Kuphal, A. 203
Kwiran, M. 216

Lachmann, R. 184
Lamberts, J. 140
Lange, E. 199
Leder, K. 147
Lehmann, H. 160 f.
Lehtiö, P. 192
Leinhäupl-Wilke, A. 29
Leonhard, C. 47
Leppin, H. 45, 47, 52 f., 59, 62, 65, 70
Leppin, V. 71, 79, 89, 94 f., 97, 102, 105, 111 ff., 115, 116, 118, 120, 127, 129 ff., 135 ff., 139, 145, 147, 150 ff., 157 ff., 162, 168
Leo I. 74
Lepore, J. 161, 164
Licinius 68
Lienau, A.-K. 7 f., 13, 250
Lienemann, W. 52, 102
Lindner, H. 199
v. Lippe-Detmold, P. 214
Löhr, W. 77
Lohfink, G. 3
Lohfink, N. 3
Loichinger, A. 6
Lona, H. 57
Lorenz, W. 221
Lorenzo Valla 149
Lothar II: 108
Lübking, H.-M. 217
Lurz, F. 185
Luther, M. 15, 162 f., 166 ff., 170 f., 173 ff., 183, 257
Luz, U. 28, 30 f.

Markschies, Ch.   39, 42, 45f., 48, 51, 58ff., 68f., 84ff.
Martin v. Tours   85
Mao Zedong   193
Marquard, M.   207
Marx, K.   192
Marx, R.   228
May, H.   124
Meadows, Dennis   195
Meadows, Donella   195
Mechthild v. Magdeburg   153
Mehmed II.   136
Meier, M.   70ff., 93, 96f.
Melanchthon, Ph.   177
Merle, Kr.   13
Meyer, H.-B.   72, 75, 100, 120ff.
Meyer-Blanck, M.   12
Michel, K.   15, 26, 58, 70, 246
Milling, P.   195
Morgenroth, M.   223
Moynagh, M.   233
Müller, A.   52, 102
Müller, L.   230
Müller, S.   233, 263
Müller-Wille, M.   95
Muhammad   93

Nassehi, A.   14f., 251
Nestle, W.   42
Nikolaus II.   120
Nikolaus V.   137
Nipkow, K.-E.   210, 258
Nipperdey, Th.   192
Noll, M.   222
Nordhaus, W.   5
Nowak, K.   210, 219ff.
Nüssel, F.   198, 202

Obst, H.   178
Odenthal, A.   101, 103, 124
Öhler, M.   48f., 52
Ohme, H.   104
Ohlemacher, J.   96
O'Malley, St.   222
Omar   94
Origenes   52, 55, 56

Osterhammel, J.   189
Otto-Peters, L.   192

Paphnuthius   85
Paul, E.   50, 54ff., 82f., 104f., 145ff., 175, 177
Paul VI.   228
Pestalozzi, J.H.   214
Peter Damian   141
Petrus Abaelardus   127
Petrus Lombardus   155
Petrus Venerabilis   129
Petrus Waldes   151
Pfister, St.   178
Philipp d. Schöne   136
Pickel, G.   26
Pinggéra, K.   171f.
Pippin   105
Pius IX.   221, 226
Pius X.   196
Pötzl, W.   144
Pohl-Patalong, U.   14
Poscharsky, P.   174
Preul, R.   4
Proksch, A.   9
Putnam, R.   234

Radulph v. Vaucelles   127
Rahner, K.   227, 238
Raikes, R.   215
Reader, J.   3
Reckwitz, A.   191, 195
Regino v. Prüm   125
Reischle, M.   211
Richter, K.   59, 197
Robert Grosseteste   146
Rodulfus Bituricensis   109
Roger v. Coventry   145
Roleder, F.   14
Roloff, J.   2, 28, 238
Romero, O.   229
Roosen, R.   51
Rosa, H.   1, 8, 261
Roser, T.   221, 255, 261
Rousseau, J.-J.   210
Rüdiger, C.   X
Rüegg, W.   147

Sänger, D.   48
Safranski, R.   8f.
Sajak, C.P.   257
Sarasin, Ph.   7
Saß, M.   81f., 212, 218, 257
Sattler, D.   198, 202
van Schaik, C.   15, 26, 58, 70, 246
Schendel, G.   233
Schieder, R.   165
Schilling, H.   158, 162f.
Schilson, A.   196
Schimmel, A.   93
Schleiermacher, F.   206
Schlink, E.   198
Schloz, R.   199
Schmal, B.   203
Schmidt, E.   7
Schmidt, K.L.   17
Schmidt-Lauber, H.-Ch.   75
Schneider, Th.   214
Schneider-Böklen, E.   180f.
Schnelle, U.   40
Schreiner, M.   213
Schröder, B.   4, 29, 54f., 80ff., 106, 126, 175ff., 211, 258
Schröder, R.   232
Schröter, J.   20ff., 24ff., 32ff., 46
Schroeter-Wittke, H.   83
Schubert, A.   45, 47
Schubert, E.   136, 145
Schürmann, H.   21
Schulz, F.   166
Schulze, G.   195, 208
Schulze, R.   193f.
Schwarz, R.   167
v. Schwarzenburg, Ä.J.   180f.
Schweitzer, F.   210
Seneca   149
Serapion v. Thmuis   90
Serres, M.   14
Shahar, S.   144
Sigrist, Ch.   225
Simeon   85
Simon Waldes   154, 159
Sixtus IV.   150
Smith, D.   43
Sobottke, I.   225

Spalding, J.   169
Spener, Ph.J.   178, 182
Spinney, L.   189
Spranger, E.   18
Starnitzke, D.   27
Stein, H.J.   45
Steiner, B.   17
v. Stosch, K.   93, 259
Strasser, E.   207
Stringer, M.   37, 69, 72, 98, 104, 117, 119
Stuflesser, M.   103
Stumpp, B.   58
Sturm, J.   177
Sulze, E.   221

Tacitus   42
Taussig, H.   43f., 254
Tertullian   31, 52ff., 56, 60
Tetzlaff, R.   161
Theobald, L.   168
Theobald, M.   18, 36, 44, 47, 50
Theodosius   69
Theophanes   96
Thomas v. Aquin   139, 143
Tilly, M.   40
Tinambunan, T.   256
Toubert, P.   108
Trappe, Ch.   9
Trellenberg, J.   173
Twain, M.   216

Ulrich, J.   143, 145
Urban II.   117, 130

Vercruysse, J.   180
Vietmeier, A.   200
Virchow, R.   227
Vokes, E.   51
Vollmann, B.   72
Volp, U.   58, 88, 119, 129, 151, 155, 180f.
Vorgrimler, H.   227

Wagenschein, M.   214
Wagner, F.   3, 18
Walahfrid Strabo   105
Walz, H.   52
Weber, M.   87

Wehler, H.-U.   136, 165, 195
Weimer, M.   234
Wendebourg, D.   75
Wesley, J.   222
Weyen, F.   231
Wichern, J.H.   219f.
Wick, P.   22
Widukind   102
Wilhelm v. Champeaux   127
Williams, R.   234
Wittgenstein, L.   18
Wohlmuth, J.   184

Wolf, H.   221
Wolle, St.   232
Wycliff, J.   139, 154, 157, 159

Zacharias   101
v. Zahn, A.   195
Zahn, E.   195
Zinzendorf, N.   169, 182S
Zoch, A.   228
Zschoch, H.   172f.
Zwingli, H.   167f., 171ff., 184

www.ingramcontent.com/pod-product-compliance
Lightning Source LLC
Chambersburg PA
CBHW082104250426
43661CB00079B/2626